高职高专文秘专业系列教材编委会名单

总 主 编　蔡 超

编 委 会 主 任　蔡 超　何劲耘

编 委 会 副 主 任　黄巨龙　向 阳　崔淑琴　杜菁锋

　　　　　　　　　敬露茜　郭炎武

编 委 会 成 员　（按姓氏音序排列）

　　　　　　　　　蔡 超　陈功伟　陈默祈　崔淑琴

　　　　　　　　　杜菁锋　郭炎武　何劲耘　胡 伟

　　　　　　　　　胡颖华　黄巨龙　黄曼青　焦明海

　　　　　　　　　敬露茜　李伟章　刘 萍　罗春娜

　　　　　　　　　王世斌　王小玲　吴 茹　向 阳

　　　　　　　　　袁思强　张 东　张 克

高职高专文秘专业系列教材

总主编 蔡 超

当代企业应用文写作

主　编　黄巨龙　何劲耘
副主编　余少文　程时用　黄　卫

暨南大学出版社
JINAN UNIVERSITY PRESS

中国·广州

《当代企业应用文写作》编委会名单

主　　编：黄巨龙　何劲耘

副 主 编：余少文　程时用　黄　卫

编　　委：黄巨龙　何劲耘　蔡　超　亓　丽　王开桃

　　　　　余少文　陈倩倩　周莹萍　黄　卫　黄爱华

　　　　　程时用　游晴林　蔡天玉

企业顾问：

总　序

秘书是现代企业（公司制企业）的管理人员，总经理秘书（高级秘书）是现代企业的高级管理人员，他们是现代企业经营决策和管理中必要的辅助支柱。在市场经济快速发展和世界经济一体化的影响下，现代企业迅速成长，同时也带动了秘书职业的成长。如今企业对秘书的需求越来越大，对秘书的要求也越来越高，企业发展需要一大批训练有素、能力优秀的秘书人才，因此，高职院校文秘专业成为目前就业状况最好的专业之一。

但是，高职院校能否培养出与企业相适应的秘书人才呢？答案是十分明显的。许多经理或主管都声称职业化的秘书难找，更有一些大公司的总经理或总裁抱怨"高秘难求"。可见，真正优秀的秘书人才在市场上供不应求，这与高职院校秘书教育有着直接的关系。传统教育观念强调理论化、学科系统性，忽略了对学生秘书职业化的训练和培养，这是文秘学生毕业后与企业秘书工作岗位之间无法实现良好对接的原因所在。

近些年来，高职教育受到了就业压力的挑战，面对挑战的唯一选择就是针对社会人才需求进行教学改革。广东省历来是改革的先行者，广东高职院校文秘专业的老师们经过多年教育探索和数次学术会议研讨，勇于进行文秘专业教育教学的改革，逐步形成了培养现代企业秘书的理念，制订了培养现代企业秘书的方案，明确了培养现代企业秘书的教育模式。因此，我们将文秘专业教育教学改革的成果编撰成一整套系统的企业秘书教材，从教学内容和方法上革新秘书教育，使广东高职院校文秘专业能培养出适合广东经济区域企业需要的秘书人才。

根据我们对 2006 年至 2008 年连续三届高职院校文秘专业毕业生的追踪调查，95% 的高职院校文秘专业毕业生都是在企业（各类公司）就业，其中 60% 是在中小企业就业。从广东经济区域的企业秘书岗位分析来看，目前主要岗位是公司文员、秘书、助理、办公室职员、公关员、文书档案管理员等，这些岗位现已形成秘书岗位群。

通过到企业实地考察和对企业秘书岗位的调查问卷进行分析与归纳，我们将秘书岗位群的真实工作任务和职责整合为九个模块：一是办公室事务处理；二是会议组织与管理；三是文稿写作；四是网络办公；五是沟通与礼仪；六是信息处理；七是文档管理；八是书法速记；九是办公设备操作与管理。

上述九个模块与企业秘书岗位群的工作任务和职责基本吻合，这为我们针对企业秘书人才需要展开教育教学提供了依据。但是，高职教育毕竟是高等教育的一部分，完全取消理论教育是错误的。我们以理论够用为原则，在九个模块内容中体现科学性、逻辑性，按照项目导向任务驱动的教学模式来组织九个模块的具体内容。通过对上述九个模块内容的整合，我们撰写了系统的企业秘书教材，分列如下：①企业秘书概论；②企业秘书实务；

③当代企业应用文写作；④企业秘书沟通；⑤企业商务礼仪；⑥网络秘书教程；⑦企业秘书实训；⑧企业文档管理；⑨企业秘书书法；⑩企业秘书速记；⑪企业办公设备操作与管理。

本套企业秘书教材具有鲜明的企业秘书特色。企业秘书与党政机关行政秘书差别极大，如果用一个生动的例子来比喻，它们就好像生物中的动物和植物一样，从性质上来说是大不相同的。现在许多秘书专业教材都是以党政机关行政秘书作为研究主体，这与高职院校文秘专业教学大相径庭，高职文秘毕业生鲜有进入党政机关工作的，如果沿用这些理论组织教学只会是张冠李戴。因此，本套教材以企业秘书作为研究主体，揭示企业秘书特点，探究企业秘书工作规律，注重培养学生形成企业秘书的能力和技能。

此外，本套教材突出了高职教育的特点，以项目导向任务驱动的教学模式来组织教学内容，以能力培养为主要目标，可操作性强。理论部分精选经典案例作为突破点，提出问题和任务并要求解决。实务部分以真实秘书工作任务来设计教学项目，确定能力训练目标，实施程序教学步骤，边学边做，并及时进行操作训练测评和反馈。同时，教材配有训练示范和可供参考的知识点，本套教材知识点与2007年原劳动和社会保障部制定的秘书职业标准中的知识点基本吻合。为了方便学生考证和教师组织教学，本套教材从教学角度出发，充分考虑了怎样方便教师使用教材。比如课件制作、练习及答案、案例及案例分析参考、知识链接、结构图表等，都比较详尽、准确，便于在教学过程中使用。

本套教材还集中体现广东经济区域企业秘书的特点。广东民营企业极为发达（据统计，截至2008年7月，广东民营企业已达到71万家），三资企业居多，现代企业制度（公司制）发展比较成熟，企业中秘书岗位的任务和职责相对稳定和规范。改革开放以来，我们积累了大量经验，也有许多新的研究成果。本套教材广泛吸收这些经验和成果，并更多地吸收了广东的新观点和新材料。例如，《当代企业应用文写作》以企业工作任务来组织文体写作的项目，以专章介绍港澳台通用商务文书；《企业商务礼仪》分析、揭示了中外文化差异；《企业秘书概论》关于企业文员、经理秘书、总经理秘书、董事会秘书的层级差异分析等内容，反映了广东经济区域外向性经济特点（经济一体化）和港资、台资、中外合资、民营企业的经营特点。将这些内容引进教材，能使广东高职文秘专业毕业生更好地适应现代公司经营环境，成为符合企业要求的秘书人才。

编撰企业秘书系列教材的构想是在全国高教学会秘书学专业委员会2007年广州年会上由蔡超（广东女子职业技术学院）提出的，并策划了初步方案。2008年4月，在暨南大学出版社广东高职文秘教材研讨会上形成了编撰方案。此后，经过文秘教育同仁的多次探讨，最终形成了针对现代企业的高职文秘系列教材方案。参与撰写本套企业秘书系列教材的院校有：广东女子职业技术学院、广东科学技术职业学院、广东轻工职业技术学院、广东工程职业技术学院、番禺职业技术学院、深圳职业技术学院、广东青年干部学院、阳江职业技术学院、广东河源职业技术学院、深圳信息职业技术学院、广东工贸职业技术学院、广东财贸职业技术学院、广东财经职业学院、广东水利电力职业技术学院、广东科贸职业技术学院、广东交通职业技术学院、广州城市职业学院、韩山师范学院、重庆城市管理职业学院。

　　本套教材汇集了广东高职文秘专业教师同仁的辛勤努力和心血，作为系统的企业秘书教材也属全国首创。我们就像第一个吃螃蟹的人，在尝试中不断地探索。虽然不遗余力、锐意创新，但难免会有不足或疏漏之处，恳请学术同仁和广大读者批评赐教。

　　此外，我们特别感谢暨南大学出版社对撰写和出版这套教材给予的大力支持。

蔡　超

2014 年 5 月于广州

前　言

　　《当代企业应用文写作》是高职高专文秘专业核心课程，也是高职院校许多专业的公共必修课。由于高职院校应用写作教学长期以来都是以国家行政机关公文写作为主，不能满足高职院校学生毕业后从事企业工作所需应用写作能力的要求。故此，广东高职院校从事应用写作教学多年的老师们经过近两年的课程研讨，突破了传统应用写作教学的框框，并与企业管理人员探讨、确定教学内容和方法，以教育部高职教育16号文〔2006〕精神为指导，全面贯彻"项目导向，任务驱动，工学结合，学以致用"的设计理念，精心撰写了本书。

　　本书开辟了高职院校应用写作课程教学改革的新路子，主要体现在以下三个方面：

　　首先，一个突破。即突破以知识传授为主要特征的传统学科型教材体系，代之以企业业务活动为背景，以岗位工作项目为导向，以典型工作任务为驱动，以完成工作任务所需文种为重点组织教材内容。同时，我们充分吸取了企业管理者针对企业应用写作特点组织教学内容的意见，按企业经营活动的需要重组课程内容，形成本书的鲜明特色。

　　其次，一个中心。即以学生就业岗位群各项工作过程所需应用写作能力为中心，组织教材内容，构建教材体系。在实施课程教学过程中，以小组为学习单位，以学生为主体，将学生置于真实的企业岗位工作环境中，扮演相应的角色，运用启发式与讨论式相结合的教学方法，采取"教—学—做"有机结合的教学方式。

　　再次，一条主线。即以学生完成就业岗位群典型工作任务操作流程为主线，编排相关文种。在实施课程教学过程中，以个人独立完成和小组集体合作完成实训任务相结合为主要教学方法，集思广益，寓教于乐，活跃课堂气氛，激发学生的思维和求知欲，把个人独立完成的作业以及小组讨论和代表发言的情况列入课程考核范畴。并将个人自评、小组互评和教师点评有机结合起来，客观地综合评定个人成绩和小组成绩，形成激励机制，培养学生的质量意识、公平竞争意识和团队协作精神，同时提高学生的口头表达能力和信息沟通能力。

　　本书编写突出一个"新"字，"常用公务文书"根据最新的《党政机关公文处理工作条例》（中办发〔2012〕14号）和采用最新的《党政机关公文格式（GB/T 9704－2012）》编写；本书的"项目任务背景"材料、"例文"等内容新。

　　本书的主要特点如下：

　　第一，强化写作训练。以写作训练贯穿始终，具有很强的实践性。每个项目或任务都设置了给学生堂上和课后写作的内容。建议在实施课程教学过程中，遵循学生职业能力培养的基本规律，以真实或模拟真实工作任务及其过程为依据，采取"教—学—做"相结合的教学模式，边做边学，边学边做，使学生在反复的实践中牢固掌握应用写作技巧。

　　第二，强调内容实用。本书全面贯彻"项目导向，任务驱动，工学结合，学以致用"

的设计理念，以企业业务活动为背景，以岗位工作项目为导向，以岗位典型工作任务为驱动，以企业常用应用文文种为重点，设置教材内容，贴近企业工作实际，让学生学得会、用得上，为学生今后从事企业相应岗位工作打下坚实的基础。

第三，注重自主互动。本书将设置《当代企业应用文写作》课程教学网站，为学生构建自学平台，以达到教师与学生网上教学互动的目的。教师通过在课程教学网站设疑、激趣、解惑的方法，注重培养学生独立思考、分析问题和解决问题的能力，注重培养学生的自学能力，促使学生从"要我学"向"我要学"方向转变。并通过课程 BBS 加强教师与学生之间的教学互动和学生与学生之间的学习互动。在网络平台上，学生可以展示学习成果、交流学习体会；教师可以利用网络平台开展企业调研、应用写作技能比赛、个人互评、小组互评等一系列教学活动，形成一套完整、开放、教与学互动、操作性强的课程教学方案。

第四，突出工具作用。本书各文种结构形式取各行家之长，典型规范，可供读者模仿写作，具有很强的工具性。书中内容包括 12 个单元、24 个项目、53 个典型工作任务、58 个文种，辐射 100 个以上企业常用应用文文种。同时，本书还编入两个附录，配有 PPT 课件和思考练习题参考答案，供教师教学时参考。

当前我国高等职业教育面临"发展、改革和建设"三大任务，高职高专课程教学改革势在必行。然而"巧妇难为无米之炊"，如果没有与高职教育相适应的教材，课程教学改革就无法进行。因此，在应用写作课程教学改革中，教材改革是关键。为了编写一本工学结合、具有高职教育特色的应用写作教材，我们曾与广州中国进出口商品交易会、广州珠江啤酒集团有限公司、南储仓储管理有限公司、广东志达家具制造有限公司、广州亮节电子科技有限公司等企业的有关部门负责人进行深入探讨，反复研究本书内容和编写体例等问题，最后确定本书体例并完成书稿。广东科贸职业技术学院李伟章老师也参与了本书内容、编写体例的研讨和组织工作。统稿由黄巨龙、蔡超、程时用三位老师完成。参加本书撰写的作者如下：

单元一　企业常用公务文书　　何劲耘（广东科学技术职业学院）

　　　　　　　　　　　　　　黄巨龙（广东轻工职业技术学院）

单元二　企业总结筹划文书　　余少文（广东女子职业技术学院）

单元三　企业经济调研文书　　蔡天玉（广东药学院）

单元四　企业告启信息文书　　陈倩倩（广东科学技术职业学院）

单元五　企业规章制度文书　　黄爱华（广东女子职业技术学院）

单元六　企业经济契约文书　　周莹萍　王开桃（广东轻工职业技术学院）

单元七　企业会务工作文书　　程时用（广东轻工职业技术学院）

单元八　企业公关礼仪文书　　蔡　超（广东女子职业技术学院）

单元九　企业商务文书　　　　黄巨龙（广东轻工职业技术学院）

　　　　　　　　　　　　　　游晴林（广东科贸职业技术学院）

单元十　企业经济法律文书　　黄巨龙（广东轻工职业技术学院）

单元十一　企业书信与演讲文书　黄　卫　亓　丽（广东轻工职业技术学院）

单元十二　常用专业文书　　黄巨龙（广东轻工职业技术学院）

附录一至二　黄巨龙（广东轻工业职业技术学院）

　　本书从酝酿、研讨、撰写成书历时两年多，参与者贡献了自己多年的教学经验，付出了辛勤的劳动，历尽多次思想碰撞才形成广东高职院校应用写作教学的新模式，这是集体智慧的展现。尤其是企业有关部门负责人对高职院校应用写作教学改革和本书的编写提出了许多宝贵意见，使本书内容更贴近企业实际，更具有高职教育特色。担任本书编写的企业顾问有：

　　广州中国进出口商品交易会企管处处长　张嘉庆

　　广州珠江啤酒集团有限公司党委宣传部部长　李　飞

　　广州珠江啤酒集团有限公司组织人事部部长　陈汝晋

　　南储仓储管理有限公司总裁　彭舜章　副总裁　叶君伟

　　广东志达家具制造有限公司总经理　吴庆朝　电子商务部经理　何佰钊

　　广州亮节电子科技有限公司总裁　廖复河

　　本书在编写过程中，得到暨南大学出版社副编审潘雅琴老师的精心指导，得到上述企业有关部门负责人的热情帮助，在此一并表示衷心感谢！

　　由于本书的写作是探讨高职教材改革的一种尝试，难免存在不足之处，敬请大家提出宝贵的意见，以便修订。在本书编写过程中，引用了许多作者的案例和学术成果，并作了适当标注，若有标注不当或遗漏标注，恳求相关作者谅解，在此表示歉意和衷心感谢！

黄巨龙　蔡　超

2014 年 5 月 18 日于广州

法能兼備

秀外慧中

甲午年黃鈺娟書題

目 录

绪　论

当代职业秘书的主要工作是"三办"，即办文、办会、办事。然而，秘书要做好"三办"工作，则离不开应用文写作。因此，高职院校把"当代企业应用文写作"作为文秘专业工学结合的核心课程，目的是培养文秘专业学生的应用写作能力，为毕业后从事秘书岗位工作奠定坚实的基础。

要学好应用文写作，首先必须了解有关应用文写作的基本知识。

一、应用写作学与应用文写作的概念

（一）应用写作学的概念

应用写作学是研究应用文写作的产生与发展、方法和规律的一门学科。它从属于写作学，是写作学的一个分支，是指导应用文写作的基本理论。

（二）应用文写作的概念

应用文写作，简称"应用写作"，是一门综合性和实践性很强的基础课程，是以拟写应用文为目的的写作实践活动。

由此可见，应用写作学与应用文写作两者有本质的区别。

二、应用文的概念

应用文是指单位或个人为办理公务或私务、传播信息、沟通关系、表达意愿等所形成并使用的，具有直接实用价值和惯用格式或规定程式的文体。

三、应用文的特点

（一）使用范围的广泛性

应用文是社会组织或个人赖以处理公务或私务、传递信息、沟通关系、表达意愿的书面工具，是使用范围最广泛的文体。

（二）解决问题的实用性

应用文是为解决组织或个人的实际问题而写的。实用性是应用文的价值所在、生命所在，是应用文的根本性特征。

（三）约定或法定的程式性

应用文具有约定或法定的格式和处理程序。应用文的惯用格式是人们在长期的实际使用过程中所形成的，是约定俗成的。有些应用文如公务文书则具有法定的格式和处理程序。

（四）反映事物的真实性

应用文写作不同于文学创作，文学创作为了塑造人物形象，可以虚构；应用文却不能虚构，必须实事求是，反映事物要真实、可靠。

（五）功能作用的时效性

应用文必须有成文日期、实施时间或生效时间；应用文的写作要讲究时间与效果，绝不允许延缓拖拉，否则会耽误问题的解决，甚至会导致重大的损失。可见，应用文的功能作用具有很强的时效性。

（六）语言运用的简洁性

应用文应采用事务语体，一般不使用富于描绘性、形象性的词语。用语力求简洁明了，行文要求惜字如金。

四、应用文的语言要求

（一）准确贴切

应用文要求使用含义确定、清楚明白、通俗易懂的词语。既不能使用模棱两可、容易产生歧义的词语，也不能使用过时的、冷僻的词语，更不能生造词语。

（二）简洁明了

应用文要求叙事说理，开门见山；遣词造句，惜字如金。

（三）朴实得体

应用文的朴实是指语言朴实无华，强调直接叙述，不求辞藻华丽，也不追求形象描写，并且不使用含蓄、虚构的写作技巧。

应用文的得体是指根据不同文种的需要，用语讲究分寸，措辞适度得体，一般不使用语气词、感叹词、儿化词以及富于描绘性、形象性的词语。

（四）庄重规范

庄重含端庄、郑重之意，是指企业发文处理有关事件的严正立场和严肃态度。企业的公务文书、经济法律文书、经济契约文书、规章制度文书等庄重性尤为突出。

应用文要求用语规范，使用规范的书面语言和专业术语，如经济合同要使用"定金"而不能使用"订金"。此外，应用文不能使用口语和方言词语，不能使用简称和略语。

五、应用文写作的基本要求

（一）观点正确鲜明

观点正确是指应用文写作的观点必须符合党和国家的方针政策、法律法规，符合事物的发展规律，符合本单位、本部门的实际情况，提出的办法、措施或建议切实可行，能够解决本单位、本部门存在的问题并具有现实的指导意义。

观点不仅要正确，而且要鲜明，即赞成什么，反对什么，态度鲜明，不能含糊其辞；对应负的责任不推诿。

（二）材料真实准确

应用文的写作材料是本单位、本部门作出决策或处理有关事件的依据，必须真实可靠，准确无误。

（三）文风朴实严谨

应用文的写作提倡朴素平实的文风，坚持"文质相称，语无旁溢"的原则。叙事要求直截了当；说理要求平实严谨；说明要求质朴明快；遣词要求通俗易懂。

（四）语言简洁得体

应用文的语言不但要求简明扼要，惜字如金，而且要求语气得体，表达适度。

六、应用文的主旨

（一）应用文主旨的含义

应用文主旨是指作者在文章中通过全部材料表现出来的基本思想和主要观点。它体现了作者的写作意图，反映了作者对所写事物的基本看法和评价。

（二）应用文主旨的作用

（1）主旨是文章的灵魂。应用文与其他文体一样不能没有主旨，否则，文章就丧失了精神元气，就失去了存在的价值，成为文字垃圾。

（2）主旨是文章的统帅。应用文主旨决定了材料的取舍、结构的安排、表达方式和语言的运用。

（三）应用文主旨的要求

（1）正确。正确是指应用文的主旨必须符合党和国家的方针政策、法律法规；符合事物发展规律；符合本企业、本部门的实际情况；提出的办法、措施或建议切实可行，能够解决本单位、本部门的各项活动中存在的问题和具有现实的指导意义。

（2）鲜明。鲜明是指应用文的主旨赞成什么，反对什么，态度鲜明，不含糊其辞；对应负的责任不推诿。

（3）深刻。深刻是指应用文的主旨应揭示事物的本质及其发展规律，提出具有创造性的办法和主张，提出切实可行的措施或建议等。

（4）集中。集中是指应用文的主旨单一，一般要求一文一旨。

七、应用文的材料

（一）应用文材料的含义

凡是用来表现应用文主旨的事实和理论，均可称为材料。它包含两个层面：一是指作者写作前收集和积累的材料，一般称之为原始材料或素材；二是指作者经过加工筛选写进文章中的材料，一般称之为写作材料。写作材料又有事实材料和理论材料之分。

（二）应用文材料的作用

（1）材料是应用文主旨形成的基础。应用文的主旨应在事实材料和理论材料的基础上，经过分析研究而形成。

（2）材料是应用文的血肉。如果说主旨是应用文的灵魂，那么材料就是应用文的血肉。没有血肉的文章是没有生命力的，至少没有说服力。

（3）材料是应用文主旨的支撑。应用文的主旨一旦形成，就必须依靠材料来表现、来支撑，而且要求主旨与材料必须统一。主旨来自材料，主旨又统率材料，写作时必须围绕主旨进行选材和剪裁。

（三）应用文材料的要求

（1）明旨。即要选择最能说明应用文主旨的材料。

（2）真实。即应用文的材料必须真实可靠，准确无误。材料的真实是应用文的生命。只有用真实可靠和准确无误的材料写成的应用文才能得出正确的结论，才有现实的指导意义。

（3）典型。即应用文的材料应具有典型性，能够反映事物的本质特征，能够揭示事物的发展规律。选择具有代表性和说服力的典型材料，通过个别反映一般、个性反映共性，符合人们的认识规律，能够把应用文主旨表现得更加深刻。

（4）新颖。即应用文的材料应是最近发生的事实材料和理论材料。如新事物、新情况、新问题、新观念或新理论等，具有较强吸引力，能够预示事物发展的趋势。当然，旧材料也可以用新视角去挖掘其新的内涵，从而成为新的材料。

单元一　企业常用公务文书

项目1　制作公文格式

任务1-1　制作公文文件格式

知识目标

1. 了解党政机关公文处理基本知识
2. 理解党政机关公文文件格式的要素及要求
3. 掌握党政机关公文行文规则

技能目标

1. 掌握党政机关公文文件格式制作技巧
2. 根据给定材料制作公文文件格式

【项目任务背景A】

（1）广州××贸易总公司，为总结经验，表彰先进，推动公司又好又快发展，经总公司办公会议决定评选"2013年度优秀团队和优秀员工"，并于2014年1月8日上午9：00～11：30在总公司办公楼8楼会议室召开2013年度总结表彰大会，要求董事会成员，事业部、分公司和培训中心正副职负责人，总公司直属部门正副职负责人，优秀团队代表和优秀员工出席大会。参加大会的人数为100人。

（2）根据《广州××贸易总公司关于实施目标管理的考核办法》，经有关部门严格考核和各方代表认真评选，培训中心、企划部、销售部、产品研发部、佛山分公司等5个单位，锐意创新，团结合作，业绩突出，被总公司授予"2013年度优秀团队"称号；该公司李青等20位员工，爱岗敬业，用心做事，表现出色，成绩优秀，被总公司评为"2013年度优秀员工"。

（3）总结表彰大会的主要内容：

①刘××总经理作广州××贸易总公司2013年度实施目标管理工作总结。

②曾××副总经理宣读表彰文件。

③黄××董事长为2013年度优秀团队和优秀员工颁奖。

④培训中心主任张××代表优秀团队发言。

⑤新产品开发部高级工程师鲁××代表优秀员工发言。

⑥副董事长李××代表董事会为此次大会作总结，并宣布总结表彰大会结束。

⑦会后总公司领导与优秀团队代表和优秀员工在公司食堂共进午餐。

（4）写公文请示的材料如下：

①主送机关总公司。

②发文时间为2014年1月6日。

③发文机关是广州××贸易总公司办公室。

④印发机关是广州××贸易总公司办公室。

⑤印发时间与发文时间相同。

⑥会议经费预算：优秀团队，每个单位奖励10 000元，共50 000元；优秀员工每人奖励1 000元，共20 000元；午餐10席，每席1 000元（包括酒水），共10 000元。合计80 000元。

（5）总公司办公室需写一篇请示，请求拨款8万元人民币，作为总结表彰大会的经费。

（6）请你代广州××贸易总公司制作公文上行文文件格式一款和代该公司办公室撰写一篇公文——请示。

【项目任务背景B】

（1）在【项目任务背景A】的基础上，补充如下材料：

①主送机关是各事业部、分公司、总公司直属各部门。

②发文时间为2014年1月6日。

③发文机关是广州××贸易总公司办公室。

④印发机关是广州××贸易总公司办公室。

⑤印发时间与发文时间相同。

（2）总公司要求办公室以广州××贸易总公司的名义写一篇公文——会议通知。

（3）根据【项目任务背景A】和【项目任务背景B】给定的材料，请你代广州××贸易总公司办公室制作下行文文件格式一款，并代广州××贸易总公司写一篇公文——会议通知。

一、任务分析

（1）根据【项目任务背景A】给定的材料，代广州××贸易总公司制作公文上行文文件格式一款，并代广州××贸易总公司办公室写一篇公文——请示。

（2）根据【项目任务背景B】给定的材料，代广州××贸易总公司制作公文下行文文件格式一款，并代广州××贸易总公司写一篇公文——会议通知。

（3）要完成上述任务，必须掌握公文上行文文件格式与下行文文件格式的基本知识和制作技能，掌握公文请示与会议通知的结构形式与写作方法（见项目4-任务4-1和项目2-任务2-1中的"技能演练"）。

二、范文借鉴

（一）上行文文件格式范文

1. 范文

上行文文件格式范文，见范文1-1。

2. 评析

这篇公文有如下几点值得借鉴：

（1）公文格式选用正确。请示，属于上行文，采用上行文文件格式行文，正确。

000001

秘密★1年 （注：此文无公文份数序号、密级和保密期限）

加急

广东××总公司广州分公司文件

（发文机关标志，红色，一号小标宋体）（下空两行）

粤××穗分〔2014〕20号 （4mm） 签发人：黄××

（红色反线与版心同宽，即156mm） （发文字号用六角号）
（下空两行） （标题2号小标宋体）

关于购置网络设备的请示

（下空一行）

总公司：

近期，因用于网络连接的路由器和网络交换机频繁出现故障，导致我司与上级部门和客户网络联系经常中断，严重影响日常工作。经过反复试验分析，并与网络营运商铁通公司沟通，查出其原因为：主要网络设备包括主路由器和主交换机均已使用5年以上，再加上没有备用设备交替使用和机房条件等因素影响，造成设备老化、稳定性能降低、经常出现网络不通或整体网络中断等情况。

为保障网络畅通，避免因设备故障造成网络中断，影响经营信息传递，特申请购置主路由器及主交换机各一台，约需资金叁万元人民币。

特此请示，请批复。

附件：路由器和网络交换机性能检测记录表

广东××总公司广州分公司

2014 年 4 月 28 日

（附注：上行文用）

（联系人：黄××，联系电话：020-3388××××）

（2）格式要素选用合理。

①此文内容没有秘密可言，故不必标注公文份数序号、秘密等级和保密期限。但此文内容涉及事项特别急，影响到该公司所有部门的工作，标注"特急"，合理。

②请示必须有"附注"这一格式要素，标识在成文日期下一行，正确。

（3）字体字号选用正确。请示的版头须有"签发人"这一格式要素，"签发人"三个字用 3 号仿宋体，签发人的姓名用 3 号楷书体，正确。

（4）版面尺寸定位准确。

（5）发文字号编立正确。

（6）页码标注位置正确。

（7）文本排版符合规范。

（二）下行文文件格式范文

1. 范文

下行文文件格式范文，见范文 1 – 2。

2. 评析

这篇公文有如下几点值得借鉴：

（1）公文格式选用正确。

批复，属于下行文，采用下行文文件格式行文，正确。

（2）版面尺寸定位准确。

版面尺寸定位符合下行文文件格式的要求。

（3）格式要素选用合理。

此文内容没有秘密可言，故不必标注公文份数序号、秘密等级和保密期限。但此文内容涉及事项比较急，故需要标注紧急程度。

（4）字体字号选用正确。

选用字体字号符合下行文文件格式的要求。

（5）发文字号编立正确。

此文发文字号符合公文发文字号编立规则。

（6）页码标注位置正确。

此文页码标注符合"单页码居右且右空一个字；双页码居左且左空一个字"的规则。

（7）文本排版符合要求。

正文排版符合《标准》的要求。

三、知识点拨

要制作公文格式，首先要了解公文的基本知识，掌握制作公文格式的技能。

目前我国党政机关公文，执行中共中央办公厅、国务院办公厅于 2012 年 4 月 12 日联合发布的自 2012 年 7 月 1 日起施行的《党政机关公文处理工作条例》（中办发〔2012〕14号）（以下简称新《条例》），现行的 1996 年 5 月 3 日中共中央办公厅发布的《中国共产党机关公文处理条例》（以下简称旧《条例》）和 2000 年 8 月 24 日国务院发布的《国家行政机关公文处理办法》（以下简称旧《办法》）停止执行。

制作公文格式执行《党政机关公文格式（GB/T9704－2012）》（以下简称新《标准》），新《标准》代替了《国家行政机关公文格式（GB/T9704－1999）》（以下简称旧《标准》）。

新《条例》在第四十条中规定："其他机关和单位的公文处理工作，可以参照本条例执行。"新《标准》在"范围"中强调："本标准适用于各级党政机关制发的公文。其他机关和单位的公文可以参照执行。"

本单元介绍党政机关公文的有关知识，参照新《条例》和新《标准》的规定，制作各行各业适用的公文格式和撰写各行各业常用的公文。

（一）公文概念

1. 广义的公文概念

广义的公文是指社会组织用于公务上的文书，简称公文。

2. 狭义的公文概念

狭义的公文是指法定公文，俗称文件，是党政机关以法规形式确立、为处理党政机关公务、具有特定格式和处理程序的文书。

（二）党政机关公文概念

新《条例》在第三条中规定："党政机关公文是党政机关实施领导、履行职能、处理公务的具有特定效力和规范体式的文书，是传达贯彻党和国家方针政策，公布法规和规章，指导、布置和商洽工作，请示和答复问题，报告、通报和交流情况等的重要工具。"

（三）党政机关公文种类

1. 按适用范围分

根据新《条例》第二章规定，党政机关公文种类有15种：

决议、决定、命令（令）、公报、公告、通告、意见、通知、通报、报告、请示、批复、议案、函、纪要。

2. 按行文方向划分

（1）上行文：请示、报告、意见、纪要。

（2）平行文：函、议案、意见、纪要。

（3）下行文：决议、决定、命令（令）、公报、公告、通告、意见、纪要、通知、通报、批复。

意见和纪要是比较特殊的文种，三个方向都可以行文。

3. 按缓急程度划分

①特急；②加急；③平件（不标注）。

电报分为特提、特急、加急、平急和一般文件（不标注）。特提件在发出前要通知对方注意接收，接到文件后要打破常规速度办理；特急件一般要求在一天内办结；加急件一般要求在两三天内办结；平急件是指时限稍缓的事项。

4. 按秘密级别划分

（1）绝密文件。绝密文件是指涉及党和国家最高核心机密的文件。

（2）机密文件。机密文件是指涉及党和国家重要机密的文件。

（3）秘密文件。秘密文件是指涉及党和国家一般秘密的文件。

（4）普通文件。

绝密、机密、秘密文件的保密期限要根据国家保密局发布的《国家秘密保密期限的规定》确定。秘密一般不超过10年；机密一般不超过20年；绝密一般不超过30年；特殊情况为"长期"。

（四）党政机关公文特点

1. 广泛的实用性

党政机关公文属于应用文，实用性是党政机关公文的价值所在、生命所在和根本性特征。

2. 鲜明的政策性

各级党政机关公文是用来贯彻执行党和国家的方针、政策，执行国家的法律法规，丝毫不能偏离党和国家的政治目标和政策轨道，具有鲜明的政策性。

3. 法定的权威性

党政机关公文是法定公文，一经发布，对有关单位或个人都有约束力，有关单位或个人必须严格遵守和执行。另外，在处理公务时，必须以党政机关公文为依据。可见，党政机关公文具有法定的权威性。

4. 确定的对象性

党政机关公文有确定的受文对象，有些公文不是谁都可以看的，具有明确的受文对象。如有些机密文件只能传达到县团级或厅局级。

5. 严格的体式性

党政机关公文中请示、报告属于上行文，必须按上行文文件格式发文；通告、通知、通报、决议、决定等属于下行文，则应使用下行文文件格式发文；函作为平行文必须用信函格式发文；命令则必须按命令格式发文；纪要必须用纪要格式行文。

6. 规范的程序性

我国自2012年7月1日起各级行政党政机关和各行各业制发公文均执行新《条例》和新《标准》的有关规定。党政机关公文发文办理主要程序是：

（1）复核。已经发文机关负责人签批的公文，印发前应当对公文的审批手续、内容、文种、格式等进行复核；需作实质性修改的，应当报原签批人复审。

（2）登记。对复核后的公文，应当确定发文字号、分送范围和印制份数并做好详细记录。

（3）印制。公文印制必须确保质量和时效。涉密公文应当在符合保密要求的场所印制。

（4）核发。公文印制完毕，应当对公文的文字、格式和印刷质量进行检查后分发。

7. 突出的时效性

党政机关公文讲究时间与效果，绝不允许延缓和拖拉，否则会耽误问题的解决。严重的会导致犯罪，即渎职罪。

（五）党政机关公文行文规则

（1）行文应当确有必要，讲求实效，注重针对性和可操作性。

（2）行文关系根据隶属关系和职权范围确定。一般不得越级行文，特殊情况需要越级行文的，应当同时抄送被越过的机关。

（3）向上级机关行文，应当遵循以下规则：

①原则上主送一个上级机关，根据需要同时抄送相关上级机关和同级机关，不抄送下级机关。

②党委、政府的部门向上级主管部门请示、报告重大事项时，应当经本级党委、政府同意或者授权；属于部门职权范围内的事项应当直接报送上级主管部门。

③下级机关的请示事项，如需以本机关名义向上级机关请示，应当提出倾向性意见后上报，不得原文转报上级机关。

④请示应当一文一事。不得在报告等非请示性公文中夹带请示事项。

⑤除上级机关负责人直接交办事项外，不得以本机关名义向上级机关负责人报送公文。

⑥受双重领导的机关向一个上级机关行文，必要时抄送另一个上级机关。

（4）向下级机关行文，应当遵循以下规则：

①主送受理机关，根据需要抄送相关机关。重要行文应当同时抄送发文机关的直接上级机关。

②党委、政府的办公厅（室）根据本级党委、政府授权，可以向下级党委、政府行文，其他部门和单位不得向下级党委、政府发布指令性公文或者在公文中向下级党委、政府提出指令性要求。需经政府审批的具体事项，经政府同意后可以由政府职能部门行文，文中须注明已经政府同意。

③党委、政府的部门在各自职权范围内可以向下级党委、政府的相关部门行文。

④涉及多个部门职权范围内的事务，部门之间未协商一致的，不得向下行文；擅自行文的，上级机关应当责令其纠正或者撤销。

⑤上级机关向受双重领导的下级机关行文，必要时抄送该下级机关的另一个上级机关。

（5）同级党政机关、党政机关与其他同级机关必要时可以联合行文。属于党委、政府各自职权范围内的工作，不得联合行文。党委、政府的部门依据职权可以相互行文。部门内设机构除办公厅（室）外不得对外正式行文。

（六）党的机关公文的发文机关标志

党的机关可以使用发文机关全称或者规范化简称作为发文机关标志，不加"文件"二字。

范例1："中国共产党广东省委员会"（全称）的规范化简称为"中共广东省委员会"。

范例2："中国共产党广东××集团总公司委员会"（全称）的规范化简称为"中共广东××集团总公司委员会"。

范例3："中国共产党广东××职业技术学院委员会"（全称）的规范化简称为"中共广东××职业技术学院委员会"。

000001

秘 密★1年（注：此文无公文份号、密级和保密期限）

加 急

广东××旅游总公司文件

（发文机关标识，红色，一号小标宋体）（下空两行）

（发文字号居中）

（红色间隔线） 粤××总〔2014〕20号

（公文标题用2号小标宋体） （下空两行）

关于申请拨款修建停车场的批复

（下空一行）

××分公司：

你司4月20日《关于申请拨款修建停车场的请示》（粤××河分〔2014〕8号）收悉，经总公司办公会议研究，批复如下：

一、同意你司修建停车场，有关手续请尽快办理。

二、拨款20万元人民币作为你司修建停车场专项包干经费，要求专款专用，不得挪作他用，不足部分请自筹解决。

特此批复。

广东××旅游总公司

2014年4月22日

（黑色反线第 1、3 条略粗，0.35 mm；第 2 条略细，0.25 mm）

抄送：（此文没有抄送机关）

广东××旅游总公司办公室   2014 年 4 月 22 日印发

（版记空白页不标注页码）

（七）国家行政机关公文和其他机关单位的发文机关标志

国家行政机关公文的发文机关标志由"发文机关全称+文件"组成。

范例1：国务院文件。

范例2：××省人民政府文件。

范例3：广东××汽车集团总公司文件。

范例4：广东××职业技术学院文件。

（八）公文格式概述

1. 公文文件格式组成要素

新《标准》将版心内的公文文件格式各要素划分为版头、主体、版记三部分。公文首页红色分隔线以上的部分称为版头（旧《办法》称眉首）；公文首页红色分隔线（不含）以下、公文末页首条分隔线（不含）以上的部分称为主体；公文末页首条分隔线以下、末条分隔线以上的部分称为版记。此外页码位于版心外。

2. 公文用纸主要技术指标

公文用纸一般使用纸张定量为 60 g/m^2 ~ 80 g/m^2 的胶版印刷纸或复印纸。纸张白度 80% ~ 90%，横向耐折度≥15 次，不透明度≥85%，pH 值为 7.5 ~ 9.5。

（1）公文用纸幅面尺寸。

公文用纸采用 GB/T148 中规定的 A4 型纸，其成品幅面尺寸为：210 mm × 297 mm。

（2）公文页边与版心尺寸。

天头（上白边）为：37 mm ± 1 mm；地脚（下白边）为：35 mm ± 1 mm。

订口（左白边）为：28 mm ± 1 mm；翻口（右白边）为：26 mm。

版心尺寸为：156 mm × 225 mm（不含页码）。

如图 1 – 1 所示。

3. 字体和字号

如无特殊说明，公文格式各要素一般用 3 号仿宋体字。特定情况可以作适当调整。

4. 行数和字数

一般每面排 22 行，每行排 28 个字，并撑满版心。特定情况可以作适当调整。

5. 文字的颜色

如无特殊说明，公文中文字的颜色均为黑色。

四、技能演练

（一）上行文文件格式版头组成要素

新《标准》规定，公文上行文文件格式的版头一般由份号、密级和保密期限、紧急程度、发文机关标志、发文字号、签发人、版头中的分隔线等组成。

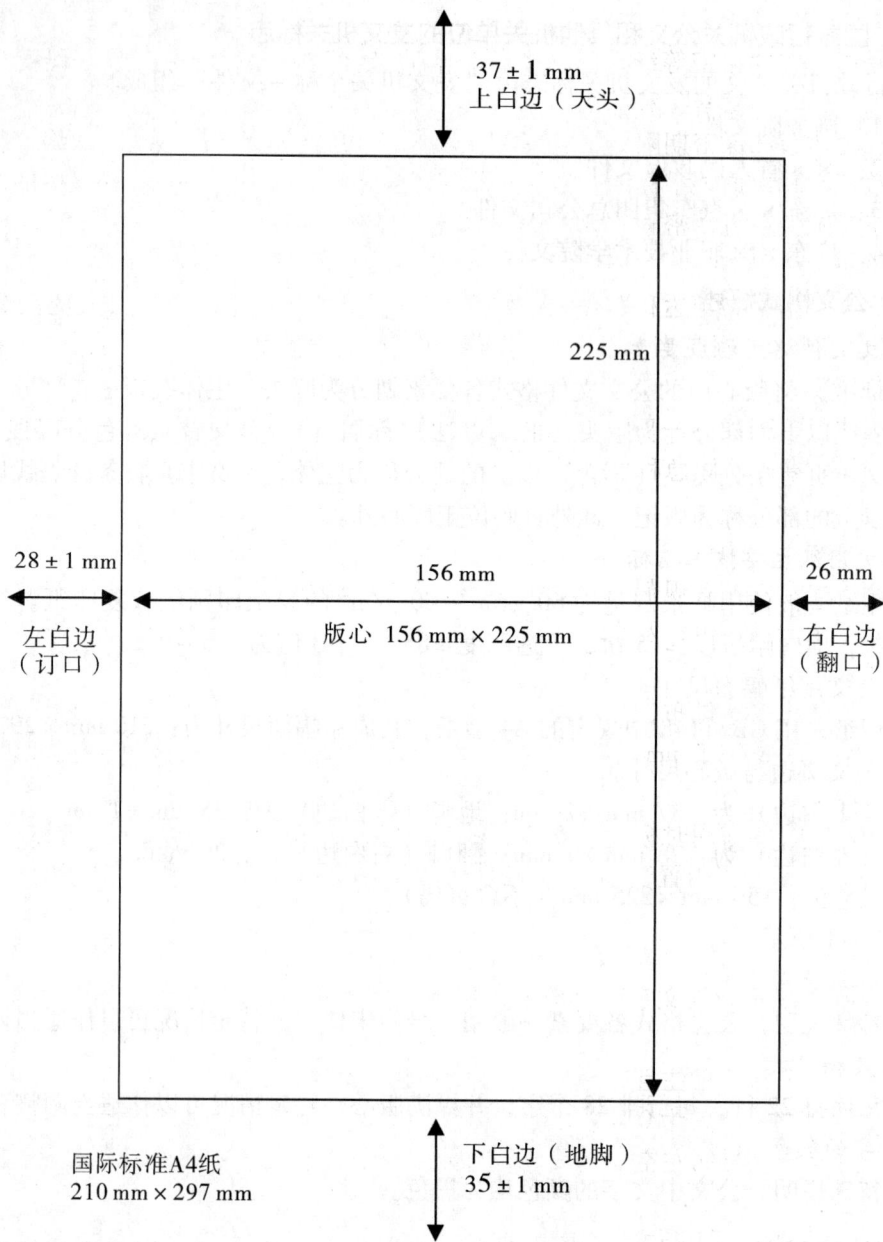

37 ± 1 mm
上白边（天头）

225 mm

28 ± 1 mm

左白边
（订口）

156 mm

版心 156 mm × 225 mm

26 mm

右白边
（翻口）

国际标准A4纸
210 mm × 297 mm

下白边（地脚）
35 ± 1 mm

图 1-1

1. 份号

份号是指公文印制份数的顺序号。新《条例》规定，涉密公文应当标注份号。如需标注份号，一般用6位3号黑体阿拉伯数字，顶格编排在版心左上角第一行。

一般来说，公文份数序号与公文的密级和保密期限有关系，有密级的公文才有公文份数序号。没有密级的公文一般不标注公文份数序号，特殊情况例外。如国务院文件大多数标注公文份数序号。

2. 密级和保密期限

密级是指公文的秘密等级。新《条例》规定，涉密公文应当根据涉密程度分别标注"绝密"、"机密"、"秘密"和保密期限。

如需标注密级和保密期限，一般用3号黑体字，顶格编排在版心左上角第二行；保密期限中的数字用阿拉伯数字标注。密级和保密期限之间用"★"隔开，密级中的两个字之间空一个字。范例：机　密★3年。

3. 紧急程度

紧急程度是指公文送达和办理的时限要求。根据紧急程度，紧急公文应当分别标注"特急"、"加急"，电报应当分别标注"特提"、"特急"、"加急"、"平急"。非紧急公文不标注紧急程度。

如需标注紧急程度，一般用3号黑体字，顶格编排在版心左上角；如需同时标注份号、密级和保密期限、紧急程度，按照份号、密级和保密期限、紧急程度的顺序自上而下分行排列。

4. 发文机关标志

由发文机关全称或者规范化简称加"文件"二字组成，也可以使用发文机关全称或者规范化简称。联合行文时，发文机关标志可以并用联合发文机关名称，也可以单独用主办机关名称。

发文机关标志居中排布，上边缘至版心上边缘为35 mm，发文机关标志上边缘距上页边为72 mm（37 mm＋35 mm＝72 mm）。推荐使用小标宋体字，颜色为红色，以醒目、美观、庄重为原则。

联合行文时，如需同时标注联署发文机关名称，一般应当将主办机关名称排列在前；如有"文件"二字，应当置于发文机关名称的右侧，以联署发文机关名称为准，上下居中排布。

5. 发文字号

新《条例》规定，发文字号由发文机关代字、年份、发文顺序号组成。联合行文时，使用主办机关的发文字号。

年份用阿拉伯数字标注且应标全称，用六角括号"〔〕"括入；发文顺序号不加"第"字，不编虚位（即1不编为01），在阿拉伯数字后加"号"字。

上行文的发文字号居左空一字编排，与最后一个签发人姓名处在同一行。

6. 签发人

新《标准》规定，上行文应当标注签发人姓名。由"签发人"三字加全角冒号和签发人姓名组成，居右空一字，编排在发文机关标志下空两行的位置。"签发人"三字用3号仿宋体字，签发人姓名用3号楷体字。

如有多个签发人，签发人姓名按照发文机关的排列顺序从左到右、自上而下依次均匀编排，一般每行排两个姓名，回行时要与上一行第一个签发人姓名对齐。

7. 版头中的分隔线

发文字号之下4 mm处居中印一条与版心等宽的红色分隔线。

（二）上行文文件格式的主体组成要素

新《标准》规定，公文上行文文件格式的主体一般由标题、主送机关、正文、附件说明、发文机关署名、成文日期和印章、附注、附件等组成。

1. 标题

新《条例》规定，公文标题由发文机关名称、事由和文种组成。

一般用 2 号小标宋体字，编排于红色分隔线下空两行的位置，分一行或多行居中排布；回行时，要做到词意完整、排列对称、长短适宜、间距恰当，标题排列应当使用梯形或菱形。

2. 主送机关

主送机关是指公文的主要受理机关，应当使用机关全称、规范化简称或者同类型机关统称。

编排于标题下空一行的位置，居左顶格，回行时仍需顶格，最后一个机关名称后标全角冒号。如主送机关名称过多导致公文首页不能显示正文时，应当将主送机关名称移至版记"抄送"的位置上，与主送机关的标注方法相同。

3. 正文

正文是公文的主体，用来表述公文的内容。公文首页必须显示正文。

一般用 3 号仿宋体字，编排于主送机关名称的下一行，每个自然段开头左空两个字间距，回行顶格。文中结构层次序数依次可以用"一、"、"（一）"、"1."、"（1）"标注；一般第一层用黑体字、第二层用楷体字、第三层和第四层用仿宋体字标注。

4. 附件说明

附件说明是指公文附件的顺序号和名称。

如有附件，在正文下空一行左空两个字编排"附件"二字，后标全角冒号和附件名称。如有多个附件，使用阿拉伯数字标注附件顺序号（如"附件：1.××××"）；附件名称后不加标点符号。附件名称较长需回行时，应当与上一行附件名称的首字对齐。

5. 发文机关署名、成文日期和印章

发文机关署名是署发文机关全称或者规范化简称。

成文日期是署会议通过或者发文机关负责人签发的日期。联合行文时，署最后签发机关负责人签发的日期。

新《条例》规定，公文中有发文机关署名的，应当加盖发文机关印章，并与署名机关相符。有特定发文机关标志的普发性公文和电报可以不加盖印章。

（1）加盖印章的公文。

成文日期一般右空四字编排，印章用红色，不得出现空白印章。

单一机关行文时，一般在成文日期之上、以成文日期为准居中编排发文机关署名，印章端正、居中下压发文机关署名和成文日期，使发文机关署名和成文日期居印章中心偏下位置，印章顶端应当上距正文（或附件说明）一行之内。

联合行文时，一般将各发文机关署名按照发文机关顺序整齐排列在相应位置，并将印章一一对应、端正、居中下压发文机关署名，最后一个印章端正、居中下压发文机关署名和成文日期，印章之间排列整齐、互不相交或相切，每排印章两端不得超出版心，首排印章顶端应当上距正文（或附件说明）一行之内。

（2）不加盖印章的公文。

单一机关行文时，在正文（或附件说明）下空一行右空两个字编排发文机关署名，在发文机关署名下一行编排成文日期，首字比发文机关署名首字右移两个字，如成文日期长于发文机关署名，应当使成文日期右空两个字编排，并相应增加发文机关署名右空字数。

联合行文时，应当先编排主办机关署名，其余发文机关署名依次向下编排。

党政机关有特定发文机关标志的普发性公文可以不加盖印章。新《条例》没有将"纪要"列入不加盖印章的情形和文种，因此，"纪要"应加盖印章，这与旧《办法》不同。

（3）加盖签发人签名章的公文。

单一机关制发的公文加盖签发人签名章时，在正文（或附件说明）下空两行右空四个字加盖签发人签名章，签名章左空两个字标注签发人职务，以签名章为准，上下居中排布。在签发人签名章下空一行右空四个字编排成文日期。

联合行文时，应当先编排主办机关签发人职务、签名章，其余机关签发人职务、签名章依次向下编排，与主办机关签发人职务、签名章上下对齐；每行只编排一个机关的签发人职务、签名章；签发人职务应当标注全称，签名章一般用红色。

（4）成文日期中的数字。

用阿拉伯数字将年、月、日标全，年份应标全称，月、日不编虚位（即1不编为01）。

（5）特殊情况说明。

当公文排版后所剩空白处不能容下印章或签发人签名章、成文日期时，可以采取调整行距、字距的措施解决。

6. 附注

附注是公文印发、传达范围等需要说明的事项。如有附注，居左空两个字加圆括号编排在成文日期的下一行。新《条例》规定，"请示"件应在附注处注明联系人姓名和联系电话。

7. 附件

附件是对公文正文的说明、补充或者参考资料。

附件应当另面编排，并在版记之前，与公文正文一起装订。"附件"二字及附件顺序号用3号黑体字顶格编排在版心左上角第一行。附件标题居中编排在版心第三行。附件顺序号和附件标题应当与附件说明的表述一致。附件格式要求同正文。

如附件与正文不能一起装订，应当在附件左上角第一行顶格编排公文的发文字号并在其后标注"附件"二字及附件顺序号。

（三）上行文文件格式版记组成要素

新《标准》规定，公文上行文文件格式的版记要素一般由版记中的分隔线、抄送机关、印发机关和印发日期等组成。

1. 版记中的分隔线

版记中的分隔线与版心等宽，首条分隔线和末条分隔线用粗线（推荐高度为0.35 mm），中间的分隔线用细线（推荐高度为0.25 mm）。首条分隔线位于版记中第一个要素之上，末条分隔线与公文最后一面的版心下边缘重合。

2. 抄送机关

抄送机关是除主送机关外需要执行或者知晓公文内容的其他机关，应当使用机关全称、规范化简称或者同类型机关统称。

如有抄送机关，一般用4号仿宋体字，在印发机关和印发日期之上一行、左右各空一字编排。"抄送"二字后加全角冒号和抄送机关名称，回行时与冒号后的首字对齐，最后一个抄送机关名称后标句号。

公文首页必须显示正文。如果主送机关较多，首页不能显示正文时，需把主送机关移至版记处，除将"抄送"二字改为"主送"外，编排方法同抄送机关。既有主送机关又有抄送机关时，应当将主送机关置于抄送机关的上一行，之间不加分隔线。

3. 印发机关和印发日期

印发机关是公文的送印机关；印发日期是公文的送印日期。

印发机关和印发日期一般用4号仿宋体字，编排在末条分隔线之上，印发机关左空一字，印发日期右空一字，用阿拉伯数字将年、月、日标全，年份应标全称，月、日不编虚位（即1不编为01），后加"印发"二字。

版记中如有其他要素，应当将其与印发机关和印发日期用一条细分隔线隔开。

4. 上行文文件格式的页码

公文格式的页码，一般用4号半角宋体阿拉伯数字，编排在公文版心下边缘之下，数字左右各放一条一字线；一字线上距版心下边缘7 mm。单页码居右空一字，双页码居左空一字。公文的版记页前有空白页的，空白页和版记页均不编排页码。公文的附件与正文一起装订时，页码应当连续编排。

（四）制作上行文文件格式的操作步骤

制作上行文文件格式应在电脑上操作，要用圆括号注明版面尺寸、字体字号和颜色。

1. 选择合格公文用纸

根据新《标准》规定，公文用纸一律使用国际标准A4型纸，纸张定量建议用为80 g/m^{2}的胶版印刷纸或复印纸为好，因为公文文本应双面打印。

2. 准确定位版面尺寸

根据新《标准》规定，确定公文的版面尺寸，如图1-1所示。

天头（上白边）为：37 mm±1 mm；地脚（下白边）为：35 mm±1 mm。

订口（左白边）为：28 mm±1 mm；翻口（右白边）为：26 mm。

版心尺寸为：156 mm×225 mm（不含页码）。

3. 选用规定字体字号

根据新《标准》规定，正确选用字体字号。

（1）文中结构层次序数依次可以用"一、"、"（一）"、"1."、"（1）"标注；一般第一层用黑体字、第二层用楷体字、第三层和第四层用仿宋体字标注。

（2）抄送机关，一般用4号仿宋体字；印发机关一般用4号仿宋体字；印发日期使用阿拉伯数字的4号仿宋体字。

（3）成文日期用阿拉伯数字将年、月、日标全，用3号仿宋体字。

（4）"签发人"三字用3号仿宋体字，签发人姓名用3号楷体字。

（5）公文正文中的份号、密级和保密期限、紧急程度等使用3号黑体字。

（6）发文机关标志使用初号小标宋体字；公文标题使用2号小标宋体字。

（7）公文格式的页码，一般用 4 号半角宋体阿拉伯数字。

（8）其他没有特别说明一律使用 3 号仿宋体字。

4. 合理选用各部要素

一般来说，公文份数序号与公文的密级和保密期限有关系，有密级的公文才有公文份号。没有密级的公文一般不标注公文份号，特殊情况例外，如国务院文件大多数有公文份号。内容非保密的公文不标注密级和保密期限；内容非紧急的公文不能标注紧急程度。

5. 正确编立发文字号

发文字号由发文机关代字、年份和序号组成。发文机关标识下空两行，用 3 号仿宋体字，居中排布；年份、序号用阿拉伯数码标识；年份应标全称，用六角括号"〔〕"括入；序号不编虚位，不加"第"字，即 1 不编为第 001 号。

范例 1：广州市人民政府于 2014 年发的第 68 号函件。

发文字号为：穗府函〔2014〕68 号

范例 2：广东省人民政府办公厅于 2014 年发的第 8 号文件。

发文字号为：粤府办〔2014〕8 号

范例 3：广东轻工职业技术学院教务处于 2014 年发的第 18 号文件。

发文字号：粤轻院教〔2014〕18 号

范例 4：广东速达物流总公司于 2014 年发的第 28 号函件。

发文字号：粤速达总函〔2014〕28 号

特别提醒：公司代字应连写两个字。如广东速达物流总公司，其公司代字应是"粤速达总"，而不是"粤速物总"。如发的是函件，其公司代字应加上一个"函"字，即"粤速达总函"。

6. 规范排版文本内容

发文机关标志的排版：单一机关发文，发文机关标志不论字数多少，只能排一行；两个或两个以上机关联合发文，发文机关标志中的"发文机关名称"分两行或两行以上并列排版，"文件"两个字居发文机关名称右边，并居于两行的中间或多行中的中间一行，字体稍大。

正文用 3 号仿宋体字，一般每面排 22 行，每行排 28 个字。

当正文排版后所剩下空白处不能盖上印章时，应采用调整行距、字距方法进行技术处理，务必使印章与正文在同一个页面上，不能采用"此页无正文"的方法来解决。

版记位于"双数页码"上部，最后一条黑色反线距下页边 35 mm ±1 mm。

7. 正确标注文本页码

文本页码一般用 4 号半角宋体阿拉伯数字标注，编排在公文版心下边缘之下，数字左右各放一条一字线；一字线上距版心下边缘 7 mm。单页码居右空一字，双页码居左空一字。公文的版记页前有空白页的，空白页和版记页均不编排页码。公文的附件与正文一起装订时，页码应当连续编排。

8. 套红双面打印文本

发文机关标志、红色分隔线、印章用红色套印，其他格式要素如没有特别说明，均为黑色；公文文本应双面打印。

9. 正确装订公文文本

公文应当左侧装订，不掉页，两页页码之间误差不超过 4 mm，裁切后的成品尺寸允许误差 ±2 mm，四角成 90°，无毛茬或缺损。

骑马订或平订的公文应当：

（1）订位为两钉外订眼距版面上下边缘各 70 mm 处，允许误差 ±4 mm。

（2）无坏钉、漏钉、重钉，钉脚平伏牢固。

（3）骑马订钉锯均订在折缝线上，平订钉锯与书脊间的距离为 3 ~ 5 mm。

包本装订公文的封皮（封面、书脊、封底）与书芯应吻合、包紧、包平、不脱落。

（五）制作下行文文件格式

1. 下行文文件格式与上行文文件格式比较

下行文格式与上行文格式比较有如下不同：

（1）下行文文件格式没有签发人。

（2）下行文文件格式的发文字号编排在发文机关标志下空两行的位置，居中排布。

（3）下行文文件格式没有附注。

下行文文件格式除以上三点不同之外，其他的格式要素与上行文格式要素完全相同。

2. 制作下行文文件格式的技能和步骤（与制作上行文文件格式完全相同，在此不作赘述）

五、病文诊治

（一）病文

下行文病文，如病文 1 – 1 所示。

（二）诊治

这篇批复存在的毛病比较多，诊治如下：

（1）发文机关标志错误。发文机关标志不能只写发文机关名称，应改为：佛山××集团总公司文件。

（2）发文字号编立错误。机关代字不正确，年份不能用方括号括入，应使用六角号，序号不能编虚位，应改为：禅××总〔2014〕7 号。正文中"梅分司［2014］03 号"犯有同样的错误，应改为：梅分司〔2014〕3 号。

（3）字体字号多处错误。发文机关标志的字体不对，应使用初号小标宋体，而不是黑体字；公文标题字体字号不对，应使用 2 号小标宋体；正文字体不对，应使用 3 号仿宋体。

（4）成文日期书写错误。公文成文日期数字不能使用汉字小写，应使用阿拉伯数字，这与旧《标准》刚好相反；单一机关发文的成文日期的"日"字右边应空四个字。

（5）没有落款。单一机关发文要落款，即写发文机关名称，不能直接加盖印章，这与旧《标准》刚好相反。

（6）印章的位置不对。印章与正文必须在同一个页面上，不能是空白章。应作技术处理，拉开正文的字距和行距，使第二页至少有两行正文。

（7）页码位置标注错误。页码标注违反"单页码居右空一字，双页码居左空一字"

的规则。

（8）印发机关位置错误。印发机关左边不能顶格书写，应左空一字。

（9）印发日期位置错误。印发日期右边不能顶格书写，应右空一字。

（10）版面尺寸定位错误。发文机关标志上边缘距版心上边缘没有 35 mm；发文机关标志下没有空两行，应在发文机关标识下两行，书写发文字号，每行以 3 号仿宋体大小为标准；红色反线下面没有空两行，应在红色反线下面空两行，书写公文标题，每行以 3 号仿宋体大小为标准。

（11）结束语位置错误。公文结束语应另起一行左空两个字书写。

（12）版记多了主题词。新《标准》的版记没有主题词，这与旧《标准》刚好相反。

六、相关知识拓展

（一）我国四种法定公文

（1）中共中央办公厅、国务院办公厅于 2012 年 4 月 12 日联合发布的自 2012 年 7 月 1 日起施行的《党政机关公文处理工作条例》（中办发〔2012〕14 号）规定的 15 种党政机关公文。

（2）由全国人大常委会办公厅 2000 年 11 月 15 日印发的《人大机关公文处理办法》规定的 19 种人大机关公文。

（3）由中央军委办公厅 1992 年 3 月 30 日印发的《中国人民解放军机关公文处理条例》规定的 13 种军队机关公文。

（4）由最高人民法院 1996 年 4 月 9 日印发的《人民法院公文处理办法》规定的 13 种人民法院公文。

（二）公文格式常见的错误

（1）版面尺寸不准确。

（2）格式要素选用不合理。

（3）没有发文机关标志。

（4）发文字号编立不正确。

（5）上行文（请示、报告）没有签发人。

（6）公文标题缺少要素、用词不当。

（7）字体字号选用不正确。

（8）正文排版不正确。

（9）结束语选用不当。

（10）文种选用错误。

（11）附件格式不规范。

（12）成文日期格式不规范。

（13）抄送不规范（乱抄送或抄送领导个人等）。

（14）版记要素不全或多余。

（15）页码标注错误。

（16）"请示"文种缺附注。

（17）信函格式首页显示页码。

（18）印章、成文日期与正文不在一个页面上。

（三）新《标准》与旧《标准》公文格式变化

新《标准》与旧《标准》公文格式变化表

行文关系	原格式	新格式
上行文	发文机关标志上边缘距上页边为 117 mm	发文机关标志上边缘距上页边为 72 mm
下行文（平行文）	发文机关标志距上页边为 62 mm	
信函格式	发文机关名称上边缘距上页边为 30 mm	发文机关标志上边缘距上页边为 30 mm
纪要格式	会议纪要标志由"×××××会议纪要"组成，上边缘距上页边为 62 mm	纪要标志由"××××纪要"组成，上边缘距上页边为 72 mm

七、模拟写作实训

（一）实训任务

根据【项目任务背景 A】和【项目任务背景 B】给定的材料，请你代广州××贸易总公司制作公文下行文和上行文文件格式一套，并写两篇公文——请示和会议通知。

（二）实训要求

（1）版面尺寸定位准确。

（2）各部要素选用合理。

（3）字体字号选用正确。

（4）发文字号编立正确。

（5）页码标注位置正确。

（6）文本排版符合要求。

佛 山 ×× 集 团 总 公 司

佛×总司［2014］007号

关于举行 BY-12 系列新产品展销会的批复

××分公司：

　　你司 4 月 18 日《关于举行 BY-12 系列新产品展销会的请示》（梅分司［2014］03 号）收悉。经研究，现批复如下：

　　一、同意你公司举行 BY-12 系列新产品展销会，所需经费 12 万元人民币在新产品开发基金中列支。总公司黄×× 董事长和张××总经理将出席新产品展销会开幕式。

　　二、为了推介 BY-12 系列新产品，提高该系列产品的知名度，请你司邀请 ×× 市新闻媒体的领导和记者出席新产品展销会开幕式，并报道新产品展销会的情况。

　　三、总公司要求你司发扬团队合作精神，认真做好新产品展销会的各项准备工作，尤其是广告宣传工作，按期举行新产品展销会，并取得圆满成功。特此批复。

二〇一四年四月二十日

任务1-2 制作公文信函格式与纪要格式

知识目标

1. 了解党政机关公文信函格式与纪要格式的知识
2. 理解党政机关公文信函格式与纪要格式的要素及要求
3. 掌握公文文件格式与信函格式的区别
4. 掌握公文文件格式与纪要格式的区别

技能目标

1. 掌握公文信函格式与纪要格式的制作技巧
2. 根据给定材料，制作公文信函格式与纪要格式

【项目任务背景A】

1. 广东××家具总公司最近开发"QQ-2013系列新产品"，该公司为了推介××家具QQ-2013系列新产品，提高该系列产品的知名度，董事会决定，于2013年8月18日在广州天河广场举行"××家具QQ-2013系列新产品发布会"。

2. 广东××家具总公司于2013年8月18日上午10：30在广州天河广场举行"××家具QQ-2013系列新产品发布会"开幕式。邀请××电视台的领导出席开幕式，邀请广州××电视台派新闻记者报道开幕式的情况。

3. 该公司要把"××家具QQ-2013系列新产品发布会"开幕式的有关事项告知广州电视台。请代广东××家具总公司拟写一篇公文（函）给××电视台。成文日期与印发日期均为2013年8月8日。

4. ××电视台于2013年8月8日收到广东××家具总公司的函后，经该台办公会议研究，拟派副台长×××（假设姓名）出席开幕式，并派×××（假设姓名）等3名新闻记者对"××家具QQ-2013系列新产品发布会"开幕式的情况进行报道。该台于2013年8月10日给广东××家具总公司复函，成文日期与印发日期相同。

请你代广东××家具总公司制作一款公文信函格式。

【项目任务背景B】

1. 2013年7月20日上午8：30至11：30，李××总经理主持召开"关于开发东南亚旅游市场研讨会"，总公司全体领导、各分公司和总公司直属各部门负责人参加了会议。

2. 会议听取了黄××副总经理代表总公司所作的《关于开发东南亚旅游市场的预测报告》、市场部刘××部长《关于开发东南亚旅游市场的方案》所作的说明和市场部杨××副部长所作的《关于开发东南亚旅游市场的调查报告》。与会人员对以上三个文件和开发东南亚旅游市场的优势、困难和前景进行了认真的分析和深入的讨论。

3. 会议认为，开发东南亚旅游市场势在必行，前景广阔。

4. 与会人员一致认为，《关于开发东南亚旅游市场的方案》基本可行，有些地方有待修改和补充。

5. 会议决定，由市场部刘××部长负责收集整理员工的意见，修改《关于开发东南亚旅游市场的方案》。

6. 会议强调，各分公司和总公司直属各部门负责人会后，要及时传达此次会议的精神，发动本单位的员工，认真学习和讨论《关于开发东南亚旅游市场的方案》，收集员工的意见，汇总给市场部刘××部长。

7. 会议希望，公司全体员工同心同德、出谋献策、团结合作，为公司成功开发东南亚旅游市场作出积极的贡献。

8. 参加人员有李××总经理，黄××副总经理，张××副总经理，市场部刘××部长和杨××副部长，罗××财务总监，林××主任（总公司办公室），各分公司和总公司直属其他部门负责人。

9. 广东××旅游总公司办公室根据要求，就"关于开发东南亚旅游市场研讨会"情况，撰写一篇会议纪要，并印发总公司领导、各分公司和总公司直属各部门。

10. 总公司领导有总经理、副总经理、财务总监、行政总监。

11. 成文日期为：2013 年 7 月 20 日；印发日期为：2013 年 7 月 20 日。

12. 印发机关为：广东××旅游总公司办公室。

请你代广东××旅游总公司办公室制作一款公文纪要格式。

一、任务分析

1. 根据【项目任务背景 A】，请你代广东××家具总公司制作一款公文信函格式，并代广东××家具总公司拟写一篇函；代××电视台拟写一篇复函。

2. 根据【项目任务背景 B】，请你代广东××旅游总公司办公室制作一款公文纪要格式，并代广东××旅游总公司拟写一篇会议纪要。

3. 要完成上述任务，必须对下列几个问题进行认真分析：

（1）在新《条例》和新《标准》中，规定的信函格式与纪要格式的构成要素有哪些？具体要求是什么？（见附录一和附录二）

（2）公文函与复函的结构形式和写作方法（见项目 5 - 任务 5 - 1 中的"技能演练"）。

（3）纪要的结构形式与写作方法（见项目 5 - 任务 5 - 2 中的"技能演练"）。

二、范文借鉴

（一）信函格式范文

1. 范文

信函格式范文，见范文 1 - 3。

2. 评析

这篇公文有如下几点值得借鉴：

（1）公文格式选用正确。

函，属于平行文，采用信函格式行文，正确。

（2）版面尺寸定位准确。

版面尺寸定位符合信函格式的要求。

（3）各部要素选用合理。

此文内容没有秘密可言，故不必标注公文份数序号、秘密等级和保密期限。但此文要办的事项比较急，故可用紧急程度——"加急"标注在版头上。

（推荐小标宋体套红色）　（发文机关标志上边缘距离上页边30mm）

广东××物流有限公司

（红色双线线长170mm）

000001　　　　　　　　　　　粤××函〔2014〕18号

秘　密★1年（注：此文无公文份数序号、秘密等级和保密期限）

加　急　　（3号黑体字）

（标题2号小标宋）　　　　　　　（下空两行）

关于选派青年教师到公司挂职锻炼的复函

（下空一行）

广东××职业技术学院：

　　贵院2014年2月18日《关于选派青年教师到公司挂职锻炼的函》（粤×院〔2014〕28号）收悉。经我司办公会议研究，现答复如下：

　　一、同意贵院派2名青年教师到我司挂职锻炼，时间为：2014年3月1日至2014年7月31日。

　　二、我司负责安排贵院所派教师适当的工作岗位，按公司规定的标准支付食宿费用和交通补贴，不发工资。

　　三、挂职锻炼期间贵院所派教师须遵守我司的各项规章

（红色双线线长170mm，距离下页边20mm）　　　　　（首页不标页码）

制度。

四、挂职锻炼期满，我司出具所派教师工作表现鉴定表

和有关证明。

特此函复。

附件：1. 广东××物流有限公司借调人员住宿、伙食和

交通补贴标准

2. 广东××物流有限公司借调人员管理办法

广东××物流有限公司

2014 年 2 月 22 日

抄送：公司董事会

000001 （份数序号、秘密等级和保密期限、紧急程度，均用 3 号黑体字)

秘　密★1 年 （注：此文无公文份数序号、秘密等级和保密期限、紧急程度）

加　急 （发文机关标志上边缘距版心上边缘 35 mm，推荐用小标宋，套红）

广东××物流总公司会议纪要

（下空两行）

粤××总〔2014〕8 号

（下空两行）

第十次董事（扩大）会议纪要

　　我司于2014年1月8日在广州迎宾馆8楼商务中心会议室举行了第十次董事（扩大）会议，会议由邹××副董事长主持，会议从上午9：00开始，至下午5：00结束。黄××董事长在会上作题为《机遇与挑战并存——物流行业竞争情况透视与对策》的报告，全体董事、总经理、财务总监、行政总监、副总经理、各分公司和职能部门负责人参加了会议。

　　现将会议主要事项纪要如下：

　　会议听取了黄××董事长在会上作题为《机遇与挑战并存——物流行业竞争情况透视与对策》的报告。

　　与会人员分成三个小组对黄董事长的报告进行了认真

讨论。

会议认为，黄董事长的报告关于近几年来物流行业竞争情况的阐述客观实际，分析精辟透彻；报告关于如何抓住机遇，如何面临挑战的对策可行。与会人员就抓住机遇和应对挑战的对策的具体内容展开了热烈的讨论，达成了共识，并提出了具体的措施。

会议议定如下事项：

一、为了增强参与国际市场的竞争力，促进公司又好又快发展，公司决定引进国内外新技术和设备，建立现代物流中心。该项目由邹××副董事长负责筹建。

二、总公司增设信息部，以便及时掌握国际和国内的物流信息，为总公司经营决策提供信息服务。该项目由邓××副经理负责筹建。

三、提高对"信息+人才+管理=效益"的认识，加大人才引进的力度。由人力资源部程××经理负责，组织有关人员，通过各种途径高薪聘请高级管理人才，并举办不同类型的培训班，从公司内部培养和选拔适应公司发展的各类人才。

四、健全完善激励机制，全面实施目标管理，鼓励各分公司采取灵活多样的经营方式，开拓物流目标市场。

会议希望，全体员工要认真贯彻落实第十次董事（扩大）

会议精神，抓住机遇，团结协作，开拓进取，用心做事，为总公司又好又快发展作出新的贡献。

（空1行）

出席：黄××（董事长）、邹××（副董事长）、赵××（董事）、关××（董事）、刘××（董事）、黄××（董事）、王××（董事）、郑××（董事）。

请假：马××（董事）。

列席：李××财务总监、邱××行政总监，周××总经理、邓××副经理，各分公司、职能部门负责人等。

广东××物流总公司

2014年1月10日

分送：董事长、副董事长，总经理、副总经理，各事业部、
　　　各分公司，总公司直属各部门。

广东××物流总公司办公室　　　　　2014 年 1 月 10 日印发

（版记空白页不标注页码）

范文 1-4

（4）字体字号选用正确。

选用字体字号符合信函格式的要求。

（5）发文字号编立正确。

此文发文字号符合公文发文字号编立规则。

（6）页码标注位置正确。

此文页码标注符合信函格式的要求。首页不显示页码，页码从第二页开始标注，正确。

（7）文本排版符合要求。

正文排版符合《标准》的要求。

（二）纪要格式范文

1. 范文

纪要格式范文，见范文 1－4。

2. 评析

这篇公文有如下几点值得借鉴：

（1）公文格式选用正确。

纪要是指记载会议主要情况和议定事项的公文。根据新《标准》有关规定，纪要应使用纪要格式行文。

（2）版面尺寸定位准确。

版面尺寸定位符合纪要格式的要求。

（3）各部要素选用合理。

此文内容没有秘密和紧急可言，故不必标注公文份数序号、秘密等级和保密期限、紧急程度。

（4）字体字号选用正确。

选用字体字号符合纪要格式的要求。

（5）发文字号编立正确。

（6）页码标注位置正确。

此文页码标注符合纪要格式的要求：单页码居右空一字，双页码居左空一字。

（7）文本排版符合要求。

正文排版符合新《标准》的要求。

三、知识支撑

（一）公文信函格式概述

信函格式是公文的特定格式。信函格式的具体情况简述如下：

1. 公文信函格式的组成

信函格式由版头、主体和版记三部分组成。

2. 公文信函格式各部分的组成要素

（1）信函格式版头一般由发文机关标志、份号、密级和保密期限、紧急程度、发文字号和两条红色双线等组成。

（2）信函格式主体的格式要素一般由标题、主送机关、正文、附件说明、发文机关署名、成文日期和印章、附件等组成。

（3）信函格式版记的格式要素只有抄送机关。新《标准》规定，版记不加印发机关和印发日期、分隔线，位于公文最后一面版心内最下方。

3. 信函格式与上行文文件格式的不同点

（1）版头要素不同。信函格式版头要素没有签发人一项。

（2）发文机关标志不同。新《标准》规定，信函格式发文机关标志写发文机关全称或者规范化简称，没有"文件"二字，居中排布。联合行文时，使用主办机关标志。也就是说，联合行文时，只使用主办机关标志，而不是所有发文机关都写上。这与旧《办法》不同。

（3）版头尺寸不同。信函格式发文机关标志上边缘至上页边为 30 mm；发文机关标志下 4 mm 处印一条红色双线（上粗下细，旧《办法》称"武文线"）；距下页边 20 mm 处印一条红色双线（上细下粗，旧《办法》称"文武线"）；这两条红色双线线长均为 170 mm，居中排布。

（4）格式要素标识位置不同。

①新《标准》规定，如需标注份号、密级和保密期限、紧急程度，应当顶格居版心左边缘编排在第一条红色双线下，按照份号、密级和保密期限、紧急程度的顺序自上而下分行排列，第一个要素与该线的距离为 3 号汉字高度的 7/8。

②发文字号顶格居版心右边缘编排在第一条红色双线下，与该线的距离为 3 号汉字高度的 7/8。信函的发文字号代字最后一个字是"函"。

范例 1：粤旅游总函〔2014〕38 号。（广东旅游总公司于 2014 年发的第 38 号函件）

范例 2：穗府办函〔2014〕28 号。（广州市人民政府于 2014 年发的第 28 号函件）

③标题居中编排，与其上最后一个要素相距两行。

④第二条红色双线上一行如有文字，与该线的距离为 3 号汉字高度的 7/8。

（5）主体要素不同。信函格式主体要素没有附注一项。

（6）页码标注不同。新《标准》规定，信函格式首页不显示页码。第 2 页显示"—2—"，且左空一字。

（7）版记要素不同。版记不加印发机关和印发日期、分隔线，位于公文最后一面版心内最下方。

（8）函必须用信函格式行文，但信函格式并非是函的专利，有些文种也可用信函格式行文，如通知、意见、通报等文种。特别提醒，请示和报告不能用信函格式行文。

公文信函格式样板如范文 1-3 所示。

（二）纪要格式

纪要格式是公文的特定格式。纪要格式的具体情况简述如下：

1. 纪要格式组成要素

纪要格式由版头、主体、版记组成。

2. 纪要格式各部分的组成要素

（1）纪要格式版头。

一般由份号、密级和保密期限、紧急程度、发文机关标志、发文字号、版头中的分隔线等组成。

（2）纪要格式主体。

一般由标题、正文、出席（请假或列席）、发文机关署名、成文日期和印章等组成。

（3）纪要格式版记。

一般由分送机关、印发机关、印发日期、分隔线等组成。

3. 纪要格式与上行文文件格式的不同点

（1）版头要素不同。

①纪要没有"签发人"与"签发人姓名"一项。

②纪要的发文机关标志由"××××纪要"组成，如"单位名称＋会议＋纪要"组成。

范例1：广东××皮革总公司会议纪要

范例2：××市人民政府办公会议纪要

③纪要发文字号居中排布。

（2）主体要素不同。

①没有主送机关。纪要的主送机关放至版记的抄送的位置上，把"抄送"改为"分送"。

②没有附注。纪要不是上行文，所以，不用附注。

③一般有出席人员名单、请假和列席人员名单三项要素。

标注出席人员名单，一般用3号黑体字，在正文或附件说明下空一行左空两个字编排"出席"二字，后标全角冒号，冒号后用3号仿宋体字标注出席人单位、姓名，回行时应与冒号后的首字对齐。

标注请假和列席人员名单，除依次另起一行并将"出席"二字改为"请假"或"列席"外，编排方法同出席人员名单。

（3）版记要素不同。

①版记的"抄送"改为"分送"。

②分送机关就是主送机关。

纪要格式的其他格式要素编排方法与上行文文件格式完全相同，在此不作赘述。

纪要格式如范文1-4。

四、技能演练

（一）信函格式操作技能

制作信函格式应在电脑上操作，如果没有电脑也可以手工操作，手工操作要用圆括号注明版面尺寸、字体字号和颜色。

1. 制作信函格式操作步骤

制作信函格式操作步骤与制作公文文件格式操作步骤完全相同。

2. 制作信函格式注意事项

（1）函与复函的格式要素完全相同。

（2）注意信函格式与公文文件格式要素的不同点。

（二）纪要格式操作技能

1. 制作纪要格式操作步骤

制作会议纪要格式操作步骤与制作公文文件格式操作步骤完全相同。

2. 制作纪要格式注意事项

注意纪要格式与公文文件格式要素的不同点。

五、病文诊治

（一）函病文

1. 病文

函的病文，见病文 1－2。

2. 诊治

这篇函存在的毛病比较多，诊治如下：

（1）版头格式要素尺寸错误。函的发文机关标志上边缘距上页边应是 30 mm。

（2）版头格式要素标注位置错误。公文份号、密级和保密期限、紧急程度应标示在红色双线（上粗下细）（旧《办法》称"武文线"）下空一行，左上角顶格按顺序（公文份号、密级和保密期限、紧急程度）写起，每个要素需单独一行，这与文件式格式有很大的不同。

（3）发文机关标志不正确。函的发文机关标志只写发文机关名称，没有"文件"两字，应改为：河源××贸易公司。

（5）两条红色双线不正确。不是两条一大一小实线组称，而是在电脑中选择 2 磅的红色双实线。其中，第一条红色双线是上粗下细（旧《办法》称"武文线"），第二条红色双线是上细下粗（旧《办法》称"文武线"）。

（5）发文字号编立错误。机关代字不正确，年份不能用方括号括入，应使用六角号，序号不能编虚位。应改为：河××函〔2014〕8 号。

（6）发文字号标注的位置错误。函的发文字号不是居中标示在第一条红色双实线上面，而是标示在第一条红色双实线下空一行，右上角处，右与版心平齐（右顶格），这与文件格式有很大的不同。

（7）页码标注不正确。函首页不显示页码，页码从第二页开始标注。

（8）成文日期标注不正确。成文日期应采用阿拉伯数字，写全称。

（9）多了主题词。新《条例》和新《标准》中，公文版记没有主题词。这与旧《办法》有很大的不同。

（二）纪要病文

1. 病文

纪要病文，见病文 1－3。

河 源 ×× 贸 易 公 司 文 件

河×司【2014】008 号

关于合作开发"万绿湖"生态旅游资源的函

佛山××旅游公司：

　　近 3 年来，我司与贵公司在开发旅游产品项目中，合作愉快，达到了"双赢"的目的，取得了可喜的经济效益。

　　今天，我司本着"优势互补，资源共享，加强合作，共谋发展"的愿望，真诚邀请贵公司来河源考察万绿湖生态旅游资源，商洽"合作开发万绿湖生态旅游资源"事宜，不知贵公司意下如何？

　　特此去函，盼复。

河源××贸易公司

二〇一四年四月八日

主题词：经营管理　旅游资源　合作　开发　函

河源ＸＸ贸易公司办公室　　　　　　2014 年 4 月 8 日印发

　　　　病文 1—2

广东××物流总公司会议纪要

广××物总〔2014〕16号

第 × 次董事会议纪要

2014 年 1 月 18 日上午 8 点，董事长蔡 ×× 先生在广州大厦 8 楼商务中心会议室主持召开公司第×次董事会议，全体董事，王××总经理、李××强副总经理、邓××行政总监、毛××财务总监和各分公司负责人出席了会议。会议主要内容如下：

一、总经理王 ×× 先生代表总公司宣读《广东 ×× 物流总公司2013年工作总结》。

二、董事长蔡 ×× 先生代表总公司宣读《广东 ×× 物流总公司2014年工作要点》。

三、会议着重讨论了物流行业竞争情况，提出了应对挑战的策略。

四、会议议定如下事项：

1. 引进国外新技术和设备，建立现代化物流中心，增强参与国际市场竞争力。

2. 筹建信息部，以便及时掌握国际和国内的物流信息，为公司经营决策提供信息服务。

—1—

3.提高对"信息+人才+管理=效益"的认识，加大人才引进的力度，通过各种途径高薪聘请高级管理人才。举办不同类型的培训班，从公司内部培养和选拔适应公司发展的各类人才。

4.健全完善激励机制，全面实施目标管理，鼓励各分公司采取灵活多样的经营方式，开拓物流目标市场。

会议希望，全体员工要认真贯彻第×次董事会议精神，团结协作，用心做事，为公司的发展作出新的贡献。

出席：蔡××董事长、刘××副董事长、其他董事，王××总经理、李××强副总经理、邓××行政总监、毛××财务总监和各分公司负责人。

广东××物流总公司

二〇一四年一月二十日

主题词：行政管理　董事扩大会议　纪要

分送：董事长、副董事长、董事，总经理、副总经理，

各分公司，总公司直属各部门。

广东××物流总公司办公室　　　　2014年1月20日印发

病文1—3

2. 诊治

这篇纪要存在的毛病比较多，诊治如下：

（1）版头尺寸不正确。①纪要发文机关标志上边缘距版心上边缘没有35 mm。纪要不管有没有公文序号、密级和保密期限、紧急程度，发文机关标志上边缘距版心上边缘都要留足35 mm。②发文机关标志下面没有空行。纪要格式发文机关标志与发文字号之间要空两行。

（2）发文字号编立错误。机关代字不正确，"广东"的代字是"粤"，而不是"广"，应改为：粤××总〔2014〕16号。

（3）红色反线与标题之间尺寸不正确。红色反线与标题之间只空了一行，应空两行。

（4）"出席"人员名单与正文之间没有空一行。

（5）"出席"二字字体错误。"出席"二字要用3号黑体字。

（6）正文前言部分表述有错误。如："王××总经理、李××强副总经理、邓××行政总监、毛××财务总监和各分公司负责人出席了会议"表述错误，非董事成员应是列席会议。应增加"列席"这一格式要素。

（7）成文日期不正确。成文日期应采用阿拉伯数字，而不是中文字；成文日期的位置不正确，成文日期的"日"字后面应空四个字。

（8）多了主题词。新《条例》和新《标准》中，公文版记没有主题词。这与旧《办法》有很大的不同。

（9）页码标注错误。该文的页码标注违反"单页码居右空一字，双页码居左空一字"的规则。页码正确的标注方法是：单页码居右，且右空一个字；双页码居左，且左空一个字。

六、模拟写作实训

（一）实训任务

（1）根据【项目任务背景A】，请你代广东××家具总公司制作一款公文信函格式，并代广东××家具总公司拟写一篇函（去函）；代××电视台拟写一篇复函。

（2）根据【项目任务背景B】，请你代广东××旅游总公司办公室制作一款公文纪要格式，并代广东××旅游总公司拟写一篇会议纪要。

（二）实训要求

（1）公文格式选用正确。

（2）版面尺寸定位正确。

（3）各部要素选用正确。

（4）字体字号选用正确。

（5）发文字号编立正确。

（6）页码标注位置正确。

项目1（含绪论） 思考与练习题

一、填空题

1. 应用文是指单位或个人为办理公务或私务、传播信息、沟通关系、表达意愿等所形成并使用的，具有_____和_____的文体。

2. 应用文写作的基本要求主要包括：_____、_____、_____、_____。

3. 应用文主旨的要求是_____、_____、_____。

4. 应用文材料的要求应做到：_____、_____、_____。

5. 目前我国党政机关公文，执行中共中央办公厅、国务院办公厅于_____联合发布的自_____起施行的《党政机关公文处理工作条例》_____（以下简称新《条例》）。

6. 党政机关公文是党政机关实施领导、履行职能、处理公务的具有_____和_____的文书，是传达贯彻党和国家方针政策，公布法规和规章，指导、布置和商洽工作，请示和答复问题，报告、通报和交流情况等的重要工具。

7. 党政机关公文文件格式的版头一般由公文序号、_____、紧急程度、_____、_____、_____和红色反线等要素组成。

8. 公文格式中要求使用3号黑体字有：_____、_____、_____和_____。

9. 公文用纸一般采用GB/T148中规定的_____型纸，其中天头尺寸为_____±1mm；版心尺寸为_____；翻口尺寸为_____mm。

10. 信函式格式发文机关标志上边缘距上页边为_____mm，首页_____不显示页码，在距下页边_____mm处有一条_____。

二、选择题

（一）单选题

1. 信函格式中两条红色双线的长度是（   ）
   A. 210 mm   B. 225 mm   C. 170 mm   D. 156 mm

2. 下列选项中属于上行文的是（   ）
   A. 通知与通告   B. 请示与报告   C. 函与批复   D. 通报与决定

3. 公文标题的字体字号应是（   ）
   A. 3号黑体字   B. 3号仿宋体字   C. 2号黑体字   D. 2号小标宋体字

4. 上白边也叫天头，其尺寸是（   ）
   A. 37 mm±1 mm   B. 35 mm±1 mm   C. 28 mm±1 mm   D. 26 mm±1 mm

5. 公文用纸一律采用国际标准（　　）胶版印刷纸或复印纸
　　A. A2 型　　　　　B. A3 型　　　　　C. A4 型　　　　　D. A5 型
6. 必须在成文日期下空一行的位置上标注"附注"的公文文种的是（　　）
　　A. 通知　　　　　B. 通报　　　　　C. 函　　　　　D. 请示
7. 可以联合发文的机关是（　　）
　　A. 两个或两个以上的机关
　　B. 两个或两个以上的上下级机关
　　C. 两个或两个以上的不相隶属机关
　　D. 两个或两个以上的同级机关
8. 在新《条例》和新《标准》规定中，公文格式的版记没有（　　）一项
　　A. 主题词　　　　B. 抄送　　　　　C. 印发机关　　　　D. 印发日期
9. 在新《标准》规定中，发文机关标志的上边缘距版心的上边缘的尺寸是（　　）
　　A. 25 mm　　　　B. 35 mm　　　　C. 37 mm　　　　D. 72 mm
10. 新《标准》规定中，发文机关标志的上边缘距上页边的尺寸是（　　）
　　A. 35 mm　　　　B. 62 mm　　　　C. 72 mm　　　　D. 117 mm

（二）多选题

1. 公文的密级分为（　　）
　　A. 保密　　　　　B. 秘密　　　　　C. 机密　　　　　D. 绝密
2. 公文的页码正确标注是（　　）
　　A. 单页码居左，且左空一字
　　B. 单页码居右，且右空一字
　　C. 双页码居左，且左空一字
　　D. 双页码居右，且右空一字
3. 可作为平行文的有（　　）
　　A. 意见　　　　　B. 函　　　　　C. 会议纪要　　　　D. 议案
4. 下列选项表述正确的是（　　）
　　A. 上行文请示中的"签发人"三个字用 3 号楷体字
　　B. 紧急程度用 3 号黑体字
　　C. 公文的成文日期用阿拉伯数字，写全称
　　D. 新《条例》和新《标准》规定纪要也要加盖印章
5. 下面选项中不属于版记格式要素的是（　　）
　　A. 附注　　　　　B. 主题词　　　　C. 成文日期　　　　D. 印发机关
6. 发文字号应当包括（　　）
　　A. 发文机关名称　　　B. 机关代字　　　C. 年份　　　　D. 序号
7. 下列选项可以联合发文的是（　　）
　　A. 同级政府　　　　　　　　B. 同级政府各部门
　　C. 上下级政府　　　　　　　D. 上级政府部门与下一级政府

8. 公文标题中除（　　）名称加书名号外，一般不用标点符号

    A. 请示和报告　　B. 通知和通报　　C. 法规　　　　D. 规章

9. 应用文的语言要求主要包括（　　）

    A. 准确贴切　　　B. 简洁明了　　　C. 朴实得体　　D. 庄重规范

10. 公文紧急程度分为（　　）

    A. 特提　　　　　B. 特急　　　　　C. 紧急　　　　D. 加急

三、判断题

1. 报告不得夹带请示事项，报告不必等待上级机关批复或答复。（　　）

2. 请示应当一文一事，报告与请示均属上行文，故报告也应当一文一事。（　　）

3. 会议纪要是党政公文中唯一不加盖印章的文种。（　　）

4. 信函式格式的发文机关标志只写发文机关名称（全称），没有"文件"二字。（　　）

5. 公文正文用 3 号仿宋字，一般每面排 28 行，每行排 22 个字。（　　）

6. 请示不得同时抄送下级机关。（　　）

7. 一般不得越级报告，但可以越级请示。（　　）

8. 请示和报告只能作为上行文。（　　）

9. 纪要的"纪"是记录的意思。（　　）

10. 用文件格式联合行文时，如需同时标注联署发文机关名称，一般应当将主办机关名称排列在前；如有"文件"二字，应当置于发文机关名称右侧，以联署发文机关名称为准上下居中排布。（　　）

11. 用信函格式联合行文时，只使用主办机关的发文标志。（　　）

12. 信函格式的发文字号居中排版。（　　）

四、改错题

1. 在下行文文件格式的版头中，发文机关标志的上边缘距版心上边缘为 72 mm；上行文文件格式的发文字号居中排版。

2. 广州××医药总公司办公室于 2014 年制发的第 28 号的文件，其发文字号是：广药总司〔2014〕028 号。

五、问答题

1. 应用文有哪些特点？

2. 党政机关公文特点包括哪些方面？

3. 信函格式与上行文文件格式有哪些不同点？

4. 制作上行文文件格式的步骤主要包括哪些方面？

项目 2　通知与通报

任务 2 - 1　通知写作

知识目标

1. 了解通知的概念、特点和类型
2. 理解通知的写作要求
3. 掌握通知的结构形式和写作方法

技能目标

1. 掌握各类通知的写作技能
2. 根据给定材料能写格式规范、事项明确、语言简洁的各类通知

【项目任务背景】

　　根据"项目 1 - 任务 1 - 1"的【项目任务背景 A】和【项目任务背景 B】提供的材料，代广州××贸易总公司要求办公室主任助理黄××写一篇会议通知。

一、任务分析

（1）根据"项目 1 - 任务 1 - 1"的【项目任务背景 A】和【项目任务背景 B】提供的材料，代广州××贸易总公司办公室主任助理黄××写一篇公文——会议通知。

（2）要完成写作任务，必须对下列两个问题进行认真分析：

①如何进行构思？要考虑公文会议通知的标题、主送机关、正文、署名、成文日期和印章等内容。

②公文会议通知应采用何种公文格式行文？

二、范文借鉴

（一）范文

广州××集团总公司关于召开 2013 年年会的通知

各分公司、车间，总公司直属各部门：

　　新年伊始，万象更新。在即将过去的 2013 年我司取得了可喜的成绩，为了总结经验、找出差距、制订总公司 2014 年的工作计划，经总公司董事会扩大会议研究，决定召开"广州××集团总公司 2013 年年会"。现将会议有关事项通知如下：

一、会议议题

1. 各分公司负责人向总公司汇报 2013 年的工作情况。

2. 总公司总裁兼首席执行官霍华德××作《广州××集团总公司 2013 年工作报告》。

3. 与会人员对《广州××集团总公司 2013 年工作报告》进行审议并表决。

4. 讨论制订《广州××集团 2014 年的工作计划》。

二、会议时间与地点

（一）会议时间

2013 年 12 月 28 日（星期六）上午 10：00 至 2013 年 12 月 30 日（星期一）下午 5：30，会期 3 天。

（二）会议地点

广州迎宾馆四楼 A 会议室

三、会议报到时间与地点

（一）会议报到时间

2013 年 12 月 28 日（星期六）上午 8：30～9：30

（二）会议报到地点

广州迎宾馆主楼一楼大厅

四、与会人员

总公司董事会全体成员，各分公司、各车间、总公司直属部门负责人

五、其他事项

1. 要求各分公司负责人认真做好本分公司 2013 年的工作总结，工作总结电子版于 12 月 26 日下午 3：00 前发至总经办邮箱（E‑mail：gzygzjb@126.com）。

2. 接到通知后，请与会人员安排好本部门工作。

3. 会议提供免费食宿。

4. 联系方式。

联系人：李×× 联系电话：020‑6123×××。

希望与会人员按照通知的要求，做好有关工作，依时参加会议。

特此通知。

附件：广州××集团总公司 2013 年年会日程表

广州××集团总公司（印章）

2013 年 12 月 22 日

（二）评析

这是一篇会议通知公文，有以下几点值得借鉴：

（1）标题正确。公文标题采用完整式标题，包括发文机关名称、事由和文种。

（2）主送机关书写规范。

（3）正文结构完整。包括前言、主题和结尾。

（4）通知内容明确、具体、周到。

（5）署名、成文日期书写正确。

三、知识支撑

（一）通知的概念

通知是用于批转下级机关的公文，转发上级机关和不相隶属机关的公文，传达要求下级机关办理和需要有关单位周知或者执行的事项、任免人员等的公务文书。通知属于下行文。

（二）通知的类型

（1）批转性通知，指上级机关采用了下级机关呈报的公文，并将下级机关的公文加上批语再下发给有关下级机关要求执行的通知。

（2）转发性通知，指将上级机关或不相隶属机关的公文加上批语再下发给有关下级机关要求执行的通知。

（3）印发性通知，指将本机关的公文加上批语再下发给有关下级机关要求执行的通知。

（4）事项性通知，指传达事情或布置工作的通知。

（5）会议通知，指告知有关单位或人员参加会议的通知。

（6）任免通知，指任命或免除干部职务的通知。

（三）通知的特点

（1）应用范围广。通知既可用于布置工作、传达重要指示，也可以用于告知各类事项。

（2）使用频率高。通知是行政公文中使用频率最高的文种。

（3）时效性很强。通知有明显的时效要求，办理的事项必须在规定的时间内完成。

四、技能演练

从"项目1-任务2-1"开始，"技能演练"只讲解公文的主体部分，包括结构、写法和写作要求等写作技能，版头和版记部分不讲，以下同。

（一）通知的结构形式

本任务以事项性通知的结构形式为例。

标题＋主送机关＋正文＋附件＋署名＋成文日期＋印章

（二）通知的写作方法

1. 标题

通知的标题一般有完整式标题和省略式标题两类。

（1）完整式标题。

格式：发文机关名称＋介词（关于）＋事由＋文种（通知）

范例：广东××物流有限公司关于实施目标管理的通知

（2）省略式标题

格式：介词（关于）＋事由＋文种（通知）

范例：关于实施目标管理的通知

2. 主送机关

主送机关就是文件的发送对象，即文件的承办、执行机关。主送机关可以是一个，也可以是几个。如果主送机关多应使用泛称。主送机关的形式有如下几种：

（1）单称式。

范例1："广东省人民政府："（全称）

范例2："省财政厅："（规范简称）

（2）平级泛称。

范例1："各省、自治区、直辖市人民政府："（国务院发文）

范例2："各部、室、中心："（公司发文）

范例3："各系、部、处（室）："（大学发文）

（3）递降泛称。

范例1："各市、区、县（自治县）、镇（乡）人民政府："（省人民政府发文）

范例2："各分公司、生产车间："（公司发文）

（4）混合泛称。

范例1："各市、区、县（自治县）、镇（乡）人民政府，省府直属各部门："（省人民政府发文）

范例2："各分公司、生产车间，总公司直属各部门："（公司发文）

3. 正文

通知的正文一般由开头、主体和结尾三部分组成。但不同类型的通知，其主体部分的写法有所不同。下面以事项性通知为例加以说明。

（1）通知的开头主要写通知的缘由、目的、意义等。缘由一是上级或本单位领导的指示；二是客观情况的需要。

通知开头惯用格式："为（为了）……，根据……，经……研究，决定……。现将有关事项通知如下："

（2）通知的主体部分。

写具体事项。不同类型的通知，其主体部分的写法有所不同。下面以事项性通知为例加以说明。

事项性通知，又可分布置工作通知和传达事项通知两大类。

①布置工作的通知。

主体部分要分项写明具体的工作任务和完成任务的要求。

②传达事项性通知。

涉的事项主要是：企业的更名、迁址，机构的成立，撤销，公章的启用、废止等。写作内容的多少，须根据传达事项的具体情况而定。一般来说，交代清楚知照事项即可。

③通知的结尾部分。

写执行要求或希望，常用"特此通知"等惯用语作结尾。

4. 附件

通知如有附件则置于正文的下一行，右空两个字写"附件"的字样。批转、转发、印发性通知和会议通知一般应有附件，如会议通知的附件有"会议日程安排表"等。"附件"的写法见"公文格式中的有关说明"，下同。

5. 署名

写上发文机关的名称。

6. 成文日期

正文结束之后用阿拉伯数字标注成文日期。成文日期的右边空四个字。

7. 印章

加盖公章时应做到：上不压正文，下不压底线，骑年盖月，端正清晰。

（三）通知的写作要求

（1）明确用途，采用与之相应的写法。通知使用频率很高，应用范围广泛，不同场合写作方法各有不同。因此，写作时必须首先明确其用途，然后才能有针对性地选择与之相适应的写法进行写作。

（2）通知事项的表述要条理清楚、明确具体、便于理解和执行。通知事项的表述是写作的重点，告知有关事项的信息是所有通知的共同点。单纯知照性信息的表达要求完整、准确、具体。布置工作类的信息因为内容较为复杂，又需要办理和执行，因此，在表达上需要有条理地分条列款，明白无误地提出工作任务、措施和要求，便于受文单位具体操作。

五、病文诊治

（一）病文

通　知

公司各部门负责人和全体员工：

出现安全事故谁都不想，但是，我司市场营销部昨天晚上发生火灾，烧掉了许多客户的资料和多台电脑，给公司造成了严重的损失，还好没有烧死人。为了"杀鸡儆猴"，杜绝此类事故的再次发生，公司要召开一次"防火会议"，下面是开会的有关事情。

一、开会的时间和地点：下个星期一下午在公司会议室举行。

二、开会要解决的问题：对火灾事故的发生要负领导责任，要对直接责任的人进行处理。加强管理制度，提高防火安全意识。

三、公司员工都要参加会议，不参加会议的人扣发当月奖金。

广东××贸易有限公司防火安全检查组（印章）

2013 年 9 月 6 日

（二）诊治

这一篇会议通知公文，存在如下毛病：

（1）标题不正确。公文的标题除"公告和通告"外，不能单用文种做标题。应改为：广东××贸易有限公司关于召开防火安全工作会议的通知或关于召开防火安全工作会议的通知。

（2）主送机关不正确。主送机关语言表达不符合逻辑，"全体员工"包括了"部门负责人"；公文主送机关应为有关部门，而不是个人。应改为：公司各部门。

（3）正文语言表达欠妥。缘由部分应当使用目的句和过渡句；正文语言过于口语化，应使用书面语；有些句子有语病；会议名称不完整，应改为"防火安全工作会议"。

（4）缺少结束语。正文下应写上"特此通知"。

（5）会议时间与地点不具体。会议时间要具体到时分，地点要具体到楼层和门牌号。

（6）发文机关不对。不能以"防火安全检查组"的名义行文，违背公文行文规则规定的权限，应改用公司的名义行文。

六、相关知识拓展

（一）会议通知

1. 会议通知的结构形式

标题＋主送机关＋正文＋附件＋署名＋成文日期＋印章

2. 会议通知的写作方法

（1）标题。会议通知标题的写法与事项性通知相同。

（2）主送机关。与事项性通知相同。

（3）正文。会议通知的正文一般由开头、主体和结尾三部分组成。

开头应当写明召开会议的原因、目的（或意义）、名称等，惯用格式："为（为了）……，根据……，经……研究，决定……。现将会议有关事项通知如下："

主体部分应分项写明会议议题、开会时间与地点、报到时间与地点、出席人员、需准备的材料、联系方式等。会期较长、与会人员较远的大型会议，还要写明预订飞机票、车船票的有关事项。

结尾常用"特此通知"作结。

（4）附件。一般是会议议程表、会议日程表等。如：广州阳光集团总公司2012年年会日程表。

（5）署名。与事项性通知写法相同。

（6）成文日期。与事项性通知写法相同。

（7）印章。与事项性通知盖印方法相同。

3. 会议通知的写作要求

（1）会议内容，具体明确。具体，是指开会与报到的时间要写到午别和时分、开会与报到的地点要写到楼号和门牌号码；明确，是指开会的时间、地点、要求等要明确。

（2）会议安排，科学周到。会议议程安排要科学。与会人员要知道事项或需要与会人员配合事情不能遗漏，拟写要详细周到。

（3）语言简洁，用词得体。

（4）条理清楚，层次分明。

4. 批转、转发、印发性通知的主体示例

这类通知的正文一般只有一段话。主要包括三个层次：一是批语；二是写批转、转发或印发的规章或文件名称；三是提出要求。这类通知的主体部分样板如下：

（1）批转性通知。

广东德诚机电制造总公司批转肇庆分公司
关于实施"5S"管理方案的通知

各分公司、中心、部，总公司直属各部门：

　　总公司同意肇庆分公司提出的《关于实施"5S"管理的方案》，现转发给你们，请认真贯彻执行。

　　附件：肇庆分公司关于实施"5S"管理的方案

广东德诚机电制造总公司

2014 年 1 月 2 日

点评：

本通知是批转通知。请注意批转通知的标题是四个元素：发文机关名称、事由、原发文机关名称、文种。标题中出现"批转"字样。

批转通知的正文的写作顺序是先"批"后"转"，先写批语"同意"，再写"转发"给下级机关，最后提出执行的要求。

批转的文件大多数是公文，也有事务文书，如计划、总结、调查报告、方案等。

（2）转发性通知。

广东××药品总公司转发广东省食品药品监督管理局
关于加强药品安全监督管理意见的通知

各分公司、中心、部，总公司直属各部门：

　　现将《广东省食品药品监督管理局关于加强药品安全监督管理的意见》转发给你们，请结合本单位实际认真贯彻执行。

　　附件：广东省食品药品监督管理局关于加强药品安全监督管理的意见

广东××药品总公司

2013 年 10 月 28 日

点评：

本通知是转发通知。请注意批转通知与转发通知的区别：本例文是转发上级主管机关的文件，发文机关不具有"批"的权限，只能"转发"；本文标题中出现"转发"字样。

转发通知既可以转发上级机关的文件，也可以转发不相隶属机关的文件。

转发的文件大多数是公文，也有事务文书，如计划、总结、调查报告、方案等。

（3）印发性通知。

广东××家用电器总公司
印发关于开拓农村家电市场意见的通知

各事业部、分公司，总公司直属各部门：

目前，广东省农村电网改造全面展开，农户用电难的问题将得到缓解，农村家电市场将进一步发展。根据广东农村家电市场发展的形势，我司制定了《关于开拓农村家电市场的意见》，已经公司董事扩大会议讨论通过，现印发给你们，请认真贯彻执行。

附件：关于开拓农村家电市场的意见

广东××家用电器总公司
2013 年 12 月 28 日

点评：

本通知是印发通知。印发通知的标题一般由三个元素组成，即发文机关名称、事由、文种。标题中出现"印发"字样。

印发的文件大多数是公文，也有事务文书，如计划、总结、调查报告、方案等。

（4）任免通知。

写法比较简单，开头用一句"经××××会议研究决定："然后转段写上任免人员的姓名和职务即可。

广东××护肤品有限责任公司
关于蓝××等同志的任免通知

各部门、各车间：

经公司办公会议研究决定：

任命蓝××同志为行政总监，任期 3 年，免去其人力资源部部长职务。

任命崔××同志为财务总监，任期 3 年，免去其财务部部长职务。

任命袁××同志为人力资源部部长，任期 3 年，免去其销售部副部长职务。

任命王××同志为财务部部长，任期 3 年。

任命谢××同志为销售部副部长，任期 3 年。

特此通知。

广东××护肤品有限责任公司
2013 年 12 月 18 日

七、模拟写作实训

（一）实训任务

根据"项目1-任务1-1"的【项目任务背景A】和【项目任务背景B】提供的材料，代广州××贸易总公司写一篇公文——会议通知。

（二）实训要求

（1）按下行文文件格式制作标准公文，包括版头、主体和版记。

（2）版面尺寸定位准确。

（3）格式要素选用合理。

（4）发文字号编立正确。

（5）字体字号选用正确。

（6）正文内容做到具体、明确、周到。

（7）语言简洁，用词得体。

（8）条理清楚，层次分明。

任务2-2 通报写作

知识目标

1. 了解通报的概念、特点和类型

2. 理解通报的作用和写作要求

3. 掌握通报的结构形式和写作方法

技能目标

1. 掌握各类通报的写作技能

2. 根据给定材料能写格式规范、事实清楚、分析深刻、语言简洁的通报

【项目任务背景】

2013年8月20日晚上8时许，广东××贸易总公司办公楼二楼市场营销部发生火灾，值班保安员李××和叶××两位同志发现后，立即切断电源，用灭火器将大火扑灭。由于火灾发生在下班后，所以没有造成人员伤亡，但导致市场营销部10台电脑、10张电脑桌和客户资料被烧毁。该公司授权办公室对火灾事故进行调查，找出发生火灾的原因，并写一份火灾情况报告。

调查结果：营销员钟××同志下班时忘记关市场营销部和他自己用的电脑的电源，电脑电源线老化，发生短路，引起火灾。

钟××同志安全意识淡薄，违反公司用电安全管理规定，导致这场火灾，给公司造成重大损失。为了严肃公司纪律，教育全体员工，公司决定给予钟××同志通报批评，并罚款1 000元。

广东××贸易总公司要求办公室蔡××主任就钟××同志所犯错误处理情况写一篇通报。

一、任务分析

（1）根据【项目任务背景】的材料，请代广东××贸易总公司办公室蔡××主任就钟××同志所犯错误处理情况写一篇通报，通报的类型是批评性通报。

（2）要完成写作任务，必须对下列两个问题进行认真分析：

①如何进行构思？要考虑通报的标题、主送机关、正文、署名、成文日期和印章等内容。

②通报应采用何种公文格式行文？

二、范文借鉴

（一）范文

关于表彰 2013 年度优秀团队的通报

公司各部门：

过去的一年是我司全面实施目标管理的一年，公司全体员工认真执行总公司《关于全面实施目标管理的意见》，取得可喜的成绩，总贸易额比 2012 年增长 30%，利润比 2012 年增长 18%。总公司人力资源部根据董事会的要求和《广东××贸易总公司绩效考核办法》有关规定和程序，对公司各单位进行年终考核，考核结果：国际贸易部、市场营销部、培训部、广州分公司和佛山分公司等 5 个单位的业绩突出，名列前 5 名。

为了总结经验，表彰先进，树立榜样，推动公司又好又快地发展，经总公司办公会议讨论决定，授予国际贸易部等 5 个单位"2013 年度优秀团队"称号，各发给奖金 5 万元和授锦旗一面，并给予通报表彰。

希望公司全体员工以国际贸易部等 5 个单位为榜样，发扬"自强不息，团结合作，用心做事，追求卓越"的企业精神，认真贯彻公司"顾客至上，质量第一"的经营方针，继续贯彻执行总公司《关于全面实施目标管理的意见》，为实现总公司 2014 年的目标作出新的贡献。同时，希望被表彰单位发扬成绩，再接再厉，为公司的发展再创辉煌。

特此通报。

广东××贸易总公司（印章）

2013 年 12 月 28 日

（二）评析

这是一篇表彰性通报，有以下几点值得借鉴：

（1）公文主体部分各格式要素写法、排版正确。

（2）正文结构完整。正文包括开头、主体、结尾三个部分。①开头写背景和表彰的事实；②主体写表彰的目的和总公司的决定；③结尾提出希望和要求。

（3）语言简洁，用词得体。

（4）条理清楚，层次分明。

三、知识支撑

（一）通报的概念

通报是用于表彰先进、批评错误、传达重要精神或者情况的公务文书。通报属于下行文。

（二）通报的类型

（1）表彰性通报。用于表彰具有典型意义的先进集体和先进个人，树立榜样，总结成功的经验。

（2）批评性通报。用于批评错误，吸取教训，引以为戒，起到警示作用。

（3）情况通报。用于传达重要精神或重要情况，沟通信息。

（三）通报的特点

1. 鲜明的教育性

表彰通报对先进集体和先进个人进行表彰，目的在于树立学习榜样，让人们能够学习先进事迹，受到教育；批评通报对错误行为进行批评，目的在于提供反面典型以资借鉴，使人能够吸取教训，引以为戒，受到教育。

2. 较强的时效性

无论是哪一类通报，只有及时通报先进事迹、重要情况和批评错误行为，才能更好地宣传先进典型，才能更好地沟通信息，才能更好地起到警示作用，才能更好地发挥教育的作用。因此，通报必须及时制发，具有很强的时效性。

3. 突出的政策性

无论是表彰性通报，还是批评性通报，作出的决定都必须以事实为依据，以法律为准绳，体现党和国家的政策。只有这样才有说服力，才能起到教育作用。

四、技能演练

（一）通报结构形式

标题＋主送机关＋正文＋署名＋成文日期＋印章

（二）通报写作方法

1. 标题

通报的标题包括完整式标题和省略式标题两类。

（1）完整式标题。

格式：发文机关名称＋介词（关于）＋事由＋文种（通报）

范例：广东××物流有限公司关于给予李××同志行政罚款的通报

（2）省略式标题类型。

格式：介词（关于）＋事由＋文种（通报）

范例：关于给予李××同志行政罚款的通报

2. 主送机关

主送机关的写法前已述及，在此不再赘述。

3. 正文

通报的正文一般由开头、主体和结尾三部分组成。但不同类型的通知，其主体部分的写法有所不同。

（1）表彰性通报。

①开头：写缘由。即表彰对象的基本情况、先进事迹的背景。

②主体：写表彰的事实、分析先进事迹的典型意义和提出的表彰决定。具体来说写表彰的事实包括先进事迹发生的时间、地点、人物、经过、结果；分析评价先进事迹的典型意义和影响；提出表彰决定事项，包括精神和物质的奖励。

③结尾：提出希望与要求。号召人们学习先进典型，希望被表彰的单位和个人发扬成绩，再接再厉，为单位的发展作出更大的贡献。

（2）批评性通报。

①开头：写缘由。即批评对象的基本情况、所犯错误的背景。

②主体：写错误的事实、分析错误事实的性质和影响，提出处理决定。这部分既是重点，又是难点。要求：写错误的事实时，要实事求是地反映事实的真相，既不能夸大，也不能缩小；分析错误事实的性质和影响时，要指出所犯错误的原因，包括主观原因和客观原因，分析其所产生的危害和不良影响；作出处理决定时，要以事实为依据，以法律为准绳，体现党和国家的政策，以理服人，不乱扣帽子。

③结尾：提出希望与要求。希望大家吸取教训，引以为戒，避免重犯类似错误，要求被批评的单位和个人正确对待处理决定。

（3）情况通报。

①开头：写通报缘由。即所报情况的背景和来源。

②主体：写通报事实。具体来说，陈述所要通报的具体情况，包括时间、地点、人物、经过、结果；分析情况背后的原因和带来的影响。

③结尾：提出希望与要求。希望引起大家的重视，采用切实可行的方案去处理类似情况。

4. 署名

写上发文机关的名称。

5. 成文日期

正文结束之后用阿拉伯数字标注成文日期。成文日期的右边空四个字。

6. 印章

加盖公章时应做到：上不压正文，下不压底线，骑年盖月，端正清晰。

（三）通报写作要求

（1）材料真实可靠，新颖典型。无论是哪一类通报，材料都应当真实可靠，新颖典型，具有代表性，只有这样，才能起到宣传教育和警示作用。

（2）实事求是分析评价。通报中对事实的分析评价必须实事求是，以理服人。

（3）恰如其分作出处理决定。批评性通报要以事实为依据，以法律为准绳，体现党和国家的政策，恰如其分作出处理决定，不乱扣帽子。

（4）及时制发。通报具有很强的时效性，必须及时制发；否则，时过境迁，就会失去通报的价值。

五、病文诊治

（一）病文

表扬通报

各部门：

2013 年 9 月 20 日晚上 8 点左右，公司地下泵房发生严重漏水现象，短时间之内，泵房的 5 个水泵全部淹没，水深达 1 米以上，造成当时三条生产线停产，情况非常紧急。为了确保生产的正常进行，保证产品按时发货，生产部马上组织人员进行抢修，当时的生产班组人员和闻讯赶来的机修人员马上进行排水抢修，经过 5 个小时奋战，终于恢复了生产，保证了车间正常生产和及时发货。

在此次抢修工作中，生产部的机修班班长王××、技术组组长武××、钢带组组长张××、主机手胡××表现非常突出。这几名同志始终奋战在抢修第一线，脏活、累活抢着干，并且一直站在水中工作，那时早已过了他们下班的时间，可他们没有一个人离开，直到抢修完毕恢复生产。

他们这种忘我的精神非常值得我们大家学习，××公司为有这样的好员工感到骄傲。为了倡导这种不怕苦、不怕累、一切以公司利益为重的精神，为了提高大家的工作积极性，公司研究决定对以上四名同志给予每人 100 元的奖励并给予通报表扬。同时对生产部积极组织抢救工作给予表扬。希望全体员工以他们为榜样，发扬公司精神，做好本职工作。

广东××有限公司（印章）
2013 年 9 月 21 日

（二）诊治

这是一篇表彰性通报，存在较多的毛病，诊治如下：

（1）标题不规范，缺少事由。应改为：关于表彰王××等四位同志的通报。

（2）正文内容详略不当。缘由部分内容较多，而先进事迹部分不够具体和充实。

（3）对先进事迹的分析不够深入。主体部分对四名同志行为背后的动机没有进行深入的分析，其典型意义提炼不够。

（4）结尾所提希望，语言平淡空洞，号召性不强。

（5）没有结束语。应在结尾段下一行，右空两个字写上"特此通报"。

（6）条理欠清楚，语言欠简洁，用词不够得体。

六、相关知识拓展

通知与通报的异同：

（一）相同点

1. 两者都具有知照性的特点

《党政机关公文处理工作条例》（中办发〔2012〕14 号）规定：通知适用于发布、传达要求下级机关执行和有关单位周知或者执行的事项，批转、转发公文；通报适用于表彰先进、批评错误、传达重要精神和告知重要情况。从上述定义可以看出，通知和通报有相同的一面，两者都具有知照性的特点。

2. 两者均属于下行文

可以用来沟通情况，传达上级的意图，且都在本系统上下级部门内行文，均属于下行文。

（二）不同点

1. 两者的功用明显不同

通知重在"知"，是知之而后行，要求下级贯彻执行。通报重在"报"，是报道和沟通信息。

2. 行文侧重点不同

大部分通知是上级布置工作任务的文件，要求遵照执行或限期执行；而通报则是用典型事例、有关情况来传达意图，启发教育下级部门，指导有关方面的工作。因此，通知与通报的行文侧重点不同。

3. 表达方式不同

通知主要采用叙述的表达方式；通报兼用叙述、说明和议论等表达方式。

七、模拟写作实训

（一）实训任务

根据【项目任务背景】给定的材料，代广东××贸易总公司办公室蔡××主任就钟××同志所犯错误处理情况写一篇通报。

（二）实训要求

（1）按下行文文件格式制作标准公文，包括版头、主体和版记。

（2）版面尺寸定位准确。

（3）格式要素选用合理。

（4）发文字号编立正确。

（5）字体字号选用正确。

（6）正文内容重点突出。

（7）分析到位，条理清楚。

（8）语言简洁，用词得体。

项目 2　思考与练习题

一、填空题

1. 通知的类型主要包括批转性通知、_____、_____、_____、_____和任免通知。

2. 公文的主送机关是指文件的发送对象，即_____。

3. 通知的特点包括_____、_____、_____。

4. 从行文方向来看，通知与通报均属于_____。

二、选择题

（一）单选题

1. 用于传达事情或布置工作时，应采用（　　）

    A. 批转性通知   B. 事项性通知

    C. 印发性通知   D. 会议通知

2. 下列主送机关形式中属于"混合泛称"的是（　　）

    A. "各分公司、生产车间，总公司直属各部门："（公司发文）

    B. "各部、室、中心："（公司发文）

    C. "各系、部、处（室）："（大学发文）

    D. "各省、自治区、直辖市人民政府："（国务院发文）

3. 企业制定了规章制度，要求员工遵守，并为此而发出通知，此通知属于（　　）

    A. 批转性通知   B. 任免通知

    C. 印发性通知   D. 会议通知

4. 用于表扬先进集体和先进个人时，应采用（　　）

    A. 指示性通报   B. 批评性通报

    C. 情况通报   D. 表彰性通报

（二）多选题

1. 通知的适用范围包括下列哪些事项（　　）

    A. 传达事情   B. 召集会议

    C. 布置工作   D. 任免人员

2. 会议通知要写明的事项有（　　）

    A. 会议时间   B. 会议地点

    C. 会议伙食   D. 会议名称

3. 通报的类型可以分为（　　）

    A. 指示性通报   B. 批评性通报

    C. 情况通报   D. 表彰性通报

4. 通报的主要特点是（　　）

    A. 鲜明的教育性   B. 较强的时效性

    C. 向上的汇报性   D. 突出的政策性

三、判断题

1. 通报必须及时制发，注重时效性，才能发挥教育的作用。（　　）

2. 通报可以用于向上级反映重要情况。（　　）

3. 通知应用范围非常广泛，既可向下级布置工作，又可向上级反映情况。（　　）

4. 通知具有明显的时效要求，需在规定的时间内执行完成。（　　）

5. 公司办公室就 2013 年国庆节放假时间作出了安排，应用通报行文。（　　）

四、改错题

1. 《关于广东××贸易总公司举行第八届岗位技能大赛的通报》

2. 《海滨市××旅游公司"9·22"火灾事故的通知》

3. 以上通报，望认真贯彻执行。

五、问答题

1. 通知的写作要求有哪些？
2. 表彰性通报的正文如何拟写？
3. 批评性通报的正文如何拟写？

项目3　报告与决定

任务3-1　报告写作

知识目标

1. 了解报告的概念、特点和种类
2. 理解报告与请示的区别
3. 理解报告的写作要求
4. 掌握报告的结构形式和写作方法

技能目标

1. 掌握报告的写作技能
2. 根据给定材料，能写格式规范、分析到位、重点突出的报告

【项目任务背景】

　　2013年8月20日晚上8时许，广东××贸易总公司办公楼二楼市场营销部发生火灾，值班保安员黄××和原××两位同志发现后，立即切断电源，用灭火器将大火扑灭。由于火灾发生在下班后，所以没有造成人员伤亡，但导致市场营销部10台电脑、10张电脑桌和客户资料烧毁。该公司授权办公室对火灾事故进行调查，找出发生火灾的原因，并写一份火灾情况报告。调查结果：营销员钟××同志下班时忘记关市场营销部和他自己用的电脑的电源，电脑电源线老化，发生短路，引起火灾。

　　广东××贸易总公司要求办公室蔡××主任就"8·20"火灾事故的情况写一篇报告。

一、任务分析

（1）根据【项目任务背景】的材料，代广东××贸易总公司办公室蔡××主任就"8·20"火灾事故的情况写一篇报告。报告的类型是情况报告。

（2）完成写作任务，必须对下列两个问题进行认真分析：

①如何进行构思？要考虑报告的标题、主送机关、正文、署名、成文日期和印章等内容。

②报告应采用何种公文格式行文？

二、范文借鉴

（一）范文

关于 9 月份产品质量事故的报告

总公司：

我司 9 月份生产销往上海的 300 吨化工产品中，发现混有硝块、钢丝、鱼骨等杂物，给总公司造成严重的损失和不良影响。现将产品质量事故的处理情况报告如下：

一、深入细致调查，找出质量事故发生原因

产品质量事故发生后，我司立即成立以曾成旭经理为组长的调查组，对产品质量事故进行深入细致的调查，调查结果是：产品中的硝块是干燥管壁上的，由于振动筛网与二次过筛损坏而进入产品中；钢丝是二次过筛网损坏留下的；鱼骨是离心岗位、干燥岗位或是包装岗位人员吃饭时不小心掉到产品中的，但无法查出当事人。我司认为，造成这次质量事故的主要原因是员工的质量意识差、工作责任心不强以及管理不到位所致。

二、召开员工会议，通报产品质量事故情况

产品质量事故调查的结果出来后，我司马上召开全体员工会议，通报产品质量事故的情况，曾成旭经理在会上作了深刻的检讨，根据总公司有关规定对造成产品质量事故的直接责任人作出严肃处理。会议要求各生产车间、各部门，会后立即组织本部门员工召开"产品质量事故分析会"，分析、讨论造成产品质量事故的主观原因，认真学习总公司《关于产品质量管理的办法》和有关文件，切实提高产品质量意识和工作责任心，并制订切实可行的整改方案。

三、制订整改方案，杜绝类似事故再次发生

我司全体员工要以此次产品质量事故为镜子，对照检查找出原因，认真学习总公司《关于产品质量管理的办法》和有关文件，深刻分析造成产品质量事故的主观原因，提高产品质量意识，增强工作责任心。为杜绝类似事故的再次发生，我司制订了《关于提高产品质量的整改方案》，采取如下整改措施：

（一）定期学习质量管理文件，提高全体员工质量意识

针对员工的质量意识差，以车间、部门为单位，定期组织员工学习质量管理文件，进行全方位质量意识的教育，使他们真正认识到产品质量就是企业的生命，没有质量企业就不能生存。产品质量不仅影响公司的经济效益，也影响每个员工的经济收益。

（二）加强员工职业道德教育，增强员工团队合作精神。（略）

（三）完善产品质量管理制度，严格监控生产过程质量。

对各个工序进行严格控制，层层把好质量关。定期检查生产设备，发现设备损坏应及时更换，尤

其要加强对振动筛、二次过筛设备检查，随坏随换。（略）

（四）规划员工用膳区域，严禁进入车间用膳。（略）

（五）切实加大查处力度，严格执行奖惩制度。

经我司办公会议讨论决定，要切实加大查处力度，由质检部负责组织有关人员进行全面质量检查，对个别不负责任人员，给予严肃处理；对严格把好质量关、业绩突出的车间和部门给予奖励。

这次产品质量事故是我司全体员工的耻辱，我司全体员工要吸取教训，引以为戒，警钟长鸣，加强质量管理，增强质量意识，努力工作，尽力挽回该事件造成的经济损失与不良影响，并表示愿意接受总公司给予的任何处理。

特此报告，请审阅。

附件：关于提高产品质量的整改方案

广东××贸易总公司河源分公司（印章）

2013 年 10 月 8 日

（联系人：曾××，联系电话：0762 - 336×××，手机：1381383××××）

（二）评析

这是一篇情况报告，有如下几点值得借鉴：

（1）报告标题正确。采用省略式标题，由"关于（介词）＋事由＋文种"组成。

（2）主送机关正确。总公司与分公司有领导与被领导关系，此文以"总公司"作为主送机关正确。

（3）正文结构完整。由"缘由＋事项＋结束语"组成。缘由：写产品质量事故概要。事项：写产品质量事故调查的情况、发生原因与处理情况、改进措施和今后的努力方向。结束语："特此报告，请审阅。"正确使用报告结束的习惯用语。

（4）报告内容实事求是。报告内容对发生产品质量事故的原因、事故处理情况过程，没有夸大，也没有缩小，实事求是，采取的整改措施是切实可行的。

（5）正确运用表达方式。此文以叙述和说明表达方式为主。

（6）语言表达准确简洁。此报告内容语言表达准确简洁，重点突出，主次分明，条理清楚，详略得当。

三、知识支撑

（一）报告的概念

报告是用于向上级机关汇报工作、反映情况、答复上级机关的询问时使用的公文。报告属于上行文。

（二）报告的种类

（1）按范围划分，可分为综合性报告和专题性报告两大类。

（2）报告按内容划分，可分为工作报告、情况报告、答复报告和报送报告。

①工作报告，是指向上级机关汇报工作的报告，主要用于总结工作，求得上级指导。

②情况报告，是指向上级机关反映新情况、新问题，特别是突发事件、重大事故的报告。

③答复报告，是指对上级机关所询问的问题作出答复的报告。

④报送报告，是指向上级机关报送文件材料、物件或款项的报告。

因报送报告不常用，本书只介绍工作报告、情况报告、答复报告的写作知识和技能。

（三）报告的特点

1. 鲜明的汇报性

汇报性是报告的重要特点，也是报告的本质特征。不管是工作报告、情况报告，还是答复报告，都具有鲜明的汇报性。

2. 行文的单向性

报告是用于向上级机关汇报工作、反映情况、答复上级机关的询问时使用的公文，不需要上级机关给予批复，这是与同属于上行文请示的最大区别。请示行文具有双向性特点，必须有批复与之相对应，有请示就有批复；而报告行文具有单向性，不需要与之相对应的文种。

3. 陈述的概括性

报告在汇报工作、反映情况、答复上级机关的询问时，以叙述和说明表达方式为主，而且陈述也是概括性的陈述，一般不使用描写、议论、抒情的表达方式，无须过多议论和铺排大量的细节。即使运用议论，也仅限于夹叙夹议。

四、技能演练

（一）报告的结构形式

标题 + 主送机关 + 正文 + 附件 + 署名 + 成文日期 + 印章 + 附注

（二）报告的写作方法

1. 标题

（1）完整式标题。发文机关名称 + 关于（介词） + 事由 + 文种。

范例：广东××电子商务总公司南江分公司关于"8·11"火灾事故的情况报告

（2）省略式标题。关于（介词） + 事由 + 文种。

范例：关于"8·11"火灾事故的情况报告

2. 主送机关

报告的主送机关只有一个，即与本单位有隶属关系的直接上级机关或上司，且一般不允许越级报告。

3. 正文

报告的正文结构一般由"缘由 + 事项 + 结束语"组成。

不同类型的报告，结构基本相同，但每个部分的具体内容写法有所不同。分述如下：

（1）工作报告。缘由：报告的根据和背景、工作概况。事项：工作的主要成绩与经验、工作的失误与教训、今后的意见或努力方向。结束语：使用报告的习惯用语，如"特此报告"、"专此报告"、"以上报告，请审阅"等。

（2）情况报告。缘由：情况概要、起因。事项：事情发生的原因与过程、性质与处理情况、今后的意见或努力方向（或改进措施）。结束语：使用报告的习惯用语（同上）。

（3）答复报告。缘由：写答复的依据，即上级领导或上司要求回答的问题。事项：写答复的事项，针对上级提出的问题进行回答，问什么答什么，忌答非所问。结束语：使用报告的习惯用语。如"特此报告"、"专此报告"、"以上报告，请审阅"等。

4. 附件

报告如有附件，则置于正文的下一行，右空两个字写"附件"的字样，加冒号，接着写附件名称，且不加标点符号。如有两个以上的附件，则要编立顺序号。

范例1：

附件：××公司关于"8·11"火灾事故有关人员的处理意见

范例2：

附件：1. ××分公司关于"8·11"火灾事故的调查报告

　　　 2. ××分公司关于"8·11"火灾事故有关人员的处理意见

5. 署名

写上发文机关的名称。

6. 成文日期

正文结束之后用阿拉伯数字标注成文日期。成文日期的右边空四个字。

7. 印章

加盖公章时应做到：上不压正文，下不压底线，骑年盖月，端正清晰。

8. 附注

一般上行文要有附注，写联系人姓名和电话或公文印发传达范围等需要说明的事项，居左空两个字，加圆括号，编排在成文日期下一行。

（三）报告的写作要求

1. 报告内容实事求是

报告的内容必须真实，实事求是，有关数据要准确，以便上级机关了解真实情况，为上级机关作出科学的决策提供可靠的依据。绝不能造假，欺骗上级机关，误导上级机关作出错误的决策。

2. 恰当运用表达方式

报告应以使用叙述和说明表达方式为主，一般不使用描写、议论、抒情的表达方式，无须过多议论和铺排大量的细节，即使运用议论，也仅限夹叙夹议。

3. 陈述事项重点突出

在汇报工作、反映情况、答复上级机关的询问时，以叙述和说明表达方式为主，而且陈述也是概括性的陈述，无须铺排大量的细节，突出重点，主次分明，详略得当。

4. 语言表达准确简洁

无论是专题性报告，还是综合性报告，语言表达都要准确，特别是有关数据要准确无误，行文要简洁明了，忌写套话、空话。

5. 紧急事件应及时报告

如有突发事件、紧急情况或上级机关急需了解的事项，应及时行文，向上级机关报告，以便上级机关及时掌握情况，及时处理，防止事态蔓延。

6. 报告不夹请示事项

新《条例》明确规定：不得在报告等非请示性公文中夹带请示事项。要严格区分报告和请示的不同用途。报告重在呈报，向上级机关汇报工作、反映情况、答复询问，不需要上级机关批复，而且上级机关根据行文规则也不可能对报告作出批复，如果夹带请示事项只会误事。

五、病文诊治

（一）病文

（二）诊治

（1）标题不规范，介词"关于"的位置用错。

（2）火灾过程叙述太简略，对火灾造成的损失没有说明。

（3）对火灾的原因没有进行深入的分析，也没有提出对事故责任人的处理意见。

（4）没有提出今后预防火灾的措施和应当吸取的经验教训。

（5）成文时间没有使用阿拉伯数字。新《条例》规定公文的成文日期应采用阿拉伯数字，这与旧《办法》的要求相反。

六、相关知识拓展

公文报告的行文规则主要有以下几个方面：

（1）报告原则上主送一个上级机关，根据需要同时抄送相关上级机关和同级机关，不抄送下级机关。

（2）党委、政府的部门向上级主管部门报告重大事项，应当经本级党委、政府同意或者授权；属于部门职权范围内的事项应当直接报送上级主管部门。

（3）报告不得夹带请示事项。

（4）除上级机关负责人直接交办事项外，不得以本机关名义向上级机关负责人报送报告；不得以本机关负责人名义向上级机关报送报告。

（5）受双重领导的机关向一个上级机关报送报告，必要时抄送另一个上级机关。

七、模拟写作实训

（一）实训任务

根据［项目任务背景］给定的材料，合理补充有关内容，代广东××贸易总公司办公室蔡××主任就"8·20"火灾事故的情况写一篇报告。

（二）实训要求

（1）按下行文文件格式制作标准公文，包括版头、主体和版记。

（2）版面尺寸定位准确。

（3）格式要素选用合理。

（4）发文字号编立正确。

（5）字体字号选用正确。

（6）结构完整条理清楚。

（7）报告内容实事求是。

（8）正确使用表达方式。

（9）陈述事项重点突出。

（10）语言表达准确简洁。

任务 3 – 2　决定写作

知识目标

1. 了解决定的概念、特点和种类

2. 理解决定与通报的区别

4. 理解决定的写作要求

3. 掌握决定的结构形式和写作方法

技能目标

1. 掌握各种类决定的写作技能

2. 根据给定材料，能写格式规范、结构完整的决定

【项目任务背景】

（1）为了加快公司的发展步伐，做大做强旅游产业，广东××贸易总公司于2013年7月18日上午8：30~11：30，在总公司办公楼二楼会议室举行"第八次董事（扩大）会议"，会议由钟××董事长主持，全体董事、总经理、副总经理，各分公司和总公司直属各部门负责人参加了会议。

（2）会议听取了副董事长赖××代表总公司所作的《关于成立和平分公司可行性报告》、总公司市场部部长卢××所作的《关于成立和平分公司的方案》说明，与会人员对以上两个文件和和平县绿色食品市场的情况进行了认真分析和深入讨论。

（3）会议认为，和平县绿色食品货源充足，交通方便，市场前景广阔。

（4）与会人员一致认为，总公司《关于成立和平分公司的方案》可行。

（5）会议决定，成立和平分公司。

（6）会议决定，和平分公司的机构为"一室三部"，即办公室、财务部、营销部、物流部。领导班子由3人组成，一正两副。

（7）会议决定，任命原总公司市场部部长卢××同志为和平分公司经理，授权卢××同志组建和平分公司领导班子和任命"一室三部"负责人。

请代广东××贸易总公司写一份决定。

一、任务分析

（一）明确写作任务

根据【项目任务背景】的材料，代广东××贸易总公司写一份关于成立和平分公司的决定。

（二）讨论写作难点

要完成写作任务，必须对下列两个问题进行认真分析：

（1）如何进行构思？要考虑决定的标题、主送机关、正文、署名、成文日期和印章等内容。

（2）决定应采用何种公文格式行文？

二、范文借鉴

（一）范文

关于授予化学滚镀车间"优秀团队"称号的决定

公司各车间、各部门：

过去的2013年，是公司快速发展的一年，是全面实施目标管理的一年。在总公司董事会的正确领导和全体员工的共同努力下，公司实现了年利润1 000万元的目标，取得了令人鼓舞的成绩。尤其化学滚镀车间全体成员，认真贯彻公司"质量第一，服务至上"的经营方针，全面实施目标管理，团结合作，用心做事，以优质的产品和服务赢得了客户的好评。在锌合金化学滚镀方面，化学滚镀车间全体成员在车间主任廖××同志的领导下，分工合作，利用工余时间对生产技术进行攻关，大胆改革传统的工艺流程，取得突出的成绩。这既降低了生产成本，又提高了产品质量；既缩短了单位生产时间，又大大提高了产量，创造了500万元的利润，为总公司实现创年利润1 000万元的目标，打下了"半壁江山"。

为了总结经验，表彰先进，树立榜样，激励员工，促进公司进一步发展，经总公司办公会议讨论决定，授予化学滚镀车间"优秀团队"称号，发给奖金10万元，授锦旗一面，以资鼓励。

希望公司全体员工以化学滚镀车间为榜样，发扬"自强不息，勇于开拓，团结合作，追求卓越"

的企业精神，认真贯彻总公司的经营方针，严格执行生产工艺流程和操作规程，发挥自己的优势，锐意创新，大胆改革，为公司又好又快发展作出更大的贡献。同时，希望化学滚镀车间全体成员发扬成绩，再接再厉，抓住机遇，把滚镀产量和质量提升到一个新的水平，将化学滚镀业务做强做大，成为"杏坛电镀城"中的佼佼者！

佛山××电镀总公司（印章）

2014 年 1 月 8 日

（二）评析

这篇表彰决定有如下几点值得借鉴：

（1）全文结构完整。此决定全文由"标题＋主送机关＋正文＋署名＋成文日期＋印章"组成；此决定的正文结构由"前言＋主体＋结尾"组成，结构完整。

（2）正文层次分明。此文前言写背景和被表彰者的事迹；主体写决定的目的和事项；结尾写希望和要求，层次分明，条理清楚，逻辑性强。

（3）行文流畅，语言简洁。

三、知识支撑

（一）决定的概念

决定是指对重要事项或重大行动作出安排，奖惩有关单位及人员，变更或撤销下级机关不适当的决定事项的公文。决定属于下行文。

（二）决定的种类

决定根据其适用范围划分，一般可分为指挥性决定、奖惩性决定、知照性决定、变更性决定和撤销性决定。

（1）指挥性决定。用于对重要事项作出规定，对重大行动作出安排，要求下级贯彻执行时使用的公文。

（2）奖惩性决定。用于表彰或奖励有重大贡献的单位和个人、批评或惩处严重违纪单位和个人时使用的公文。

（3）知照性决定。用于知照重大事项时使用的公文。

（4）变更性决定。用于变更下级机关不适当的决定事项时使用的公文。

（5）撤销性决定。用于撤销下级机关不适当的决定事项时使用的公文。

本书只介绍指挥性决定、奖惩性决定和知照性决定三种。

（三）决定的特点

（1）重要性。决定是对重要事项或重大行动作出安排时使用的公文，非重大事项不用决定。如一般性的表彰和批评就不用决定，而是使用通报；表彰或奖励有重大贡献的单位和个人，或惩处严重违纪的单位和个人时，就要用决定行文。

（2）强制性。决定具有很强的行政约束力，任何单位部门都必须无条件执行。

（3）稳定性。组织对某一重要事项或重大行动作出决定后，要求下级机关在相当长的时间内贯彻执行。

四、技能演练

（一）决定结构形式

标题＋主送机关＋正文（＋附件）＋署名＋成文日期＋印章

（二）决定写作方法

1. 标题

（1）完整式标题格式：发文机关＋介词（关于）＋事由＋文种。

范例1：佛山××电镀总公司关于授予滚镀车间"优秀团队"称号的决定

（2）省略式标题格式：关于＋事由＋文种。

范例1：关于授予滚镀车间"优秀团队"称号的决定

2. 主送机关

用规范泛称。

3. 正文

正文的结构一般是由"前言＋主体＋结尾"组成。

不同类型的决定，其正文写法有所不同。

（1）指挥性决定。前言简写决定依据、目的或意义；主体重点写决定事项；结尾一般写对贯彻落实决定事项的希望和要求。

（2）奖惩性决定。又分为表彰决定和惩戒决定两种。

表彰决定的前言写被表彰者的事迹、对人或事的评价；主体写决定事项；结尾提出希望和要求。

惩戒决定的前言写被处理者的情况；主体写错误事实，分析错误性质及产生的后果，交代被处理者对所犯错误有无认识和悔改表现，作出处理决定；结尾提出希望和要求。

（3）知照性决定。前言写决定的依据、目的或意义；主体写具体的决定事项；结尾提出希望和要求。

4. 附件

决定如有附件则置于正文的下一行，右空两个字写"附件"的字样，加冒号，接着写附件名称，且不加标点符号。如有两个以上的附件，则要编立顺序号。

5. 署名

写上发文机关的名称。

6. 成文日期

正文结束之后用阿拉伯数字标注成文日期。成文日期的右边空四个字。

7. 印章

加盖公章时应做到：上不压正文，下不压底线，骑年盖月，端正清晰。

（三）决定写作要求

1. 决定内容要合法合理

决定内容要符合党的方针、政策和法律法规，符合单位的实际，而且要有理有据。

2. 决定事项要具体真实

指挥部署性和知照性决定事项要具体明确，利于贯彻落实；表彰决定中写的先进事迹要真实，对人或事的评价要实事求是，否则，就会失去表彰决定的宣传教育意义；惩戒决定中写的错误事实更要真实，分析错误性质及后果更要实事求是，不能夸大也不能缩小，否则，也会失去惩戒教育意义。

3. 结构完整，条理清楚

决定的全文结构应由"标题＋主送机关＋正文（＋附件）＋署名＋成文日期＋印章"组成，要求格式要素齐全；正文的结构应由"前言＋主体＋结尾"组成，要求正文结构完整，内容具体，条理清楚，层次分明，逻辑性强。

4. 语言简洁，表达准确

决定的语言要简洁流畅，表达要准确无误。

五、病文诊治

（一）病文

关于给予梁××等员工处罚的决定

公司各部门、各基层单位：

梁××，男，广东××高速公路××收费站收费员；朱××，男，广东××高速公路××收费站收费员。通过公司的调查可以证实，以上两名员工于2013年10月至11月期间，利用工作上的原因，大量倒卖通行卡，获取自己的私利。根据国家法律法规和公司《员工奖惩管理办法》、《营运员工星级考核实施细则》等制度有关规定，我们开会作了研究，决定把上面两名员工开除出公司，同时还要将这两个人贪污通行卡所得到的全部赃款通通追回来，保留追究他们法律责任的权利，发文之日起开除就可以生效。

广东××高速公路管理有限公司（印章）

2013年12月20日

（二）诊治

（1）标题事由表述不清，且不具体。

（2）错误事实缺少数量的支撑，获利账款金额没有具体表达出来。

（3）没有分析错误的性质及带来的后果。

（4）看不出被处理人对所犯错误有无认识到错误和悔改表现，最后也没有提出对别人有警示作用的希望。

（5）全文大量使用口语化语言，表达欠准确和简练。

六、相关知识拓展

（一）奖惩性决定与表彰批评性通报的相同点

（1）行文方向相同。奖惩性决定与表彰批评性通报均属下行文。

（2）基本功能相同。奖惩性决定与表彰批评性通报都具有表彰和批评的功能。

（3）运用材料相同。奖惩性决定与表彰批评性通报在写作中都是运用有关组织和个人的材料。

（二）奖惩性决定与表彰批评性通报的不同点

在写作表彰性或批评性公文时，到底是用决定还是用通报来行文，常常让人难以选择。之所以会产生这样的困惑和模糊，是因为对于决定与通报在相同的功能上所存在的区别认识不清。

下面我们从定义、目的、写法等不同的侧面去认识二者之间的不同点。

1. 定义不同

新《条例》对决定和通报的定义是：决定适用于对重要事项作出决策和部署、奖惩有关单位和人员、变更或者撤销下级机关不适当的决定事项；通报适用于表彰先进、批评错误、传达重要精神和告知重要情况。

2. 程度不同

奖惩性决定的用词是"奖惩"，其典型性和严重性程度较高；表彰批评性通报的用词是"表彰和批评"，其典型性和严重性程度相对较低。

3. 写法不同

（1）标题写法不同。

决定的标题中常常含有处置性动词，如授予、给予、处理等动词。奖励性决定的标题格式通常是：《关于授予×××同志"××××"称号的决定》或《关于给予×××同志表彰的决定》；惩罚性决定的标题格式通常是：《关于×××等同志所犯错误的处理决定》或《关于给予×××同志开出公职处理的决定》。

表彰批评性通报的标题中一般不使用处置性动词。如：《关于最近出现员工代打卡现象的通报》或《关于表彰×××同志先进事迹的通报》等。

（2）正文写法不同。

奖惩性决定重在处置，正文内容写先进事迹或错误的事实，力求详细具体。

表彰批评性通报重在宣传与教育，正文内容虽然也是写先进事迹或错误的事实，但相对比较概括。

七、模拟写作实训

（一）实训任务

根据【项目任务背景】的材料，代广东××贸易总公司写一份关于成立和平分公司的决定。

（二）实训要求

（1）按下行文文件格式制作标准公文，包括版头、主体和版记。

（2）版面尺寸定位准确。

（3）格式要素选用合理。

（4）发文字号编立正确。

（5）字体字号选用正确。

（6）符合决定的行文规则。

（7）结构完整，条理清楚。

（8）语言简洁，表达准确。

项目3　思考与练习题

一、填空题

1. 报告适用于向_____汇报工作、反映情况、答复_____的询问。

2. 反映新情况、新问题，特别是突发事件、重大事故的报告属于_____。

3. 决定是指_____、_____、_____的公文。决定属于_____。

4. 决定根据其适用范围划分，一般可分为_____、知照性决定、_____、_____和撤销性决定。

二、选择题

（一）单选题

1. 报告的结束语，使用正确的有（　　　）

A. 以上报告如无不当，请批准　　　B. 特此报告，请审阅

C. 以上报告，请批复　　　　　　　D. 特此报告，请审批

2. 下列选项中，不属于报告特点的是（　　　）

A. 行文的单向性　　　　B. 鲜明的汇报性

C. 概括的陈述性　　　　D. 内容的纪实性

3. 下列选项中不属于决定的特点是（　　　）

A. 重要性　　B. 发布性　　C. 强制性　　D. 稳定性

4. 决定适用于（　　　）

A. 在一定范围内公布应当遵守或者周知的事项

B. 向国内外宣布重要事项或法定事项

C. 对重要事项作出决策和部署、奖惩有关单位和人员、变更或者撤销下级机关不适当的决定事项

D. 适用于表彰先进、批评错误、传达重要精神和告知重要情况

（二）多选题

1. 按内容划分，报告可分为（　　　）

A. 工作报告　　B. 情况报告　　C. 答复报告　　D. 报送报告

2. 下列选项中属于决定的特点是（　　　）

A. 重要性　　B. 发布性　　C. 强制性　　D. 稳定性

三、判断题

1. 请示与报告都是上行文，请示要求一文一事，报告也应当一文一事。（　　　）

2. 报告中不得夹带请示事项。（　　）

3. 总公司就某分公司新产品试制情况进行询问，该分公司用报告作出回答。（　　）

4. 非重大事项不使用决定行文。（　　）

5. 决定与通报的不同点之一是表彰先进事迹的重要程度不同。（　　）

6. 某电子商务公司对张三等3位员工上班期间打游戏的行为进行批评，用惩罚性决定行文。（　　）

四、问答题

1. 报告的写作要求包括哪些？

2. 决定与通报有何异同？

3. 决定的写作要求有哪些？

项目4　请示与批复

任务4-1　请示写作

知识目标

1. 了解请示的概念、特点和种类

2. 理解请示的写作要求

3. 理解请示与报告的区别

4. 掌握请示的结构形式和写作方法

技能目标

1. 掌握请示的写作技能

2. 根据给定的背景材料，能写格式规范、理由充分、言辞恳切的请示

【项目任务背景】

根据"项目1-任务1-1"的【项目任务背景A】提供的材料，代广州××贸易总公司办公室写一篇请示。

一、任务分析

（1）根据"项目1-任务1-1"的【项目任务背景A】提供的材料，代广州××贸易总公司办公室写一篇请示。

（2）要完成写作任务，必须对下列两个问题进行认真分析：

①如何进行构思？要考虑请示的标题、主送机关、正文、署名、成文日期、印章和附注等内容。

②请示应采用何种公文格式行文？请示的写作要求包括哪些方面？

二、范文借鉴

（一）范文

广东××物流总公司广州分公司
关于购买两辆载重 8 吨大货车的请示

总公司：

我司目前只有两辆大货车，其中一辆大货车经常出现故障，严重影响正常运营，而且于今年 7 月份到达报废期。今年以来，我司业务发展很快，由于运输工具不足，造成很多货物积压，我司采用"人换车不停"办法处理，也未能满足顾客的要求。根据业务员反馈的信息，我司业务今年下半年会有更大的发展。

为了满足公司业务发展的需要和满足顾客的要求，拟申请购买两辆载重 8 吨的大货车，约需拨款 160 万人民币。

以上请示如无不妥，请批复。

广东××物流总公司广州分公司（印章）

2013 年 4 月 28 日

（联系人：钟××，联系电话：020 - 2323××××，手机：1391681××××）

（二）评析

这是一篇请示，有如下几点值得借鉴：

（1）标题正确。采用完整式标题，由"发文机关名称 + 关于（介词）+ 事由 + 文种"。

（2）主送机关正确。

（3）正文结构完整。由"请示缘由 + 请求事项 + 结束语"组成。

（4）请示缘由要充分。此文请示缘由写得客观、具体、合理、充分。

（5）结束语用词得当。

（6）语言简洁，条理清楚。

三、知识支撑

（一）请示的概念

请示是下级机关向上级机关对某项工作或某个问题请求指示、答复，要求批准的公文。请示属于上行文。

（二）请示的适用范围

请示适用于向上级机关请求指示、批准，其适用范围主要有如下几个方面：

（1）超出本机关的工作范围，需要请示批准才能办理的事项。

（2）出现新情况，必须处理却又无章可循，有待上级明确指示才能办理的事项。

（3）对上级的政策、决定等不甚了解，需要请上级机关解释或者重新审定的事项。

（4）遇到本机关职权范围内很难克服或者无力克服的困难，需要上级机关支持帮助的事项。

（三）请示的类型

根据请示的适用范围划分，请示可分为求示性请示和求批性请示两大类。

1. 求示性请示

请求上级机关给予明确指示的请示。用于工作中遇到疑难问题，出现无法可依、无章可循的情况；或部门间意见分歧较大难以统一；或对方针政策、某些规章制度中的个别条文不理解，需要上级机关给予明确指示的情况。

2. 求批性请示

请求上级机关给予批准、认可的请示。用于工作中遇到的必须经上级机关批准才能办理的事项；或因本单位特殊情况需要变通处理的事项；或限于自身力量不足，需要上级给予财力、物力、人力等支持的事项。往往涉及机构变化、人事任免、财务运用、项目安排等方面要求上级给予批准的问题。

（四）请示的特点

（1）主动性。请示与批复是一对公文，先有请示，然后才有批复，没有请示就没有相应的批复。请示必须事前请示。

（2）批复性。上级机关单位收到下级机关单位呈送的请示事项，无论对请示事项同意与否，都必须给予明确的批复。不同意还要说明原因或理由。

（3）单一性。请示应一文一事，不能一文多事。请示只能写一个主送机关，即使是双重领导的单位，也只能写一个主送机关，另一个上级领导机关只能抄送。

（4）时效性。请示是下级机关单位向上级机关单位对某项工作或某个问题请求指示、答复，要求批准的公文。应及时行文，才能及时解决问题。特别是紧急的事情或严重的问题，如有关请求救灾物资或拨款的请示，必须以最快的速度行文。

四、技能演练

（一）请示结构形式

标题 + 主送机关 + 正文（ + 附件） + 署名 + 成文日期 + 印章 + 附注

（二）请示写作方法

1. 标题

请示的标题包括完整式标题和省略式标题两类。

（1）完整式标题。发文机关名称 + 关于（介词） + 事由 + 文种。

范例：广东××物流总公司广州分公司关于购买 4 辆载重 12 吨大货车的请示

（2）省略式标题。关于（介词） + 事由 + 文种。

范例：关于购买 4 辆载重 12 吨大货车的请示

标题中一般不用"申请"、"请求"等词语，以避免与文种"请示"在语意上的重复。

2. 主送机关

请示的主送机关是指负责受理和答复该文件的机关。

根据请示的行文规则要求，请示只能写一个主送机关，如果需要同时送其他上级机关，应当用抄送的形式；除了上级机关负责人直接交办的事项外，不得以机关的名义向上级机关负责人请示。

3. 正文

请示的正文一般由"开头＋主体＋结束语"组成。

（1）开头。写请示缘由。请示的缘由是请示能否被批准的关键，因此，要写得客观、具体、合理、充分，令上级信服。

（2）主体。写请示事项。请示事项是正文的核心，必须合法合理，且应具体明确。如需要上级机关审批的资金数额、物资品名、规格、数量等，必须合法合理，明确具体，属于上级机关的职权范围，而且要实事求是，不能"狮子大开口"，以便上级机关给予迅速批复。

（3）结束语。请示的结束语一般用征询性习惯用语，如："以上请示如无不当，请批准"、"以上请示如无不妥，请批复"、"当否，请指示"、"妥否，请批复"、"特此请示，请批复"等。

4. 附件

请示如有附件则应置于正文的下一行，右空两个字写"附件"的字样加冒号，然后写附件名称。

5. 署名

写上发文机关的名称。

6. 成文日期

正文结束之后用阿拉伯数字标注成文日期。成文日期的右边空四个字。

7. 印章

加盖公章时应做到：上不压正文，下不压底线，骑年盖月，端正清晰。

8. 附注

新《条例》规定，"请示"应在附注处注明联系人姓名和联系电话。

（三）请示写作要求

（1）一文一事。新《条例》规定，"请示"应当"一文一事"，一份请示只能写一件事，如果一文多事，可能导致受文机关无法批复，延误工作。

（2）单头请示。请示只能主送一个上级领导机关或者主管部门，不能同时主送两个或两个以上上级领导机关。如果需要同时送其他上级机关，应当用抄送的形式，这是请示的行文规则的要求，也可以避免出现推诿、扯皮的现象。

（3）不越级请示。各级行政机关一般要逐级请示，一级请示一级，不得越级请示。如果因特殊情况或紧急事项，必须越级请示时，要同时抄送被越过的机关。

（4）不得同时抄送下级机关。请示是上行文，行文时不得同时抄送下级机关，也不能要求下级机关执行上级机关尚未批复的事项。

（5）请示理由要充分。请示理由是请示事项能否得到上级机关批准的关键。因此，要写得客观、具体、合理、充分。

五、病文诊治

（一）病文

广东××贸易总公司河源分公司请示报告

总公司并转财务部和人力资源部：

  我司因业务发展很快，市场营销员严重不足，交通工具缺乏，我们压力很大。为了适应我司发展，现将有关事项请示报告如下：

  一、我司市场营销部急需增加三四个人，要求人力资源部帮助招聘，并要求大专以上的市场营销毕业生。

  二、购买一辆业务用车，建议购买"广本奥德赛"，要求财务部拨款30万元人民币左右，同时，再要求人力资源部招聘一名"素质高、品质好、能吃苦、有经验"的年轻司机给我们。

  此致

敬礼

广东××贸易总公司河源分公司（印章）

2013年10月8日

（二）诊治

  （1）标题不正确。没有事由，应补上；文种不对，应将"报告"删去。应改为：广东××贸易总公司河源分公司关于购买一辆业务用车的请示（或关于招聘4名市场营销人员的请示）。

  （2）主送机关不对。请示只能写一个主送机关级，即总公司；应把"并转财务部和人力资源部"删去。而且财务部和人力资源部与分公司是平级单位，不够资格作为分公司请示的主送机关。

  （3）违反请示行文原则。新《条例》规定，"请示"应当"一文一事"，一份请示只能写一件事。此文"一文二事"。

  （4）语言表达不准确。如"急需增加三四个人"，是急需增加三个人还是四个人？"拨款30万元人民币左右"，左到多少？右到多少？表达不准确。

  （5）正文用词不得体而且采用口语，不符合公文语言要求。

  （6）请示结束语不正确。请示结束语不能用"此致，敬礼"。应改为：以上请示妥否，请批复。

六、相关知识拓展

（一）报告与请示的相同点

报告与请示的相同点概括起来有两处：

1. 行文方向相同

报告与请示均属于上行文。

2. 行文格式相同

报告与请示均适用上行文文件格式。

（二）报告与请示的不同点

报告与请示的不同点概括起来有五处：

1. 行文性质不同

报告是向上级机关汇报工作、反映情况、答复上级机关的询问时使用的公文，具有鲜明的汇报性；请示是请求上级机关指示、答复、批准所请示的事项时使用的公文，具有鲜明的请求性。

2. 行文目的不同

报告行文的目的是汇报工作、反映情况、答复上级机关的询问，不要求批复；请示行文的目的是请求上级机关单位指示、答复、批准所请示的事项，要求批复，而且上级机关无论同不同意请示事项，都必须批复，不同意请示事项还要说明原因或理由。

3. 行文时限不同

有一句俗话："事前请示，事后报告。"这句话虽然道出了报告与请示行文时限不同，但还欠准确。报告并非事后才报告，报告可在事前、事中、事后行文；而请示必须在事前行文。

4. 行文容量不同

报告没有明文规定一文一事，既可以一文一事（如专题性报告），也可以一文多事（如综合性报告），容量可大可小；而请示根据新《条例》明文规定，只能一文一事，故行文容量小，内容单一。

5. 结束用语不同

报告结束用语常用"特此报告"、"以上报告，请审阅"、"专此报告，请审阅"等；请示结束用语常用"特此请示"、"以上请示当否，请指示"、"以上请示如无不当，请批准"、"以上请示如无不妥，请批转各部门贯彻执行"等。

七、模拟写作实训

（一）实训任务

根据"项目1-任务1-1"的【项目任务背景A】提供的材料，代广州××贸易总公司办公室写一篇请示。

（二）实训要求

（1）按上行文文件格式制作标准公文，包括版头、主体和版记。

（2）版面尺寸定位准确。

（3）格式要素选用合理。

（4）发文字号编立正确。

（5）字体字号选用正确。

（6）符合请示的行文规则。

（7）请示的缘由充分。

（8）语言简洁，用词得体，条理清楚，层次分明。

任务 4 - 2　批复写作

知识目标
1. 了解批复概念、特点和种类
2. 理解批复的写作要求
3. 掌握批复的结构形式和写作方法

技能目标
1. 掌握批复的写作技能
2. 根据给定材料，能写出格式规范、针对性强、态度鲜明的批复

【项目任务背景】
1. 原文

广东××物流总公司广州分公司
关于购买两辆载重 8 吨大货车的请示

总公司：

　　我司目前只有两辆大货车，其中一辆大货车经常出现故障，严重影响正常运营，而且于今年 7 月份到达报废期。今年以来，我司业务发展很快，由于运输工具不足，造成很多货物积压，我司采用"人换车不停"办法处理，也未能满足顾客的要求。根据业务员反馈的信息，我司业务今年下半年会有更大的发展。

　　为了满足公司业务发展的需要和满足顾客的要求，拟申请购买两辆载重 8 吨的大货车，约需拨款160 万元人民币。

　　以上请示如无不妥，请批复。

广东××物流总公司广州分公司（印章）

2013 年 4 月 28 日

（联系人：钟××，联系电话：020 - 2323××××，手机：1391681××××）

2. 补充信息

（1）上文的发文字号为：粤××穗分〔2013〕16 号。

（2）没有抄送机关。

（3）主送机关：广东××物流总公司广州分公司。

（4）发文机关：广东××物流总公司。

（5）印发机关：广东××物流总公司办公室。

（6）成文日期与印发日期相同。

广东××物流总公司召开董事会议，经反复研究讨论，同意广州分公司关于购买两辆载重 8 吨大货

车的请示。

一、任务分析

（1）根据【项目任务背景】提供的材料，代广东××物流总公司写一篇批复。

（2）要完成写作任务，必须对下列两个问题进行认真分析：

①如何进行构思？要考虑批复的标题、主送机关、正文、署名、成文日期和印章等内容。

②批复采用何种公文格式行文？批复的写作要求包括哪些方面？

二、范文借鉴

（一）范文

广东××旅游总公司关于同意修建停车场的批复

河源分公司：

你司8月10日《关于修建停车场的请示》（粤××河分〔2013〕22号）收悉，经总公司办公会议研究，现批复如下：

一、同意你司修建停车场，解决旅游大巴停车难的问题。要求你司尽快制定修建停车场的图纸和施工方案，尽快办理报建手续。

二、同意拨款30万元作为你司修建停车场的专项包干经费，要求专款专用，不得挪作他用。不足部分请自筹解决。

特此批复。

广东××旅游总公司（印章）

2013年8月12日

（二）评析

这篇批复，有如下几点值得借鉴：

（1）标题正确。采用完整式标题，由"发文机关名称＋关于（介词）＋事由＋文种"。

（2）主送机关正确。

（3）正文结构完整。由"批复引语＋批复意见＋结束语"组成，批复引语要素齐全；批复意见针对性强，态度鲜明，要求具体；结束语正确。

（4）语言简洁，条理清楚。

三、知识支撑

（一）批复的概念

批复是上级机关答复下级机关请示事项的公文。批复属于下行文。

（二）批复的种类

1. 求示性请示的批复

上级机关给予下级机关请求指示的请示的批复。

2. 求批性请示的批复

上级机关给予下级机关请求批准或答复的请示的批复。

（三）批复的特点

1. 被动性

批复与请示是一对公文，先有请示，然后才有批复，没有请示就没有相应的批复。批复的目的是为了答复下级机关的请示，上级机关只有收到了下级机关的请示后才可以制发批复，可见，批复是被动行文。

2. 针对性

批复是针对请示事项作出答复、批准的公文。请示什么事项，就批复什么事项，针对性很强。请示没有涉及的问题，批复就不应该涉及。

3. 权威性

对下级机关来说，请示一经批复，上级同意或不同意的批复内容都具有行政约束力，必须严格按照批复的意见执行。

4. 时效性

批复与请示一样具有很强的时效性。上级机关收到紧急事情或严重问题的请示，尤其是请求救灾拨付物资或拨款的请示，必须以最快的速度批复。

四、技能演练

（一）批复结构形式

标题＋主送机关＋正文＋署名＋成文日期＋印章

（二）批复写作方法

1. 标题

批复的标题包括完整式标题和省略式标题两类。

（1）完整式标题。发文机关名称＋关于（介词）＋事由＋文种。

范例1：广东××物流总公司关于同意购买4辆载重12吨大货车的批复

（2）省略式标题。关于（介词）＋事由＋文种。

范例1：关于同意购买4辆载重12吨大货车的批复

（3）批复另类标题。

发文机关（批复机关）名称＋关于（介词）＋事由＋给主送机关（请示主送）＋文种。

范例1：广东××物流总公司关于同意购买4辆载重12吨大货车给河源分公司的批复（企业单位制发公文）

范例2：国务院关于同意××××××××××给××省人民政府的批复

（国家各级行政机关制发公文）

范例3：××省人民政府关于同意××××××××××给××市（或县）人民政府的批复

2. 主送机关

批复主送机关是请示的发文机关。一般来说，批复主送机关只有一个。

3. 正文

批复的正文一般由"开头＋主体＋结束语"组成。

（1）开头。批复一般有开头批复引语。批复引语包括收到请示的日期、标题、发文字号和过渡句。发文字号用圆括号括入。

范例：你司8月10日《关于申请拨款建设停车场的请示》（粤××穗分〔2013〕28号）收悉。经总公司办公会议研究，现批复如下：

（2）批复意见。批复机关对请示事项所作的具体答复。同意下级机关的请示，就给予肯定答复。不同意下级机关的意见，就给予明确的否定答复，并说明理由，阐明政策依据，并作必要的解释。

（3）结束语。批复在结尾处常常使用习惯用语"特此批复"、"此复"等。

4. 署名

写上发文机关的名称。

5. 成文日期

正文结束之后用阿拉伯数字标注成文日期。成文日期的右边空四个字。

6. 印章

加盖公章时应做到：上不压正文，下不压底线，骑年盖月，端正清晰。

（三）批复写作要求

（1）熟悉请示的内容和有关政策。批复是针对请示事项作出答复、批准的公文。要求写作人员熟悉请示的具体事项，掌握批复该事项有关的国家政策、法律法规。只有这样，批复的意见，才有针对性和可行性。

（2）批复的意见要态度鲜明。上级机关收到下级机关的请示后，无论对请示事项同意与否，都必须批复。作出的批复意见，不能模棱两可，态度要鲜明，语气要坚决。同意下级机关的请示，就给予肯定答复。不同意下级机关的请示，就给予明确的否定答复，并说明缘由和政策依据。

（3）提出的具体要求应简洁明了。批复除作出批复意见外，有些批复还提出具体的要求。若要提出具体的要求，用语要简洁明了，不宜篇幅过长。

五、病文诊治

（一）病文

（二）诊治

　　这篇批复，存在较多的毛病，诊治如下：

　　（1）标题不正确。公文标题除"公告"和"通告"外，其他文种不能只用文种做标题。应改为：广东××物流总公司关于同意修建布料仓库的批复或关于同意修建布料仓库的批复。

　　（2）批复引语不规范。应改为："你司 8 月 18 日《关于修建布料仓库的请示》（粤××佛分〔2013〕28 号）收悉，经总公司办公会议研究，现批复如下："

　　（3）正文语言表达太啰唆，重复来文内容。来文内容请示机关单位已经很清楚，不必重述。

　　（4）结束语位置不对。结束语"特此批复"，应单独一段，右空两个字写起。

　　（5）条理欠清楚，层次不够分明。

六、模拟写作实训

（一）实训任务

　　根据【项目任务背景】提供的材料，代广东××物流总公司写一篇批复。

（二）实训要求

　　（1）按下行文文件格式制作标准公文，包括版头、主体和版记。

　　（2）版面尺寸定位准确。

　　（3）格式要素选用合理。

　　（4）发文字号编立正确。

　　（5）字体字号选用正确。

　　（6）符合批复的行文规则。

（7）批复意见，态度鲜明。

（8）提出要求，明确具体。

项目4　思考与练习题

一、填空题

1. 请示是_____向_____对某项工作或某个问题请求指示、答复，要求批准的公文。

2. 批复是_____答复或批准_____的请示事项的公文。

3. 从行文方向看，请示属于_____文，批复属于_____文。

4. 从公文的对应关系来看，请示与批复是_____公文，有请示必须有_____。

二、选择题

（一）单选题

1. 请示和批复的主送机关数量都是（　　）

A. 1 个　　　B. 2 个　　　C. 3 个　　　D. 4 个

2. 新《条例》规定，必须在附注处注明联系人姓名和电话号码的文种是（　　）

A. 通知　　　B. 通报　　　C. 请示　　　D. 批复

3. 下列选项中同属于上行文的是（　　）

A. 报告、请示　　B. 通知、报告　　C. 请示、通知　　D. 批复、决定

4. 下列"请示"的结束语中运用得体的是（　　）

A. 以上事项，请马上批准

B. 以上所请，如有不同意，请来函商量

C. 所请事关重大，不可延误，务必于本月 10 日前答复

D. 以上请示，妥否？请批复

（二）多选题

1. 下列选项中，表述正确的是（　　）

A. 请示除特殊情况之外，不得越级请示，应当逐级请示

B. 请示必须事前请示

C. 批复适用于答复下级机关请示事项

D. 批复具有主动性的特点

2. 请示具有以下特点（　　）

A. 被动性　　B. 批复性　　C. 单一性　　D. 时效性

3. 下列说法，能用来说明批复有明确针对性的是（　　）

A. 请示没有涉及的问题，批复就不应该涉及

B. 请示什么事项，就批复什么事项

C. 如果不同意下级单位的请示事项，写"不同意"即可，不必说明不同意的理由

D. 批复只印发给呈报请示的机关

4. 下列选项中，可以作为请示主送机关的是（   ）

A. 有商洽必要的平行机关

B. 需请求其批准的不相隶属机关

C. 由隶属关系的直接上级领导机关

D. 上级领导机关授权的上级业务主管部门

三、判断题

1. 请示应当一文一事，批复也应当一文一批复。（   ）

2. 批复具有被动性，请示在先，批复在后。（   ）

3. 如果上级机关不同意下级机关的请示事项，写"不同意"即可，不必说明不同意的理由。（   ）

4. 请示只能写一个主送机关，即使需要同时呈送其他上级机关，也只能用抄送的形式。（   ）

5. 请示缘由要写得客观、具体、合理、充分。（   ）

6. 请示可以同时抄送下级机关。（   ）

四、改错题

1. 以上通报事项，如无不妥，请批复。

2. 以上请示事项，十万火急，务必马上批复。

3. ××物流总公司河源分公司关于购买两辆载重 8 吨大货车的通知。

4. 关于开发东南亚旅游市场的请示报告。

五、问答题

1. 请示的写作要求是什么？

2. 请示的适用范围包括哪些方面？

3. 请示与报告的区别有哪些？

4. 批复的特点包括哪些方面？

5. 批复的引语如何拟写？

项目5　函与纪要

任务5－1　函写作

知识目标
1. 了解函的概念、特点和种类
2. 理解函的写作要求
3. 掌握函的结构形式和写作方法

技能目标
1. 掌握去函和复函的写作技能
2. 根据给定材料，能够写出格式规范、内容完备的函

【项目任务背景A】

（1）广东××家具总公司最近开发"××家具QQ－2013系列新产品"，该公司为了推介"××家具QQ－2013"系列新产品，提高该系列产品的知名度，董事会决定，于2013年8月18日在广州天河广场举行"××家具QQ－2013系列新产品发布会"。

（2）广东××家具总公司于2013年8月18日上午10：30在广州天河广场举行"××家具QQ－2013系列新产品发布会"开幕式。邀请××电视台的领导出席开幕式，恳请××电视台派新闻记者报道开幕式的情况。

（3）该公司要把"××家具QQ－2013系列新产品发布会"开幕式的有关事项告知××电视台。

请代广东××家具总公司拟写一篇公文（函）给××电视台。成文日期与印发日期均为2013年8月8日。

【项目任务背景B】

1. 原文

关于合作开发"万绿湖"生态旅游资源的函

佛山××旅游公司：

　　两年来，我司与贵公司在开发旅游产品项目中，合作愉快，达到了"双赢"的目的，取得了可喜的经济效益。

　　今天，我司本着"优势互补，资源共享，加强合作，共谋发展"的愿望，真诚邀请贵公司来河源考察"万绿湖"生态旅游资源，商洽"合作开发万绿湖生态旅游资源"的事宜，不知贵公司意下如何？

　　特此去函，盼复。

河源××旅游公司（印章）

2013年9月8日

2. 补充信息

（1）上文的发文字号为：河××〔2013〕33号。

（2）佛山××旅游公司于2013年9月8日收到河源××旅游公司用传真发的函。

（3）佛山××游公司复函的时间为2013年9月9日。

（4）成文日期与印发日期相同。

3. 河源官方网站关于"万绿湖"生态旅游资源的有关信息（摘录）

河源拥有最大的生态旅游资源——万绿湖，万绿湖最大的魅力就是水和连绵不断的山林。万绿湖水域面积为370平方公里，相当于68个杭州西湖，且湖内拥有360多个绿色岛屿；万绿湖山林面积为1100多平方公里，比香港还大。目前，已开发的旅游景点，可以说是"冰山一角"，万绿湖待开发的生态旅游资源十分丰富，合作开发的前景广阔。

河源作为全国生态发展区，一直以来秉持着"既要金山银山，也要绿水青山"的发展理念，万绿湖的生态环境得到有效保护的同时，经济也实现了又好又快的增长。近几年来，河源市又创新性地提出了打造"广东生态旅游示范区"的战略构想，走出了一条以生态旅游为特色的可持续发展之路，成为全省乃至全国科学发展的典范。

4. 根据上述材料，代佛山××旅游公司写一篇公文

一、任务分析

（1）根据【项目任务背景A】提供的材料，请代广东××家具总公司拟写一篇（函）给××电视台。

（2）根据【项目任务背景B】提供的材料，代佛山××旅游公司写一篇复函。

（3）要完成写作任务，必须对下列两个问题进行认真分析：

①如何进行构思？要考虑函与复函的标题、主送机关、正文、署名、成文日期、印章等内容。

②函应采用何种公文格式行文？函与复函的写作要求包括哪些方面？

二、范文借鉴

（一）函范文

1. 原文

关于选派青年教师到公司挂职锻炼的函

广东××物流有限公司：

为了提高我院青年教师的素质，培养一批"双师型"青年教师，根据广东省教育厅有关文件精神，我院拟选派两名青年教师到贵公司挂职锻炼，时间为：2013年9月至2014年1月，恳请贵公司适当安排所派教师的工作岗位和帮助解决其食宿问题。

可否，盼复。

广东××职业技术学院（印章）

2013年7月18日

2. 评析

这篇函有以下几点值得借鉴：

（1）结构完整。由标题、主送机关、正文、署名、成文日期和印章组成。

（2）格式规范。此函主体部分格式要素齐全，编写正确，排版格式规范。

（3）内容完备。正文说明了选派青年教师去公司挂职锻炼的目的、依据、时间和要求。

（4）语言简洁。正文包括标点符号共 113 个字，就把选派青年教师去公司挂职锻炼的目的、依据、时间和要求，表达得一清二楚，可谓是"言简意赅"。

（5）措辞得体。结束语用商量的口气，期盼对方的答复，措辞得体，语气谦和。

（二）复函范文

1. 原文

关于选派青年教师到公司挂职锻炼的复函

广东××职业技术学院：

贵院 2013 年 7 月 18 日《关于选派青年教师到公司挂职锻炼的函》（粤轻院〔2013〕18 号）收悉。经我司办公会议研究，现答复如下：

一、同意贵院派两名青年教师到我司挂职锻炼，我司负责安排贵院所派教师适当的工作岗位，按公司规定的标准支付食宿费用和交通补贴，不发工资。

二、挂职锻炼期间贵院所派教师须遵守我司的各项规章制度。

特此函复。

广东××物流有限公司（印章）

2013 年 7 月 20 日

2. 评析

这篇复函有以下几点值得借鉴：

（1）结构完整。由标题、主送机关、正文、署名、成文日期和印章组成。

（2）格式规范。此函主体部分格式要素齐全，编写正确，排版格式规范。

（3）内容完备。此函的正文由"引语＋答复意见＋结束语"三个部分组成。引语包括了收到函的日期、标题、发文字号和过渡句。答复意见，具体明确，结束语规范。

（4）语言简洁。正文包括标点符号共一百多个字，简洁明了。

三、知识支撑

（一）函的概念

函是平级或不相隶属机关之间商洽工作、询问和答复问题、请求批准和答复审批事项时所使用的公文。函属于平行文。

"平级机关"的含义：是指行政级别相等或社会公认地位相等的单位。

"不相隶属机关"的含义：一个系统内部的平级机关是不相隶属机关；凡是双方在行政或组织上没有领导与被领导关系、业务上没有指导与被指导关系的，都是不相隶属机关。

（二）函的类型

（1）按行文方向划分，可分为去函（发函）、复函（回函）。

去函和复函是一对公文。一般来说，有去函，就有复函，体现平级或不相隶属机关之间礼尚往来、互相尊重。

（2）按性质上划分，有公函、便函两种。

公函用于内容较重要的公务文书，属于法定公文。公函要使用公文用纸，即采用GB/T148中规定的 A4 型纸，严格按照新《办法》和新《标准》的有关规定行文，公函格式包括眉首、主体和版记。

便函用于日常业务的文书，属于事务文书。便函用印有单位名称的信笺行文，不编发文字号，没有版记，只在落款和成文日期处加盖单位的公章。

（3）按内容上分，可分为商洽函、问答函、请批函、批答函。

商洽函平级或不相隶属机关之间商洽工作或协商处理有关事项的函。平级或不相隶属机关之间提出商洽工作或协商处理有关事项时，应使用函；答复商洽工作或协商处理有关事项时，应使用复函。

问答函是不相隶属机关就工作问题进行询问或者答复的函。不相隶属机关就工作问题或有关事项进行询问时，应使用函。不相隶属机关之间就询问工作问题或有关事项进行答复时，应使用复函。

请批函是不相隶属机关向有关主管部门请求批准事项的函，应使用函。

批答函是主管部门答复不相隶属机关请求批准事项的函，应使用复函。

（三）函的特点

（1）使用范围广泛、频率高。函既可用于商洽工作，又可用于询问和答复问题或事项；既可用于向有关主管部门请求批准事项，又可用于有关主管部门答复请求批准事项。函在实际工作中，不仅适用范围广泛，而且使用频率很高。

（2）内容单一、篇幅小。函的内容具备单一性的特点。一般来说，一份函宜写一件事项，语言简洁明了，篇幅短小精悍。故函素有公文"轻骑兵"之称。

（3）措辞谦敬有礼貌。函是平级或不相隶属机关之间相互往来的公文，体现了双方平等友好、合作共赢、互相支持的关系。对级别高的有关主管部门要谦恭有礼；对级别低的、不相隶属的单位要平和友善；对平级单位要互相尊重。因此，不论什么类型的函，都要求措辞得体、谦敬有礼。只有这样，才能得到对方更多的理解和支持。

四、技能演练

（一）函的结构形式

标题 + 主送机关 + 正文 + 署名 + 成文日期 + 印章

（二）函的写作方法

1. 标题

（1）完整式标题。发文机关名称＋关于（介词）＋事由＋文种。

范例1：广东××物流总公司关于欠款问题的函（去函标题）

范例2：广东××贸易总公司关于欠款问题的复函（复函标题）

（2）省略式标题。关于（介词）＋事由＋文种。

范例1：关于欠款问题的函（去函标题）

范例2：关于欠款问题的复函（复函标题）

（3）函的另类标题。

发函机关名称＋关于（介词）＋事由＋（给）复函文机关名称＋文种（函）。

范例1：广东××物流总公司关于欠款问题给广东××贸易总公司的函（去函标题）

复函机关名称＋关于（介词）＋事由＋（给）发函机关名称＋文种（复函）。

范例2：广东××贸易总公司关于欠款问题给广东××物流总公司的复函（复函标题）

2. 主送机关

一般来说，去函和复函的主送机关也只有一个。

3. 正文

正文的写法从去函和复函两个方面进行阐述。

（1）去函的正文。

一般来说，去函的正文由"缘由＋事项与要求＋结束语"组成。

①缘由：主要写商洽、询问、请求事项的依据、背景等。

②事项与要求：主要写商洽、询问、请求事项或问题，说明希望和要求。

③结束语："特此去函，盼复"、"恳请函复为盼"、"敬请函复"、"盼复"、"望函复"等，语气要谦和。

（2）复函的正文。

一般来说，复函的正文写法同批复正文写法基本一样。复函的正文由"引语＋答复意见＋结束语"组成。

①引语。引语包括收到函的日期、标题、发文字号和过渡句。发文字号用圆括号括入。

范例：你司7月20日《关于欠款问题的函》（粤××总〔2013〕16号）收悉。经我司办公会议研究，现答复如下：

温馨提示：复函的过渡句，应使用"经……研究，现答复如下："而不能使用"经……研究，现批复如下："

②答复意见。针对来函所提出的商洽、询问或请求的问题或事项予以答复。如果同意就给予肯定的答复；如果不同意就给予否定答复，并说明原因或理由。复函的态度一定要明确，语言准确，不能含糊笼统，犹豫不定。

③结束语。一般有"此复"、"特此函复"、"特此函告"等。

4. 署名

写上发文机关的名称。

5. 成文日期

正文结束之后用阿拉伯数字标注成文日期。成文日期的右边空四个字。

6. 印章

加盖公章时应做到：上不压正文，下不压底线，骑年盖月，端正清晰。

（三）函的写作要求

1. 用信函格式行文

根据新《办法》规定，函应当采用信函格式行文。也就是说，不论是函还是复函，都必须采用信函式格式行文。

2. 语言表达准确简洁

"内容单一、篇幅小"是函的特点之一，因此，在撰写函时，无论是商洽工作、询问问题，还是请求批准事项，语言表达要准确、简洁，不写空话、套话。

3. 语气和谐，谦敬有礼

函是平级或不相隶属机关之间相互往来的公文，体现了双方平等友好、合作共赢、互相支持的关系。因此，不论写什么类型的函，都要求措辞得体、语气和谐、谦敬有礼。只有这样，才能得到对方更多的理解和支持。

五、病文诊治

（一）函病文

1. 原文

公　函

尊敬的××电子商务培训学院院长：

　　首先，我们以佛山××电子商务公司的名义，向贵院致以亲切的问候。我们以崇敬和迫切的心情，冒昧地请求贵院帮助我司解决当前面临的一个难题。

　　我司因业务发展很快，急需电子商务人才，拟挑选4名青年员工到贵院进修电子商务知识。我们经与贵院培训部磋商，但结果很不理想。原因是贵院近几年规模扩张较快，校舍非常拥挤和紧张。我公司4名员工的住宿问题难以解决，虽几经协商，仍得不到解决。时间紧迫，任务繁重，我公司4名青年员工，何去何从，难以定夺。

　　为此，我们在进退两难的情况下，迫上梁山，急中生智，于是，我们抱着一线希望，与院长您老人家商洽解决我司进修员工的住宿问题，但不知贵院是否有其他困难。我们深知贵院府高庭阔、校舍林立，且具有宽大为怀、救人之危的美德。我司坚信有院长的鼎力支持，没有解决不了的问题，我们拭目以待，听你言、观你行。

　　以上区区小事，不值得惊动院长您老人家，实属无奈，望谅解。并希望尽快得到贵院的答复。

　　此致

敬礼

佛山××电子商务总公司（印章）

2013年8月18日

2. 诊治

这篇函存在毛病较多，诊治如下：

（1）标题不正确。公文标题除"公告"和"通告"外，其他文种不能只用文种做标题。应改为：佛山××电子商务公司关于选派青年员工进修电子商务的函或关于选派青年员工进修电子商务的函。

（2）主送机关错。公文函主送机关应是单位，而不是个人。应改为：××电子商务培训学院。

（3）结束语不对。公文函的结束语不能使用书信的致敬语。应改为：特此函达，盼复。

（4）语言问题多。

①语言表达欠简洁，有些句子有毛病，有些话近乎口语，如"希望尽快得到贵校的答复"、"您老人家"、"以上区区小事，不值得惊动院长您老人家"等。

②用词不当。如"宽大为怀"，应是旧时惩处时的用语；"救人之危"的说法也有些过分；"听你言、观你行"是监督犯人用的词；"深知贵校府高庭阔，校舍林立，且具有宽大为怀、救人之危的美德"，有献媚之嫌。

③写学院的校舍的情况前后矛盾。前面写"贵院近几年，规模扩张较快，校舍非常拥挤和紧张"，后面又说"贵校府高庭阔，校舍林立"，前后矛盾。

（二）复函病文

1. 原文

关于电脑配件质量问题的函

东莞××贸易总公司：

你方8月6日来函收到。

函中提到我公司发出的电脑配件与订货样品不符一事，我司立即进行了调查，发现装箱时误装了部分二等品。我司因日常订发货业务量大，造成类似后果是不足为奇的。而你方提出将质量不符合要求的部分产品，按照原成交价降低30%的折扣价处理的意见，我方经公司讨论后表示接受。

如果你方对此事处理还有异议的话，我司可委托相关部门继续受理，但不能保证满足你方提出的所有要求。

如果你方要打官司的话，我司也奉陪到底。

广州××电脑贸易公司（印章）

2013年8月8日

2. 诊治

这篇复函存在较多的毛病，诊治如下：

（1）文种不正确。从正文的内容看，应是复函，而不是去函。应改为：关于电脑配件质量问题的复函。

（2）引语不规范。应改为："贵公司 8 月 6 日《关于电脑配件质量问题的函》（莞××总〔2013〕20 号）收悉，经我司办公会议研究，现答复如下："

（3）道歉不真诚。行文有狡辩之嫌，而没有道歉之意，自我优越感强，出现了让对方感觉不愉快的负面语句。

（4）语言欠谦和。函是平级或不相隶属机关之间相互往来的公文，体现了双方平等友好、合作共赢、互相支持的关系。此函语言欠谦和、得体，未能以礼相待。尤其是最后一段，有威胁之嫌。

（5）有些句子不通顺，口语化。

（6）缺少结束语。应在最后一段的下一行，右空两个字写上结束语："此复"或"特此函复"。

六、相关知识拓展

（一）请批函与请示异同

1. 相同点

请批函与请示都有"请求批准"的功能。

2. 不同点

（1）行文方向不同。

请批函属于平行文；请示属于上行文。

（2）主送对象不同。

请批函的对象是不相隶属关系的主管部门。所谓不相隶属的主管部门，是指对请批的事项有决定权和批准权的部门，是由上级领导机关授权的职能部门。如广东省财政厅，是由广东省人民政府授权主管广东省财政的职能部门。广东省人民政府的职能部门、下级政府、国有企业、事业单位等需要财政拨款，都必须由广东省财政厅批准。但是具有独立核算的财政权的广州市、深圳市等除外。

请示的对象是有隶属关系的直接上级，所谓有隶属关系是指在行政方面有法定的领导和被领导关系。如广东省人民政府与广东省财政厅或教育厅或公安厅，它们之间就有领导与被领导关系。

（二）批答函与批复异同

1. 相同点

批答函与批复都有"答复和批准"的功能。

2. 不同点

（1）行文方向不同。

批答函属于平行文；批复属于下行文。

（2）主送对象不同。

批答函的对象是不相隶属机关或平级机关。所谓不相隶属机关，是指在行政或组织上没有领导与被领导关系、业务上没有指导与被指导关系的机关；所谓平级机关，是指行政级别相等或社会公认地位相等的单位。

批复的对象是指有隶属关系的直接下级机关。所谓有隶属关系的直接下级机关，是指在行政方面有法定的被领导关系的机关。

七、模拟写作实训

（一）实训任务

1. 根据【项目任务背景 A】提供的材料，请代广东××家具总公司拟写一篇（函）给××电视台。

2. 根据【项目任务背景 B】提供的材料，请代佛山××旅游公司写一篇复函。

（二）实训要求

（1）按信函式格式制作标准公文，包括版头、主体和版记。

（2）版面尺寸定位准确。

（3）格式要素选用合理。

（4）发文字号编立正确。

（5）字体字号选用正确。

（6）语言表达，简洁得体，语气和谐，谦敬有礼。

任务 5-2　纪要写作

知识目标

1. 了解纪要的概念、特点和种类

2. 理解纪要的写作要求

3. 掌握纪要的结构形式和写作方法

技能目标

1. 掌握纪要的写作技能

2. 根据给定材料，能撰写格式规范、结构完整、表述正确、要素齐全的纪要

【项目任务背景】

（1）8月18日上午8：30～11：30，广东××旅游总公司在公司四楼 A 厅会议室举行"关于成立河源分公司的研讨会"，研讨会由刘××总经理主持，总公司全体领导、各分公司和总公司直属各部门负责人参加了会议。

（2）会议听取了赖××副总经理代表总公司所作的《关于成立河源分公司可行性报告》、市场部彭××部长对总公司《关于成立河源分公司的方案》作了说明，与会人员对以上两个文件和河源旅游市场的情况进行了认真的分析和深入的讨论。

（3）会议认为，河源旅游资源丰富，旅游市场前景广阔。

（4）与会人员一致认为，总公司《关于成立河源分公司的方案》基本可行，有些地方有待于修改补充。

（5）会议决定，由市场部彭××部长负责收集、整理员工的意见，修改《关于成立河源分公司的

（6）会议强调，各分公司和总公司直属各部门负责人会后，要及时传达此次会议的精神，发动本单位的员工，认真学习和讨论《关于成立河源分公司的方案》，收集员工的意见，汇总给市场部彭××部长。

（7）会议希望公司全体员工同心同德、出谋献策、团结合作、互相支持，为创建河源分公司贡献力量。

（8）总公司领导刘××总经理、赖××副总经理、史××副总经理，市场部彭××部长，财务部朱××部长，总公司办公室何××主任，各分公司和总公司直属其他部门负责人出席了此次研讨会。

（9）根据总公司领导的要求，办公室何××主任就"关于成立河源分公司的研讨会"情况，撰写一篇纪要，并印发总公司领导、各分公司和总公司直属各部门。

（10）发文字号自行编立。

（11）成文日期为：2013年8月18日；印发日期为：2013年8月20日。

（12）发文机关为：广东××旅游总公司；印发机关为：广东××旅游总公司办公室。

根据上述材料，代广东××旅游总公司办公室何××主任撰写一篇纪要。

一、任务分析

（1）根据【项目任务背景】给定的材料，代广东××旅游总公司办公室何××主任撰写一篇纪要。

（2）要完成写作任务，必须对下列两个问题进行认真分析：

①如何进行构思？要考虑公文纪要的标题、正文、署名、成文日期和印章等内容。

②纪要采用何种公文格式行文？纪要写作要求有哪些？正文排版的注意事项有哪些？

二、范文借鉴

（一）范文

关于第十次董事（扩大）会议的纪要

我司于2014年1月8日在广州迎宾馆8楼商务中心会议室举行了第十次董事（扩大）会议，会议由邹××副董事长主持，会议从上午9：00开始，至下午5：00结束。黄××董事长在会上作题为《机遇与挑战并存——物流行业竞争情况透视与对策》的报告，全体董事出席会议，总经理、副总经理、财务总监、行政总监、各分公司和职能部门负责人列席会议。

现将会议主要事项纪要如下：

会议听取了黄××董事长在会上作题为《机遇与挑战并存——物流行业竞争情况透视与对策》的报告。

与会人员认真讨论了黄××董事长的报告。

会议认为，黄××董事长的报告关于近几年来物流行业竞争情况的阐述客观实际，分析精辟透彻；关于如何抓住机遇、如何面临挑战的对策可行。会议就抓住机遇和应对挑战的对策的具体内容展开了热烈的讨论，达成了共识，提出了具体的措施。

会议议定如下事项：

1. 筹建现代化物流中心。会议决定，公司将引进国外新技术和设备，筹建现代化物流中心，以增强公司在国际市场上的竞争力。该项目由邹××副董事长负责筹建的具体工作。

2. 增设信息部。会议决定，增设信息部，以便及时掌握国际和国内的物流信息，为总公司经营决策提供信息服务。该项目由邓××副经理负责筹建的具体工作。

3. 加大人才引进的力度。会议决定，加大人才引进的力度。由人力资源部程××经理负责，组织有关人员，通过各种途径高薪聘请高级管理人才。会议强调，全体员工要提高对"信息＋人才＋管理＝效益"的认识，并举办不同类型的培训班，从公司内部培养和选拔适应公司发展的各类人才。

4. 全面实施目标管理。会议决定，健全完善激励机制，全面实施目标管理，鼓励各分公司采取灵活多样的经营方式，开拓物流目标市场。

会议希望，全体员工要认真贯彻落实第十次董事（扩大）会议精神，抓住机遇，团结协作，开拓进取，用心做事，为总公司又好又快发展作出新的贡献。

出席：黄××董事长、邹××副董事长、钟××董事、刘××董事、朱××董事、杨××董事。

请假：肖××董事因公出差在外请假。

列席：李××财务总监、邱××行政总监，周××总经理、邓××副总经理，各分公司、职能部门负责人等。

广东××物流总公司（印章）
2014 年 1 月 9 日

（二）评析

这篇纪要，有如下几点值得借鉴：

（1）格式要素齐备。此文主体由"标题＋正文＋出席人员＋署名＋成文日期＋印章"组成，格式要素齐备。

（2）排版符合规范。

（3）正文结构完整。此文正文由"前言＋主体＋结尾"组成，结构完整。前言概述了会议的基本情况；正文分层次写会议的主要情况、达成的共识、议定的事项等；结尾提出了希望。

（4）语言表达简明。此文语言表达简洁明了、重点突出、层次分明。段首用"会议听取了"、"与会人员认真讨论了"、"会议认为"、"会议决定"、"会议希望"等表述，符合纪要惯用的表述形式。

（5）"出席"、"请假"、"列席"等格式要素标注的位置正确。

三、知识支撑

（一）纪要的概念

新《条例》对"纪要"的表述是："纪要，适用于记载会议主要情况和议定事项。"

可见，纪要是指记载会议主要情况和议定事项的公文。

纪要中的"纪"是综合整理、概括提炼的意思；"要"是要点的意思。也就是说，纪要是综合整理和概括提炼会议要点的公文。会议要点包括会议主要精神、重要情况、议定事项等。

（二）纪要的种类

（1）根据纪要内容划分，可分为如下三类：

①决议性会议纪要。此纪要适用于决议性会议，主要内容写会议决议的具体事项。

②研讨性会议纪要。此纪要适用于研讨性会议，主要内容写会议研讨的具体问题和取得的成果或达成的共识。

③协商性会议纪要。此纪要适用于协商性会议，主要内容写会议协商的具体问题，包括已解决哪些问题、待解决哪些问题等。

（2）根据会议形式划分，可分为常务会议纪要（政府机关）、董事会会议纪要（企业）、办公会议纪要、专题会议纪要、联席会议纪要、协调会议纪要和座谈会议纪要等。

（三）纪要的特点

1. 纪实性

纪实性是指纪要必须如实反映会议真实情况，忠实于会议的内容，不能离开会议的实际搞再创作，不能搞人为的拔高和深化。不论哪一类纪要都要体现纪实性，因为纪实性是纪要的基本特点，也是撰写纪要的基本原则。

2. 提要性

纪要是在对会议记录、会议中各种材料、与会人员的发言以及会议简报等进行综合整理和概括提炼的基础上形成的要点，主要内容包括会议的概况、主要精神或重要情况、议定事项等，它具有鲜明的提要性。

3. 逻辑性

纪要是在对会议记录、会议中各种材料、与会人员的发言以及会议简报等进行综合整理和概括提炼的基础上形成的要点，要点的提炼、编排要合乎逻辑，重点突出，条理清楚。

4. 传达性

上呈下达、沟通情况、交流信息是纪要的主要功能。因此，纪要通常要印发传达。

5. 特殊性

（1）行文方向特殊。纪要是比较特殊的文种，它的主要功能是上呈下达，沟通情况、交流信息。因此，它的行文方向具有多向性。可作上行文，用于向上级汇报会议的情况、内容和结果，常用"报告"的形式上呈；可作下行文，用于向下属单位传达会议精神和议定事项，以便贯彻执行，常用"通知"的形式下达；也可作平行文，用于和其他有关单位互通情报，交流信息，常用"函"的形式行文。

（2）行文格式特殊。纪要必须用纪要格式行文。纪要格式特殊性表现如下几个方面：

①纪要的发文机关标志是由"会议名称＋纪要"组成。

范例1：河源××旅游总公司关于第八次董事（扩大）会议的纪要

范例2：关于第八届"人才强企"研讨会的纪要

②纪要没有主送机关，主送机关设在版记的"抄送"的位置上，把"抄送"改为"分送"。

③新《标准》规定：标注出席人员名单，一般用3号黑体字，在正文或附件说明下空

一行左空两个字编排"出席"二字，后标全角冒号，冒号后用3号仿宋体字标注出席人单位、姓名，回行时与冒号后的首字对齐。如要标注请假和列席人员名单，除依次另起一行并将"出席"二字改为"请假"或"列席"外，编排方法同出席人员名单。

（3）段首表述特殊。纪要反映的是与会成员的集体意志，段首常以"会议"作为表述主体，一般使用"会议学习了"、"会议讨论了"、"会议认为"、"会议决定"、"会议要求"、"会议指出"、"会议强调"、"会议希望"、"会议号召"等词组表述。此外，还有"与会代表认为"、"与会代表一致表示"等词组表述。

6. 备查性

纪要与其他公文一样，具有备用存查的功能。尤其是决议性会议纪要，备查性更为突出。

四、技能演示

（一）纪要结构形式

标题＋正文＋出席（请假或列席）人员＋署名＋成文日期＋印章

（二）纪要写作方法

1. 标题

纪要的标题不同于其他文种标题的写法，一般有两种情况：

（1）单一式标题。由"会议名称＋文种"组成，即"会议名称＋纪要"。

范例：广东××电子科技总公司办公会议纪要

（2）复合式标题。由"正题＋副题"组成。正标题多阐述会议主要精神，副标题写会议名和文种。

范例：全面实施目标管理　切实提高经济效益

　　　——广州××旅游总公司关于第十次董事会议的纪要

2. 正文

纪要的正文一般由"前言＋主体＋结尾"组成。

（1）前言。

前言通常采用概述式，一般写法，简明扼要地概述会议的基本情况，包括召开会议的时间、地点、会议名称、主持人、主要出席人、会议主要议程、会期和讨论的主要问题等。然后，用一句过渡句"（现将）会议主要事项纪要如下："引出下文。也有的开头是用分析式或提问式的，就是先分析形势，提出亟需解决的问题及意见，或先提出问题，再写为回答提出的问题而召开此次会议。不管采用哪一种开头方式，都用一句过渡句，引出下文，转入主体部分。

（2）主体。

主体是纪要的核心部分。一般写法，按主次排列正文内容，突出重点，详略得当。纪要主体一般包括会议的主要精神、议定的事项、会议达成的共识、会议对与会单位布置的工作和提出的要求、会议各种主要观点及争论情况等。

不同类型的纪要主体部分内容有很大的不同，写法也有所不同。主要有如下三种写法：

①分项法。把会议主要内容分项撰写。各段首常用"会议认为"、"会议讨论"、"会议决定"、"会议要求"、"会议提出"、"会议指出"、"会议强调"、"会议希望"、"会议号召"等表述，有的采用"与会者认为"、"与会代表一致认为"、"会议议定如下事项"等表述，以体现内容的层次感和条理性。适用于常务会议纪要、董事会会议纪要、办公会议纪要等。

②摘要法。按照会上发言顺序，摘录每个人发言的主要内容。即将发言人的主要意见根据记录整理出来，在引述发言前，应注明发言人姓名，有时还要写明其工作单位和职务，以如实地反映会上讨论的情况和不同意见。此写法主要用于座谈会、学术讨论会纪要，但办公会议纪要则不宜采用。

③归纳法。就是把会议中研究、讨论的内容归纳成几个问题，采用分条列项或拟小标题的方法来写，使之层次分明、条理清楚。此法适用于规模较大、内容复杂的会议。

但是，纪要的主体无论是哪种写法，都要围绕会议的主题进行选材、剪裁，以突出重点。

（3）结尾。

纪要的结尾，通常是写希望和要求，或强调会议的意义，或发出号召等。

3. 出席、请假和列席人员名单

新《标准》规定：标注出席人员名单，一般用3号黑体字，在正文或附件说明下空一行左空两个字编排"出席"二字，后标全角冒号，冒号后用3号仿宋体字标注出席人单位、姓名，回行时与冒号后的首字对齐。

标注请假和列席人员名单，除依次另起一行并将"出席"两字改为"请假"或"列席"外，编排方法同出席人员名单。

4. 署名

写上发文机关的名称。

5. 成文日期

正文结束之后用阿拉伯数字标注成文日期。成文日期的右边空四个字。

6. 印章

加盖公章时应做到：上不压正文，下不压底线，骑年盖月，端正清晰。

（三）纪要的写作要求

1. 行文格式选用正确

新《条例》和新《标准》的有关规定，纪要应用纪要格式行文，包括版头、主体和版记。

2. 格式要素排版正确

要严格按照纪要格式的要求排版。

3. 内容反映会议真实

纪要必须如实反映会议真实情况，忠实于会议的内容，这是纪要的基本特点，也是撰写纪要的基本原则。

4. 结构完整重点突出

纪要的正文一般由"前言＋主体＋结尾"组成。要求结构完整，重点突出，条理清楚，层次分明，逻辑性强。

5. 语言表达准确简洁

纪要的语言要求表达准确，简洁明了。段首要用"会议听取了"、"与会人员认真讨论了"、"会议认为"、"会议议定如下事项"、"会议希望"等词组表述。

五、病文诊治

（一）病文

会议纪要

2014 年 1 月 8 日上午 8 点，董事长黄××先生在广州花园酒店商务中心会议室主持召开第十二次次董事（扩大）会议。会议主要内容如下：

一、赵××总经理代表总公司宣读《广东××电子科技总公司 2013 年工作总结》。

二、黄××董事长代表总公司宣读《广东××电子科技总公司 2013 年工作要点》。

三、讨论了《广东××电子科技总公司 2013 年工作总结》和《广东××电子科技总公司 2013 年工作要点》。

四、讨论分析了国际和国内电子行业竞争情况，提出了应对挑战的策略。

五、会议决定：1. 建立现代化电子科技研发中心。2. 筹建信息部。3. 加大人才引进的力度。4. 全面实施目标管理。

总公司要求全体员工要认真贯彻第十二次董事（扩大）会议精神，团结协作、用心做事，为公司的发展作出新的贡献。

出席：黄××董事长、刘××副董事长，赵××总经理、卢××副总经理，其他董事和各分公司、职能部门负责人。

另外，朱××董事因公出差，请假。

广东××电子科技总公司（印章）

二〇一四年一月八日

（二）诊治

这篇纪要存在的毛病比较多，诊治如下：

（1）标题不正确。新《标准》规定，纪要的标题应由"会议名称＋文种"组成，即由"会议名称＋纪要"组成，应改为：广东××电子科技总公司关于第十二次董事（扩大）会议的纪要或关于第十二次董事（扩大）会议的纪要。

（2）正文前言缺少必备内容。纪要正文前言一般要简明扼要地概述会议的基本情况，包括召开会议的时间、地点、会议名称、主持人、主要出席人、会议主要议程、会期和讨论的主要问题等。然后，用一句过渡句"（现将）会议主要事项纪要如下："引出下文。

（3）段首用语不正确。纪要段首应用"会议听取了"、"会议讨论了"、"会议决定"、

"会议要求"等表述，以体现内容的层次感和条理性。

（4）"出席"人员名单与正文之间没有空一行，"出席"两字要用 3 号黑体字。若有应出席会议的人请假，另起一行写"请假"两个字，编排方法与"出席"相同。

（5）成文日期写法不正确。成文日期应采用阿拉伯数字，成文日期的"日"字后要留四个字空格。

（6）会议决定事项内容空洞。

六、知识拓展

（一）会议纪要与会议记录的联系

会议记录是记录员真实完整记录会议的基本情况、研究讨论的问题、报告发言的内容、议决事项等，是撰写会议纪要的基础和主要依据，可以说，没有会议记录，难以撰写会议纪要。

（二）会议纪要与会议记录的区别

（1）文种性质不同。会议纪要是法定公文，会议记录是事务文书。

（2）行文要求不同。会议纪要要求作者在对会议记录、会议中各种材料、与会人员的发言以及会议简报等进行综合整理和概括提炼的基础上形成的要点，具有鲜明的提要性；会议记录要求记录员真实完整记录会议的全过程，包括会议的基本情况、研究讨论的问题、报告发言的内容、议决事项等，具有突出的实录性。

（3）功能作用不同。会议纪要的主要功能是上呈下达、沟通情况、交流信息，通常要印发传达；会议记录的主要功能是实录会议的完整情况，作为资料存档，一般不公开，无须印发和传达。

七、模拟写作实训

（一）实训任务

根据【项目任务背景】给定的材料，代广东××旅游总公司办公室何××主任撰写一篇纪要。

（二）实训要求

（1）按纪要格式制作标准公文，包括版头、主体和版记。

（2）版面尺寸定位准确。

（3）格式要素选用合理。

（4）发文字号编立正确。

（5）字体字号选用正确。

（6）内容反映会议真实。

（7）结构完整重点突出。

（8）语言表达准确简洁。

项目5　思考与练习题

一、填空题

1. 从性质上划分，函有_____、_____两种。

2. 平级或不相隶属机关之间提出商洽工作或协商处理有关事项时，应使用_____；答复商洽工作或协商处理有关事项时，应使用_____。

3. 请批函是不相隶属机关向有关主管部门请求批准事项的函，应使用_____；批答函是主管部门答复不相隶属机关请求批准事项的函，应使用_____。

4. 纪要中的"纪"是_____的意思；"要"是_____的意思。

5. 纪要适用于记载会议_____和_____。

二、选择题

（一）单选题

1. 从行文方向来说，函是（　　）

A. 上行文　　　　B. 下行文　　　　C. 平行文　　　　D. 泛行文

2. 复函正文开头的写法与（　　）文种基本一致

A. 通知　　　　B. 通报　　　　C. 请示　　　　D. 批复

3. 下列去函的结束语，用词正确的是（　　）

A. 请务必函复　　　　　　　　B. 敬请函复为盼

C. 特此函复　　　　　　　　　D. 请于11月8日前答复

4. （　　）是指会议纪要必须如实反映会议真实情况，忠实于会议的内容，不能离开会议的实际搞再创作，不能搞人为的拔高和深化

A. 单向性　　　　B. 汇报性　　　　C. 纪实性　　　　D. 逻辑性

（二）多选题

1. 从行文方向划分，函可分为（　　）

A. 请批函　　　　B. 去函　　　　C. 批答函　　　　D. 复函

2. 从内容上分，函可分为（　　）

A. 商洽函　　　　B. 问答函　　　　C. 请批函　　　　D. 批答函

3. 下列事项适宜使用函的有（　　）

A. 某分公司因业务发展需要，向总公司提出申请购买两辆载重8吨大卡车

B. 河源××旅游公司因业务发展需要，拟派两位员工去××旅游学校导游专业进修一个学期

C. 河源××旅游公司举办第二届旅游产品展销会，邀请佛山××旅游公司领导出席

D. ××市××物流总公司与××市××物流公司洽谈合作项目

4. 函适用于不相隶属机关之间（　　）

A. 商洽工作　　　　　　　　　B. 询问和答复问题

C. 请求批准   D. 答复审批事项

5. 不同类型的会议纪要主体部分内容有很大的不同，写法也有所不同，会议纪要主体部分内容一般写法有（　　　）

A. 分项法   B. 摘要法   C. 归纳法   D. 记录法

6. 下列选项中，属于会议纪要特点的是（　　　）

A. 纪实性   B. 汇报性   C. 特殊性   D. 备查性

7. 会议纪要正文的段首规范用语有（　　　）

A. 会议认为   B. 会议决定   C. 会议要求   D. 会议希望

三、判断题

1. 函是平级或不相隶属机关之间商洽工作、询问和答复问题，请求批准和答复审批事项时所使用的公文。（　　　）

2. 请批函与请示的共同点是"请求批准"。（　　　）

3. 便函与公函都是公务文书。（　　　）

4. 公司之间联系业务可以用函。（　　　）

四、问答题

1. 函有哪些特点？

2. 函的写作要求包括哪些方面？

3. 试比较请批函与请示异同。

4. 试比较批答函与批复异同。

5. 纪要的写作要求包括哪些方面？

6. 会议纪要与会议记录的联系和区别是什么？

附录一

党政机关公文处理工作条例

中办发〔2012〕14 号

第一章 总则

第一条 为了适应中国共产党机关和国家行政机关（以下简称党政机关）工作需要，推进党政机关公文处理工作科学化、制度化、规范化，制定本条例。

第二条 本条例适用于各级党政机关公文处理工作。

第三条 党政机关公文是党政机关实施领导、履行职能、处理公务的具有特定效力和规范体式的文书，是传达贯彻党和国家方针政策，公布法规和规章，指导、布置和商洽工作，请示和答复问题，报告、通报和交流情况等的重要工具。

第四条 公文处理工作是指公文拟制、办理、管理等一系列相互关联、衔接有序的工作。

第五条 公文处理工作应当坚持实事求是、准确规范、精简高效、安全保密的原则。

第六条 各级党政机关应当高度重视公文处理工作，加强组织领导，强化队伍建设，设立文秘部门或者由专人负责公文处理工作。

第七条 各级党政机关办公厅（室）主管本机关的公文处理工作，并对下级机关的公文处理工作进行业务指导和督促检查。

第二章 公文种类

第八条 公文种类主要有：

（一）决议。适用于会议讨论通过的重大决策事项。

（二）决定。适用于对重要事项作出决策和部署、奖惩有关单位和人员、变更或者撤销下级机关不适当的决定事项。

（三）命令（令）。适用于公布行政法规和规章、宣布施行重大强制性措施、批准授予和晋升衔级、嘉奖有关单位和人员。

（四）公报。适用于公布重要决定或者重大事项。

（五）公告。适用于向国内外宣布重要事项或者法定事项。

（六）通告。适用于在一定范围内公布应当遵守或者周知的事项。

（七）意见。适用于对重要问题提出见解和处理办法。

（八）通知。适用于发布、传达要求下级机关执行和有关单位周知或者执行的事项，批转、转发公文。

（九）通报。适用于表彰先进、批评错误、传达重要精神和告知重要情况。

（十）报告。适用于向上级机关汇报工作、反映情况，回复上级机关的询问。

（十一）请示。适用于向上级机关请求指示、批准。

（十二）批复。适用于答复下级机关请示事项。

（十三）议案。适用于各级人民政府按照法律程序向同级人民代表大会或者人民代表大会常务委员会提请审议事项。

（十四）函。适用于不相隶属机关之间商洽工作、询问和答复问题、请求批准和答复审批事项。

（十五）纪要。适用于记载会议主要情况和议定事项。

第三章　公文格式

第九条　公文一般由份号、密级和保密期限、紧急程度、发文机关标志、发文字号、签发人、标题、主送机关、正文、附件说明、发文机关署名、成文日期、印章、附注、附件、抄送机关印发机关和印发日期、页码等组成。

（一）份号。公文印制份数的顺序号。涉密公文应当标注份号。

（二）密级和保密期限。公文的秘密等级和保密的期限。涉密公文应当根据涉密程度分别标注"绝密"、"机密"、"秘密"和保密期限。

（三）紧急程度。公文送达和办理的时限要求。根据紧急程度，紧急公文应当分别标注"特急"、"加急"，电报应当分别标注"特提"、"特急"、"加急"、"平急"。

（四）发文机关标志。由发文机关全称或者规范化简称加"文件"二字组成，也可以使用发文机关全称或者规范化简称。联合行文时，发文机关标志可以并用联合发文机关名称，也可以单独用主办机关名称。

（五）发文字号。由发文机关代字、年份、发文顺序号组成。联合行文时，使用主办机关的发文字号。

（六）签发人。上行文应当标注签发人姓名。

（七）标题。由发文机关名称、事由和文种组成。

（八）主送机关。公文的主要受理机关，应当使用机关全称、规范化简称或者同类型机关统称。

（九）正文。公文的主体，用来表述公文的内容。

（十）附件说明。公文附件的顺序号和名称。

（十一）发文机关署名。署发文机关全称或者规范化简称。

（十二）成文日期。署会议通过或者发文机关负责人签发的日期。联合行文时，署最后签发机关负责人签发的日期。

（十三）印章。公文中有发文机关署名的，应当加盖发文机关印章，并与署名机关相符。有特定发文机关标志的普发性公文和电报可以不加盖印章。

（十四）附注。公文印发传达范围等需要说明的事项。

（十五）附件。公文正文的说明、补充或者参考资料。

（十六）抄送机关。除主送机关外需要执行或者知晓公文内容的其他机关，应当使用机关全称、规范化简称或者同类型机关统称。

（十七）印发机关和印发日期。公文的送印机关和送印日期。

第十条　公文的版式按照《党政机关公文格式》国家标准执行。

第十一条　公文使用的汉字、数字、外文字符、计量单位和标点符号等，按照有关国家标准和规定执行。民族自治地方的公文，可以并用汉字和当地通用的少数民族文字。

第十二条　公文用纸幅面采用国际标准 A4 型。特殊形式的公文用纸幅面，根据实际需要确定。

第四章　行文规则

第十三条　行文应当确有必要，讲求实效，注重针对性和可操作性。

第十四条　行文关系根据隶属关系和职权范围确定。一般不得越级行文，特殊情况需要越级行文的，应当同时抄送被越过的机关。

第十五条　向上级机关行文，应当遵循以下规则：

（一）原则上主送一个上级机关，根据需要同时抄送相关上级机关和同级机关，不抄送下级机关。

（二）党委、政府的部门向上级主管部门请示、报告重大事项，应当经本级党委、政府同意或者授权；属于部门职权范围内的事项应当直接报送上级主管部门。

（三）下级机关的请示事项，如需以本机关名义向上级机关请示，应当提出倾向性意见后上报，不得原文转报上级机关。

（四）请示应当一文一事。不得在报告等非请示性公文中夹带请示事项。

（五）除上级机关负责人直接交办事项外，不得以本机关名义向上级机关负责人报送公文，不得以本机关负责人名义向上级机关报送公文。

（六）受双重领导的机关向一个上级机关行文，必要时抄送另一个上级机关。

第十六条　向下级机关行文，应当遵循以下规则：

（一）主送受理机关，根据需要抄送相关机关。重要行文应当同时抄送发文机关的直接上级机关。

（二）党委、政府的办公厅（室）根据本级党委、政府授权，可以向下级党委、政府行文，其他部门和单位不得向下级党委、政府发布指令性公文或者在公文中向下级党委、政府提出指令性要求。需经政府审批的具体事项，经政府同意后可以由政府职能部门行文，文中须注明已经政府同意。

（三）党委、政府的部门在各自职权范围内可以向下级党委、政府的相关部门行文。

（四）涉及多个部门职权范围内的事务，部门之间未协商一致的，不得向下行文；擅自行文的，上级机关应当责令其纠正或者撤销。

（五）上级机关向受双重领导的下级机关行文，必要时抄送该下级机关的另一个上级机关。

第十七条　同级党政机关、党政机关与其他同级机关必要时可以联合行文。属于党委、政府各自职权范围内的工作，不得联合行文。党委、政府的部门依据职权可以相互行文。部门内设机构除办公厅（室）外不得对外正式行文。

第五章　公文拟制

第十八条　公文拟制包括公文的起草、审核、签发等程序。

第十九条　公文起草应当做到：

（一）符合国家法律法规和党的路线方针政策，完整准确体现发文机关意图，并同现行有关公文相衔接。

（二）一切从实际出发，分析问题实事求是，所提政策措施和办法切实可行。

（三）内容简洁，主题突出，观点鲜明，结构严谨，表述准确，文字精练。

（四）文种正确，格式规范。

（五）深入调查研究，充分进行论证，广泛听取意见。

（六）公文涉及其他地区或者部门职权范围内的事项，起草单位必须征求相关地区或者部门意见，力求达成一致。

（七）机关负责人应当主持、指导重要公文起草工作。

第二十条　公文文稿签发前，应当由发文机关办公厅（室）进行审核。审核的重点是：

（一）行文理由是否充分，行文依据是否准确。

（二）内容是否符合国家法律法规和党的路线方针政策；是否完整准确体现发文机关意图；是否同现行有关公文相衔接；所提政策措施和办法是否切实可行。

（三）涉及有关地区或者部门职权范围内的事项是否经过充分协商并达成一致意见。

（四）文种是否正确，格式是否规范；人名、地名、时间、数字、段落顺序、引文等是否准确；文字、数字、计量单位和标点符号等用法是否规范。

（五）其他内容是否符合公文起草的有关要求。需要发文机关审议的重要公文文稿，审议前由发文机关办公厅（室）进行初核。

第二十一条　经审核不宜发文的公文文稿，应当退回起草单位并说明理由；符合发文条件但内容需作进一步研究和修改的，由起草单位修改后重新报送。

第二十二条　公文应当经本机关负责人审批签发。重要公文和上行文由机关主要负责人签发。党委、政府的办公厅（室）根据党委、政府授权制发的公文，由受权机关主要负责人签发或者按照有关规定签发。签发人签发公文，应当签署意见、姓名和完整日期；圈阅或者签名的，视为同意。联合发文由所有联署机关的负责人会签。

第六章　公文办理

第二十三条　公文办理包括收文办理、发文办理和整理归档。

第二十四条　收文办理主要程序是：

（一）签收。对收到的公文应当逐件清点，核对无误后签字或者盖章，并注明签收时间。

（二）登记。对公文的主要信息和办理情况应当详细记载。

（三）初审。对收到的公文应当进行初审。初审的重点是：是否应当由本机关办理，是否符合行文规则，文种、格式是否符合要求，涉及其他地区或者部门职权范围内的事项是否已经协商、会签，是否符合公文起草的其他要求。经初审不符合规定的公文，应当及时退回来文单位并说明理由。

（四）承办。阅知性公文应当根据公文内容、要求和工作需要确定范围后分送。批办性公文应当提出拟办意见报本机关负责人批示或者转有关部门办理；需要两个以上部门办理的，应当明确主办部门。紧急公文应当明确办理时限。承办部门对交办的公文应当及时办理，有明确办理时限要求的应当在规定时限内办理完毕。

（五）传阅。根据领导批示和工作需要将公文及时送传阅对象阅知或者批示。办理公文传阅应当随时掌握公文去向，不得漏传、误传、延误。

（六）催办。及时了解掌握公文的办理进展情况，督促承办部门按期办结。紧急公文或者重要公文应当由专人负责催办。

（七）答复。公文的办理结果应当及时答复来文单位，并根据需要告知相关单位。

第二十五条　发文办理主要程序是：

（一）复核。已经发文机关负责人签批的公文，印发前应当对公文的审批手续、内容、文种、格式等进行复核；需作实质性修改的，应当报原签批人复审。

（二）登记。对复核后的公文，应当确定发文字号、分送范围和印制份数并详细记载。

（三）印制。公文印制必须确保质量和时效。涉密公文应当在符合保密要求的场所印制。

（四）核发。公文印制完毕，应当对公文的文字、格式和印刷质量进行检查后分发。

第二十六条　涉密公文应当通过机要交通、邮政机要通信、城市机要文件交换站或者收发件机关机要收发人员进行传递，通过密码电报或者符合国家保密规定的计算机信息系统进行传输。

第二十七条　需要归档的公文及有关材料，应当根据有关档案法律法规以及机关档案管理规定，及时收集齐全、整理归档。两个以上机关联合办理的公文，原件由主办机关归档，相关机关保存复制件。机关负责人兼任其他机关职务的，在履行所兼职务过程中形成的公文，由其兼职机关归档。

第七章　公文管理

第二十八条　各级党政机关应当建立健全本机关公文管理制度，确保管理严格规范，充分发挥公文效用。

第二十九条　党政机关公文由文秘部门或者专人统一管理。设立党委（党组）的县级以上单位应当建立机要保密室和机要阅文室，并按照有关保密规定配备工作人员和必要的安全保密设施设备。

第三十条　公文确定密级前，应当按照拟定的密级先行采取保密措施。确定密级后，应当按照所定密级严格管理。绝密级公文应当由专人管理。公文的密级需要变更或者解除的，由原确定密级的机关或者其上级机关决定。

第三十一条　公文的印发传达范围应当按照发文机关的要求执行；需要变更的，应当经发文机关批准。涉密公文公开发布前应当履行解密程序。公开发布的时间、形式和渠道，由发文机关确定。经批准公开发布的公文，同发文机关正式印发的公文具有同等效力。

第三十二条　复制、汇编机密级、秘密级公文，应当符合有关规定并经本机关负责人批准。绝密级公文一般不得复制、汇编，确有工作需要的，应当经发文机关或者其上级机关批准。复制、汇编的公文视同原件管理。复制件应当加盖复制机关戳记。翻印件应当注明翻印的机关名称、日期。汇编本的密级按照编入公文的最高密级标注。汇编，确有工作需要的，应当经发文机关或者其上级机关批准。复制、汇编的公文视同原件管理。复制件应当加盖复制机关戳记。翻印件应当注明翻印的机关名称、日期。汇编本的密级按照编入公文的最高密级标注。

第三十三条　公文的撤销和废止，由发文机关、上级机关或者权力机关根据职权范围和有关法律法规决定。公文被撤销的，视为自始无效；公文被废止的，视为自废止之日起失效。

第三十四条　涉密公文应当按照发文机关的要求和有关规定进行清退或者销毁。

第三十五条　不具备归档和保存价值的公文，经批准后可以销毁。销毁涉密公文必须严格按照有关规定履行审批登记手续，确保不丢失、不漏销。个人不得私自销毁、留存涉密公文。

第三十六条　机关合并时，全部公文应当随之合并管理；机关撤销时，需要归档的公文经整理后按照有关规定移交档案管理部门。工作人员离岗离职时，所在机关应当督促其将暂存、借用的公文按照有关规定移交、清退。

第三十七条　新设立的机关应当向本级党委、政府的办公厅（室）提出发文立户申请。经审查符合条件的，列为发文单位，机关合并或者撤销时，相应进行调整。

第八章　附则

第三十八条　党政机关公文含电子公文。电子公文处理工作的具体办法另行制定。

第三十九条　法规、规章方面的公文，依照有关规定处理。外事方面的公文，依照外事主管部门的有关规定处理。

第四十条　其他机关和单位的公文处理工作，可以参照本条例执行。

第四十一条　本条例由中共中央办公厅、国务院办公厅负责解释。

第四十二条　本条例自 2012 年 7 月 1 日起施行。1996 年 5 月 3 日中共中央办公厅发布的《中国共产党机关公文处理条例》和 2000 年 8 月 24 日国务院发布的《国家行政机关公文处理办法》停止执行。

2012 年 4 月 12 日

附录二

《党政机关公文格式》

（GB/T 9704 – 2012）（节选）

1 范围

本标准规定了党政机关公文通用的纸张要求、排版和印制装订要求、公文格式各要素的编排规则，并给出了公文的式样。

本标准适用于各级党政机关制发的公文。其他机关和单位的公文可以参照执行。

（略）

2 规范性引用文件（略）

3 术语和定义（略）

4 公文用纸主要技术指标

公文用纸一般使用纸张定量为 $60g/m^2 \sim 80g/m^2$ 的胶版印刷纸或复印纸。纸张白度 $80\% \sim 90\%$，横向耐折度 $\geqslant 15$ 次，不透明度 $\geqslant 85\%$，pH 值为 $7.5 \sim 9.5$。

5 公文用纸幅面尺寸及版面要求

5.1 幅面尺寸

公文用纸采用 GB/T 148 中规定的 A4 型纸，其成品幅面尺寸为：210 mm×297 mm。

5.2 版面

5.2.1 页边与版心尺寸

公文用纸天头（上白边）为 37 mm±1 mm，公文用纸订口（左白边）为 28 mm±1 mm，版心尺寸为 156 mm×225 mm。

5.2.2 字体和字号

如无特殊说明，公文格式各要素一般用 3 号仿宋体字。特定情况可以作适当调整。

5.2.3 行数和字数

一般每面排 22 行，每行排 28 个字，并撑满版心。特定情况可以作适当调整。

5.2.4 文字的颜色

如无特殊说明，公文中文字的颜色均为黑色。

6 印制装订要求

6.1 制版要求

版面干净无底灰，字迹清楚无断划，尺寸标准，版心不斜，误差不超过 1 mm。

6.2 印刷要求

双面印刷；页码套正，两面误差不超过 2 mm。黑色油墨应当达到色谱所标 BL100%，红色油墨应当达到色谱所标 Y80%、M80%。印品着墨实、均匀；字面不花、不白、无断划。

6.3 装订要求

公文应当左侧装订，不掉页，两页页码之间误差不超过 4 mm，裁切后的成品尺寸允许误差 ±2 mm，四角成90°，无毛茬或缺损。

骑马订或平订的公文应当：

a）订位为两钉外订眼距版面上下边缘各 70 mm 处，允许误差 ±4 mm；

b）无坏钉、漏钉、重钉，钉脚平伏牢固；

c）骑马订钉锯均订在折缝线上，平订钉锯与书脊间的距离为 3 mm ~ 5 mm。

包本装订公文的封皮（封面、书脊、封底）与书芯应吻合、包紧、包平、不脱落。

7 公文格式各要素编排规则

7.1 公文格式各要素的划分

本标准将版心内的公文格式各要素划分为版头、主体、版记三部分。公文首页红色分隔线以上的部分称为版头；公文首页红色分隔线（不含）以下、公文末页首条分隔线（不含）以上的部分称为主体；公文末页首条分隔线以下、末条分隔线以上的部分称为版记。

页码位于版心外。

7.2 版头

7.2.1 份号

如需标注份号，一般用六位 3 号阿拉伯数字，顶格编排在版心左上角第一行。

7.2.2 密级和保密期限

如需标注密级和保密期限，一般用 3 号黑体字，顶格编排在版心左上角第二行；保密期限中的数字用阿拉伯数字标注。

7.2.3 紧急程度

如需标注紧急程度，一般用 3 号黑体字，顶格编排在版心左上角；如需同时标注份号、密级和保密期限、紧急程度，按照份号、密级和保密期限、紧急程度的顺序自上而下分行排列。

7.2.4 发文机关标志

由发文机关全称或者规范化简称加"文件"二字组成，也可以使用发文机关全称或者规范化简称。

发文机关标志居中排布，上边缘至版心上边缘为 35 mm，推荐使用小标宋体字，颜色为红色，以醒目、美观、庄重为原则。

联合行文时，如需同时标注联署发文机关名称，一般应当将主办机关名称排列在前；如有"文件"二字，应当置于发文机关名称右侧，以联署发文机关名称为准上下居中排布。

7.2.5 发文字号

编排在发文机关标志下空两行位置，居中排布。年份、发文顺序号用阿拉伯数字标注；年份应标全称，用六角括号"〔〕"括入；发文顺序号不加"第"字，不编虚位（即1 不编为01），在阿拉伯数字后加"号"字。

上行文的发文字号居左空一字编排，与最后一个签发人姓名处在同一行。

7.2.6　签发人

由"签发人"三字加全角冒号和签发人姓名组成，居右空一字，编排在发文机关标志下空两行位置。"签发人"三字用 3 号仿宋体字，签发人姓名用 3 号楷体字。

如有多个签发人，签发人姓名按照发文机关的排列顺序从左到右、自上而下依次均匀编排，一般每行排两个姓名，回行时与上一行第一个签发人姓名对齐。

7.2.7　版头中的分隔线

发文字号之下 4 mm 处居中印一条与版心等宽的红色分隔线。

7.3　主体

7.3.1　标题

一般用 2 号小标宋体字，编排于红色分隔线下空两行位置，分一行或多行居中排布；回行时，要做到词意完整，排列对称，长短适宜，间距恰当，标题排列应当使用梯形或菱形。

7.3.2　主送机关

编排于标题下空一行位置，居左顶格，回行时仍顶格，最后一个机关名称后标全角冒号。如主送机关名称过多导致公文首页不能显示正文时，应当将主送机关名称移至版记，标注方法见 7.4.2。

7.3.3　正文

公文首页必须显示正文。一般用 3 号仿宋体字，编排于主送机关名称下一行，每个自然段左空两个字，回行顶格。文中结构层次序数依次可以用"一、"、"（一）"、"1."、"（1）"标注；一般第一层用黑体字、第二层用楷体字、第三层和第四层用仿宋体字标注。

7.3.4　附件说明

如有附件，在正文下空一行左空两个字编排"附件"两个字，后标全角冒号和附件名称。如有多个附件，使用阿拉伯数字标注附件顺序号（如"附件：1.××××"）；附件名称后不加标点符号。附件名称较长需回行时，应当与上一行附件名称的首字对齐。

7.3.5　发文机关署名、成文日期和印章

7.3.5.1　加盖印章的公文

成文日期一般右空四字编排，印章用红色，不得出现空白印章。

单一机关行文时，一般在成文日期之上、以成文日期为准居中编排发文机关署名，印章端正、居中下压发文机关署名和成文日期，使发文机关署名和成文日期居印章中心偏下位置，印章顶端应当上距正文（或附件说明）一行之内。

联合行文时，一般将各发文机关署名按照发文机关顺序整齐排列在相应位置，并将印章一一对应、端正、居中下压发文机关署名，最后一个印章端正、居中下压发文机关署名和成文日期，印章之间排列整齐、互不相交或相切，每排印章两端不得超出版心，首排印章顶端应当上距正文（或附件说明）一行之内。

7.3.5.2　不加盖印章的公文

单一机关行文时，在正文（或附件说明）下空一行右空两个字编排发文机关署名，在发文机关署名下一行编排成文日期，首字比发文机关署名首字右移两个字，如成文日期长于发文机关署名，应当使成文日期右空两个字编排，并相应增加发文机关署名右空字数。

联合行文时，应当先编排主办机关署名，其余发文机关署名依次向下编排。

7.3.5.3 加盖签发人签名章的公文

单一机关制发的公文加盖签发人签名章时，在正文（或附件说明）下空两行右空四个字加盖签发人签名章，签名章左空两个字标注签发人职务，以签名章为准上下居中排布。在签发人签名章下空一行右空四个字编排成文日期。

联合行文时，应当先编排主办机关签发人职务、签名章，其余机关签发人职务、签名章依次向下编排，与主办机关签发人职务、签名章上下对齐；每行只编排一个机关的签发人职务、签名章；签发人职务应当标注全称。

签名章一般用红色。

7.3.5.4 成文日期中的数字

用阿拉伯数字将年、月、日标全，年份应标全称，月、日不编虚位（即 1 不编为01）。

7.3.5.5 特殊情况说明

当公文排版后所剩空白处不能容下印章或签发人签名章、成文日期时，可以采取调整行距、字距的措施解决。

7.3.6 附注

如有附注，居左空两个字加圆括号编排在成文日期下一行。

7.3.7 附件

附件应当另面编排，并在版记之前，与公文正文一起装订。"附件"二字及附件顺序号用 3 号黑体字顶格编排在版心左上角第一行。附件标题居中编排在版心第三行。附件顺序号和附件标题应当与附件说明的表述一致。附件格式要求同正文。

如附件与正文不能一起装订，应当在附件左上角第一行顶格编排公文的发文字号并在其后标注"附件"二字及附件顺序号。

7.4 版记

7.4.1 版记中的分隔线

版记中的分隔线与版心等宽，首条分隔线和末条分隔线用粗线（推荐高度为0.35 mm），中间的分隔线用细线（推荐高度为 0.25 mm）。首条分隔线位于版记中第一个要素之上，末条分隔线与公文最后一面的版心下边缘重合。

7.4.2 抄送机关

如有抄送机关，一般用 4 号仿宋体字，在印发机关和印发日期之上一行、左右各空一个字编排。"抄送"二字后加全角冒号和抄送机关名称，回行时与冒号后的首字对齐，最后一个抄送机关名称后标句号。

如需把主送机关移至版记，除将"抄送"二字改为"主送"外，编排方法同抄送机关。既有主送机关又有抄送机关时，应当将主送机关置于抄送机关之上一行，之间不加分隔线。

7.4.3 印发机关和印发日期

印发机关和印发日期一般用 4 号仿宋体字，编排在末条分隔线之上，印发机关左空一个字，印发日期右空一个字，用阿拉伯数字将年、月、日标全，年份应标全称，月、日不编虚位（即 1 不编为 01），后加"印发"二字。

版记中如有其他要素，应当将其与印发机关和印发日期用一条细分隔线隔开。

7.5 页码

一般用 4 号半角宋体阿拉伯数字，编排在公文版心下边缘之下，数字左右各放一条一字线；一字线上距版心下边缘 7 mm。单页码居右空一字，双页码居左空一字。公文的版记页前有空白页的，空白页和版记页均不编排页码。公文的附件与正文一起装订时，页码应当连续编排。

8 公文中的横排表格

A4 纸型的表格横排时，页码位置与公文其他页码保持一致，单页码表头在订口一边，双页码表头在切口一边。

9 公文中计量单位、标点符号和数字的用法（略）

10 公文的特定格式

10.1 信函格式

发文机关标志使用发文机关全称或者规范化简称，居中排布，上边缘至上页边为 30 mm，推荐使用红色小标宋体字。联合行文时，使用主办机关标志。

发文机关标志下 4 mm 处印一条红色双线（上粗下细），距下页边 20 mm 处印一条红色双线（上细下粗），线长均为 170 mm，居中排布。

如需标注份号、密级和保密期限、紧急程度，应当顶格居版心左边缘编排在第一条红色双线下，按照份号、密级和保密期限、紧急程度的顺序自上而下分行排列，第一个要素与该线的距离为 3 号汉字高度的 7/8。

发文字号顶格居版心右边缘编排在第一条红色双线下，与该线的距离为 3 号汉字高度的 7/8。

标题居中编排，与其上最后一个要素相距两行。

第二条红色双线上一行如有文字，与该线的距离为 3 号汉字高度的 7/8。

首页不显示页码。

版记不加印发机关和印发日期、分隔线，位于公文最后一面版心内最下方。

10.2 命令（令）格式（略）

10.3 纪要格式

纪要标志由"×××××纪要"组成，居中排布，上边缘至版心上边缘为 35 mm，推荐使用红色小标宋体字。

标注出席人员名单，一般用 3 号黑体字，在正文或附件说明下空一行左空两个字编排"出席"二字，后标全角冒号，冒号后用 3 号仿宋体字标注出席人单位、姓名，回行时与冒号后的首字对齐。

标注请假和列席人员名单，除依次另起一行并将"出席"二字改为"请假"或"列席"外，编排方法同出席人员名单。

纪要格式可以根据实际制定。

11 式样

A4 型公文用纸页边及版心尺寸见图 1；公文首页版式见图 2；联合行文公文首页版式

1 见图 3；联合行文公文首页版式 2 见图 4；公文末页版式 1 见图 5；公文末页版式 2 见图 6；联合行文公文末页版式 1 见图 7；联合行文公文末页版式 2 见图 8；附件说明页版式见图 9；带附件公文末页版式见图 10；信函格式首页版式见图 11；命令（令）格式首页版式见图 12。

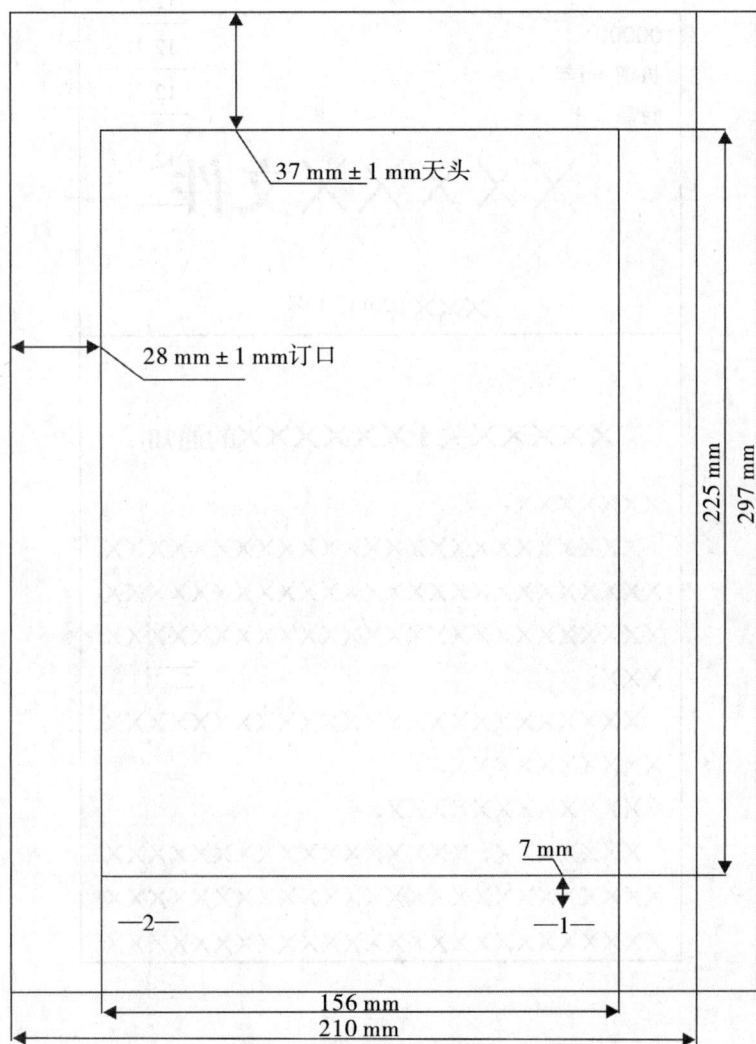

37 mm±1 mm天头

28 mm±1 mm订口

225 mm

297 mm

7 mm

—2—　　　　　—1—

156 mm

210 mm

图1　A4型公文用纸页边及版心尺寸

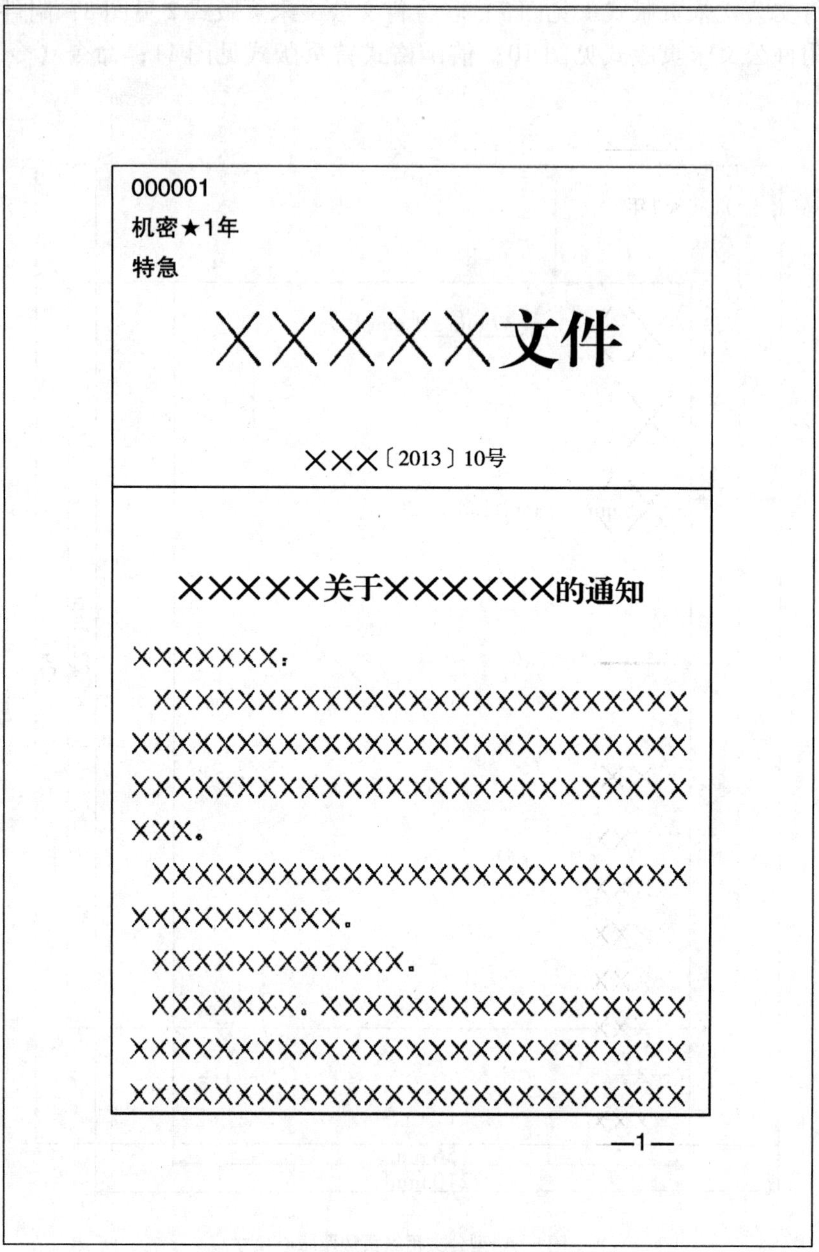

000001

机密★1年

特急

×××××文件

×××〔2013〕10号

×××××关于××××××的通知

×××××××：

　×××××××××××××××××××××
×××××××××××××××××××××××
×××××××××××××××××××××××
×××。
　××××××××××××××××××××××
×××××××××。
　××××××××××。
　×××××××。××××××××××××××
××××××××××××××××××××××××
×××××××××××××××××××××××××

—1—

图2　公文首页版式

注：版心实线框仅为示意，在印制公文时并不印出。

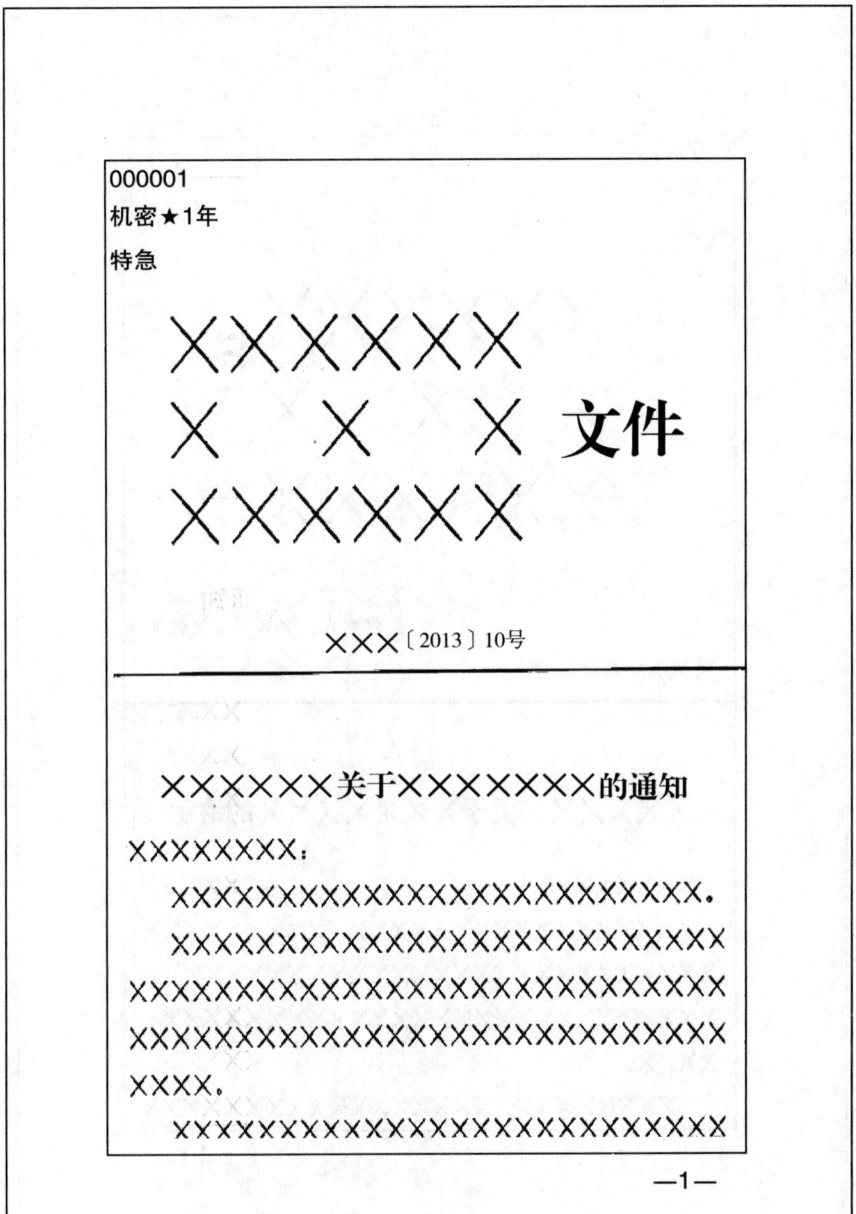

000001

机密★1年

特急

×××××

× × × 文件

×××××

×××〔2013〕10号

×××××关于×××××××的通知

××××××××：

　　×××××××××××××××××××××××××。

　　×××××××××××××××××××××××

××××××××××××××××××××××××××

××××××××××××××××××××××××××

××××。

　　××××××××××××××××××××××××

—1—

图3　联合行文公文首页版式1

注：版心实线框仅为示意，在印制公文时并不印出。

000001

机 密

特 急

××××××

× × ×

××××××

签发人：××× ×××

×××〔2013〕10号 　　　　　×××

××××××关于×××××××的请示

××××××××：

　　××××××××××××××××××××××××

××××××××××××××××××××××××

××××××××××××××××××××××××

××××。

　　××××××××××××××××××××××××

—1—

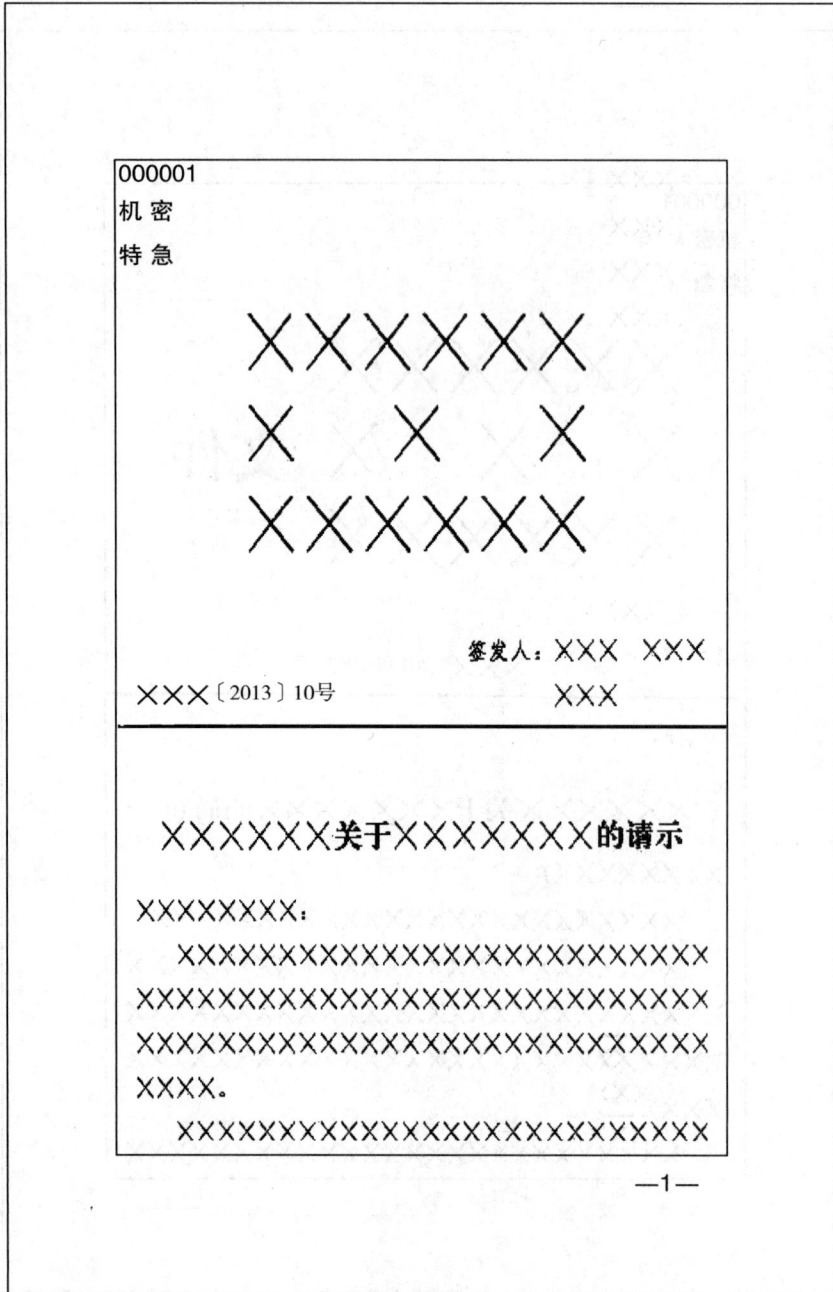

图4　联合行文公文首页版式2

注：版心实线框仅为示意，在印制公文时并不印出。

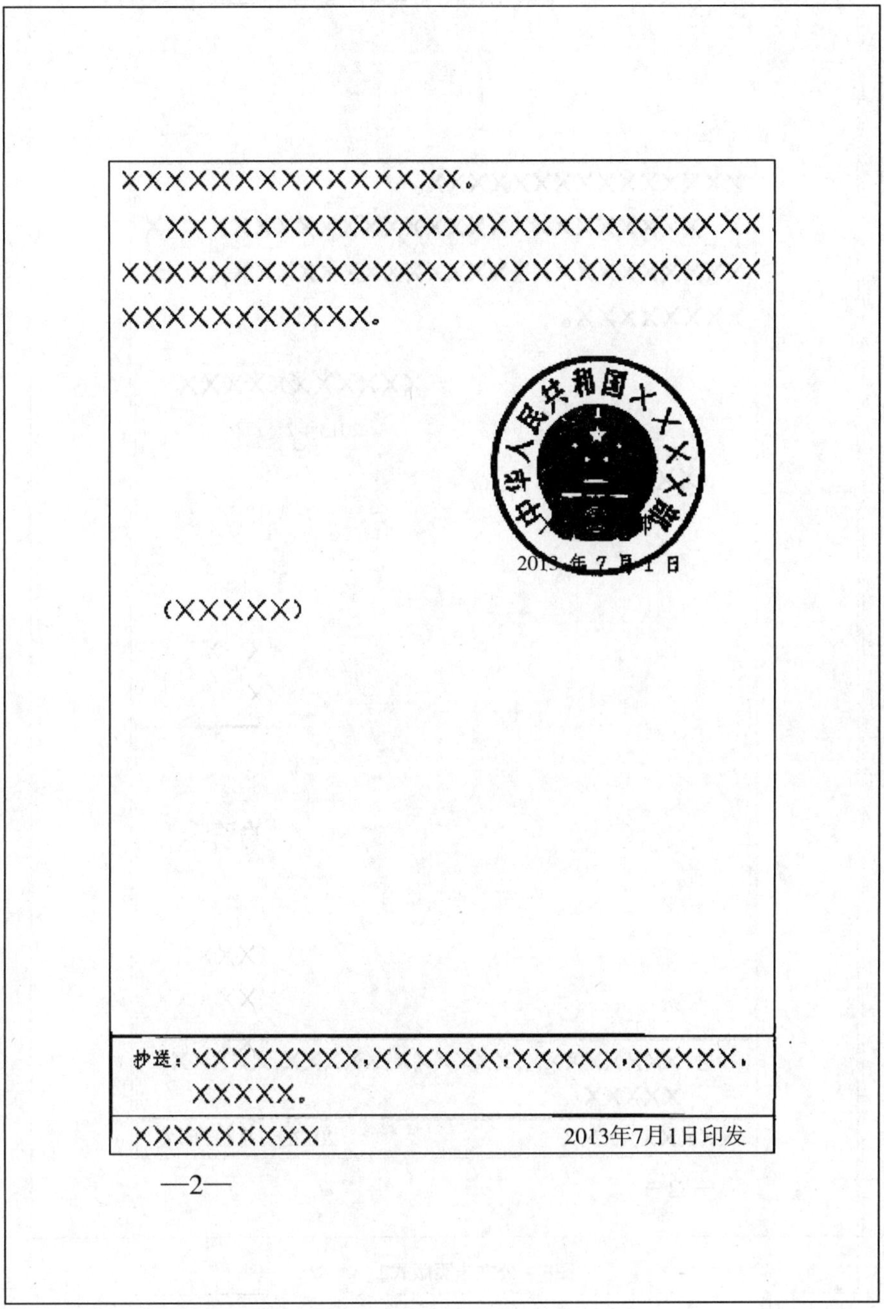

××××××××××××××。

  ××。

（×××××）

2013 年 7 月 1 日

抄送：×××××××，×××××××，×××××，×××××，
×××××。

××××××××   2013年7月1日印发

—2—

图5 公文末页版式1

注：版心实线框仅为示意，在印制公文时并不印出。

XXXXXXXXXXXXX。

   XXXXXXXXXXXXXXXXXXXXXX
XXXXXXXXXXXXXXXXXXXXXXXXXX
XXXXXXXX。

               XXXXXXXXXX

                2013年7月1日

（XXXXX）

抄送：XXXXXXXX，XXXXXX，XXXXX，XXXXX，
XXXXX。

XXXXXXXX   2013年7月1日印发

—2—

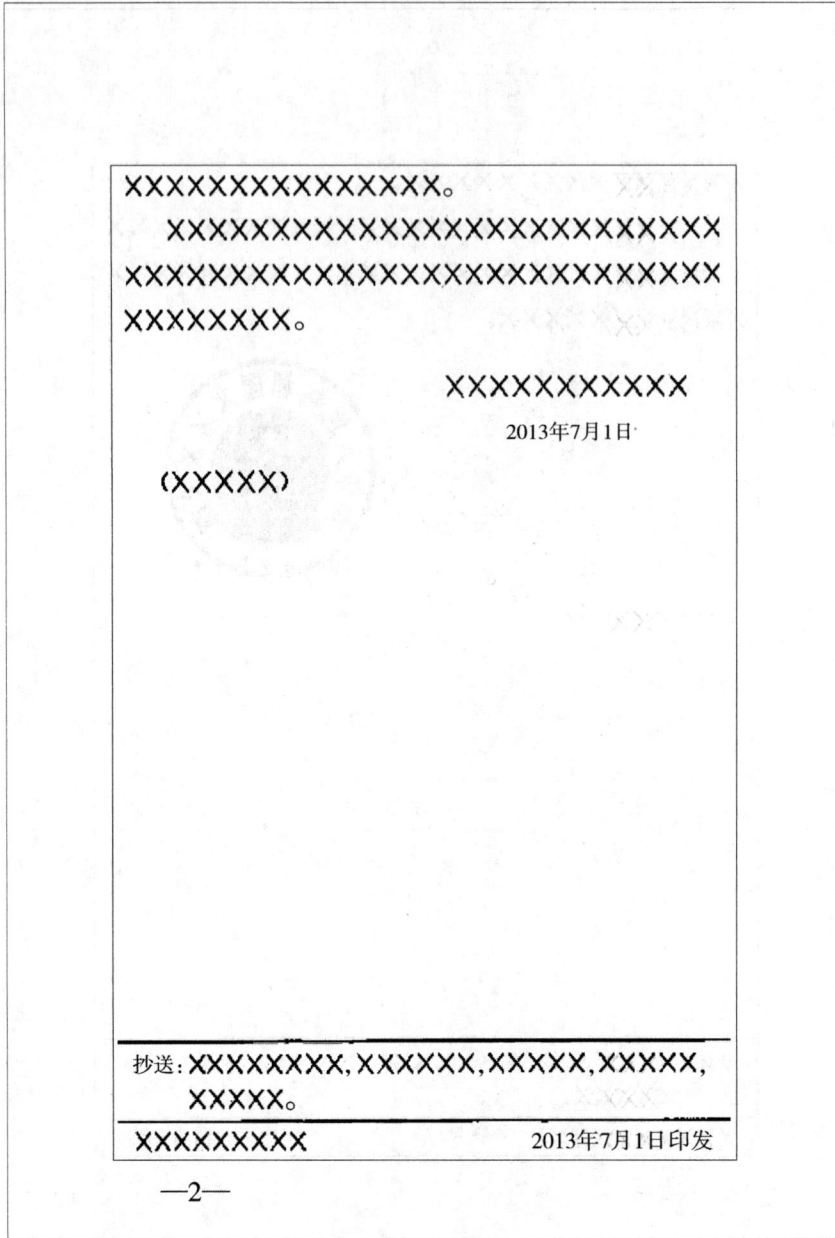

图6　公文末页版式2

注：版心实线框仅为示意，在印制公文时并不印出。

XXXXXXXXXXXXXXX。

　XXXXXXXXXXXXXXXXXXXX

XXXXXXXXXXXXXXXXXXXXXX

XXXXXXXXXX。

2013 年 7 月 1 日

（XXXXX）

抄送：XXXXXXXX，XXXXXXX，XXXXX，XXXXX，

XXXXX。

XXXXXXXX

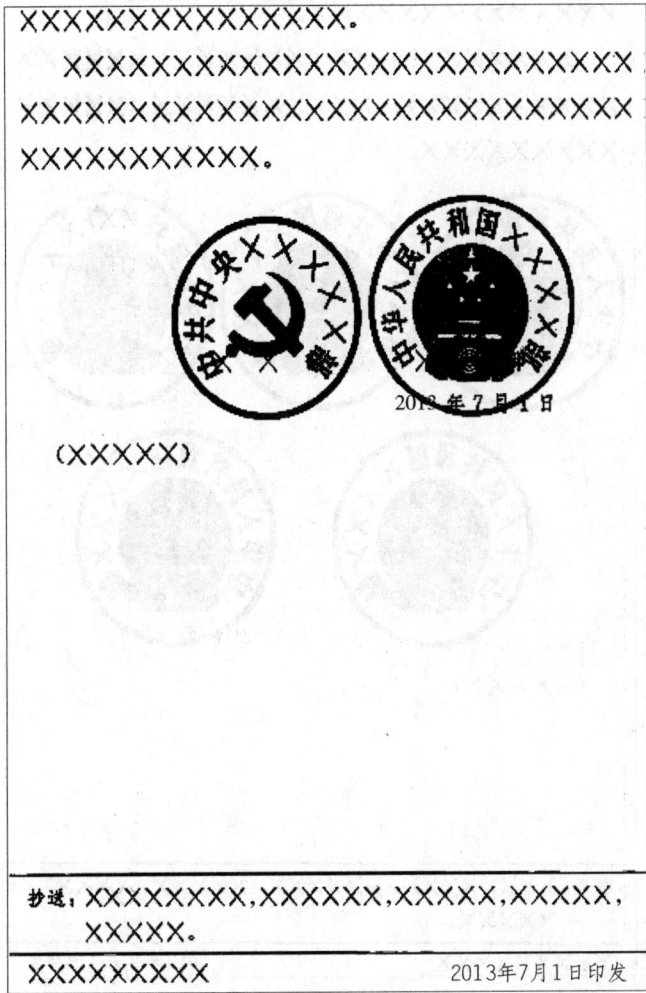

图7　联合行文公文末页版式1

注：版心实线框仅为示意，在印制公文时并不印出。

×××××××××××××。
　××××××××××××××××××
×××××××××××××××××××××
××××××××××。

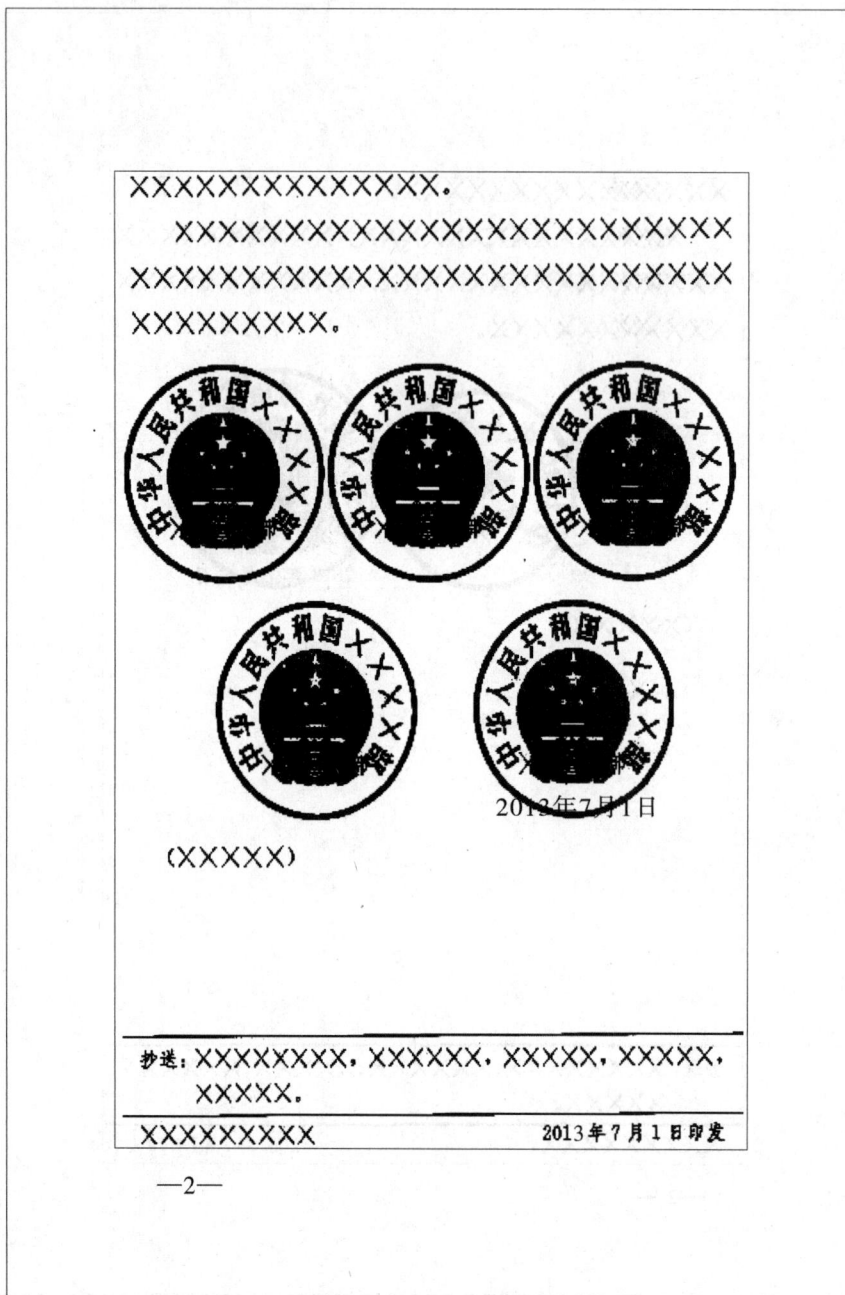

2013年7月1日

（×××××）

抄送：××××××××，××××××，×××××，×××××，
　　××××。

×××××××× 　　　　　2013年7月1日印发

—2—

图8　联合行文公文末页版式2

注：版心实线框仅为示意，在印制公文时并不印出。

XXXXXXXXXXXXXXX。

    XXXXXXXXXXXXXXXXXXXXXX

XXXXXXXXXXXXXXXXXXXXXXXXXX

XXXXXXXXXXX。

    附件：1. XXXXXXXXXXXXXXXXXX

            XXXXX

        2. XXXXXXXXXXX

                 XXXXXX

               X X X X

              2013年7月1日

（XXXXX）

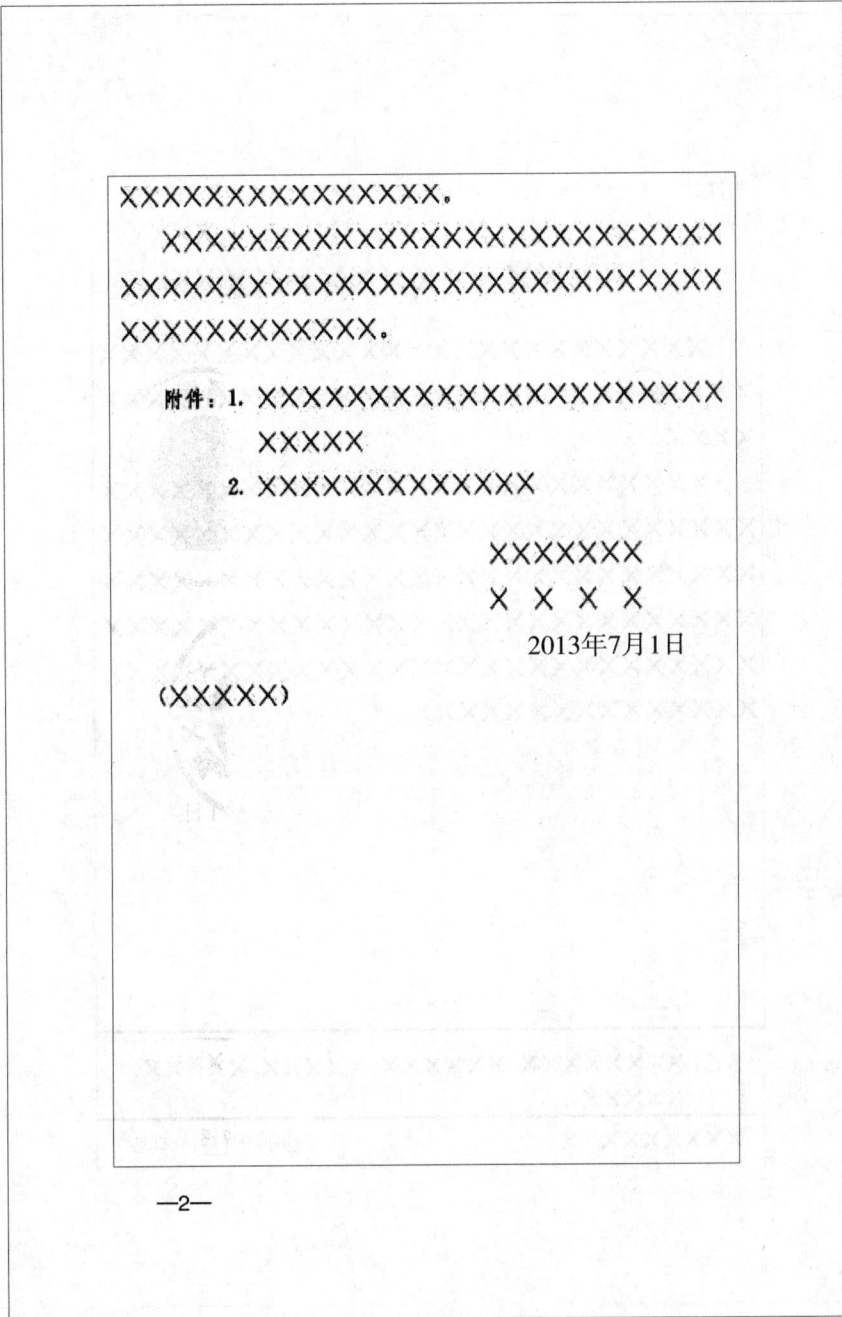

图9　附件说明页版式

注：版心实线框仅为示意，在印制公文时并不印出。

附件2

×××××××××××

　×××××××××××××××××
×××××××××××××××××××
×××。
　×××××××××××××××××
×××××××××××××××××××
×××××××××××××××××××
××××××××××××××××××××
××××××××××××××××××××
××××××××××××。

抄送：×××××××，××××××，×××××，×××××，
　×××××。

××××××××　　　　　　　　　　　2013年7月1日印发

—4—

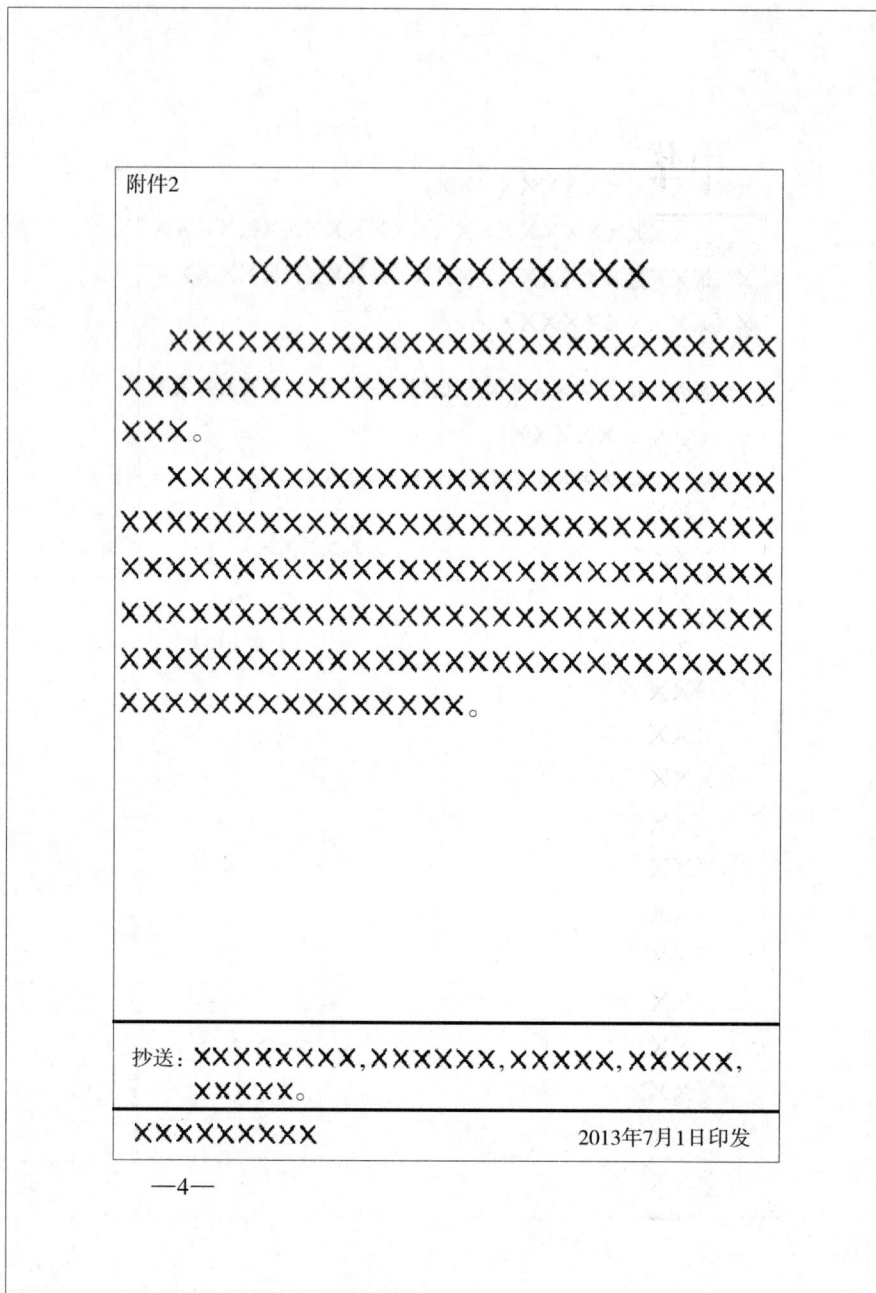

图10　带附件公文末页版式

注：版心实线框仅为示意，在印制公文时并不印出。

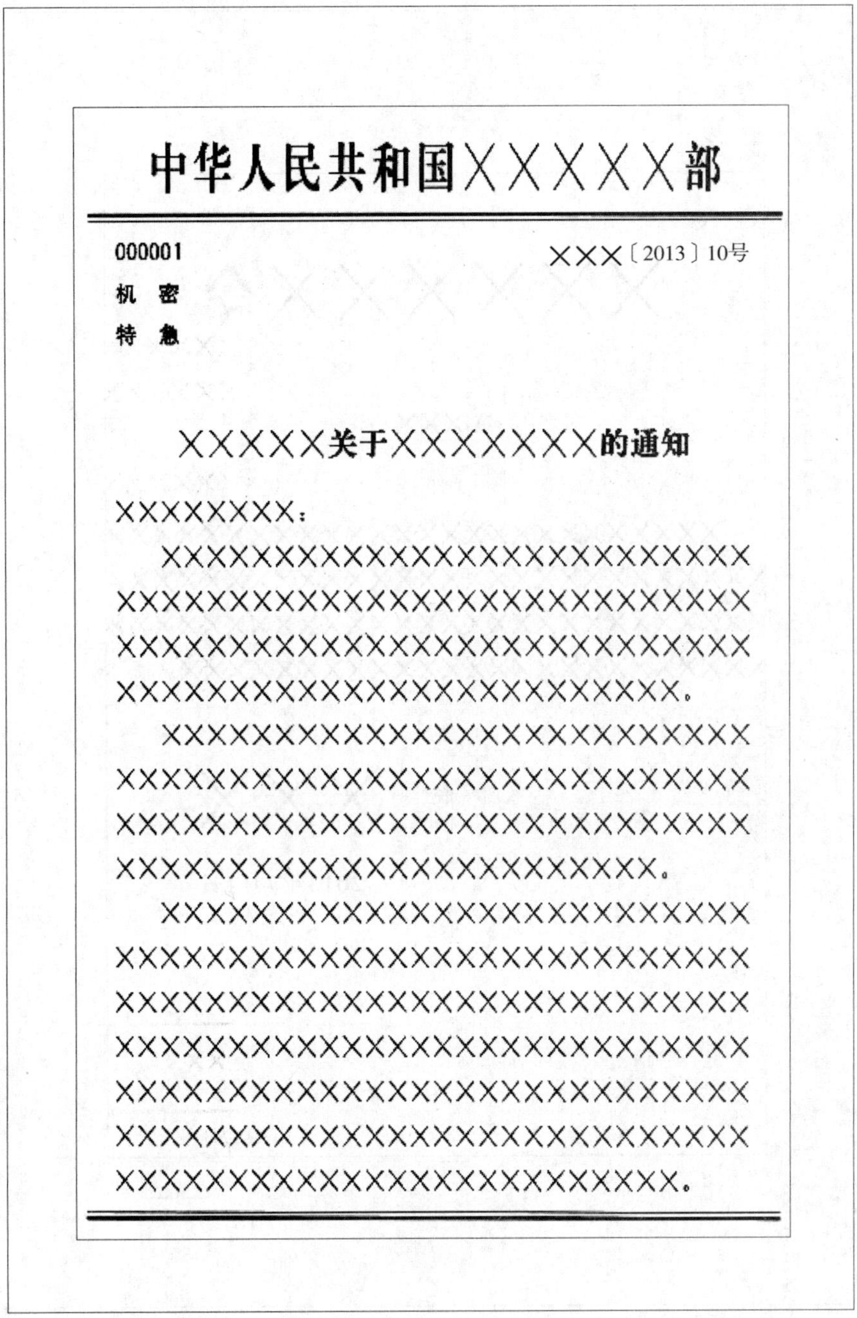

中华人民共和国×××××部

000001   ×××〔2013〕10号

机 密

特 急

×××××关于×××××××的通知

×××××××××：

　　×××××××××××××××××××××××××
××××××××××××××××××××××××××××
××××××××××××××××××××××××××××
×××××××××××××××××××××××××××。
　　××××××××××××××××××××××××××
××××××××××××××××××××××××××××
×××××××××××××××××××××××××××。
　　××××××××××××××××××××××××××
××××××××××××××××××××××××××××
××××××××××××××××××××××××××××
××××××××××××××××××××××××××××
××××××××××××××××××××××××××××
×××××××××××××××××××××××××××。

图11　信函格式首页版式

注：版心实线框仅为示意，在印制公文时并不印出。

✕✕✕✕✕✕令

第✕✕✕号

✕✕✕✕✕✕✕✕✕✕✕✕✕✕✕✕✕✕✕✕✕✕✕✕✕✕✕✕✕✕✕✕✕✕。✕✕✕。

部　长　✕✕✕

2013年7月1日

—1—

图12　命令（令）格式首页版式

注：版心实线框仅为示意，在印制公文时并不印出。

单元二　企业总结筹划文书

项目6　企业计划与总结写作

任务6-1　计划写作

知识目标

1. 了解计划的概念、特点、种类和别称
2. 理解计划的写作要求
3. 掌握文章是计划的结构形式和写作方法

技能目标

1. 能熟练掌握计划类文书的写作技能
2. 能撰写格式规范、结构完整、内容完备、表述正确的计划类文书

【项目任务背景】

　　广东××电子商务有限公司拟在"五四"期间，组织团员进行一次集培训、学习、娱乐于一体的活动，目的是加强联系、提高业务水平、放松身心、增强企业凝聚力，更好地调动团员的工作积极性。活动时间为2014年5月3日（星期六）14：00到4日14：00，活动地点为新世界度假村，活动内容主要有：

1. 请××学院刘××老师作"商务沟通技巧"的培训。
2. 团队素质拓展——野战。
3. 举行联欢、抽奖、跳舞等娱乐活动。

广东××电子商务有限公司总经理要求办公室秘书王××起草一份活动方案。

一、任务分析

　　（1）根据【项目任务背景】代广东××电子商务有限公司办公室秘书王××起草一份活动方案。

　　（2）要完成此项任务，必须掌握方案的写作技能，并分析如下两个问题：

　　①掌握方案的结构形式，包括标题、开头、主体、结尾、尾部。

　　②掌握方案的写作方法和要求。比如采取什么措施、步骤完成此项任务，人力、物力怎样安排，各方面工作如何协调等。

二、范文借鉴

（一）范文一

1. 原文

广东××贸易总公司2014年度销售计划

为提高本公司产品的销售额，使本公司能向"高效率、高收益、高分配"的方向发展，特制订如下计划。

一、销售目标

（一）销售总目标

本公司2014年度销售总目标：1亿元人民币。

（二）各营业部销售目标

1. 第一营业部销售目标：4 000万元人民币；每员工每月平均销售目标：5万元人民币。

2. 第二营业部销售目标：2 000万元人民币；每员工每月平均销售目标：5万元人民币。

3. 第三营业部销售目标：2 000万元人民币；每员工每月平均销售目标：5万元人民币。

4. 第四营业部销售目标：1 000万元人民币；每员工每月平均销售目标：5万元人民币。

5. 第五营业部销售目标：1 000万元人民币；每员工每月平均销售目标：5万元人民币。

各批发与零售店的销售目标由各营业部部长根据各批发与零售店实际情况分配。

（二）销售利润目标

本公司2014年度销售利润（含税）目标：2 000万元人民币。

二、具体措施

为实现年度销售额1亿元人民币的总目标，本公司制定下列措施：

（一）只有当所有人员都能精通其业务，人心安定，有危机意识，并能有效地开展销售活动时，业务机构才不再做任何变革。

（二）贯彻少数精锐主义，不论精神或体力都须全力投入工作，使工作朝"高效率、高收益、高分配"的方向发展。

（三）为加强机能的敏捷、迅速化，本公司将大幅度委让权限，使工作人员得以果断速决，提高工作效益和经济效率。

（四）全面推行目标管理责任制，采取重赏重罚激励机制。

（五）进一步完善公司各项规章制度，促进业务管理制度化、规范化。

（六）改革销售方式，将原有购买者的市场转移为销售者的市场，使本公司能握有主导代理店、零售店的权利。

（七）目标市场放在全国较有实力的50多家零售店上，并指导其改革促销方式，借此进一步扩大销售额。

（八）设立定期联谊会，进一步加强与零售商的联系。

（九）实施顾客调查卡的管理制度，加强零售店销售实绩、需求预测等统计管理工作。

（十）加强代理店管理，拓展销售网络。

（十一）随着购买者市场转移为销售者市场的变化，确立长期契约制度来统一管理交易的条件。

（十二）检查与代理商关系，确立具有一贯性的传票会计制度。

三、具体步骤

1. 第一季度（2014年1月1日至3月31日）完成销售额2 000万元人民币。

（略）

2. 第二季度（2014 年 4 月 1 日至 6 月 30 日）完成销售额 3 000 万元人民币。

（略）

3. 第三季度（2014 年 7 月 1 日至 9 月 30 日）完成销售额 3 000 万元人民币。

（略）

4. 第四季度（2014 年 10 月 1 日至 12 月 31 日）完成销售额 2 000 万元人民币。

（略）

希望全体员工明确自己的工作任务，履行岗位职责，遵守公司各种规章制度，为实现公司本年度的销售总目标而努力工作。

2014 年 1 月 1 日

（资料来源：方燕妹等主编：《当代应用文写作》，北京：北京师范大学出版社 2013 年版，略增删。）

2. 评析

这篇销售计划有如下几点值得借鉴：

（1）全文格式规范。全文由"标题＋正文＋尾部"组成，符合计划的格式要求。

（2）正文结构完整。正文由"前言＋主体＋结尾"组成，各部分内容符合计划的写作要求。前言写制定计划的目的；主体部分先写销售目标，包括公司销售总目标、各营业部销售目标和每位员工每月平均销售目标、公司销售利润目标，目标明确具体；再重点写措施，为实现公司销售总目标，采取十二条具体措施，详细可行；最后写具体步骤，分四个季度来写；结尾写希望和要求。

（3）突出重点，详略得当。

（4）语言简洁，表达准确。

（二）范文二

1. 原文

广东××汽车集团有限公司 2013 年年会活动方案

2013 年是广东××汽车集团有限公司事业蓬勃发展的一年，公司取得的每一点成绩都离不开全体员工的辛勤劳动和无私奉献。为增强企业凝聚力、表彰先进、鼓舞士气、激励员工奋发上进，为来年新的腾飞创造更好的内部环境，现制订 2013 年年会活动方案。

一、活动名称

共进　共赢　共享——广东××汽车集团有限公司 2013 年年会

二、活动时间

2013 年 12 月 28 日 14：30~20：00

三、活动地点

广州白天鹅宾馆 8 楼宴会大厅

四、活动对象

全体员工 500 人

五、活动流程

时间	内容	负责人	备注
14：30～15：00	参会人员入场签到，领取礼品，就座	刘雪梅	
15：00～15：10	开场视频	钟一飞	
15：10～15：15	主持人开场白	黄志强 曾丽珍	
15：15～15：55	李××总经理作《××××汽车集团有限公司2012年度工作总结》	曾丽珍	
15：55～16：00	王××副总经理宣读表彰决定	黄志强	
16：00～16：20	"优秀团队"（5个）与"优秀员工"（20人）颁奖仪式	曾丽珍	
16：20～16：40	1."优秀团队"代表讲话（1人）2."优秀员工"代表讲话（1人）	黄志强	
16：45～17：00	茶歇	刘雪梅	
17：00～18：30	员工文娱表演	黄志强 曾丽珍	穿插3次抽奖环节
18：30～20：00	晚宴	钟一飞	董事长致辞

六、具体工作安排

项目	活动明细	部门/责任人	完成时间	备注
筹备项目	筹备小组第一次讨论会	办公室/谢广清	12月10日	
	活动方案策划敲定	办公室/谢广清	12月12日	
	筹备小组第二次会议	办公室/谢广清	12月16日	
	筹备小组第三次会议	办公室/谢广清	12月20日	
致辞	落实领导、代表讲话稿	办公室/何康	12月22日	
表彰颁奖	表彰名单及奖品购买	人力资源部/罗阳	12月20日	
晚会晚宴	晚会及晚宴地点确认	公关部/曾丽珍	12月20日	
	各部门节目统筹	公关部/曾丽珍	12月22日	
	主持人确定	办公室/谢广清	12月20日	
	晚会场景布置、电脑	后勤部/钟一飞	12月27日	
	礼品采购	后勤部/张晓雯	12月20日	
	现场摄像、照相	办公室/杨春兰	12月24日	
	抽奖奖券管理、奖品保管	公关部/刘雪梅	12月27日	
	嘉宾胸花佩戴、席位引导	公关部/刘雪梅	12月27日	
后勤协调	礼品与餐券发放、餐券回收、登记及会后工作等	后勤部/钟一飞	12月28日	

序号	内容	预计（元人民币）
1	场租（含灯光、视频、音响设备等）	5 000
2	舞台、背景、道具、服装	5 000
3	年会宣传资料	2 000
4	礼品	25 000
5	优秀团队奖金（10 000 元/个，共 50 000 元） 优秀员工奖金（1 000 元/人，共 20 000 元） 抽奖奖品 30 000 元	10 0000
6	晚宴（50 席，1 500 元/席，共 75 000 元）	75 000
7	其他	3 000
总计	215 000 元	

××汽车集团有限公司公关部

2013 年 12 月 8 日

（资料来源：张瑞华等主编：《当代应用文写作》，北京：北京师范大学出版社 2013 年版，略增删。）

2．评析

该计划有以下几点值得借鉴：

（1）采用了条文加表格式的表达方式，一目了然，简明扼要。

（2）前言交代了活动的背景与目的，活动主题鲜明。

（3）活动流程思路清晰，时间分配合理，分工明确。

（4）经费预算具体细致。

三、知识支撑

（一）计划的概念

计划是单位或个人对将要进行的某项任务或某一阶段的工作，根据党和国家的方针政策和上级的指示精神以及本部门、本单位或个人的实际情况作出部署的事务文书。目标、措施、步骤被称为计划的三要素。

（二）计划的种类

（1）按内容划分，有工作计划、学习计划、生产计划和科研计划等。

（2）按时间划分，有长期计划、年度计划、季度计划和月份计划等。

（3）按表现形式划分，有条文式计划、表格式计划和混合式计划等。

（4）按作者划分，有单位计划和个人计划两大类。

（5）按内容复杂程度划分，可分为综合性计划与专题性计划两种。

综合性计划是指单位和个人针对完成带全局性或涉及面广的工作任务和活动而制订的计划。如《广东×××化妆品总公司 2014 年工作计划》、《广东××职业技术学院 2014 年工作要点》、《本人 2014 年学习和社会工作计划》等。综合性计划涉及面广，内容复杂，写作时要突出重点，点面结合，注意计划内容的广度。

专题性计划是指单位和个人针对完成某一工作任务或某一项活动而制订的计划。如《广东××家用电器有限公司关于开拓农村市场的方案》、《广东××职业技术学院 2014 年招生计划》、《本人学习应用文写作的计划》等。专题性计划涉及面窄，内容单一，写作时要注意计划内容的深度。

总之，每个单位和个人都有综合性计划与专题性计划。作为当代大学生，在大学读书期间应当有自己的学习和社会工作计划，只有这样，大学生涯才能过得充实，才能学有所成。

本书只介绍单位计划。

（三）计划的特点

（1）政策性。制订计划，要符合党和国家的方针政策，能使党和国家的方针、政策和上级的指示精神在计划中得到具体落实。

（2）预见性。古人云："凡事预则立，不预则废。"计划要在准确预见未来的基础上，提出工作的设想。制订计划要高瞻远瞩，既要了解本单位、本部门的具体情况，又要结合当前的形势，对未来有准确的预见。

（3）可行性。计划中提出的目标应该是先进的，但这目标又不是高不可攀的，而是经过一定的努力可以达到的。

（4）指导性。计划根植于实践（上一年度的工作），又指导实践，是各单位、各部门或者个人工作的奋斗目标。计划制订出来后，就应努力完成其中提出的目标。如在执行中发现某些部分与实际情况不符，不能实现，应及时调整，以保证目标的实现。

四、技能演练

（一）计划结构形式

标题＋正文（前言＋主体＋结尾）＋尾部

（二）计划写作方法

1. 标题

标题有如下几种写法：

（1）完整式标题。由"单位名称＋时间＋事由＋文种"组成。

范例：广东×××化妆品总公司 2014 年工作计划

（2）省略式标题。由"时间＋事由＋文种"组成；或由"单位名称＋事由＋文种"组成；或由"事由＋文种"组成。

范例 1：2014 年员工培训计划

范例 2：广东×××化妆品总公司员工培训方案

范例 3：业务考核方案

（3）新闻式标题。由"正标题＋副标题"组成。

范例 1：狠抓落实　加快发展

　　——××省人民政府关于加快县域经济发展的意见

范例 2：做强做大　办出特色

　　——××××职业技术学院"十二五"规划

　　计划如果尚未定稿，应在标题之后加括号注上"草稿"、"征求意见稿"、"讨论稿"或"初稿"等字样。如《××省"十二五"扶贫攻坚计划（征求意见稿)》。

　　2. 正文

　　正文一般由"前言＋主体＋结尾"组成。

　　（1）前言。这是计划的开头部分，简明扼要地概述制订计划的指导思想、依据、意义、本单位情况及总目标等，即回答"为何做"、"因何做"、"能否做"等问题。

　　（2）主体。它是用来表述计划的具体内容，是计划写作的重点，应包括计划的三要素，即目标、措施、步骤。

　　①目标或任务。明确地写出要达到的目标、指标和在数量上、质量上的要求，即回答"做什么"的问题。

　　②办法或措施。说明完成任务的具体办法或措施，人力、物力、财力安排等，即回答"怎么做"的问题。

　　③具体步骤。说明完成任务的时间分配。即回答"先做什么，后做什么"、"做到什么程度"、"何时完成"等问题。

　　（3）结尾。可以提出执行的希望和要求，也可以展望计划实施的前景。有的计划事项少、篇幅不长的无须此部分。因此，写不写结尾，要根据内容表述的需要确定。

　　3. 尾部

　　包括落款和成文日期。落款写明制定计划的单位名称，标题中已标明单位名称的，这里可以不写；成文日期写计划通过或批准的日期。有附件的计划，附件名称应标注于正文之后落款之前，位置在正文下一行左空两个字写起。

　　计划中无法完全展现的表格、支撑材料等内容可以附件形式加以注明。

（三）计划写作要求

　　1. 切合实际

　　应从实际出发制订计划目标，对工作作出科学筹划。

　　2. 准确表述

　　表述要准确严谨，切忌模糊，确保计划意思明确，特别是数字、时间等。

　　3. 行文简练

　　应突出工作重点，条理清楚，层次分明，简明实用。

五、病文诊治

（一）病文

绿色食品盐推销方案

一、推销范围

依照 2013 年公司计划，全市确定 100 家商场开展绿色食品盐推销工作。

二、实施时间

2013 年 10 月 31 日前完成绿色食品盐推销工作。

三、产品分析

绿色食品盐是普通食盐的升级换代产品，是一种无污染、安全、优质的食用盐。本款产品严格按照国家农业部 NY/T1040－2006《绿色食品食用盐》标准生产，由国家权威部门认证并获得了"绿色食品"标志。

四、推销措施

1. 加快绿色食品盐推销进度，确保该项目预期投产，发挥效益。

2. 实行目标责任制管理，把权、责、利全面落实到个人，调动各方积极性。

3. 加大绿色食品盐研发力度，进一步加强研发队伍的建设与培养，坚持以市场为导向，快速、高效地开发适应市场需求的绿色食品盐。

××市盐业有限公司

（资料来源：张瑞华等主编：《当代应用文写作》，北京：北京师范大学出版社 2013 年版，略增删。）

（二）诊治

该计划在内容以及形式上均存在不足，诊治如下：

（1）结构不完整。缺少前言，没有写明产品推销的背景及目标；缺少结尾，没有提出执行计划的要求。

（2）主体内容空洞。绿色食品盐推销的具体措施与步骤、人员安排、时间进程等模糊不清、不明确。这样的计划使人不知所云。

（3）尾部要素不全。没有写成文日期。

（4）产品分析没必要写入计划中。

六、相关知识拓展

（一）计划的别称

计划是计划类文书的统称，它有很多别称，如"安排"、"工作要点"、"方案"、"设想"、"打算"、"工作部署"、"意见"、"规划"、"纲要"等都属于计划的范畴。它们的区别主要体现在涉及范围的大小、时限的长短和内容复杂与单一上。

（1）安排。即单位在短期内要完成的工作任务或要做的事情所做的计划，称之为安排。如《广东××机电设备安装总公司一月份工作安排》、《广东××职业技术学院第20

周工作安排》等。

（2）工作要点。即单位对某一段时间内要完成的工作任务或要做的事情，突出重点，提纲挈领，写得简明扼要的计划，称之为"工作要点"。如《广东××化妆品总公司2014年工作要点》等。

（3）方案。即单位对某项工作或某一项活动的实施，经过深思熟虑，从目的要求到方式、方法、实施步骤等都作出具体周密的安排，称为"方案"。如《广东××家用电器有限公司关于开拓农村市场的方案》等。

（4）设想。即单位准备在一定时期内，为完成某项工作或开展某一项活动而进行的初步的考虑，它只是勾勒比较粗的框架，还没有成熟的计划，称之为"设想"。如《广东××汽车贸易总公司关于成立河源分公司的设想》等。

（5）打算。即单位准备在近期内对要完成的工作任务或要做的事情的指标或措施还考虑不周全，只能作原则性要求，这样的计划，称之为"打算"。如《广东××机电设备安装总公司关于设立重庆分公司的打算》等。

（6）工作部署。即单位制订的、时间较短的（通常一年或一段时间）、具有指导性的计划，称之为"部署"。如《中共中央、国务院关于2014年农村工作部署》、《广东××机电设备安装总公司关于实施目标管理的工作部署》等。

（7）意见。上级对下级布置某一阶段的工作或某一项重要任务，交代政策、提出具体要求的计划，一般称为"意见"。如《广东××食品总公司关于全面实施"ERP"管理系统的意见》等。

（8）规划。即单位拟订带有全局性的工作、时限较长（一般为5年）、需跨年度、涉及面广、只能提出一个轮廓和可实现的奋斗目标的计划，称之为"规划"。如《××市人民政府关于国民经济和社会发展的"十二五"规划》、《广东××食品集团总公司"十二五"规划》、《国家教育事业发展第十二个五年规划》（教育部印发）等。

（9）纲要。即单位拟订带有全局性的工作、时限更长（一般为10年或10年以上）的计划，纲要实质就是远景规划。如《国家中长期教育改革和发展规划纲要（2010—2020年)》（新华社北京7月29日电）。

（二）计划的作用

（1）具有约束作用。公司的计划是纲领性文件。计划一旦制订出来，各部门必须严格执行。

（2）具有指导作用。计划制订出来后，各部门就应努力完成其中提出的目标。如在执行中发现某些部分与实际情况不符，不能实现，应及时调整，以保证目标的实现。

七、模拟写作实训

（一）实训任务

根据【项目任务背景】给定的材料，代广东××电子商务有限公司办公室秘书王××起草一份活动方案。

（二）写作要求

（1）结构完整，格式规范。

（2）活动安排，科学合理。

（3）条理清楚，层次分明。

（4）表述准确，行文简练。

任务6-2　总结写作

知识目标

1. 了解总结的概念和特点

2. 理解总结的分类

3. 掌握总结的写作要求

技能目标

1. 能熟练掌握总结的写作技能

2. 能撰写格式规范、结构完整、内容完备、表述正确的总结

【项目任务背景】

广东××电子商务有限公司在2013年"五四"期间，组织团员进行一次集培训、学习、娱乐于一体的活动已顺利完成了。请你代广东××电子商务有限公司办公室秘书王××起草一份活动总结。

一、任务分析

（1）根据【项目任务背景】给定的材料，代广东××电子商务有限公司办公室秘书王××起草一份活动总结。

（2）要完成任务，首先必须掌握总结的结构形式，包括标题、开头、主体、结尾和尾部。其次，要掌握活动总结写作方法和要求。重点写作内容是什么措施保证了此次活动的顺利进行，活动有什么成效、有什么不足，对今后类似活动的开展有什么借鉴作用等方面的情况。

二、范文借鉴

（一）范文

××钢铁总公司工会2013年度工作总结

2013年，我司工会在党委领导下，认真贯彻"组织起来、切实维权"的工作方针，把握大局、找准位置、提高水平、创出特色，坚持以改革发展为主线，完善四项制度，实施四项工程，扎扎实实为职工办好事办实事，并取得了可喜的成绩。一年来，我司全面完成了2013年的各项任务，先后荣获"全国劳动争议调解工作先进单位"、"全国体育工作先进单位"、"全国职工技术协会先进单位"、"全国安康杯竞赛优胜企业"、"××市法律工作先进单位"、"××市经济技术创新优秀组织单位"、"××市职工互助保险优秀代办处"、"××市工会财务先进单位"等荣誉称号。

回顾过去一年来，我会主要做了如下几项工作：

一、群众性经济技术创新工程有了新的突破，形成了有××钢铁公司特色的劳动模范管理模式

一年来，工会系统紧紧围绕公司战略性结构调整，一业多地的建设和经营生产任务，广泛开展了群众性经济技术创新活动。

（具体做法及成绩略）

二、送温暖工程突出抓帮困助学、医疗救助和岗位救助，得到了广大职工的拥护

1. 启动帮困助学工程，开展"心系困难子女，爱心成就未来"活动。

2013 年 2 月 7 日，公司召开全体干部会议，正式启动帮困助学工程。从总公司的领导到基层干部带头捐款，职工们都踊跃捐款，截至 2013 年 2 月 28 日，公司的干部职工和离退休干部职工共捐款 134 万元。工会成立了"帮困助学基金管理委员会"，制定了《××钢铁公司帮困助学基金管理委员会章程》、《帮困助学基金使用管理办法》，建立了帮困助学活动联系卡，按照章程规定，严格审批手续，共为 523 名学生实施了帮困助学，助学总金额为 90.57 万元。期中，资助小学生 152 人，助学金额 7 万元；资助初中生 124 人，助学金额 8.97 万元；资助高中生 163 人，助学金额 32.6 万元；资助大学生 84 人，助学金额 42 万元。同时，还针对××矿区困难职工的特殊情况，拨出专款 8 万元为 75 名学生办理了不同程度的助学金。帮困助学工作在公司全体干部职工中产生强烈的反响，普遍认为这是公司党委为困难职工办的一件大好事、大实事。

2. 发展医疗救助和职工互助保险事业，增强了职工抵御风险的能力（做法叙述略）。

3. 实施了岗位救助，帮助困难职工早日脱贫（具体做法叙述略）。

4. 开展"送温暖"活动，增强了职工队伍的凝聚力（具体做法叙述略）。

三、启动职工素质教育工程，为职工打造终身学习的平台

（具体做法叙述略）

四、文化创新工程突出了企业文化，增强了团队精神

（具体做法及成绩略）

五、以共产党员先进性教育活动为动力，积极为职工办好事、实事

（具体做法及成绩略）

六、完善四项制度，强化企业民主管理，构建和谐企业

总结我们的工作，与党委的要求和广大职工的期望相比，还有一定的差距和不足。在组织开展群众性技术创新工程、推动企业加快发展经营生产建设方面，还需要进一步加大工作力度；在困难职工的帮扶长效机制建设方面，还要进一步健全完善；在提高职工队伍整体素质、开展职工素质教育工程方面，还需要进一步的深入；工会干部队伍的应变能力，还亟待得到进一步的提高。

以上这些都需要全体工会干部继续努力，在今后的工作中加以改进，只有这样，才能使工会工作适应公司改革发展的新形势，实现工会工作的不断创新。

××钢铁总公司工会

2014 年 1 月 8 日

（二）评析

这是一篇综合性工作总结，原文较长，因篇幅等原因，这里只摘取了重要部分，并略有调整。这篇总结有以下几点值得借鉴：

（1）前言部分开门见山，简明扼要，概括说明了工作的背景、方针及主要成绩，起到了统领全文的作用。

（2）主体部分采用"成绩经验、做法—问题教训—今后努力方向"的结构方法，虽事情繁杂，但文章条理清楚，结构井然有序，读来丝毫没有紊乱之感。

（3）通过认真的总结，分析得出成功的原因，找到了工作的规律，实现了总结的最终目的。

（4）结构完整，条理清晰，材料充实，用事实说话，点面结合，语言朴实而简明，既肯定成绩，又指出存在的问题。

三、知识支撑

（一）总结的概念

总结是单位和个人通过对过去一段工作作出的系统回顾、分析和研究，从中找出经验或教训，得出一些规律性的认识，用以指导今后工作的事务文书。

总结是一个统称，总结类文书常见的名称有小结、体会、回顾等。

（二）总结的种类

（1）按内容划分，可分为学习总结、工作总结、会议总结等。

（2）按对象划分，可分为单位总结和个人总结。

（3）按时间划分，可分为年度总结、季度总结、月总结等。

（4）按性质划分，可分为综合性总结和专题性总结。

①综合性总结也叫全面工作总结，是一个单位或一个部门对某一时期各方面工作进行的全面性的总结，如阶段工作总结、年终工作总结等。如《广东××机电设备安装总公司2013年工作总结》。

②专题性总结也叫单项工作总结，是一个单位或一个部门对某项工作所作的专门性的工作总结，通常用来总结先进经验。如《广东××家用电器贸易公司关于开拓农村家电市场的总结》。

（三）总结的特点

（1）实践性。总结的过程是从感性认识到理性认识的实践的本质反映，是对客观事物再认识的过程。总结所用材料，都应是实践活动的真实情况的反映；总结形成的观点，也应是从实践活动中抽象概括出的认识规律的结晶。

（2）指导性。总结通过对前期工作学习进行回顾，肯定成绩，发现问题，正确认识和把握客观事物的发展规律，其最终目的就是指导今后的工作实践。这是总结的出发点和归宿，也是总结的主要特点。

（3）客观性。客观实际是总结的基础。总结是对以往实践的回顾，是已完成的工作活动的产物。其内容要求忠实于客观实际，依据事实，不夸大、不缩小、不回避、不掩饰。要正确对待成绩和缺点，防止主观片面，只有在客观事实的基础上总结出的经验和教训，才能有借鉴和指意义。

（4）自述性。总结一般采用第一人称的写法，即使请他人代笔，也需要以经历者的自述为基础，反映本地区、本部门、本单位或本人的实践经历，能体现实践活动的特殊性以及实践主体的个性特征。

（5）理论性。总结不是简单罗列或详细还原，而是通过有序整理、归纳、概括，从感性认识上升到理性认识，进而找出规律性的东西，启迪后续工作。

（四）总结的作用

（1）克服盲目性，推动工作顺利开展。通过总结，把感性认识上升到理性认识，认识和掌握客观事物的发展规律，指导今后的工作顺利开展，克服盲目性，少犯错误，少走弯路。

（2）找出成功的经验，肯定成绩，增强信心。总结是对过去工作进行回顾、分析和研究，从中找出成功的经验，肯定成绩，增强信心，为争取更大的成绩打下基础。

（3）分析失败的原因，吸取教训，引以为戒。总结不仅要找出成功的经验，更重要的是找出工作中存在的不足和缺点，对这些情况进行分析、研究，找出失败的原因，采取切实有效的措施，及时纠正错误，改进今后的工作。

总结不仅能为做好本单位的工作提供经验或教训，有些总结，特别是成绩突出、经验先进的总结，还可以为其他单位做好工作提供借鉴。

四、技能演练

（一）总结结构形式

标题＋正文（前言＋主体＋结尾）＋尾部

（二）总结写作方法

1. 标题

总结的标题一般有公文式标题和新闻式标题两种形式。

（1）公文式标题。由"单位名称＋事由＋文种"组成。

范例1：广东××机电设备安装总公司关于开拓西部市场的总结（属于专题性总结标题）

范例2：广东××机电设备安装总公司关于2013年工作总结（属于综合性总结标题）

（2）非公文式标题。此类标题比较灵活，形式多样，专题性总结标题常这样写。

①完整式标题。由"单位名称＋时限＋事由＋文种"组成。

范例：广东××食品集团总公司2013年工作总结

②文章式标题。以总结的主要观点为题。

范例1：产品质量是公司生存和发展的根本

范例2：实施全面质量管理　提升公司核心竞争力

③双行标题。有正题和副题组成。正题揭示主旨，副题补充说明总结的内容和范围。

范例1：选好人才　用好人才——广东××机电设备安装总公司人力资源部2013年度工作总结

范例2：抓改革促管理增效益——广东×××化妆品总公司2013年工作总结

2. 正文

总结正文的结构一般由"前言＋主体＋结尾"组成。

（1）前言。简要介绍总结涉及的背景材料，概述基本经验，点明中心思想。

（2）主体。总结的重点内容，需做到观点鲜明，材料翔实。具体包括如下两点：

①做法、成绩和经验。概括具体做法，点明取得的成绩。分析实践经验一般采用"标项撮要"的写法，先摆观点，次谈做法，再讲收获，后出经验，观点与材料统一。

②问题、教训。写明存在的问题，分析问题产生的原因，包括主观原因和客观原因，找出应吸取的教训。

（3）结尾。今后的打算、努力方向或针对问题与教训，提出改进措施和努力方向。

范例："标项撮要"的写法

听说读写　四管齐下
——学习英语的几点体会

主要观点：（主体部分）

一、朝朝听（摆观点）

谈做法

讲收获

出经验

二、常常说（摆观点）

谈做法

讲收获

出经验

三、天天读（摆观点）

谈做法

讲收获

出经验

四、周周写（摆观点）

谈做法

讲收获

出经验

3. 尾部

尾部包括落款与附件两部分。

落款写明总结的制定单位以及成文日期。如标题中已标明单位名称，此处可省略单位署名。

总结中无法完全展现的表格、佐证材料等内容可以附件形式加以注明。

（三）总结写作要求

（1）结构完整，格式规范。

（2）实事求是，观点鲜明。

（3）点面结合，重点突出。

（4）叙述为主，叙议结合。

（5）熟悉工作过程，充分占有材料。

俗话说："巧妇难为无米之炊。"有材料写起总结来左右逢源，熟悉工作过程写总结思路较清晰，写作速度加快。

五、病文诊治

（一）病文

总　结

广东××机电设备安装总公司"第四届焊工操作技能竞赛"于 11 月 26 日圆满完成了赛程。现将整个竞赛情况总结如下：

一、组织形式从简，准备工作到位，技能竞赛圆满成功

事业部非常重视这次比赛，这种重视既为比赛增加了动力，又对比赛承办者提出了更高的要求。作为承办单位，我厂领导提出"规范工作，公正评判"的工作方针。贾厂长和蔡副厂长对比赛的筹备工作和比赛规则的制定都作了认真的核定。各班组在接到比赛的通知后，积极响应，充分调动员工的积极性。

二、参赛选手积极参与，评判公正，保证了竞赛的质量

本次比赛项目的制定结合了生产中的实际情况和售后反馈的信息。每位参赛选手高度重视，为了参加本次比赛，在完成日常工作的同时，挤时间、练操作，做了充分准备。有的员工结合自己的实际情况，利用休息时间找技能好的同事学习。为了体现这次比赛的公正、公开的原则，我们要求参赛人员抽签按序号参加竞赛，3 人一组，参赛人员分开操作。比赛期间参赛人员不能围观。成绩由事业部评委组打分占 30%，员工评委组打分占 70% 计算，保证了比赛的正常秩序和比赛成绩的公平合理。

三、竞赛结果的分析

这次所有参赛选手共计 18 名，均全部参加电弧焊比赛，其中 13 人还参加 CO_2 气体保护焊比赛。电弧焊第 1 名与第 3 名之间相差 4 分，CO_2 气体保护焊第 1 名与第 3 名之间相差 36 分。从比赛过程来看，50% 的参赛选手在立焊项目上，焊件摆放时超过 90°，70% 的参赛选手忽视了对焊后现场的清理，造成失分，这反映出我们日常工作中的不足。

这次比赛承办工作中，得到了质保部饶总及各部门的大力支持和帮助。技能竞赛，不仅锻炼了队伍，也沟通了上下级感情，使我们事业部形成了一个业务精通、和谐进取的团队。

广东××机电设备安装总公司人力资源部
2013 年 11 月 28 日

（资料来源：www.govyi.com，有改动。）

（二）诊治

这篇总结存在问题较多，诊治如下：

（1）标题不完整。应改为：关于"第四届焊工操作技能竞赛"的总结。

（2）前言部分内容缺失。没有把举行此次比赛的背景和目的交代清楚。

（3）主体部分的观点与材料不匹配。如主题句："一、组织形式从简，准备工作到位，技能竞赛圆满成功。"在此段的阐述中，只阐述了"比赛准备工作到位"，没有讲到"组织形式从简"内容，观点与材料不匹配。

（4）分析问题欠深刻。对竞赛中出现的问题，未能深入分析其产生的原因，也没有提出改进措施和今后的努力方向。

六、相关知识拓展

（一）计划与总结的联系和区别

1. 联系

计划是总结的依据，总结又为制订计划作参考。用公式表示："计划—实践—总结—再计划—再实践—再总结……"这条公式的内容循环往复，以至无穷，每循环一个周期，计划和总结的质量和科学性都将提升到一个新的水平。

2. 区别

（1）计划是在工作前制订；而总结是在计划执行一段时间或完成之后进行的。

（2）计划是工作的蓝图；总结是对计划实践的检验。

（3）计划要回答的问题是为什么要做、做什么、怎样做、先做什么、后做什么、做到什么程度、何时完成；而总结要回答的问题是做了什么、做了多少、做得怎样。

（二）总结主体部分的结构形式

（1）横式结构：按事物内在的逻辑联系组织材料，各部分呈并列关系，或层递关系，或因果关系；采用小标题法，或在段首用主题句表述观点，提示该段主旨。

（2）纵式结构：按事物发展的先后顺序组织材料，分述各个阶段的情况、做法与经验教训。

（3）纵横式结构：既体现事物发展过程，又注意内容的逻辑关系，是上面两种结构方式的综合运用。

总结规律的方法有多种，以横式结构为例，可以每个问题或每个方面只谈做法或经验，也可以既有做法，又有经验。

七、模拟写作实训

（一）实训任务

根据【项目任务背景】给定的材料，代广东××电子商务有限公司办公室秘书王××起草一份活动总结（专题性总结）。

（二）实训要求

（1）结构完整，格式规范。

（2）实事求是，观点鲜明。

（3）点面结合，重点突出。

（4）叙述为主，叙议结合。

项目6　思考与练习题

一、填空题

1. 计划的特点是_____、_____、_____、_____。

2. 计划又叫_____、_____、_____、_____、_____、_____、_____等。

3. 计划中最宏大的一种是_____，最具体的是_____，最繁复的是_____。

4. 计划按结构形式分为_____和_____。

5. 总结的标题形式有_____、_____和_____。

6. 总结是单位和个人通过对过去一段工作做出的_____、_____和_____，从中找出_____或_____，得出一些规律性的认识，用以指导今后工作的事务文书。

7. 总结的特点是_____、_____、_____、_____。

8. 总结主体部分常用的结构形式有_____、_____和_____三种。

二、选择题

（一）单选题

1. 单位拟订带有全局性的工作，时限较长（一般为5年），需跨年度，涉及面广，只能提出一个轮廓和可实现的奋斗目标的计划，称之为（　　）

A. 规划　　　B. 方案　　　C. 安排　　　D. 计划

2. 某同学在学习计划中写道："在本学期，我除了学习学校教学计划安排的课程外，还要学习'网络数据库'、'多媒体制作'、'3D动画'、'电子商务实务'、'市场营销实务'等。"对此做法最恰当的评论是（　　）

A. 该同学学习热情高，应该予以鼓励

B. 该学习计划脱离实际，目标任务过高，在一个学期内是无法完成的，应当修改

C. 学习计划是给老师看的，与实际无关

D. 世上无难事，只要肯登攀

3. 对标题"××市国民经济和社会发展五年计划"修改正确的一项是（　　）

A. ××市国民经济和社会发展五年规划

B. ××市国民经济和社会发展五年设想

C. ××市国民经济和社会发展五年构想

D. ××市国民经济和社会发展五年方案

4. "佛山××旅游公司2013年工作总结"属于（　　）

A. 公文式标题　　　　　B. 完整式标题

C. 双行标题　　　　　　D. 文章式标题

5. 总结的文章式标题，可以是（　　　）

A. 概括主要内容　　　　　　　B. 概括主要观点

C. 交代时限　　　　　　　　　D. 交代单位和内容

（二）多选题

1. 下面可以作为计划的标题的是（　　　）

A. ××职业技术学院 2014 年招生计划

B. 我的未来不是梦

C. 广州××有限责任公司关于举办 AA 系列新产品展销会的方案

D. 广东××化妆品总公司 2014 年工作要点

2. 下面可以作为总结标题的是（　　　）

A. 广东××有限责任公司 2013 年工作总结

B. 加强目标管理　提高经济效益

C. 一分耕耘一分收获

D. 论加强目标管理的重要性

3. 总结的写作要求是（　　　）

A. 结构完整，格式规范

B. 实事求是，观点鲜明

C. 点面结合，重点突出

D. 叙述为主，叙议结合

三、判断题

1. 如果计划已正式通过，或上级已批准，可在标题的后面或下一行用括号加注"草案"、"供讨论"等字样。（　　　）

2. 制订计划只需要考虑主观条件，不需要留有余地。（　　　）

3. 能否找出带有规律性的认识，用以指导今后的工作，是衡量一篇总结质量高低的标准。（　　　）

4. 总结要既报喜又报忧。（　　　）

5. 总结要把感性认识上升到理性认识的高度。（　　　）

6. 写总结一定要按照完成工作的时间先后顺序来写。（　　　）

四、改错题

1. ××市人民政府关于国民经济和社会发展的"十二五"计划草案

2. 广州××有限公司 2014 年招工纲要

3. 广东××物流总公司关于第一季度的工作方案

4. 修改下面两份计划的前言部分。

（1）硕果累累的 2013 年过去了，光辉灿烂的 2014 年已经来临，为了开创公司的新局面，更好地完成公司的生产计划，充分发挥员工的积极性，特制订我司 2014 年工作计划。

（2）××粮站三月份政治学习安排。

革命是解放生产力，改革也是解放生产力，改革是一场革命。要使改革不断深化，必须明确政治方向，坚持四项基本原则，从政治上与党中央保持一致。江泽民的"三个代表"重要思想是我们实践科学发展观的根本。为此，三月份政治学习的主要内容是实践科学发展观。我站业务工作繁忙，白天没有时间，只有抽晚上学习。现将学习的内容与时间安排如下：

……

5. 请修改以下计划主体部分的内容。

标题（略）

一、努力开阔知识视野
（内容略）
二、积极参加社会工作
（内容略）
三、争取提高各科成绩

英语、应用文写作等课程都是很重要的课程，这关系着将来毕业后我的工作基础是否扎实、我的事业是否有前途，因此对英语、应用文写作等要多读、多写、多练，争取期末考试成绩有所提高。

6. 修改下面这份总结的提纲。

广州××有限公司 2013 年度工作总结提纲

一、生产车间出现了新面貌。
二、健全制度，落实岗位责任制，不断提高管理水平。
三、一年来总的工作情况及取得的主要成绩。
四、讲几个问题：
（一）加强销售网点的建设工作。
（二）加强员工的培训工作。

（三）加强领导班子的自身建设。

（四）加强目标管理工作。

（五）存在的不足和今后的打算。

7. 下面是从广州××有限公司批发部的一份总结中节录的一段，请修改。

灵活经营　搞好服务

商业企业要在市场竞争中取胜，就必须做到信息灵通、服务周到，经营的商品适销对路、质优价廉，才能使顾客乐于光顾，扩大销售。

我们的主要做法是：

（1）改坐等顾客为上门服务，带着商品目录和货样送货上门。从20××年至20××年第一季度末，我司组织了各种送货会议××次，成交额达××××万元；带样到乡下零售，走访个人、单位×××人次，成交额×××万元；专车送货×××车次，共××××××余件。

（2）面向四方，广开门路，扩大横向经济联系，巩固原有渠道，发展新渠道，使往来户由原来×××多家发展到×××多家。

（3）开展多种经营，批发、零售全面发展，在原经营品种的基础上，成立了综合服务部、零售服务部、服务招待所，增添了服装、针织商品××多个品种，综合服务部一季度纯销售额××万元，实现利润近万元，今年2月份开设了服务招待所，为客户提供膳宿，每月可增加收入×万元。

（4）改单一经营为多种经营，除原有业务外，举办了代营、联营、总经销、场地出租等业务，每月出租场地即可增加收入×万元。在销售上有"现款现货"、"延期付款"、"铺底销售、分月结账"、"月头开单、月尾结账"等方式，扩大了销售额。

五、问答题

1. 计划的主体部分通常包括哪些方面的内容？

2. 总结的正文部分一般包括哪几个方面？

3. 简述计划与总结的联系与区别。

4. 写总结要注意什么问题？

单元三　企业经济调研文书

项目7　市场调查报告与市场预测报告写作

任务7-1　市场调查报告写作

知识目标

1. 了解市场调查报告的适用范围
2. 理解市场调查报告的概念、特点和类型
3. 掌握市场调查报告的写作格式和要求

技能目标

1. 能熟练掌握市场调查报告的写作技能
2. 能撰写格式规范、结构完整、内容完备、表述正确、要素齐全的市场调查报告

【项目任务背景】

动感地带网聊卡是继动感地带短信卡、音乐卡之后推出的又一子产品，隶属于动感地带品牌。网聊卡作为动感地带首款 G3 产品，将在广州和深圳率先推广，可提供视频聊天、大流量高速上网等服务。动感地带网聊卡主要针对手机上网需求量大的用户，以数据流量优惠、互联网社区权益为突出亮点，可以提供包括视频聊天、大流量高速上网和 139.com 套餐等在内的服务内容。针对移动刚推出不久的动感地带网聊卡，中国移动广东省分公司在广东××职业技术学院校本部对全校学生进行了抽样调查，以了解动感地带网聊卡在大学生中的使用情况和普及情况，以及学生对网聊卡的看法。

请你为中国移动广东省分公司在广东××职业技术学院进行市场调查，并拟写市场调查报告。

一、任务分析

（1）根据【项目任务背景】，以中国移动广东省分公司名义，拟写一篇市场调查报告。

（2）要完成项目任务，必须进行市场调查。要进行市场调查，必须制订调查方案，同时必须掌握市场调查的方法，包括问卷调查、实地走访和统计数据收集等。

（3）整理分析收集的材料，根据材料提炼观点，撰写调查报告。

（4）要写好调查报告，还必须掌握调查报告的结构形式，包括标题、前言、主体、结尾和尾部。其次，要掌握调查报告写作方法和要求。

二、范文借鉴

（一）范文

关于北京市 2013 年"十一"旅游市场调查报告

为了解北京市市民在今年"十一"期间的出游率和对旅游方式的选择的情况，为 AA 旅行社的营销宣传提供依据，我们北京 BB 旅游市场研究中心于 2013 年 8 月 8 日采取随机抽样调查、书面问卷调查、一对一面谈等方法对中关村大街上以及商场门口 18 岁以上的消费者进行调查。现将调查情况报告如下。

1 北京市 2013 年"十一"旅游市场的基本情况

1.1 北京市今年"十一"旅游消费需求将迎来一个集中释放的时期

全球金融危机爆发以来，促进内需、刺激消费已经显现出对中国经济的巨大推动作用，旅游产业也逐渐占据越来越重要的位置。尤其今年国庆与中秋佳节的巧遇，公共假期长达 8 天，全国高速公路免费，更是让旅游成为大家讨论的热点、焦点。因此，蓄积已久的旅游需求将得到释放，北京市 2013 年"十一"旅游消费需求将迎来一个集中释放的时期，并将形成历史上最大规模的假日旅游消费高潮。

1.2 北京市普通消费群体旅游动机强烈

学生群体，作为年轻人，追求新鲜，追求刺激，探索精神强，不甘于墨守成规，易接受新事物，而旅游作为新的生活方式更易被年轻人所接受。青年人在激烈的竞争压力下，多数愿意出外旅行放松心情，娱乐身心。中年人与老年人朋友们更是乐意在这一年一度的黄金假期，分享与家人团聚、共同出游的快乐。

图 1 调查人员年龄饼图（略）

当问及"会提前多久准备今年的'十一'黄金假期旅行计划"时，96% 参与调查的人员表示会计划今年国庆旅游期间出游，其中有 65% 的调查者会在一个月前或是更久以前就考虑今年的出游计划。

图 2 旅游计划准备时间（略）

1.3 中秋佳节连国庆假期较长给北京市民充足的出游时间

随着政府对中国传统节日放假政策新规定的制定，人民群众的假日多了，旅游的兴趣浓了。但去年国庆与中秋假期分散，人们出游的时间明显不足。而今年中秋佳节连国庆，长假给予了充足的时间，人们可随意安排出游的时间和路线的长短。

1.4 北京市居民可支配收入增加

改革开放 30 多年来，中国的经济、社会和人民生活发生了巨大的变化。从 20 世纪 80 年代以来，我国的经济以平均 8% 以上的速度连续 30 多年快速地发展。

在所调查的人员中，仅有 17.4% 的消费者家庭月平均收入不足 1 500 元，且他们多以学生为主。

图 3 消费者家庭月人均收入（略）

图 4 消费者家庭月人均可支配收入、纯收入——出游率折线趋势图（略）

图中的各点反映了在该点所对应的消费者家庭月人均可支配收入/纯收入和出游率之间的正相关关系，在此基础上使用折线依次连接各点，通过这些折线的线性关系来近似模拟现实中存在的正相关关系。

1.5 我国旅游基础设施日趋完善

我国旅游业经过 20 多年的发展，已经具备了相当规模，基本能满足中国旅游市场发展的需要。AA 旅行社的旅游基础设施随着旅游事业的发展也在不断地完善和实行多样化，例如，我社与东航、国航、南航等航空公司拥有稳固的合作关系；与中国最大的旅游汽车公司——首汽集团，以及新月、银建、北京巴士等北京大型旅游汽车公司合作多年，签订有科学严谨的用车协议；与北京国际饭店、贵宾楼饭店、大观园饭店、华泰饭店、北京商务会馆、紫玉饭店、越秀大饭店等196家一至五星旅游星级饭店签订了订房协议，拥有极富竞争力的价格优势；与人民日报、中央电视台经济频道、北京青年报、人民网、中国旅游报等媒体关系密切，多次获得正面报道。

1.6 旅行社各出奇招吸引消费者

所谓"萝卜白菜各有所爱"，现今旅游市场的竞争十分激烈，其一就是消费者在选择产品或服务时，关注的因素越来越多，选择旅行社的标准也愈来愈严格。旅行社也不能面面俱到，百分百地做到十全十美。所以每家旅行社都是有针对性地或综合某几个主要的因素进行宣传、实施，各出奇招吸引消费者。

图5　旅行社选择标准（略）

2　北京市2013"十一"旅游市场的特征

根据调查情况，今年北京"十一"旅游市场呈现如下特征：

2.1　国外旅游大受青睐

快速发展的经济引发了中国的旅游热潮，目前，北京市民不满足于周边国家的旅游，而是放眼欧美，甚至更加远的地方，国外旅游大受青睐。调查显示有48.6%的市民会首选出境游，随着收入水平的提高，出境游的比例也在不断增加。

2.2　旅游出行方式更加多样

图6　旅游出行方式（略）

（1）自驾游。有车一族家庭和选择短线旅游的市民们多选择自驾游。

（2）随团游。在家庭月收入达到3 000元以上时，超过70%的人会参加随团出游。这部分消费者认为省钱、省事、省心。

（3）自助游。有相当一部分消费者如教师、学生选择自助游，他们认为自助游虽然费用大一些，但比较灵活，旅游的景点可以自由选择，而且比较轻松，避免走马观花，"到此一游"的局面。

3　旅游市场存在的问题

3.1　景区太过拥挤，人头攒动

据调查显示，33.3%的群众表示景区太过拥挤是引起他们黄金周旅游期间不快的重要原因。黄金周是旅游高峰期，游客过于集中，在外经常造成交通道路堵塞。而景点的服务人员又未限制游客的数量，景区内人员过多，游客有时寸步难行，可能还会出现一些意外事故，如争抢或踩踏。多数市民对景区的安全问题很是担忧。

3.2　景区的环境遭破坏

个别商贩利用景区内的动植物制作成商品出售，或是有些游客随意涂抹、乱扔垃圾等破坏了景区内的环境，破坏了景区整体环境的美观，影响游客的旅游心情。调查显示，16%的人群最不能容忍的就是环境被破坏。

3.3　游客被强迫购物

旅游市场中的购物服务方面存在众多问题，引起了多数游客的强烈不满。存在的问题主要包括：

（1）购物点过多，时间过长。基本上每天都安排购物，有些还美其名曰"参观学习，增长知识"。同时，与游览景点相比，在购物点花的时间太长。有时一些重要景点的游览时间仅为二三十分钟，而大多数购物点花的时间则在一两个小时以上。

（2）购物点"单门独户"，无法"货比三家"。所安排的购物点一般为单门独户、旁边并无其他商店供选择或比较，游客无法"货比三家"，购物容易存在盲目性。

（3）商品价格偏高。旅行社或导游安排的购物点出售的商品，价格普遍偏高，有些甚至高出数倍。

（4）个别购物点限制游客人身自由。在"新马泰游"线路中，旅行社安排游客在马来西亚的一家珠宝中心购物，该中心里面人头攒动，空气混浊，但游客若想出去并不容易，因为都被锁在里面，须由中心的人员打开门锁才可出去，这种做法明显限制了游客的人身自由。

3.4 餐饮、门票价格突然上涨

10.4%的被调查者，非常反感旅游时餐饮、门票价格突然上涨。游客们认为每年黄金周的涨价都是"想涨就涨"，涨得不明不白不清不楚，自始至终都是景区景点在自说自话，未曾想过给出点安慰性的理由，把消费者当外人，大有趁机"捞一把"的嫌疑。

图 7　旅游市场问题（略）

4　北京市 2013 年 "十一" 旅游的策略

4.1 确立鲜明标志

确立一个能够吸引游客的标志，形象鲜明，能使顾客形成深刻的印象，这样会对客户有一个潜在的影响，使他们日后在选择旅行社产品及旅游中介的时候会首先想到本旅行社。另外通过一切渠道获取政府机关以及企事业单位的商务会议信息。此外要充分利用自身资源，提供周到而丰富的系列服务。

4.2 提供优质服务

旅行社在组织旅游的过程中，要把旅行地的优势是什么分析清楚，以及周边景物都有什么标注清楚，以便旅行者更好地安排好自身时间，由此旅行社的服务满意度、老客户的比率也会提高。在旅行者中，显然跟团旅游是一个很大的群体，所以在这方面的服务及花销应当增加，为旅行者提供更好的服务，包括旅行中的酒店费用合理性、旅游景点多样性。此外，还可以举行旅行优惠活动以吸引更多的旅行者。

4.3 加强信息反馈

旅行社在提供各种产品及旅游地点外，要主动与游客联系，主动向他们提供最新的价格及线路的变化，还要经常对游客进行回访，哪里满意，哪里需要改进，以便及时得到客户的反馈，改进旅行社的服务。

4.4 推出特色产品

针对各人群的不同需求，推出多种有特色的旅游产品，满足旅游者的需要，这是从根本上有效地开发旅游市场的途径。基于游客心理和生理的特点，AA 旅行社推出以下特色旅游产品：

（1）探险旅游。

年轻人追求个性化，喜爱标新立异，且好奇心重，喜欢进行探险或令人惊心动魄的旅游活动。旅游企业在安全有保障的条件下，可开展漂流、攀岩、探秘等探险旅游活动。

（2）生态旅游。

新时代的人民群众环保意识很强，许多中小学校、居民社区还多次组织环保活动。针对人们崇尚自然、保护环境的心态，设计生态旅游产品，一定会得到广大群众的青睐。近年我国城市近郊农村经济发展很快，生活水平提高。城里人审美观念也开始改变，从繁华、热闹、现代化节奏到自然、恬静、朴实。乡村空气清新宜人，田园风光迷人，乡情淳厚感人已使城里人改变过去下乡受罪的偏见。条件较好、环境优美的乡村风情游，为市场看好。

（3）保健旅游。

保健旅游是当今社会的另一时尚，这是人民生活水平提高所产生的必然现象。随着我国全民运动的开展，健身运动会倍受青睐。建设和开放公共体育设施，加强指导和培训是应时之举，同时也会为周末休闲增添好的场所。节假日还是重要的调节身心、消除疲劳、恢复体力的时间，可相应开办森林疗养、沙泥疗养、日光浴等项目。

（4）红色旅游。

祖国的河山，处处闪耀着革命的光芒，印记着红色的史迹。"读万卷书，行万里路"，更是学习生活的知识，学习做人的好方法。游客在观光赏景的同时，还可以了解革命历史，增长革命斗争知识，学习革命斗争精神，培育新的时代精神。

（5）欧美旅游。

为了满足北京市民国外旅游需求，AA 旅行社已开拓了欧陆风情游、美洲观光游等国外旅游新产品。

此外，还有文化旅游、绿色旅游、农家乐游等等，旅游产品丰富多彩，任君选择。

旅游已逐渐成为人们娱乐生活中不可缺少的一部分，人们除了能享受到旅游过程中的惬意与放松，其实更多的是对生活的体味。虽然 AA 旅行社的规模较小，市场品牌的影响力不大，但是该旅行社尽其一切可能在路线、价格、服务质量和口碑上做得更好，为各位顾客提供优质服务，以满足顾客多元化的需求。

北京 BB 旅游市场研究中心

2013 年 8 月 20 日

（资料来源：http//：www.Glzy8.com，内容有删改。）

附录一

北京市 2013 年"十一"旅游调查方案

一、调研目的

1. 了解北京 AA 旅行社的运营情况以及北京市民对 2013 年"十一"旅游市场的观点。

2. 了解消费者在 2013 年"十一"期间的出游率和对旅游方式的选择。

3. 为北京 AA 旅行社的营销宣传提供依据。

二、调研对象和范围

1. 对象：18 岁以上，性别不限。

2. 范围：中关村大街上以及商场门口。

三、调研方法

1. 采取随机的形式进行抽样调查。

2. 采取书面问卷调查法。

3. 采取一对一访谈法。

四、调研信息的整理与分析

1. 审核问卷：检查回收的调研问卷数目是否准确，问卷信息的填写是否完整，确保信息的准确性。

2. 分组整理：对经过审核的问卷，分别归入适当的类别，根据调研问卷中的问题，进行预先分组分类。

3. 统计分析：对于分组整理的信息，计算频数与百分比，做出所需的表格与分析图。

五、调研进程（时间安排）

1. 8 月 6—7 日确定调研方案，组织调研人员。

2. 8 月 8—10 日设计调研问卷，对调研人员进行简单培训。

3. 8 月 11—13 日调研实施，获取信息。

4. 8 月 14—16 日进行数据整理、分析。

5. 8 月 17—20 日撰写调研报告。

六、调研经费预算

调研经费预算表（略）

北京 BB 旅游市场研究中心
2013 年 8 月 5 日

附录二

北京市民 2013 年"十一"旅游市场调研问卷

亲爱的朋友：

您好！

为迎接 2013 年"十一"黄金假期，为 AA 旅行社的营销宣传提供依据，为您的旅游提供优质服务，以及帮助您解决旅行中遇到的问题，我中心特推出北京市民 2013 年"十一"旅游市场调研问卷，欢迎您的参与！

北京 BB 旅游市场研究中心
2013 年 8 月 10 日

1. 您的年龄是（　　　）

  A. 18 岁以下   B. 18 ~ 30 岁

  C. 31 ~ 45 岁   D. 46 ~ 60 岁   E. 60 岁以上

2. 您家成员的平均月收入是（　　　）

  A. 1 500 元以下   B. 1 500 ~ 3 000 元

  C. 3 000 ~ 6 000 元   D. 6 000 元以上

3. 您会提前多久准备今年的"十一"黄金假期旅行计划（　　　）

  A. 一周   B. 一个月   C. 更长时间   D. 从未想过

4. 今年"十一"黄金周，您打算采用以下哪一种旅行方式？（　　　）

  A. 自助游   B. 跟团游   C. 自驾游   D. 探险游

5. 请问什么因素决定您的旅游地？请按影响力大小排序（　　　）

  A. 价格   B. 期待与向往

  C. 家人与朋友建议   D. 广告宣传   E. 距离（其他）

6. 请问您对旅游地的什么最感兴趣？（　　　）

  A. 风景名胜   B. 风土人情

  C. 美食   D. 城市建筑   E. 其他

7. 您在旅游中最不能忍受的事情是什么？（　　　）

  A. 景区太拥挤   B. 景区生态环境被破坏

  C. 被强迫购物   D. 餐饮、门票价格上涨

8. 今年"十一"黄金周，您希望参加的旅游类别是（　　　）

  A. 出境游   B. 国内游   C. 省内游   D. 周边游   E. 没打算

9. 您选择旅行社最主要的标准是（　　　）

  A. 旅行社品牌   B. 旅游线路设计

　　C. 价格　　　　　　　　　D. 服务质量　　　E. 消费者口碑

10. 今年"十一"黄金周，您希望参加的旅游区为（可多选）（　　　　　）

　　A. 山水风光　　　B. 海滨沙滩　　　C. 文物古迹　　　D. 民俗风情

　　E. 森林公园　　　F. 田园风光　　　G. 宗教胜地　　　H. 城市风貌

　　I. 考察探险　　　J. 红色景区

11. 您对今年"十一"黄金周旅游的建议。

_____

_____

（资料来源：http//：www.glzy8.com，内容有删改。）

（二）评析

　　这是一份旅游市场调查报告，属于专题性市场调查报告，有如下几点值得借鉴：

　　（1）调查报告标题正确。标题采用公文省略式标题，由"调查事由 + 文种"构成，主旨明确，文字简洁。

　　（2）调查报告正文结构完整。正文由"前言 + 主体 + 结尾"组成，前言交代了调查活动的一般情况，包括调查目的、时间、地点、对象、范围、方式等。主体部分包括四个方面的内容：

　　①北京市 2013 年"十一"旅游市场的基本情况；

　　②北京市"十一"旅游市场的特征；

　　③旅游市场存在的问题；

　　④北京市 2013 年"十一"旅游的策略。结尾写 AA 旅行社采取措施尽一切可能满足顾客的需求。

　　（3）调查报告的尾部书写正确。

　　（4）调查方案与调查问卷也值得借鉴。

三、知识支撑

（一）市场调查报告的概念

　　市场调查报告是指运用科学的方法，对市场购买力、购买对象、购买习惯以及企业市场定位等进行有目的、有计划的调查，并对调查搜集资料进行整理、统计、分析和研究后写成的书面报告。市场调查报告属于调研类文书。

（二）市场调查报告的种类

　　（1）按调查范围，可分为综合性市场调查报告和专题性市场调查报告。

　　（2）依据调查的内容和作用，市场调查可分为以下三种：

　　①产品生产情况调查报告。主要通过对消费者的调查，反映他们对产品（商品）的质量、价格、使用情况与技术服务等方面的评价、建议和要求，了解企业产品（商品）占领市场的情况，如产品的市场占有率及其走向，用户对产品（商品）的商标、包装及广告宣传等是否满意等等。

　　②产品购买力调查报告。主要通过对用户的广泛调查，反映用户的数量、分布地区及

其经济情况，了解因职业、年龄、性别、文化素质的差异而形成的消费心理、消费习惯、消费层次的差异，了解消费与购买的规律，如购买的喜好、季节安排、数量等。只有对企业产品的市场购买力进行全面了解，才能准确把握生产方向和生产规模，尽快获取经济效益。

③产品供应情况调查报告。主要通过供应情况的调查，了解产品（商品）在市场上的供求比例、销售能力和影响销售的因素，了解销售渠道是否畅通，如何进一步提高供求效率，改善供应情况，等等。由于这类调查报告对企业的生产、经营决策有直接的影响，因而使用最为广泛，容量比前两种调查报告要大。

（三）市场调查报告的特点

（1）目的明确，针对性强。市场调查报告的写作均围绕某一具体问题展开，需要解决的问题集中而有深度。

（2）材料真实，逻辑严密。市场调查报告建立在确凿的事实基础之上，需对数据进行严密的逻辑论证，以便揭示市场变化规律，预测市场发展趋势，得出科学结论。

（3）叙议结合，陈述为主。市场调查报告采用第三人称的写法，对大量事例、数据进行客观陈述。同时还需对调查的所有事实、现象进行简明扼要的分析议论，力求探索市场规律，作出正确判断。

四、技能演练

（一）市场调查报告结构形式

标题 + 目录 + 正文 + 尾部 + 附件

（二）市场调查报告写作方法

1. 标题

市场调查报告的标题一般有单标题和双标题两种形式。

（1）单标题。

①公文式标题。由"调查单位 + 调查主题 + 文种"组成。

范例：××公司关于男士洗面奶的市场调查报告

②新闻式标题。直接揭示主旨。

范例1：××市汽车消费情况

范例2：绿色食品为何如此热销？

（2）双标题。

正标题揭示主旨，副标题补充说明。

范例：SUV 大有可为——关于××市 SUV 汽车市场的调查报告

2. 目录

大型市场调查报告内容丰富，可编制目录便于查阅。小型调查报告不需要目录，但调查报告的内容、页数较多时，为了方便读者阅读，应当使用目录或索引形式列出报告所分的主要章节和附录，并注明标题、有关章节序码及页码。一般来说，目录的篇幅不宜超过一页。

例如：

2013 年中国网民社交网站应用市场调查报告

目　录

当代企业应用文写作

3. 正文

正文一般由"前言＋主体＋结尾"组成。

（1）前言。

概述市场调查报告的基本情况，包括三方面内容：

①简要说明调查目的；

②简要介绍调查对象和调查内容，包括调查时间、地点、对象、范围、调查要点及所要解答的问题；

③简要介绍调查研究的方法。

（2）主体。

正文的主体是市场调查报告的核心部分，一般包括三个方面：

①摆情况。介绍调查对象的现状、历史、统计数据等。

②析原因。针对现状分析其原因，包括主观原因和客观原因。

③提建议。依据对现状分析的结果，提出解决问题的建议、措施或对策。

（3）结尾。

写调查的结论，或写有待于进一步调查的问题，或展示事件发展的趋势等。

4. 尾部

尾部在正文的右下方，写上单位名称和成文日期。

若把单位名称和成文日期写在标题的正下方，则称之为题注。

5. 附件

附件是指调查报告正文包含不了或没有提及，但与正文有关必须附加说明的部分。它是对正文报告的补充或更详尽的说明，包括数据汇总表及佐证材料等。

（三）市场调查报告写作要求

（1）材料真实可靠，数据准确无误。

（2）注意提炼观点，切勿堆砌材料。

（3）评价客观公正，防止先入为主。

（4）结构完整严谨，叙议有机结合。

五、病文诊治

（一）病文

中国保健品市场调查报告

一、保健品的定义

保健品包括保健用品和保健食品，保健用品系指供人们生活中使用，表明具有调节人体机能和促进健康等特定功能的用品。

我国《保健食品管理办法》规定保健食品是指适宜于特定人群食用、具有调节机体功能，不以治疗疾病为目的的食品。在我国，保健食品实行省级和卫生部两级审批制度。1996 年，卫生部发布了《保健食品评审技术规程》和《保健食品功能学评价程序和方法》，并规定保健食品的功能评价要在卫生部认定的功能学检测机构进行，使保健食品的评审工作走向科学、规范。至今卫生部受理的保健功能有22项。申请产品在安全性、有效性等方面经卫生部最终审查合格的才发给批准证书，允许使用保健食品标志进入市场。

二、中国保健品市场发展现状

在我国的消费品市场上，还没有一种产品像保健食品这样，神话似的席卷而来，又抽丝般地凋零而去，接着又是东山再起。如今，花钱买健康已成为一种消费新时尚，但对于各种各样的保健食品来说，市场的规则是"天下没有白吃的午餐"。在经历了几番波折之后，今天，当我们再用理性的目光来透视这一产业的发展轨迹时，留给我们更多的是思考与启迪——我国保健食品产业今后发展路在何方？

（一）功能结构不尽合理

目前我国生产的保健品中90%以上属于第一代、第二代产品，且产品功能相对集中，主要集中在免疫调节、抗疲劳、调节血脂、改善骨质疏松、改善胃肠道功能、延缓衰老、营养补剂（补充维生素等）等功能上。在卫生部准予申报的22项保健功能中，具有免疫调节、调节血脂和抗疲劳3项功能的产品占全部产品的2/3。

由产品功能分布可见，中国保健品行业的产品结构不尽合理，低水平重复现象屡有发生，这与中国现行报批制度不无关联。值得注意的是该种趋势正有所缓解，1999年下半年已经开始有促进泌乳、排铅等功能的补品。据预测，未来中国市场保健品的发展，产品功能将逐步分散，产品结构趋向合理。

（二）迅速崛起，飞快没落

在保健品行业里，很多知名品牌，像飞龙、太阳神、巨人、三株、珍奥核酸等都是迅速崛起又飞快没落，成为一个奇怪的经济现象。某保健品厂销售部负责人介绍说，保健品企业有这样的历史沿袭，习惯于急功近利，大多数厂家都希望尽快进入产品增长与成熟期，快速回收利润，因此，大部分企业要求3~6个月市场就必须达到盈亏平衡，稳重一点的大概是一年。

片面夸大功效，采用大规模广告轰炸和高密度销售网络，市场开发力度大，而对保健品的研发投入不足，是许多产品短命的另一个原因。广告投入成为保健品市场竞争的主要手段，把地毯式轰炸的广告或"点子"当成经营之本，而不在调整产品结构、增加产品科技含量上做文章；并且，大部分厂家跟风操作，哪种类型的产品好销就上哪种，以赌博心理赢得市场，并超常规扩大，结果造成产品雷同，红极一时后自生自灭。营养专家陈建南在分析名牌短命时认为根本原因在于企业的短期行为。企业发展了，但其产品的技术水平并没有相应提高，后劲不足，以至于一个产品生命周期过早结束。他说，国内保健品企业管理水平跟国外企业比有很大差距，管理上不行，技术也不占优势，就更不用说人才培训和长久战略了，一个好的企业应该是着眼于未来，不会急功近利的，保健品业要走向规范还有很长一段艰辛路程。

（三）虚假宣传误导消费

近几年，在各种媒体或户外广告中，名目繁多的保健品广告愈演愈烈，而这种光靠广告炒作起来的火爆效应背后，隐藏着种种虚假、欺骗和误导消费者的不正当竞争行为。

据介绍，营养保健品市场出现的在广告中违法使用医疗机构、医生、专家、患者的名义和形象，夸大使用功效的现象并不偶然，在保健品市场这已经形成了一种不良的风气。

中国消费者协会与中国保健科技学会去年对保健食品宣传内容进行的一次调查结果表明：有70%以上的保健食品存在着虚假宣传、夸大宣传的现象。结果显示：宣传内容不符合有关法律法规的占73.5%，其中对产品功能进行虚假宣传的占42.1%；另外，未经过卫生部批准，擅自宣称产品具有保健功能的占31.4%。

自古以来，我国就有"药补不如食补"的经验之谈，中医药理论认为，药品和食品的来源是相同的。但是，药品和食品毕竟是两种商品，国家对药品和食品的管理是有严格区分的，法律法规也大不相同，不能把两者混为一谈。目前，卫生部对保健食品仅批准了调节血压、调节血脂、调节血糖、免疫调节、延缓衰老、改善记忆、改善视力、改善睡眠、促进排铅、润咽喉、促进泌乳、抗疲劳、抗缺氧、抗辐射、减肥、促进生长发育、改善骨质疏松、改善营养性贫血、美容、改善肠道功能、对化学性损伤辅助保护作用等22余种保健功能。超出此范围的保健食品功能都是违法的。

保健品毕竟不是药。目前一些保健食品生产厂家和营销者，利用消费者对药品和食品区分上的误区，利用有些消费者的思想易受舆论影响的从众心理，采用狂轰滥炸的广告投入，对保健食品进行虚假的疗效宣传，让许多消费者对保健品的"功效"深信不疑、趋之若鹜，而有的消费者对保健品本来不信任，甚至知道其质量不高、价格高昂、作用不大，但经不住种种诱惑，最终还是要购买来试一试，最终上当受骗。

（资料来源：www.zl680.com，有删减。）

（二）诊治

这篇市场调查报告存在较多的问题，诊治如下：

（1）缺乏具体的材料和数据作为支撑，仅对不完整的零乱材料进行简单的概括。

（2）调查报告的结构不完整，缺少体现调研目的、调研方法等的引言部分。

（3）没有进行深入的分析。在有限的事实基础上进行科学深入的分析，就调查结果提出具体的建议和措施，供决策者参考。

六、相关知识拓展

（一）市场调查方法

常用的市场调查方法有以下几种：

1. 访问调查法

访谈法，又称谈话法、访问法、面谈法，是以研究者和被研究者面对面的口头谈话为主要方式来直接搜集某人、某事、某种行为或态度的有关资料的一种调查形式。可以通过个人访问或小组访问，召开不同类型座谈会直接交谈，或找个别对象访问，也可以打电话向被调查者询问或征求意见。

2. 问卷调查法

（1）问卷调查法也称"书面调查法"，或称"填表法"，是用书面形式间接搜集研究材料的一种调查手段，是通过向调查者发出简明扼要的征询单（表），请求被调查者填写对有关问题的意见和建议来间接获得材料和信息的一种方法。

（2）调查问卷一般由卷首语、问题与回答方式、编码三个部分组成。

（3）调查问卷的形式一般有两种：

①封闭式问卷。封闭式问卷的题型是选择题，由单选题和多选题组成。一般封闭式题目占调查问卷总题量的80%左右。

②开放式问卷。开放式问卷的题型是问答题。一般封闭式题目占调查问卷总题量的

20%左右。

（4）设计调查问卷时要遵循的原则：

①客观性原则。即设计的问题必须符合客观实际情况。

②必要性原则。即必须围绕调查课题和研究假设设计最必要的问题。

③可能性原则。即必须符合被调查者回答问题的能力。凡是超越被调查者理解能力、记忆能力、计算能力、回答能力的问题，都不应该提出。

④自愿性原则。即必须考虑被调查者是否自愿真实回答问题，凡被调查者不可能自愿真实回答的问题，都不应该正面提出。

3. 观察法

观察法是指调查人员到调查现场，直接或借助观察仪器观察、记录被调查者的行为和表情，从而获得有关市场信息的一种调查方法。这种方法的特点是不直接向被调查者发问，在其没有察觉的情况下，从旁观察。其优点是被调查者的意见不受外在因素的影响，收集的信息来自客观实际，准确性较高，成本低，用途较广，技术要求不高。缺点是观察到的只是一些现象，了解不到被调查者内在因素的变化，调查人员根据观察到的现象作出的判断，往往又受调查人员主观因素影响。

观察法可用于有特定目的的调查，也可作为询问调查法的一种补充。其应用主要有以下几方面：产品设计观察、新产品试销观察、顾客行为观察、营业员和顾客态度的双重观察。

4. 实验法

实验法是指通过实际的、小规模的实验性营销活动来获取关于某一产品或某项营销措施执行效果等市场信息的一种调查方法。实验内容包括产品的品质、品种、商标、外观、价格、促销方式和销售渠道等。最常见的实验是新产品试销或展销，借此检验消费者对新产品的欢迎程度。这种方法的优点是方法客观、真实感强、准确性高，缺点是组织费时、费用高、困难大。

实验法被用于市场调查，其原理是把市场当作实验室，研究产品品质、包装、设计、价格、广告、陈列方法等因素的改变对市场销售量及其他因变量的影响。例如，在其他因素不变的情况下，要测定某一商品的价格变化对销售量的影响，可先进行小范围实验，通过价格调整看消费者的反应和销售量的变化，然后根据实验结果判定价格调整的可行性。

5. 统计分析法

统计分析法是利用企业内的现成资料，如统计、会计报表及有关数据进行综合分析的一种调查方法。这是一种间接调查方法，可分为发展趋势分析、相关因素分析、市场占有率分析等。这种调查可为现场调查做准备，有的可为现场调查弥补不足。

此外，还有德尔菲法等。

（二）撰写市场调查报告的基本步骤

1. 确定调查主题

要写市场调查报告，首先要确定调查主题，也就是确定要揭示的问题。在任何一个问题上都存在着许许多多可以调查的事情，如果对该问题不作出清晰的定义，那么收集信息的成本可能会超出调查预算。

2. 制订调查方案

根据确定的调查主题，制订调查方案。调查方案的主要内容包括调查目的、时间、地点、对象、范围、方法、要点、预算、调查人员的分工等。

3. 收集所需资料

实施调查方案，围绕调查主题，收集所需资料。例如，消费者对本公司产品及其品牌的态度如何？消费者对本公司品牌产品的价格的看法如何？本公司品牌的电视广告与竞争品牌的广告，在消费者心目中的评价如何？不同社会阶层对本公司品牌与竞争品牌的态度有无差别？

4. 筛选整理资料

资料收集后，根据"去粗取精，去伪存真"原则对资料进行筛选。先剔除不真实、不完整的资料，然后对真实、完整的资料进行整理、分类。

5. 分析研究资料

根据"由此及彼，由表及里"原则对真实、完整的资料进行分析研究，将分析结果编成统计表或统计图，方便读者了解分析结果，并可从统计资料中看出与第一步确定的问题假设之间的关系。

6. 撰写调查报告

（1）谋篇布局文章结构。

（2）根据材料提炼观点。

（3）围绕观点选材剪裁。

七、模拟写作实训

（一）实训任务

（1）根据【项目任务背景】，以中国移动广东省分公司名义，拟写一篇市场调查报告。

（2）制订市场调查方案。

（3）制作一个小型调查问卷。

（二）实训要求

（1）材料真实可靠，数据准确无误。

（2）注意提炼观点，切勿堆砌材料。

（3）评价客观公正，防止先入为主。

（4）结构完整严谨，叙议有机结合。

任务 7-2 市场预测报告写作

知识目标

1. 了解市场预测报告的适用范围

2. 理解市场预测报告的概念、特点和类型

3. 掌握市场预测报告的写作格式和要求

技能目标

1. 能熟练掌握市场预测报告的写作技能

2. 能撰写格式规范、结构完整、数据确凿、语言严谨、要素齐全的市场预测报告

【项目任务背景】

广州××汽车销售有限公司市场营销部刘××经理按照黄××总经理布置的任务，组织一次全市性的问卷调查和实地走访调查，回收数千份有效问卷，收集数百个潜在购车者的访谈记录，并由此进行分析研究，对下一年度该市的汽车消费市场提出预测报告。

广州××汽车销售有限公司市场营销部刘××经理要求经理助理张××在分析归纳和推理的基础上，撰写一篇市场预测报告。

一、任务分析

（1）根据【项目任务背景】给定的材料，代广州××汽车销售有限公司市场营销部经理助理张××撰写一篇市场预测报告。

（2）制定市场调查方案。

（3）制作一个小型调查问卷。

（4）通过问卷调查法、实地走访法和数据统计法等，收集××市汽车市场的相关资料。

（5）要写好市场预测报告，还必须掌握市场预测报告的结构形式，包括标题、摘要、正文、附件和尾部。其次，要掌握市场预测报告的写作方法和要求。

二、范文借鉴

（一）范文

2013年下半年我国汽车市场预测报告

2013年6月8日至18日，我们对我国汽车市场进行调查，经过对收集的材料进行认真深入的分析，分析的结果表明：我国2013年下半年汽车需求同比增速进一步上升，汽车厂家将在上半年的基础上提高供给量，加价销售的部分车型的供需紧张形势将有所缓解。受此影响，下半年汽车价格将出现走低的可能，但下降幅度将会大大低于去年。

一、我国2013年上半年汽车市场现状综述

根据对《产业增长景气和效益景气指数》的分析，国务院发展研究中心的《月度景气分析报告》（3月份）就提出了"汽车产业自2013年以来调整的拐点即将出现，即从增长的下降逐步转向上升"的观点，自4月份以来，汽车各月产销同比增速逐步回升。因此，在今年汽车市场回暖的大环境下，今年下半年同比增速有望进一步上升，从而带动全年同比增速的上升，但被动性增长的特征比较明显。

对于2013年下半年汽车产业的发展预测，需要综合考虑以下因素：

第一，对于中国下半年的宏观经济走势的看法，各界有截然不同的判断。这与去年比较一致的经济较热的判断大相径庭，也表明了2013年上半年中国经济增长已经出现了一些新的变化。在国内钢铁价格、焦炭价格大幅下跌的同时，5月份工业企业利润增幅比去年同期下降了27.9%。在这种情况下，下半年经济增速有所放缓是完全有可能的，但不至于出现急剧的下降，即总体判断为国民经济仍将在高位运行，但增速会放慢。

第二，对于汽车产业而言，目前发展势头良好，市场平稳回升，尤其是中档以下轿车出现全面增长，表明消费者的消费理念正在逐步成熟，消费者的非理性对市场的冲击将会大为减少，这有助于保持市场的稳步增长，减少大起大落。

第三，根据全国乘用车市场信息联席会的信息，今年1~5月厂家已消化库存5万辆左右，经销商消化15万辆的库存，全国总共消化库存20万辆。去年生产厂家与经销商总库存40万辆左右，现在已消化一半，库存已经逐步接近正常水平。

第四，今年上半年汽车价格的稳定已经明显地提高了消费者买车的热情和信心。在目前的市场环境下，对于中国汽车市场而言，重要的是价格的稳定，而不是价格的绝对高低。因为价格系列较之前几年已经大为丰富，消费者可以根据实际情况作出选择，而价格的波动却会扰乱消费者的预期，延缓其购买的行为。

第五，从汽车服务来看，汽车购买之后的服务市场竞争越来越激烈。经销商为建立市场声誉也在努力提高汽车服务质量，生产商也降低了一些维修配件的价格，这些措施也有利于汽车市场的回升。

综合上述因素，尽管目前车市仍存在部分紧俏车型，但受上半年的市场良好表现的鼓舞，一些厂家已经提高了下半年的销售计划。尽管存在油价上升和汽车消费信贷偏紧的不利影响，但汽车市场还是表现出了稳步回升的态势，这表明国内汽车需求依然强劲。预计2013年全年汽车产销量同比增长将在15%~20%之间，产销量将在580万~600万辆之间。

二、我国2013年下半年汽车消费市场预测

1. 汽车产品消费格局发生变化

在上半年平稳回升的汽车市场中，引领市场的主力正在发生变化。自2013年6月份以后，商用车成为支撑汽车市场的中坚力量，这一趋势一直持续到今年第一季度。自第二季度开始，商用车需求增速下降，乘用车需求增速快速回升，对汽车市场的增长贡献逐步上升，6月份的增长贡献度达到了92.3%。目前，在新的汽车分类标准下，汽车产品的三大主力分别是基本型乘用车（主要是原来的轿车）、交叉型乘用车（主要是原来的微型客车）、载货车（涵盖范围小于原来的载货汽车）。基本型乘用车与交叉型乘用车同比增速近几个月快速回升，在基本型乘用车中，增长的主力又是经济型轿车。

这种现象的出现，可以归结为以下几点：首先，轿车市场经过近一年的调整，需求力逐步积蓄并理性释放；其次，油价上涨；再次，国家对经济型轿车持续不断的政策支持。今年汽车市场的一个重要特点是月度产销保持了较好的平稳性，预计下半年这一趋势仍将得到保持，基本型乘用车与交叉型乘用车仍将以较快的速度增长，而载货车则由于可能出现的经济增速下降而保持10%偏上的增长速度，再次出现增速大幅回升的可能性不大。总体预计，基本型乘用车全年销量将在270万辆左右，交叉型乘用车全年销量将在100万辆左右，载货车全年销量将在120万辆之间。这三大车型销量占全部汽车销量的81%~85%，以此计算，全年汽车总销量将在575万~600万辆之间。

2. 汽车价格将下降但降幅不大

在目前的中国汽车市场上，价格变动情况仍是影响轿车进入普通百姓家庭的关键因素之一。在经历了2012年的汽车价格大战之后，2013年汽车市场的产品价格基本保持了稳定，这对于改变消费者降价的预期起到了很大的作用。

上半年汽车产品价格稳定的原因主要有两个方面，一是原材料（主要是钢材）价格上升，二是生产厂商在2012年由于扩张的冲动对于市场增速的下降反应太不敏感，造成了大量的库存积压，今年则在吸

取去年教训的基础上，制定了以销定产的审慎的生产计划，由此甚至导致了一部分车型一度出现了加价销售的现象。汽车产品在 2013 年上半年利润率继续下降，这也向消费者传递了一个信号，汽车的继续降价空间已经大为缩小。消费者只能根据自己的实际需求来决定买不买车，而不能单纯等待价格的下降。

根据网上车市的监测，2013 年上半年各月的环比汽车价格变化幅度都在 −0.5% ~ 0.5% 之间波动，6 月份汽车平均价格和年初基本持平，而网上车市汽车价格指数也反映出汽车价格在保持稳定的基础上稍有下降，基本上证实了上述结论。

三、促进我国汽车市场健康发展的建议

（1）要坚持和完善发展节能环保的经济型轿车的政策体系，将发展节能环保的经济型轿车作为我国汽车产业发展的基本战略选择。

（2）要改善消费环境，取消不合理的限制汽车消费的政策，尤其是地方对经济型、微型车使用的限制。

（3）要鼓励研发和自主创新的投入，走自主创新之路。

附件：

表1　2013 年 1—6 月的汽车产销同比增长速度（略）

表2　2013 年 1—6 月的汽车产销量（略）

表3　2013 年 1—6 月主要车型产销量（略）

广州××汽车销售有限公司市场销售部
2013 年 6 月 28 日

（二）评析

这份预测报告有以下几点值得借鉴：

（1）"引言"部分开门见山提出"下半年汽车价格将出现走低的可能，但下降幅度将会大大低于去年"的结论。

（2）预测报告正文分三部分：

第一部分：我国 2013 年上半年汽车市场现状综述

根据国务院发展研究中心的权威资料，提出了"汽车产业从增长的下降逐步转向上升"的预测，提出对于 2013 年下半年汽车产业的发展预测，需要综合考虑五个因素。

第二部分：我国 2013 年下半年汽车消费市场预测

①汽车产品消费格局发生变化。通过对汽车产品的三大主力车型的快速回升，需求力量逐步积蓄并理性释放，油价上涨，国家对经济型轿车持续不断的政策支持等事实，说明汽车消费格局的变化，增长的主力又是经济型轿车。

②汽车价格将下降但降幅不大。通过分析汽车行情、钢材价格、汽车降价的空间，得出下半年汽车价格将是稳中有降，但降幅不会太大的结论。

第三部分：促进汽车市场健康发展的建议

简明扼要地提出三大政策建议。

（3）预测报告结构完整、格式规范、条理清楚、要素齐全、行文简明扼要。资料数据权威、翔实。论证充分，层层递进，逻辑性强，具有很强的说服力。建议明确而具体，具有可操作性，对领导决策具有重要参考价值。

三、知识支撑

（一）市场预测报告的概念

市场预测报告是指根据市场变化及市场调查的资料，运用科学方法对未来一定时期内市场的变化趋势进行预测、分析和推理后形成的一种经济调研文书。

（二）市场预测报告的种类

（1）按对象划分，可分为产品生产市场预测报告和产品消费市场预测报告。

（2）按范围划分，可分为宏观市场预测报告和微观市场预测报告。

（三）市场预测报告的特点

1. 实践性

市场预测是经济预测的一个重要内容，是一门实践性很强的学科。它研究市场现象的发展过程、未来状况以及变动趋势。

2. 准确性

准确性是指根据市场发展过程的历史和现实，以准确的调查统计资料和市场信息为依据。

3. 多样性

市场预测报告应采用多种多样的方法进行科学预测。如运用调查问卷法、资料统计法、定性分析法、定量分析法、定量与定性相结合分析法等，研究市场发展过程中的客观规律，对各类市场现象之间的联系以及作用机制作出科学的分析，并预测市场变化情况和未来发展趋势。

四、技能演练

（一）市场预测报告结构形式

标题 + 摘要 + 正文（现状 + 预测 + 建议） + 附件 + 尾部

（二）市场预测报告写作方法

1. 标题

市场预测报告的标题比较灵活，常见的有以下三种：

（1）完整式标题。这种标题由"预测时限 + 预测范围 + 预测对象 + 文种"四个要素组成。比如"2014 年我国手机市场预测报告"。

（2）简称标题。这种标题省略了预测时限、预测范围，只留下预测对象和文种，有时甚至只标明预测对象。比如"冰箱市场预测报告"、"装饰材料预测报告"。

（3）消息式标题。消息式标题类似于新闻报道中消息的标题，标题中没有"预测"两字，却能看出是预测。比如"家用轿车市场需求持续上升"。

不管哪种形式的标题，都必须标明预测的对象，它是所有标题不可或缺的。

2. 摘要

在预测报告的正文前，通常将调研的主要发现、预测结果及建议采取的对策等予以摘要说明。摘要要与题目配合，可引起有关人士对预测的重视。在下述两种情况下，摘要更有特殊的意义：一是当预测分析较多、篇幅较长时，摘要可以使重大结论与行动建议突出；二是当分析和预测过程中运用了较多的技术性语言，如图表、公式、模型或其他专业语言时，摘要可用较通俗的语言扼要介绍主要观点。

3. 正文

市场预测报告的正文是市场预测报告的主体部分，一般包括现状、预测、建议、结尾四个方面。

（1）现状。写市场预测报告，首先要从收集的材料中选择有代表性的资料、数据来说明经济活动的历史和现状，为进行预测分析提供依据。

（2）预测。利用资料数据进行科学的定性分析和定量分析，从而预测经济活动的趋势和规律，这是市场预测报告的重点所在。

（3）建议。为适应经济活动未来的发展变化，为领导决策提供有价值、值得参考的建议，是写市场预测报告的目的。因此，这个部分必须根据预测分析的结果，提出切合实际的具体建议。

（4）结尾。归纳预测结论，展望发展趋势，鼓舞人心，也可以照应前言或重申观点，以加深认识。

4. 附件

数据统计表和其他佐证材料，以附件形式加以说明。

5. 尾部

在正文右下方署上市场预测单位的名称，写上成文日期。

（三）市场预测报告的写作要求

1. 明确目标，突出重点

在市场预测中往往涉及许多因素，如果对预测对象没有具体的把握，对预测的目标不明确，则无法完成预测。只有明确了目标，材料的收集、筛选、使用，预测方法的选择，以及市场预测报告的结构安排等才有所依据。目标确定之后，要根据目标的需要，突出重点。一篇预测报告只回答一两个重点问题，不必面面俱到。

2. 分析事物的内在联系

一切事物都不是孤立的、静止的，而是互相联系、由量变到质变地发展变化着，市场的情况也是如此。只有在周密分析市场历史和现状的基础上，掌握了市场发展变化的内在联系，才能认清事物发展变化的规律，才能写出正确的市场预测报告。

3. 语言严谨朴实

市场预测报告不需要华丽的辞藻和精巧的修饰，它的语言要求严谨朴实、浅显明白，专门名词、术语和数据的运用要力求准确，不粉饰、不渲染、不铺陈，把内容清楚、准确地表达出来即可。

五、病文诊治

（一）病文

2013 年第一季度重型汽车销售量同比增长 85.7%，全年保持较大的增长应没有多大问题。从一汽、东风、中国重汽等重型汽车主要生产企业二季度计划安排情况来看，大家都在大好的市场形势下抓紧生产抢占市场，力争在上半年多产多销，完成年度计划的 60%。这方面最突出的是东风汽车公司和一汽青岛汽车厂。

大家对二季度重型汽车市场也比较乐观，从市场需求情况看，热销将延续到 5 月份。5 月后，市场进入季节性低谷，市场需求将大幅下降。

在今年重型汽车市场发展形势中存在一个很大的变量因素。一汽和东风等企业主要依靠经销商和改装厂销售汽车，市场需求信息在中间环节传递时会出现变化。通常，市场处于热销过程时，需求信息将被放大。今年市场热得早，3 月份出现抢购，一汽、东风、中国重汽、重庆重汽等主要厂家的产品供不应求，但是，这些产品是不是都到了最终用户手里？在中间环节滞留多少？如果从生产企业销出去的重型车基本都到了最终用户手里，在经销商和改装厂家只保留合理的周转量，则对今后的市场走势尽可放心；如果不是这种情况，在经销商和改装厂家的周转量超过合理储备，甚至大大超过的话，则市场后期走势将令人不安。

当前尚不清楚这种情况的程度，只是感到这是影响今后市场走势的重要变化因素。对此，各家只有密切关注市场的变化，与经销商和改装厂以及国内主要重型汽车厂家保持密切联系，及时把握来自市场的信号，掌握应对市场变化的主动权。

今年重型汽车市场行情启动早，1 月份开门就出现热销，这是以往市场所未曾有过的现象。一季度销量增幅达到 85.7%，预计二季度增幅将有所回落。若按以往市场运行情况，下半年销量高于上半年，今年市场需求将是惊人的。经与几个主要重型汽车生产厂家市场分析人员交换意见，大家都对下半年的市场走势抱谨慎的态度，认为今年重型汽车市场需求增长幅度上半年将高于下半年，全年很可能走出前高后低的势头来。

根据上述分析，今年重型汽车市场仍将保持快速增长，预计下半年增幅有所回落，重型汽车市场全年增长幅度可能在 50% 左右。

×××××市场研究公司
2013 年 6 月 28 日

单元三　企业经济调研文书

169

（二）诊治

这篇市场预测报告存在问题较多，诊治如下：

（1）标题不正确。若采用完整式标题应由预测时限、预测范围、预测对象和文种四个要素组成。应改为：2013 年下半年我国重型汽车市场预测报告。

（2）正文内容不完整、欠条理。市场预测报告的正文是市场预测报告的主体部分，一般包括现状、预测、建议三个部分。此市场预测报告缺少建议部分。

（3）缺少附件，说服力不强。

六、相关知识拓展

（一）市场调查报告与市场预测报告的区别

市场调查的目的是预测，市场预测的前提是调查，不作预测的市场调查固然也有，但实质上预测的内容已暗含在对调查情况的分析中，作者只不过把预测留给读者自己去做而已。通常所谓市场调查报告以写现状为主，市场预测报告以写未来为主，二者侧重点不同。

市场调查报告就是对市场情况和动向做详尽的调查后，经过深刻、细致的分析和研究，得出正确的结论，然后写成的专题报告。

市场预测报告是在市场调查的基础上，综合调查的材料，用科学的方法估计和预测未来市场的趋势，从而为有关部门和企业提供信息，以改善经营管理，促使产销对路，提高经济效益。市场预测报告实际上是调查报告的一种特殊形式。

（二）市场预测的方法

1. 定性预测法

定性预测法主要是靠预测人员的知识和经验，进行综合分析，对市场的未来前景作出估计和判断。定性预测往往辅之以简单的计算就能完成市场预测工作。定性预测简便易行、灵活性强，但预测结果不够准确，受主观因素影响较大。定性预测在实际应用中，主要包括经验判断预测和调查研究预测两类方法。

（1）经验判断预测。经验判断法是凭借个人的知识经验和分析综合能力，对预测目标作出未来发展趋向的推断。推断的成功和准确与否取决于个人所掌握的资料，以及分析、综合和逻辑推理能力。经验判断预测又分为相关推断法和对比类推断法两类。

第一，相关推断法。根据因果性原理，从已知的相关经济现象和经济指标，去推断预测目标的未来发展趋向。例如，儿童玩具需要量的增加，可从儿童人数和购买力的提高去推断。

第二，对比类推断法。依据类比性原理，从已知的相类似经济实践去推断预测目标的将来发展趋向。例如，需要预测今后一段时间全国照相机市场需求状况，只需选取若干大中小城市及一些有代表性的农村地区进行调查分析，以此类推全国总需求的情况。这是一种应用较广泛的局部总体类推法。

（2）调查研究预测。市场调查预测法是预测者通过某种直接的市场调查，在取得大量第一手市场信息资料的基础上，进行分析和估算，对未来市场的发展趋势作出预测的一类方法。从广义上讲，所有预测方法都要以市场调查资料为基础，均可称为市场调查预测法。

2. 定量预测法

定量预测法主要是根据完备的历史统计资料，运用一定的数学方法进行加工处理，以揭示变量间的规律性，从而对市场预测项目的未来变化作出定量的估计。

定量预测的优点是偏重于数量方面的分析，重视预测对象的变化程度，能作出变化程度在数量上的准确描述；它主要把历史统计数据和客观实际资料作为预测的依据，运用数学方法进行处理分析，受主观因素的影响较少；它可以利用现代化的计算方法，来进行大量的计算工作和数据处理，求出适应工程进展的最佳数据曲线。其缺点是比较机械，不易灵活掌握，对信息资料质量要求较高。

七、模拟写作实训

（一）实训任务

（1）根据【项目任务背景】给定的材料，代广州××汽车销售有限公司市场营销部经理助理张××撰写一篇市场预测报告。

（2）制定市场调查方案。

（3）制作一个小型调查问卷。

（二）实训要求

（1）结构完整，层次分明，条理清楚。

（2）预测目标明确。

（3）提炼观点，做到材料与观点统一。

（4）语言表述准确。

项目 7　思考与练习题

一、填空题

1. 市场调查报告的特点是_____、_____、_____。

2. 市场调查报告正文主体一般包括_____、_____、_____三个方面。

3. 市场调查报告从标题形式上看，可以分为两类，一类是_____，另一类是_____。

4. 市场预测报告结构形式由_____、_____、_____、_____、_____五部分构成。

二、选择题

（一）单选题

1. 正文是市场预测报告的主体部分，一般包括现状、预测、（　　）、结尾四个方面

A. 结论　　　　B. 观点　　　　C. 建议　　　　D. 结尾

2. 市场调查报告的语言要求（　　）朴实、浅显明白

A. 严肃　　　　B. 严谨　　　　C. 严格　　　　D. 严厉

3. 定性预测法是靠预测人员的知识和经验进行综合分析，对市场未来前景作出（　　）

A. 数量的预测　　　　　　B. 结论

C. 估计和判断　　　　　　D. 预报和警告

（二）多选题

1. 市场调查的具体方法主要有（　　）

A. 访问调查法　　　　　B. 实地观察法

C. 问卷调查法　　　　　D. 统计分析法

2. 市场调查报告按调查范围划分，可分为（　　　）

A. 产品生产市场调查报告

B. 产品消费市场调查报告

C. 综合性市场调查报告

D. 专题性市场调查报告

3. 市场预测报告中正文的主要内容包括（　　　）

A. 市场调查　　B. 基本现状　　C. 预测分析　　D. 提出建议

4. 市场预测报告的完整式标题由（　　　）等要素组成

A. 预测时限　　B. 预测范围　　C. 预测对象　　D. 预测未来

三、判断题

1. 市场调查报告的结构，要根据报告的内容和表达的需要来精心安排。其常见的写法是由标题和正文两个部分组成。（　　　）

2. 揭露问题的市场调查报告主要用于揭露各种矛盾和问题。（　　　）

3. 结尾归纳预测结论，并在正文右下方署上市场预测单位的名称，无须写成文日期。（　　　）

四、改错题

市场调查问卷设计时需注意哪些问题？下列设计有何错误，该调查问卷还缺少什么？请补充完整。

非常高兴您能作为本公司的客户代表之一、作为我们尊贵的客人为我司解答以下问题。我耽误您几分钟，谢谢合作。

您家有热水器吗？

有□　　　　　没有□

若有请回答：

1. 什么时间买的？

1995 年以前□　　1996—2000 年□　　2006—2010 年□　　2011 年以后□

2. 是什么类型的？

电热水器□　　　燃气热水器□

3. 是什么牌子及产地？＿＿＿＿＿＿＿＿＿

4. 使用过程中，最大的缺点是：

比较耗电（气）□　　　不太安全□　　　出水量太小□

5. 若没有，请回答：

未购买的原因：

收入低□　　住房条件不好□　　怕不安全□　　其他＿＿＿＿＿

6. 若您要购买，您喜欢哪种类型的？

电热水器□　　　　燃气热水器□

7. 若要购买,您打算购买多大容量?

60~80 L□　　　100~120 L□　　150~200 L□　　200 L 以上□

8. 若以下条件不能同时满足您,您最优先考虑哪一种?

省电(气)□　　　　　出水量大的□　　　　　操作方便的□

不容易出故障的□　　　其他＿＿＿＿＿＿

填表说明:对选中的答案,在该答案后的方框中填写"√"符号;在有"＿＿＿"的地方,必要时请填写相应的情况或意见。

五、问答题

1. 什么是市场调查报告?
2. 市场调查报告的形成有哪些步骤?
3. 市场预测报告的作用是什么?
4. 试述市场调查报告与市场预测报告的区别。

单元四　企业告启信息文书

项目8　经济广告文案与产品说明书写作

任务8-1　经济广告文案写作

知识目标
1. 了解经济广告文案的概念、特点和作用
2. 掌握经济广告文案的写作方法和要求

技能目标
1. 掌握经济广告文案的写作技能
2. 能撰写结构完整、格式规范的经济广告文案

【项目任务背景】

泰国 UNITED WINERY & DISTILLER YCO., LTD. FOR：KEE COMPANY LIMITED 于 2005 年生产出一种泰国混合威士忌精品，名称为黑猫威士忌 "BLACK CAT WHISKY"。玻璃瓶装，12 瓶/件。每瓶含量：350ml/11.83fl. oz。酒精度 40%，每瓶零售价格 130 铢，中下层人群也能买得起。

该产品由 20% 的纯威士忌和 80% 的酒精，纯度为 100 proof 的淡质威士忌混合而成。口味清淡，取代原来各种类型麦芽威士忌的强烈刺激口味，使人更乐于品尝威士忌酒。本品生产厂家要通过广告将该产品推销出去。请代 BLACK CAT WHISKY 生产厂家撰写一则广告文案。

一、任务分析

（1）根据【项目任务背景】给定的材料，代 BLACK CAT WHISKY 生产厂家撰写一则广告文案。

（2）要上述完成写作任务，必须掌握广告文案的写作方法和要求。

二、范文借鉴

（一）范文

贝尔电话公司的广告

一天傍晚，一对老年夫妇正在用餐，电话铃响，老妇人去另一个房间接电话。

回来后老先生问："谁的电话？"

老妇人回答："女儿打来的。"

又问："有什么事?"

回答："没有。"

老先生惊奇地问:"没事几千里打来电话?"

老妇人呜咽道:"她说她爱我们。"

两人顿时相对无言,激动不已。

这时出现旁白:用电话传递你的爱吧!

（二）评析

（1）范文采用一问一答广告文案的形式。

（2）范文描绘了一幅普通的生活画面,蕴含着深切的亲情与挚爱,能够引起诉求者的共鸣。

三、知识支撑

（一）经济广告文案的概念

经济广告文案是经济广告作品中以语言文字、音响、画面为载体的信息类文书。

（二）经济广告文案的分类

1. 按传播媒体划分

（1）报纸杂志广告文案。以语言文字为信息载体,通过报纸杂志进行传播,易于保存和查阅。

（2）广播广告文案。以语言和音乐为信息载体,通过广播进行传播,传播速度快,覆盖面广。

（3）电视广告文案。以语言文字、音响、画面为信息载体,通过电视进行传播。视听结合,图文并茂,形声兼备,使人们在接受广告信息的同时,得到美的享受。

（4）网络广告文案。以语言文字、音响、画面为信息载体,通过互联网络进行传播。视听结合,图文并茂,形声兼备,使人们在接受广告信息的同时,得到美的享受。

2. 按动静情况媒体划分

（1）固定广告文案。如灯箱广告文案、橱窗广告文案等。

（2）移动广告文案。如各类交通工具广告文案、人工广告文案等。

3. 按广告正文的题材、风格、手法划分

（1）直述式广告文案。就是摆事实、讲道理,让事实说服人的一种表达方式。广告文案的创作者应该多讲述一些不为人知的事实,引起人们对新鲜事物的兴趣。如果产品背后许多不为人知的事实被挖掘出来,会是绝佳题材。它一般用于汽车、相机等结构复杂的产品。

（2）问答式广告文案。通过一问一答的形式激发人们的好奇心,达到宣传商品的目的。

（3）叙述式广告文案。正文是用故事形式写成的广告文案。它往往能将枯燥无味的广告变得富有趣味。正文越长越需要这种趣味性的广告。这类正文内容像小说的故事情节一样,有矛盾冲突的表现和最后解决,有生动的人物和情节,引人入胜。

（4）证书式广告文案。借助商品或者企业所荣获的各种证书、奖章或消费者对它的赞誉来证明其质量上乘，服务一流，这种方法有令人信服的力量。如上海华山医院广告写道："自 1984 年以来，年年被评为'上海市卫生局文明医院'，并连续 7 年被评为市政府文明单位，并荣获'全国卫生系统先进集体'、'中国红十字总会先进集体'、'全国模范职工之家'光荣称号。"

（5）描写式广告文案。通过描写、抒情的方式对产品进行局部或者全局描写，利用音像效果渲染产品特点，给人鲜明的印象。

（6）幽默式广告文案。用幽默诙谐的笔调和语言，在轻松愉快的气氛中宣传商品和企业，这种方法引人入胜，使人经久不忘。如伦敦地铁广告：如果您无票乘车，那么，请在伦敦治安法院下车。

（三）经济广告文案的特点

1. 创意新颖

广告文案制作者根据商品、服务、公益的特性而确立广告文案的主题、传播目的、表现手法与技巧，它是广告的"灵魂"。对广告文案的创意应力求脱俗创新，给人一种新颖的感觉。

2. 个性鲜明

广告语言是一种艺术，是对客观事物的形象概括。要根据特定环境和特定内容精心安排选用适合每幅特定广告的语言，突出个性。

3. 表现形式多样化

广告语言表现形式多种多样，以说明为主，兼有议论、抒情、描写、叙述等。如"大宝天天见"、"用电话传递你的爱吧"、"要成为一辆大众牌汽车，其路程是艰难坎坷、阻碍丛生的。有的汽车成功地接受了考验，有的车则半途而废。那些车要经过 8 397 个检查人员的严格检查（其中有 807 位是十分挑剔的妇女检察员），他们在一个特殊的试验点试开相当于 3 英里的路程。每一台电动机都经过调试。每一个变速器也同样"。

四、技能演练

（一）经济广告文案结构形式

标题 + 正文 + 广告语 + 随文

（二）经济广告文案写作方法

1. 标题

广告标题分为直接标题、间接标题和复合标题三种。

（1）直接标题。直接标题以简明的语言文字直接表明广告的内容，使人们一看便知推销什么，会给消费者带来什么利益。如："上海防酸牙膏的承诺：酸甜冷热都不怕"、"张小泉剪刀，三百年品牌不倒"。

（2）间接标题。间接标题往往不直接说明产品和产品的有关情况，而是先用富有趣味性和戏剧性的语言抓住人们的好奇心和注意力，使人们非弄明白不可，直到读了广告正文才恍然大悟。如："把闪烁的星星揉碎，溶入绚烂的晚霞之中。"该标题充满诗情画意，具有一种梦幻般的诗意。但是只看标题，读者会觉得费解，于是，他们只能从正文中寻找答案。读了之后才知道是一则化妆品的广告。

（3）复合标题。复合标题把直接标题和间接标题结合起来，一则广告有两个或者是三个标题。例如：

消除感冒黑白分明

白加黑感冒片

美息伪麻片

2. 正文

正文是对广告主题进行阐述，对目标消费者展开诉求。广告正文的写作可以使受众了解各种希望了解的信息。受众在正文信息中建立对产品的了解、兴趣和信任，并产生购买欲望，促进购买行为的产生。

广告的诉求目的不同，广告主和产品不同，广告的具体内容也会千变万化。一般来说，广告正文的内容具备以下三个层次的含义。

（1）诉求重点。宣传企业形象，诉求重点常常为企业的优势和业绩；宣传品牌形象，诉求重点往往是品牌的特性；产品广告中，诉求重点集中于产品或者服务的特性和对消费者利益的承诺；促销产品中，诉求重点是具体的优惠、赠品等信息。

（2）诉求重点的深入解释。

（3）行动号召。

3. 广告语

（1）广告语的含义。广告语又称广告口号，是为了加强诉求对象对品牌、企业、产品或服务的印象而在广告中长期反复使用的尖端口号性语句。

（2）广告语的地位。广告语在广告中具有特殊的地位，恰当的广告语能起到画龙点睛或者锦上添花的功效。如："农夫山泉有点甜"、"爱秀发，爱拉芳"、"味道好极了"等。

（3）广告语的写作要求。

第一，广告语要符合品牌所要传播的定位或诉求点。

广告语是品牌与消费者沟通过程中非常重要的载体之一，对消费者起着关键的引导作用，首先要充分了解品牌所针对的消费群体，发现他们的需求特点，找到行业本质，以此确定宣传定位或诉求点。

比如"怕上火，喝王老吉"七个字，把"王老吉是预防上火的饮料"这样一个诉求点表达得十分准确，这就符合王老吉的品牌定位。早期，王老吉的广告语是"健康家庭，永远相伴"，这种表达显然不够清晰。

第二，广告语要具备强烈的冲击力和感染力，能引起共鸣。

经典的广告语能够直接打动消费者，从情感上产生共鸣，达到认同甚至主动传播的效果，表现出较强的销售力，使之在整个市场的宣传推广中能迅速脱颖而出，抢占市场制高点。例如，电视机行业典型的是创维当年以一句"不闪的，才是健康的"广告语，硬是在长虹、康佳、TCL等几个一线品牌缝隙中挤出了市场。

第三，广告语创作应抓住简单、易读、易记、易于传播的原则。

主要应做到这几点：简短、无生僻字、易发音、无歧义、具有流行语潜质。广告语切忌表达内容太多、太长，要注意信息的单一性。卖点太多，语句太长，都不便于消费者记忆和传播。

第四，体现创作文采。

经典广告语含蓄而耐人寻味。如"难舍最后一滴，景芝景阳春酒"、"钻石恒久远，一颗永流传"、"滴滴香浓，意犹未尽"、"光洁皮肤，不禁触摸"（木莓香皂）等，都堪称经典。

4. 随文

随文又称附文，是广告文案的附属部分，是广告内容必要的交代和进一步的补充，主要有商标、商品名、公司标识、公司地址、电话、价格、银行账号以及权威机构证明标识等。一则广告不一定将以上所说的随文内容全部列出，应根据广告的宣传目标而有所选择，广告随文是广告文案的有机组成部分，具有重要的推销作用。

（三）经济广告文案写作要求

（1）收集资料，把握重点。

（2）突出个性，明确主题。

（3）语言新颖，言简意赅。

（4）字斟句酌，修改润色。

（5）布局合理，美观大方。

五、病文诊治

（一）病文两篇

病文 1

某保险公司广告

某保险公司一则以"儿行千里母不忧……"为题推销"寿险急难救助计划"的广告，左边是一列火车行驶图案，右边是一条手写体留言，内容是：

妈：

　　我得赶火车了，我办了"×××"寿险急难救助卡，我出门，您就不用担心了。

儿子：小林

即日

病文 2

某酒店新开设银河座的广告文

我酒店最近新开设银河座，于×月×日正式开业。银河座专为满足前来观光旅游的中外游客的旅游生活而增设。银河座内设施齐全、装修高级、美观雅洁，装有空调器，设有冰淇淋机、雪柜等。服务项目有西餐、中餐、冷饮及迪斯科舞厅，小酒吧。经营特色酒、咖啡、牛奶几个美式甜点饮料，等等，保证服务一流。

（二）诊治

病文 1：毛病出在创意上。真实生活中人们出门总是祈求平安归来，并以此安慰家人和朋友，而绝不是祈求出事后得到保险赔偿和妥善处理。因此这则留言给人的是不吉利的感觉，读者的别扭由此产生。

病文 2：主要毛病是没有突出特点，内容重复，层次杂乱，文字啰唆。另外，"专为满足中外游客而增设"一句，表达欠周密，易令非旅游者望而却步。

六、相关知识拓展

（一）广告标题与广告语的关系

1. 相同点

在写作时必须根据好的创意精心构思，在遣词造句上均要求简洁、精练、干净、利落。在表现形式上要求灵活多样、富有变化，在功能上要服务于销售。在有的广告中，广告标题和广告语是合二为一的。

2. 不同点

（1）广告标题主要是使消费者注意本则广告并引起阅读兴趣；广告语主要是使消费者建立一种观念，这种观念是选购商品或劳务时的心理依据。

（2）标题和正文是首和身的关系，对正文有依附关系；广告语和正文有联系，但是没有依附关系，可以单独使用，所以广告语必须是意义完整的一句话。

（3）标题的位置比较固定，不能游离于正文和插图之外，广告语则不受此限制。

（二）经济广告文案设计案例

日本本田的喜美三门车推向中国台湾市场，这种车的设计突破传统，具有类似跑车的性能。广告公司初步分析后，把产品定位在"满足潜意识的自我，是浪漫前卫的新个人主义实现"，诉求对象定位为 25～35 岁单身青年和年轻夫妇。

电视广告也很前卫、浪漫，背景是云彩、潮汐，驾车者奔向海滩，车主做深思状。字幕是："云，有它的形状；潮汐，有它的来去；我，也有自己的生活轨迹，个性的演绎，心灵的契合。"

但是，销售结果欠佳，调查结果，不买三门车的理由是"车身小，不适合全家人使用"、"后座进出不方便"。

广告公司意识到，原上市广告对产品的定位不当，必须改变广告策略，因此重新定位为："喜美三门车是孩子最安全的乘坐空间。"因为后座没有门，车窗只能退出一点点而不能下摇，作为有小孩的家庭用车，进出后座不方便，却成了安全的优点。

重拍的电视广告以"给孩子一个安全的乘坐空间"为口号，采用恐怖诉求方式，快速奔驰的汽车后窗打开，可爱的洋娃娃摔出车外，而坐喜美三门车的小女孩安然无恙，隔着车窗好奇观赏窗外的景物。配上文字"如果，那一天后面的车窗不能全部打开，爸爸妈妈就不会伤心了"。

七、模拟写作实训

（一）实训任务

根据【项目任务背景】给定的材料，代 BLACK CAT WHISKY 生产厂家撰写一则广告文案。

（二）实训要求

（1）格式规范，结构完整。

（2）突出个性，明确主题。

（3）语言新颖，言简意赅。

（4）字斟句酌，修改润色。

（5）布局合理，美观大方。

任务 8-2　产品说明书写作

知识目标

1. 了解产品说明书的概念、特点和种类

2. 掌握产品说明书的格式与内容要素

技能目标

1. 熟练掌握产品说明的写作技能

2. 能撰写结构完整、格式规范、条理清楚的产品说明书

【项目任务背景】

泰国 UNITED WINERY & DISTILLER YCO.，LTD. FOR：KEE COMPANY LIMITED 于 2005 年生产出一种泰国混合威士忌精品，名称为黑猫威士忌"BLACK CAT WHISKY"。玻璃瓶装，12 瓶/件。每瓶含量：350ml/11.83fl. oz。酒精度 40%，每瓶零售价格 130 铢，中下层人群也能买得起。

该产品由 20% 的纯威士忌和 80% 的酒精，纯度为 100 proof 的淡质威士忌混合而成。口味清淡，取代原来各种类型麦芽威士忌的强烈刺激口味，使人更乐于品尝威士忌酒。本品生产厂家要通过广告将该产品推销出去。请代 BLACK CAT WHISKY 生产厂家撰写一篇产品说明书。

一、任务分析

（1）根据【项目任务背景】给定的材料，请代 BLACK CAT WHISKY 生产厂家撰写一篇产品说明书。

（2）要完成写作任务，必须掌握产品说明书写作方法和要求。

（3）构思产品说明书的结构、写作重点。

二、范文借鉴

（一）范文

珍视明滴眼液说明书

【药品名称】

通用名称：珍视明滴眼液

曾用名：四味珍层冰硼滴眼液

汉语拼音：Zhenshiming Diyanye

【成分】珍珠层粉、天然冰片、硼砂、硼酸。辅料为氯化钠、乙醇、纯化水、防腐剂（苯氧乙醇）。

【性状】本品为近无色至微黄的澄明液体，气香。

【作用类别】本品为视疲劳类非处方药药品。

【功能主治】明目去翳，清热解痉。用于青少年假性近视，缓解眼疲劳。

【用法与用量】滴于眼睑内，一次1~2滴，一日3~5次；必要时可酌情增加。

【不良反应】尚不明确。

【禁忌】尚不明确。

【注意事项】

1. 药物滴入有沙涩磨痛、流泪频频者停用。

2. 用药后有眼痒，眼睑皮肤潮红，结膜水肿者停用，并到医院就诊。

3. 用药一周后症状未减者应到医院就诊。

4. 药品性状发生改变时禁止使用。

5. 儿童必须在成人的监护下使用。

6. 请将此药品放在儿童不能接触的地方。

7. 如正在服用其他药物，使用本品前请咨询医师或药师。

【规格】每瓶装8毫升

【贮藏】密封，置阴凉处

【包装】每盒装一瓶

【有效期】24个月

【批准文号】××××

【生产企业】××××

企业名称：××××

生产地址：××××

邮政编码：××××

电话号码：××××

传真号码：××××

网址：××××

如有问题可与生产企业直接联系。

（二）评析

（1）文章结构完整，由标题、正文和尾部三部分组成，是一份格式规范的产品说明书。

（2）正文内容完整，具体明确。正文中包括药品名称、成分、性状、作用类别、功能等。

（3）尾部部分有产品生产厂家、联系地址等。

（4）格式规范，结构完整，内容完备，表述正确，要素齐全。

三、知识支撑

（一）产品说明书的概念

产品说明书也称之为商品说明书，是生产商或者销售商向消费者介绍其生产、销售的产品性能、特点、规格、型号、技术参数、维修方法、使用方法的说明性文书。产品说明书又称说明书、说明、指南、用户手册等。

（二）产品说明书的种类

（1）根据内容和用途不同，可以分为民用产品说明书、专业产品说明书、技术产品说明书等。

（2）根据表达形式的不同，可以分为条款式说明书、文字图表式说明书等。

（3）根据传播方式的不同，可以分为：

①外包装式说明书。即直接写在产品的外包装上的说明书。

②内装式说明书，即采用附件的格式，将产品说明书专门印制，有的甚至装订成册，装在产品的包装箱（盒）内。

（三）产品说明书的特点

（1）指导性。产品说明书是向消费者介绍其生产、销售的产品性能、特点、规格、型号、技术参数、维修方法、使用方法的说明性文书，它指导用户了解产品和正确使用产品。

（2）科学性。科学性是产品说明书的基本要求，即撰写产品说明书应客观科学，实事求是。如果介绍失实，不仅无法起到指导消费者的作用，反而会损害消费者的利益。

（3）通俗性。产品说明书的阅读对象大多为普通消费者。为了使不同文化层次的消费者都获得对被介绍对象的清晰印象，产品说明书语言应尽可能浅显明白，通俗易懂。

（4）条理性。产品说明书以介绍商品、指导操作为目的，往往采用条文式写法，条分缕析，井然有序。

四、技能演练

（一）产品说明书结构形式

标题 + 正文 + 尾部

（二）产品说明书写作方法

1. 标题

标题格式：产品名称 + 文种。如：美的电热安全压力锅说明书。

产品名称 + 使用说明书。如：九阳豆浆机使用说明书。

2. 正文

正文是产品说明书的主体，内容可以因产品而异，通常采用分条列项的方法撰写。通常要求详细介绍产品的有关知识，主要内容如下：

（1）产品名称。

（2）产品构造、性能与功能。

（3）产品原料。

（4）产品特点。

（5）产品规格型号。

（6）产品使用方法。

（7）产品维修保养。

（8）产品技术参数。

（9）注意事项。

3. 尾部

这是附在正文后面的一些内容，如厂名、地址、电话、电挂、电传、网址、联系人和生产日期等。出口产品还要在外包装上写明生产日期和中外文对照说明。

（三）产品说明书写作要求

1. 客观真实

客观真实是撰写产品说明书必须要严格遵守的原则，也是《消费者权益保护法》对产品说明书最起码的要求。产品说明书要如实介绍产品性能、作用，不能虚夸或者隐瞒。

2. 表达准确

产品说明书要把说明对象介绍清楚，表达应准确，不可模棱两可。

3. 通俗易懂

产品说明书随着商品进入千家万户，面对文化差异较大的消费者，必须通俗易懂，尽可能避免使用一些读者看不懂的专业术语。

4. 重点突出

撰写产品说明书，不可面面俱到，要有侧重点。如新产品要突出一个"新"字，要在"新"字上下工夫。

五、病文诊治

（一）病文

（二）诊治

（1）正文语言不够准确。如"灌得太满，煮沸时会溢出杯外"没有明确怎样是"灌得太满"，如果用具体数字说明会更好。可改为："注意所煮的东西不能灌得太满，以 80% 的容量为宜。否则煮沸时东西溢出杯外，可能导致漏电。"

（2）正文中存在不适合说明书的语言。

（3）尾部内容不具体。

六、相关知识拓展

（一）介绍几大类产品说明书的写作

不同产品其说明书的内容侧重点也有所不同。下面主要介绍几大类产品说明书的写作。

（1）家用电器类。此类说明书一般较为复杂，写作内容为产品的构成、规格型号、使用对象、使用方法、注意事项等。

（2）日用生活品类。写作内容有产品的构成、规格型号、适用对象、使用方法、注意事项等。

（3）食品药物类。写作内容有食品药物的构成成分、特点、性状、作用、适用范围、使用方法、保存方法、有效期限、注意事项等。

（4）大型机器设备类。主要写作内容包括结构特征、技术特性、安装方法、使用方法、功能作用、维修保养、运输、储存、售后服务范围及方式、注意事项等。

（5）设计说明书。这是工程、机械、建筑、产品、装潢、广告等行业对整个设计项目全盘构想、统筹规划，并对工作图样进行解释和说明的技术性文书。简单的就写在设计图样上，复杂的则单独成文或装订成册。不同的设计说明书，其写作内容也不同。写作内容一般包括设计的思路、指导思想、设计方案及其论证、方案的技术特征或性能、主要技术参数、时序安排、所需资金等内容。

（二）比较经济广告文案与产品说明书的异同

1. 相同点

（1）两者都是说明商品的名称、产地和有关产品的知识。

（2）两者都有传递信息、促进销售的作用。

2. 不同点

（1）写作内容不同。

经济广告文案主要是宣传产品、促进销售，因此，主观色彩浓厚，追求鼓动性和感染力。

产品说明书的主要目的在于向消费者介绍其生产、销售的产品性能、特点、规格、型号、技术参数、维修方法、使用方法等。介绍产品的知识，需要客观、冷静的态度，讲求指导性、科学性、通俗性和知识性。

（2）表现手法不同。

经济广告文案为增加艺术感染力，写作中常采用描写、抒情、幽默、对比等多种表现手法，以迎合消费者的心理特点；通过文字、画面、影视形象或舆论和声势，诱发消费者的购买欲望。

产品说明书是一种纯说明性的文字体裁，从知识性、科学性、实用性方面来帮助客户认识产品、指导消费。

七、模拟写作实训

（一）实训任务

根据【项目任务背景】给定的材料，请代 BLACK CAT WHISKY 生产厂家撰写一篇产品说明书。

（二）实训要求

（1）格式规范，结构完整。

（2）客观真实，表达准确。

（3）言简意赅，通俗易懂。

项目8 思考与练习题

一、填空题

1. 经济广告文案是经济广告作品中以＿＿＿＿＿＿＿＿＿为载体的信息类文书。
2. 从写作侧重点来看，经济广告文案分为＿＿＿＿、＿＿＿＿和＿＿＿＿。
3. 经济广告文案的特点是＿＿＿＿＿、＿＿＿＿＿和＿＿＿＿＿。
4. 经济广告文案的结构形式是＿＿＿＿＿＿＿＿＿＿＿＿。
5. 经济广告文案的标题分为＿＿＿＿＿、＿＿＿＿、＿＿＿＿三种。
6. 根据表达形式的不同，产品说明书分为＿＿＿＿＿和＿＿＿＿＿。
7. 产品说明书以＿＿＿＿＿＿＿＿＿＿＿为主要表达方式。
8. 产品说明书的特点是＿＿＿＿＿、＿＿＿＿＿、＿＿＿＿＿和＿＿＿＿＿。

二、选择题

（一）单选题

1. 经济广告文案的灵魂是（　　）

A. 创意新颖　　　　　B. 个性鲜明　　　　　C. 表现多样　　　　　D. 突出主题

2. 下列不属于广告语写作要求的是（　　）

A. 具有冲击力和感染力，能够引起共鸣

B. 广告语与广告标题总是重合的

C. 简单，易于传播

D. 体现文采

3. 下列不属于经济广告文案附文部分的是（　　）

A. 公司地址　　　　　B. 公司标识　　　　　C. 商品名称　　　　　D. 产品介绍

4. 产品说明书正文中一般不包括（　　）

A. 产品用途、性质和特征　　　　　　B. 产品使用方法

C. 产品广告　　　　　　　　　　　　D. 产品使用注意事项

5. 产品说明书与经济广告文案的区别是（　　）

A. 经济广告文案一般采用说明的表达方式，而产品说明书表达方式多样

B. 经济广告文案有传递信息、促进销售的作用，而产品说明书没有这种功能

C. 经济广告文案主观色彩浓厚，产品说明书主要是客观描述

D. 经济广告文案和产品说明书都有主观色彩

6. 下列关于产品说明书的说法错误的是（　　）

A. 为了推销产品，产品说明书可以适当采用夸张手法

B. 产品说明书又称为商品说明书

C. 产品说明书有传递信息、促进销售的作用

D. 产品说明书主要说明商品的名称、产地以及相关知识

7. 下列不属于产品说明书写作要求的是（   ）

A. 实事求是   B. 适当抒情   C. 通俗   D. 准确

8. "张小泉剪刀，三百年品牌不倒"所属的主题类型是（   ）

A. 直接标题   B. 复合标题   C. 间接标题   D. 无法定位

（二）多选题

1. 对经济广告文案写作描述正确的是（   ）

A. 字斟句酌，修改润色   B. 突出个性，明确主题

C. 不需准备，完全靠灵感   D. 语言新颖，言简意赅

2. 广告语写作原则是（   ）

A. 简单   B. 容易记住   C. 容易传播   D. 辞藻华丽

3. 产品说明书的特点是（   ）

A. 适当夸大产品的好处   B. 尽量少说产品的不好之处

C. 有条理   D. 实事求是

4. 家用电器产品说明书的正文包括（   ）

A. 产品的构成   B. 使用对象

C. 宣传广告   D. 使用注意事项

5. 根据内容和形式的不同，产品说明书分为（   ）

A. 包装式说明书   B. 条款式说明书

C. 专业产品说明书   D. 技术产品说明书

三、判断题

1. 广告文案可以采用多种表达方式。（   ）

2. 广告文案中的标题和广告语总是重合。（   ）

3. 广告文案中可以没有附文。（   ）

4. 产品说明书可以适当使用一些广告语。（   ）

5. 推销产品是产品说明书的主要功能。（   ）

6. 产品说明书的主要作用是帮助和指导消费者正确地认识、使用和保养商品。（   ）

7. 产品说明书的表达方式必须图文并茂。（   ）

8. 产品说明书追求多样化的表达方式。（   ）

四、改错题

1. 产品说明书正文中的语言：该产品已经获得了无数荣誉

2. 广告文案的标题：关于洗发水的广告

3. 广告文案的广告语：洗衣粉洗去污渍

4. 产品说明书的标题：关于飞科剃须刀的说明书

5. 产品说明书正文：保质期 3 个月

6. 产品说明书结尾部分：地址：略

7. 广告文案附文：公司地址：广东省珠海市

五、问答题

1. 广告文案的标题怎样写？
2. 简述广告标题与广告语的关系。
3. 简述产品说明书与经济广告的异同。

项目 9　企业启事与海报写作

任务 9 - 1　企业启事写作

知识目标

1. 了解启事的概念、特点和种类
2. 掌握启事的写作方法和要求

技能目标

1. 能熟练掌握启事的写作技能
2. 能撰写结构完整、格式规范、表述准确的启事

【项目任务背景】

广州南山饮食服务公司自成立以来，发展规模越来越大。为了满足发展的需求，此公司打算招聘总经理助理 1 名，法律顾问助理 1 名。

一、任务分析

（1）根据【项目任务背景】给定的材料，代广州南山饮食服务公司写一则招聘启事。
（2）构思启事的结构，包括标题、正文、尾部。
（3）掌握启事的写作方法和要求。

二、范文借鉴

（一）范文

（二）评析

（1）标题明确。

（2）正文介绍了专卖店的背景和经营范围，开业信息发布会的时间、地点以及专卖店的具体地址，起到了广告宣传的作用。

（3）整篇文章简洁明确。

三、知识支撑

（一）启事的概念

启事是机关、团体、企事业单位以及个人在一定范围内公开说明情况，提醒公众注意，请求他人帮助时撰写的一种告启类文书。启事一般张贴在公共场所，或者在大众媒体上刊播。

（二）启事的种类

启事的种类有很多，根据启事不同的作用和目的，可以分为以下三大类：

（1）找寻类。如寻人启事、寻物启事、招领启事等。

（2）征召类。如征文启事、征婚启事、招聘启事、征集启事、招生启事等。

（3）告知类。如更名启事、结婚启事、开业启事、搬迁启事等。

（三）启事的特点

（1）公开性。启事通过张贴或者刊播的形式向社会广泛发布，不具有保密性。

（2）单一性。启事的事项要求单一，一事一启事。

（3）期望性。启事不是行政公文，没有行政约束力，它只期望得到人们的了解、支持和帮助，而不强制读者承担责任和义务。

四、技能演练

（一）启事的结构形式
标题＋正文＋尾部

（二）启事的写法

1. 标题

启事标题前面往往写明事由，如"寻物启事"、"招聘启事"、"开业启事"。有的启事前面还要加发文单位名称，如"厦门大学招聘教师启事"、"艾玛专卖店开业启事"等。

2. 正文

正文主要写启事的内容，一般包括启事的目的、原因、内容、事项等。不同的启事，其正文内容要求也有所区别，下面具体介绍几种常用的启事。

（1）开业启事。

一般写明企业性质、宗旨、经营范围、设备情况、环境气氛、开业时间、地点等。有时还会写上如"欢迎惠顾"、"敬请光临"等语句。

（2）招聘启事。

①招聘方的情况。包括招聘方的业务、工作范围以及地理位置等。

②对招聘对象的具体要求。包括招聘对象的工作性质、业务类型，以及招聘对象的年龄、性别、文化程度、工作经历、专业特长等。

③受聘后的基本待遇。有些招聘启事不写此项，或者写"待遇面议"。这可根据招聘单位和应聘者的实际情况决定。

④其他情况。包括应聘人员须交验的证件和应办理的手续以及应聘的具体时间、联系地点、联系人和联系电话等。

（3）寻物启事。

写明丢失物的特征、时间、地点，拾物者送还的具体方式，也可写上酬谢方式。

（4）招领启事。

写明捡到物品的大概特征、时间、地点和拾到者的联系方式。

（5）征稿启事。

①写明征稿的缘由和目的。

②征稿的具体要求视征稿情况而定，通常可以包括以下内容：作者的条件、征稿的内容、范围、体裁、字数等。

③征稿的评选、评奖方法。

④投稿地点、截止时间以及稿件形式的要求等。

（6）征婚启事。

①征婚者的个人情况，其中包括性别、年龄、身高、长相、学历、工作单位、经济收入情况、有无婚史、个人爱好等。

②征婚者择偶的标准，一般可包括年龄、学历、工作情况、个人爱好、有无婚史、性

别、外貌等内容。

③征婚者的联系方式。

3. 尾部

尾部写明发文单位名称或者个人姓名及日期。如果标题或者正文中已经写明单位名称，此处可以省略。

（三）启事的写作要求

（1）内容真实、单一，一事一启事。

（2）标题要说明事由。

（3）文字通俗、简洁，态度诚恳。

五、病文诊治

（一）病文

我们××商场决定开设夜间服务部，从 8 月 1 日晚上起开始营业。这是为了响应区政府的号召和广大市民的需要。服务部卖的东西有烟、酒、糖果和日常生活用品。晚上 7 点钟开门，到 11 点钟才关门。顾客如果需要买东西，请前来购买。

（二）诊治

（1）标题写作不科学。××商场是有一定规模的大型商场，它的行文风格应该与其规模相适应，注重规范、全面和严谨，所以标题中的发文单位、事由、文种应该全部具备。

（2）结构不完善。开业原因和开业项目颠倒，开业原因应该放在开业项目之前；服务时间、服务地址等应该放在正文之后，落款之前，另起一段。

（3）语言表达不简洁，不规范。

六、相关知识拓展

（一）声明与启事的异同

1. 相同点

（1）两者都具有公开性。两者都是将某件事公开告知人们，具有鲜明的公开性。

（2）两者发表方式相同。两者都可在报纸杂志、广播电视上发表，也可在公共广告栏上张贴。

2. 不同点

写作内容的侧重点不同。

声明的内容只是告知人们某件事，并不提出什么要求。如遗失声明，只是向公众或有关方面宣布某单位或者某人遗失某物，并不要求人们帮助寻找，仅仅起到宣布作废的作用。

启事则不仅向公众说明某件事情而且希望人们协助办理，即在告知的基础上还有所求助。如寻物启事，既告诉人们在何地何时丢失何物，又希望拾物者能告知失物下落。

（二）招聘启事范文

广州××饮食有限责任公司
招聘启事

一、公司资料

所属行业：服务业

企业性质：私营企业

成立时间：1996 年 1 月

注册资金：1 000 万人民币

二、招聘职位与人数

1. 招聘职位：大堂经理助理

2. 招聘人数：1 名

三、招聘职位要求

1. 男女不限，年龄 22 至 28 岁。

2. 大专以上学历。

3. 具有强烈的工作责任感。

4. 具有较强的沟通能力、协调能力和执行力。

5. 具有良好的职业操守，原则性强。

6. 有从事过相关工件经验者优先。

四、工作地点

广州市天河区天河北路××号

五、薪资福利

1. 实行五天工作制，工作时间每天 8 小时；周六日如加班按国家法定标准补助或可安排调休。

2. 享受国家法定假日和年假。

3. 午餐补贴 8 元。

4. "五险一金"公司支付 50%。

5. 年终根据工作表现给予额外年终奖金。

6. 薪资为：底薪＋津贴，工资幅度 3 000 ~ 3 800 元/月。

7. 试用期 2 个月，试用期薪资 2 500 元/月。

8. 住集体宿舍，不收房租，水电费自理。

六、应聘时间

2014 年 1 月 12 日 10：00 ~ 16：00

七、应聘相关事项

应聘人请带上简历、学历证书、近照 2 张（证件照、生活照各 1 张）。招聘程序为先笔试，后面试。笔试和面试合格者即可办理入职手续。

八、联系方式

联系人：叶小姐

联系电话：020 - 9988××××

传真：020 - 3216××××

地址：广州××酒店 A 栋 110 室

七、模拟写作实训

（一）实训任务

根据【项目任务背景】给定的材料，代广州南山饮食服务公司写一则招聘启事。

（二）实训要求

（1）结构完整，格式规范，条理清楚。

（2）招聘对象明确，条件要求具体。

（3）语言简洁，表达准确。

任务 9 - 2 企业海报写作

知识目标

1. 了解企业海报的特点和适用范围

2. 掌握企业海报的一般写法和要求

技能目标

1. 熟练掌握企业海报的写作技能

2. 能撰写结构完整、格式规范、富有吸引力的企业海报

【项目任务背景】

　　为了调动员工的工作积极性，进一步发挥员工的主人翁精神，同时也为了获得更多公司管理方面的建议，广州××文化有限公司决定于 2014 年 1 月 8 日在公司文化大礼堂举行"假如我是总经理"的演讲比赛。请代广州××文化有限公司办公室写一篇海报。

一、任务分析

（1）根据【项目任务背景】给定的材料，代广州××文化有限公司办公室写一篇海报。

（2）掌握海报的结构形式、写作方法和要求。

（3）设计海报版面，力求图文并茂。

二、范文借鉴

（一）范文

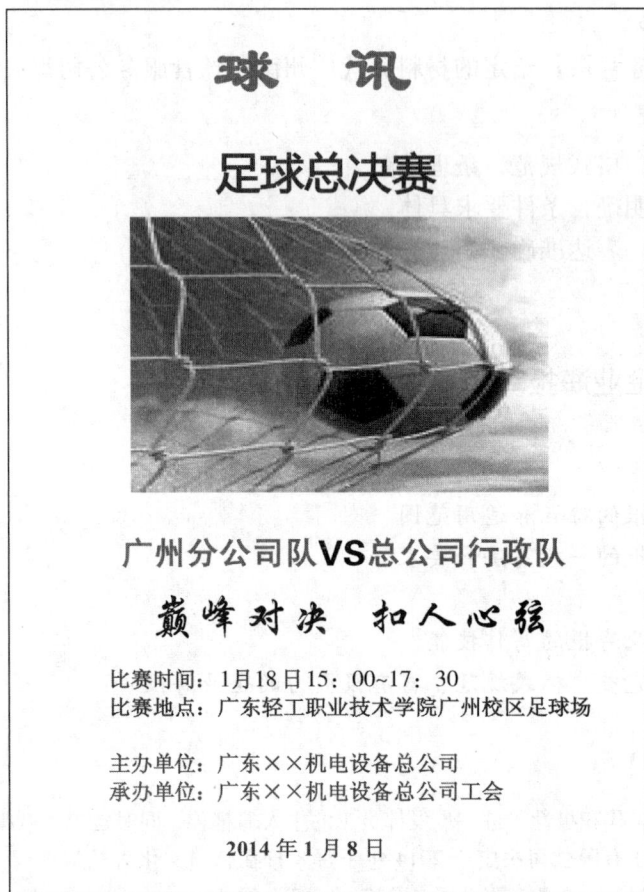

图 4-1

（二）评析

这是一则体育比赛海报，有以下几点值得借鉴：

（1）内容完整，格式规范。此则海报虽然篇幅短小，但足球比赛的性质、时间、地点、比赛双方、主办单位、承办单位等都交代得十分清楚。

（2）图文并茂，鼓动性强。文字与美术设计完美融合在一起，图文并茂，充满鼓动性和艺术感召力。

（3）主题突出，条理清楚。

三、知识支撑

（一）海报的概念

海报是向公众告知有关商业活动、文体娱乐活动、学术报告、公益宣传等消息时使用的一种告启类文书。海报一般采用图文并茂形式展示表达的内容，具有较强的号召力与艺术感染力。

（二）海报的种类

依据作用的不同，海报一般可以分为商业海报、文体娱乐海报、公益海报和学术报告海报等，这里对它们作简要的介绍。

1. 商业海报

商业海报是指宣传、推销商品或者提供商业服务的广告性海报。商业海报的设计，要恰当地配合产品的格调和受众对象。图4-2就是一则商业促销海报。

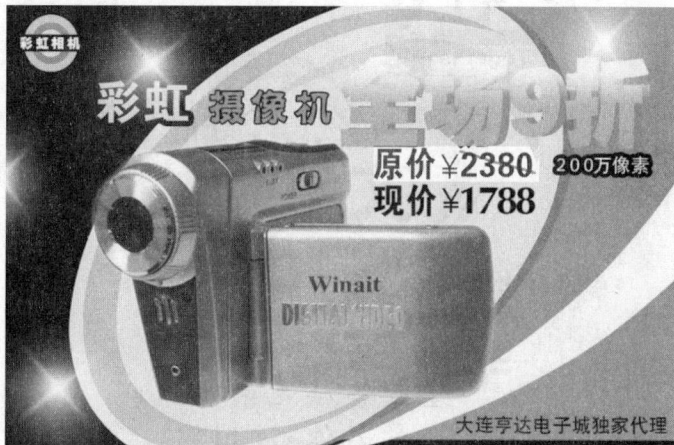

图4-2

2. 文体娱乐海报

文体娱乐海报是指各种社会文体娱乐活动及各类展览的宣传海报，主要有电影宣传、文艺晚会、杂技表演、演讲比赛、体育比赛以及各种展览等类型。此类海报写作中一般会包括活动的时间、地点、人物以及精彩内容的介绍等。如图4-3的电影海报。

图4-3

（资料来源：http：//www. dvd. com. cn/poster/35150. html。）

3. 公益海报

公益海报是带有一定思想性的海报。这类海报具有特定的对公众的教育意义，其海报主题包括各种社会公益、道德或政治思想的宣传，弘扬爱心奉献、共同进步的精神等。例如汶川地震时"我们在一起"的海报。

图 4 - 4

（资料来源：褚青山：《万众一心　我们在行动》，http：//bbs. duzhe. com/thread-105716-1-1. html。）

4. 学术报告海报

这是为学术性活动而发布的海报。一般张贴在学校或相关的科研单位。这类海报一般形式较为严肃，具有较强的针对性。如：

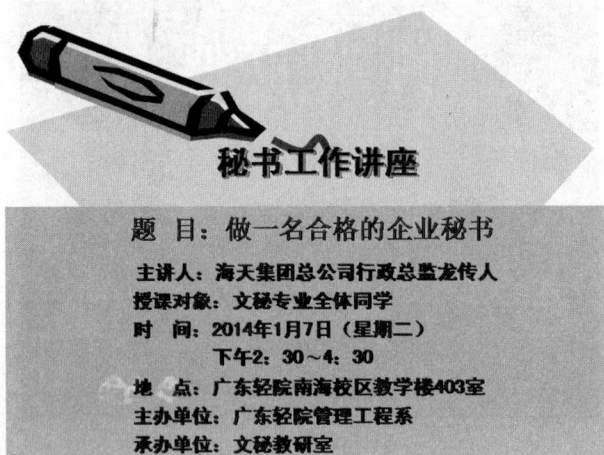

图 4 - 5

（三）海报的特点

1. 鲜明的宣传性

海报的目的是向公众告知有关商业活动、文体娱乐活动、学术报告、公益宣传等消息，希望社会各界人士参与的一种告启类文书。有的海报加以美术设计，以吸引更多的人加入活动。海报可以在媒体上刊登、播放，但大部分是张贴于人们易于见到的地方，具有鲜明的宣传性。

2. 艺术表现力强

海报，尤其是以商业盈利为目的的海报，主要以具有艺术表现力的摄影、造型写实绘画或者漫画为表现形式，在此基础上编辑语言文字，达到图文并茂的效果，给消费者留下深刻的印象。

3. 视觉冲击力强

海报采用全开、对开、长三开及特大画面（八张全开）纸张，招贴设计充分体现定位设计原理。以突出的商标、标志、标题、图形，对比强烈的色彩，大面积的空白，简练的流程等冲击人们的视觉，给来去匆忙的人们留下深刻的印象。

四、技能演练

（一）海报结构形式

标题 + 正文 + 尾部

（二）海报写作方法

1. 标题

海报的写法多种多样，标题的位置也可根据排版设计随意摆放。

（1）用文种作标题。

（2）直接由活动内容承担题目，如"周末舞会"、"我们在一起"。

（3）活动单位 + 活动内容作为题目，如"××大学'雄狮杯'男子足球赛"。

2. 正文

海报的正文要用简洁的文字、鲜明的画面明确地展示活动的内容、时间、地点、参加办法等。

（1）一段式。内容简单的通常只用三言两语，一段成文。如"我院今晚19：00在本院大礼堂放映电影《非诚勿扰》，欢迎大家观看"。

（2）项目排列式。内容稍多的可分项排列成文。如"南方物流总公司2014元旦钟声晚会"。

3. 尾部

根据实际情况确定海报是否需要落款。有些海报没有落款，有些海报落款中会提到单位名称或者是发布日期。

（三）海报写作要求

（1）写明活动的时间、地点和内容。

（2）语言简洁，篇幅短小。

（3）根据海报类型设计海报的形式和内容以及语言组织形式。商品促销类海报要求主题鲜明、重点突出、吸引力强；文体娱乐类海报一般要求图文并茂、富有创意；公益类海报要求语言内涵丰富，思想性强，具有哲理性；学术报告类海报讲求严肃性。

图 4 - 6

（资料来源：http：//image. baidu. com/i？。）

五、病文诊治

（一）病文

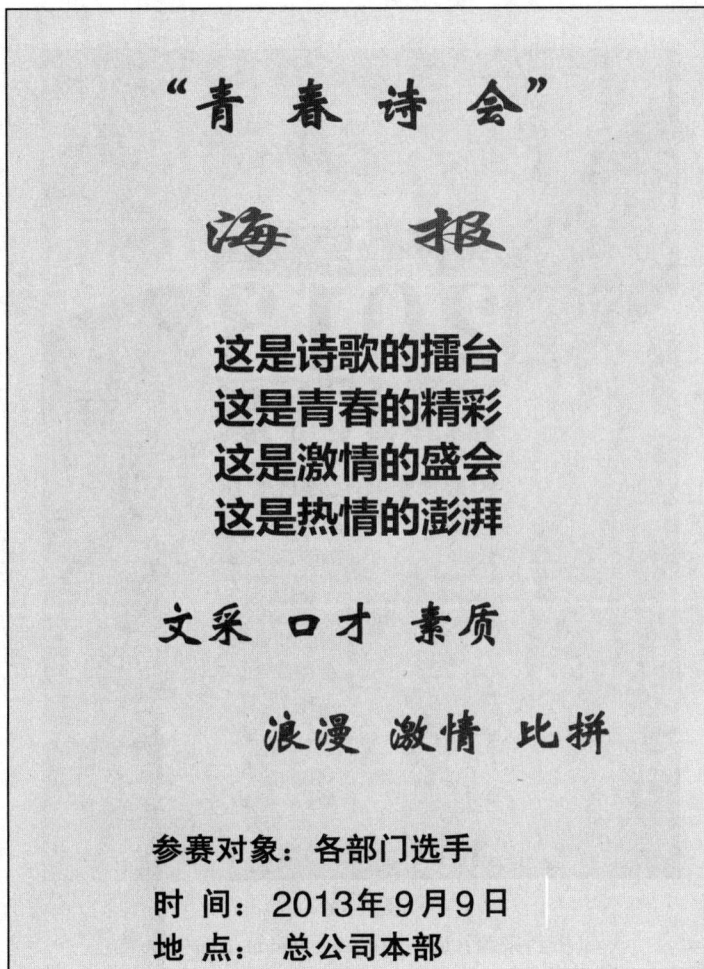

"青春诗会"

海 报

这是诗歌的擂台
这是青春的精彩
这是激情的盛会
这是热情的澎湃

文采 口才 素质

浪漫 激情 比拼

参赛对象：各部门选手
时 间：2013年9月9日
地 点：总公司本部

图 4 – 7

（二）诊治

这份海报存在许多毛病，诊治如下：

（1）海报的内容不具体。如比赛的时间没写到午别和时分，比赛的地点也不明确；没有成文日期，没有报名的时间和地点。

（2）没有主办单位。员工想参加比赛，也不知道去哪里报名，应加上主办单位。

（3）青春诗会的主题没有揭示出来。这样会使参赛者摸不着头脑，不知如何准备。

六、相关知识拓展

分析"奥林匹克花园 2013 松原汽车展"案例。

（一）原文

图 4 - 8

（资料来源：http：//image. baidu. com/i？。）

（二）评析

1. 优点

（1）结构完整，格式规范。

（2）形式新颖，图文并茂。

（3）正文内容，语言得体。

2. 不足

（1）展览时间欠具体。时间应具体到时分。

（2）正文字体太小。

七、模拟写作训练

（一）实训任务

根据【项目任务背景】给定的材料，代广州××文化有限公司办公室写一篇海报。

（二）实训要求

（1）结构完整，格式规范。

（2）形式新颖，图文并茂。

（3）正文内容，具体明确。

（4）语言得体，感染力强。

项目9　思考与练习题

一、填空题

1. 启事是机关团体、企事业单位以及个人在一定范围内_____、_____、_____时撰写的一种告启类文书。

2. 启事的特点包括_____、_____和_____。

3. 启事的结构形式包括_____、_____和_____。

4. 海报具有较强的号召力和_____。

5. 根据作用的不同，海报一般可以分为_____、_____、_____和_____。

6. 海报的特点包括_____、_____和_____。

7. 海报的结构形式包括_____、_____和_____。

8. 学术海报的特点包括_____、_____。

二、选择题

（一）单选题

1. 下列关于启事的描述错误的是（　　）

A. 启事种类很多

B. 启事一
般张贴在公共场所或者通过大众媒体传播

C. 启事的目的是为了得到大家的帮助或引起公众的注意

D. 为了提高效率，启事中可以写两件以上的事情

2. 下列启事标题写法不恰当的有（　　）

A. 寻人启事　　　　　　　　　B. 征婚启事

C. 紧急启事　　　　　　　　　D. 辽宁大学招聘辅导员的启事

3. 下列关于招聘启事的描述错误的有（　　）

A. 招聘启事中一定要写招聘单位的发展历史

B. 招聘启事中要写明应聘者的基本条件

C. 招聘启事中要留下招聘方的联系方式

D. 招聘启事中可以不写受聘后的待遇

4. 下列关于招领启事的叙述不正确的是（　　）

A. 招领启事中要写明捡到物品的大概时间

B. 招领启事中要写明捡到物品的基本特征

C. 捡到钱包的话，招领启事中要写明钱包的颜色和准确的钱数

D. 招领启事中一定要写明拾到者的联系方式

5. 下列关于海报的描述正确的是（　　）

A. 海报是一种公文

B. 海报正文的表达方式一般是抒情

C. 现代海报一般采用图文并茂的形式展示表达内容

D. 只有商业活动才用海报

6. 下列海报严肃性较强的是（　　）

A. 商业宣传海报　　　　　　　　　　　B. 娱乐海报

C. 电影海报　　　　　　　　　　　　　D. 学术海报

7. 以下不属于海报特点的是（　　）

A. 宣传广泛　　　　　　　　　　　　　B. 长篇大论

C. 视觉性强　　　　　　　　　　　　　D. 艺术表现力强

8. 关于公益海报的描述不正确的是（　　）

A. 追求经济效益　　　　　　　　　　　B. 具有一定的思想性

C. 宣传社会公益和道德　　　　　　　　D. 具有宣传教育作用

（二）多选题

1. 下列属于找寻类启事的是（　　）

A. 征婚启事　　　　B. 招生启事　　　　C. 寻物启事　　　　D. 招领启事

2. 下列关于启事的描述正确的是（　　）

A. 公开性

B. 一份启事中，事项可以多样

C. 启事属于行政公文

D. 启事具有期望性

3. 下列关于海报的描述正确的是（　　）

A. 海报中一定要写明展示活动的时间和地点

B. 学术海报的制作追求哲理性

C. 海报一定要有落款

D. 海报语言简洁，篇幅短小

4. 下列属于文体娱乐海报的是（　　）

A. 文艺晚会海报　　　　　　　　　　　B. 杂技表演海报

C. 产品促销海报　　　　　　　　　　　D. 公益爱心宣传海报

三、判断题

1. 寻物启事一定要写酬谢表达方式。（　　）
2. 启事具有公开性。（　　）
3. 开业启事一般会有"欢迎惠顾"、"敬请光临"等语句。（　　）
4. 征稿启事要写明征稿的目的。（　　）
5. 为了提高办事效率，一份启事中可以包括多项启事内容。（　　）
6. 海报不可以用文种做标题。（　　）
7. 海报写作中一定要注明撰写海报的单位名称和发布日期。（　　）
8. "人文学院班际篮球"可以作为海报的标题。（　　）

四、改错题

1. 启事的标题：有关山西大学招聘教师的启事

2. 招领启事的正文：钱包内有人民币五十元整

3. 寻物启事的落款：联系人：王××

4. 海报正文：我院今晚放映《非诚勿扰》，欢迎大家观看

5. 商业海报正文：××相机全面降价

6. 学术海报正文：周三晚上著名企业家在学术报告厅做讲座

五、问答题

1. 声明与启事的异同有哪些？
2. 招聘启事有哪些写作要求？
3. 海报的结构形式有哪些？

项目 10　企业消息写作

任务　企业消息写作

知识目标
1. 了解消息的概念、特点和类型
2. 掌握消息的写作方法和要求
技能目标
1. 能熟练掌握企业消息的写作技能
2. 能撰写内容完备、表述准确的消息

【项目任务背景】

为庆祝 2013 年"三八"妇女节，××市妇联筹备了一场由××市各界妇女参加的庆"三八"健步行活动。全市共有 72 支队伍参加，每队 10～15 人，前 10 名成绩的总和就是团队成绩。××外贸集团总公司从本部及下属企业中选拔 12 人作为该集团代表队参赛。作为该集团的下属企业，××蓝天贸易有限公司鼓励员工报名参加。通过严格选拔，××蓝天贸易有限公司办公室王芳、财务部李婷被选入××外贸集团总公司代表队。经过连续 2 周的训练，队员的体育素质得到了提升。活动于 3 月 4 日在野狸岛展开。结果，××外贸集团总公司代表队取得优异成绩，获团体第二名，王芳、李婷分别获个人第一名和第三名。

一、任务分析

（1）根据【项目任务背景】给定的材料，代××蓝天贸易有限公司写一篇消息。
（2）掌握消息的写作方法和要求。
（3）构思消息的结构、写作重点。

二、范文借鉴

（一）范文

青啤捐 160 万元建"心理救助站"援助灾区人民

5 月 11 日上午，青岛啤酒公司在北川县陈家坝小学设立的"心理救助站"正式启动。

据悉，青啤公司从员工捐款中拿出了 160 万元，成立了心理援助专项基金，计划对青岛对口支援的北川曲山镇小学、陈家坝中小学的师生进行长期的心理援助。

青岛啤酒公司、青岛市红十字会经过严格的论证、招标，最后决定心理援助计划由青岛大学负责实施。目前，心理干预方案已经出炉。该方案计划执行 3 年，第一阶段为"博爱温暖心灵"阶段，第二阶段为"激情塑造心灵"阶段，第三阶段为"梦想回归心灵"阶段。

"心理救助站"将广泛利用心理学界及各界的社会资源对北川学校师生进行心理干预。同时，为灾区学校培训一支稳定的心理健康师资队伍，帮助他们建立规范的心理咨询中心，重建灾区师生们的心灵家园。

（资料来源：《青岛都市报》2009年5月12日，有改动。）

（二）评析

这是一份动态消息，从整篇文章来看，有如下几点值得借鉴：

（1）文章结构完整。由标题、导语、主体、结尾四部分组成，是一篇格式规范的消息。

（2）标题中"160万元"补充说明了报道的内容；导语采用开门见山的写作方法，把最重要的事实首先揭示出来，吸引人们的注意，引起阅读兴趣；主体部分能够详细说明主题；结尾揭示了设立"心理救助站"的意义和作用。

（3）跟踪事件变化。结合时代特点，把握事件本质，用精练的文字写出了"心理干预方案"实施的时间和"三个阶段"的内容。

（4）语言口语化，增强可读性。

三、知识支撑

（一）消息的概念

消息是指对新近发生的具有社会意义的事实的及时报道，是一种信息类文书，也是一种新闻文体。

（二）消息的种类

根据内容划分，消息一般分为动态消息、综合消息、经验消息和述评消息。

1. 动态消息

动态消息也称动态新闻，这种消息迅速、及时地报道重大事件、重要活动和各项工作中最新出现的或正在发生的新情况、新动态、新成就和新问题。要求纵观全局，客观叙事，少用议论；动处落笔，善用背景，一事一报。

【示例】

刘翔"载入史册"：丰功伟绩成历史教材

腾讯体育7月5日讯　"飞人"刘翔上教科书了！

关于刘翔的教材内容出现在华东师范大学出版社出版的初中二年级（八年级）《中国历史》下册实验教材中，在第20课"文化艺术和体育"中，有一张刘翔在2004年雅典奥运会跨越栏杆时的图片，并配以文字说明："2004年第28届夏季奥运会上刘翔夺得了男子110米栏的金牌，并打破了这个项目的奥运会纪录。这是中国人乃至亚洲人在奥运会田径短道比赛中获得的第一枚金牌。"

除刘翔之外，在1996年亚特兰大奥运会上夺得女子5 000米金牌、10 000米银牌的"东方神鹿"王军霞也上了该课的教学内容。而4年前姚明也被《新概念英语》教材收录。

（资料来源：腾讯体育讯，2009年7月5日。）

2. 综合消息

综合消息是把发生在不同地点、不同单位、各具特色、性质相同的事实综合在一起，体现一个主题的报道。它的特点是在综合、概括事实的基础上，进行分析，提出见解，揭示规律。如《抗击非典全民行动》叙述了各条战线上的中国人民共同抗击非典的事情，牵涉的范围和人群相对比较广，但主题只有一个。

3. 经验消息

经验消息是对一些具体部门、单位、行业的典型经验、成功做法集中报道的一种文体。这种消息是在介绍经验、做法之后，总结经验，揭示规律，以达到以点带面，推动工作的目的。如《青青毛竹滚滚财源路》介绍了浙江某地依靠当地生产的毛竹，根据市场需求建立竹制品生产系列工厂，走上脱贫致富道路的成功经验。

4. 述评消息

述评消息也称新闻述评，是一种兼有消息与评论作用的新闻。它除具有动态消息的一般特征外，还往往在叙述新闻事实的同时，由作者直接发出一些必要的议论，客观、简明地表示作者的观点。它的特点是边叙边评，要观点正确，评论得当。如《关注高考但不"热炒"状元》评论了"热炒"高考状元，扭曲了高考的社会功能和社会意义，不利于教育改革正确、深入地发展。

（三）消息的特点

（1）内容新。从时间上说，消息报道的是新近发生的事件；从内容上看，消息报道的是新鲜、新奇的事件。

（2）事实准。事实准是消息的生命。消息报道要有根有据，反映事物的本来面目，对所写的人物、时间、地点、事情发生和发展的经过作如实报道，不虚构、不夸大每个事实，包括每个细节都要准确无误。

（3）报道快。西方新闻界流行这样一句口头禅："今天的消息是金子，昨天的消息是银子，前天的消息是垃圾。"消息是对新现象的记录，最讲究反应快。如果迟写慢发，消息就会贬值或者失去意义。

（4）篇幅短。消息切忌长篇大论，而应该用简洁、概括的文字把事实要点表达出来，使读者在有限时间内了解到更多的信息。

四、技能演练

（一）消息结构形式

标题＋消息头＋导语＋主体＋结尾

（二）消息写作方法

1. 标题

标题是消息的眼睛，写得好，能准确揭示消息的主要内容，吸引读者阅读；写得差，则容易使读者忽略重要的新闻或者可能感兴趣的新闻。

消息标题写作非常灵活，常见的有单一标题和复合标题两种。

（1）单一标题。具体明确介绍消息主题。

例如：油价攀新高，股市大跳水

英国最"顽强"手机问世，待机超过2个月

（2）复合标题。即多行标题，具有较大容量。

完整的复合标题由正题、引题、副题三部分组成。正题是整个标题的中心，是一则消息中最主要的事实或思想的概括与说明，也是消息标题中不可或缺的一部分；引题揭示消息的思想意义或交代背景，说明原因，烘托气氛；副题是对正题的补充说明，提示报道的事实结果，有时也说明主题的来源或者依据。消息复合标题的主要形式有以下几种：

①引题＋正题＋副题：

鱼虾水中游瓜菜水面生（引题）

上海成功开发鱼菜共生系统（正题）

开创蔬菜渔业生产立体化的新途径（副题）

②引题＋正题：

惠风和畅春意暖，正是读书好时光（引题）

"十一"长假各地兴起读书热（正题）

③正题＋副题：

高温考验老人（正题）

急诊室老年病人骤然增多（副题）

2. 消息头

消息头是消息的标志，写明消息发出的媒体、地点和时间。

消息头各媒体称谓不一。通讯社一般称"电头"；报社称"本报讯"；广播电台、电视台等一般称"本台消息"。

消息头的构成：媒体＋地点＋时间＋（记者姓名）。

【示例】

新华社北京2月18日电（记者黄××）

3. 导语

导语是指一篇消息的第一个自然段或第一句话，即消息的开头。它用简明生动的文字，写出消息中最主要、最新鲜的事实，鲜明地提示消息的主题思想，唤起读者的注意，吸引人们看下去。为了吸引读者阅读自己所写的新闻，美国哥伦比亚大学新闻学教授麦尔文·曼切尔在谈到自己从事新闻报道的体会时说他"用一半甚至更多的时间琢磨导语"，他认为"写作过程的第一步，也是最重要的一步，那就是写导语了"。

4. 主体

这是消息的主干部分。它紧接导语之后，对导语作具体全面的阐述，具体展开事实或进一步突出中心，写出导语所概括的内容，表现全篇消息的主题思想。例如：

揭秘宋祖英鸟巢演唱会　周杰伦弹古筝吊威亚

宋祖英携手多明戈、周杰伦和郎朗的"'魅力·中国'6·30北京鸟巢夏季音乐会"进入20天倒计时。昨天下午，宋祖英一身紫衫亲临鸟巢参观了舞台搭建情况，并透露英伦组合将重新演绎《辣妹子》，周杰伦将卖力上阵——大秀古筝吊威亚。

周杰伦为宋祖英奏古筝，昨天发布会现场，当主办方公布此消息时，媒体大为惊讶。周杰伦将在本场音乐会上第一次与交响乐合作，重新演绎《菊花台》这首耳熟能详的经典歌曲，并在歌曲中首次展示他的才艺——古筝演奏，同时，周杰伦还将挑战高难度动作——吊威亚。

"我们设计的水舞台将有瀑布、喷泉，有非常精彩的水上表演节目。"主办方透露，周杰伦和宋祖英的第一个节目将在水舞台上表演，呼声最高的《辣妹子》将会在这个舞台中作全新的演绎。

（资料来源：http://sports.sohu.com/20090611/n264466730.shtml，有改动。）

这则消息第二、三段就是对第一段导语的补充，道出宋祖英鸟巢音乐会周杰伦弹古筝吊威亚的细节。

5. 结尾

结尾是消息的最后一句话或者一段话。好的结尾能加深读者的认识，达到深化主题的作用。常见结尾的写法有：小结式、启发式、号召式。

有些消息没有结尾，这是因为主体部分已经写得很清楚了，无须过多说明。

五、病文诊治

（一）病文

警民合作逮劫匪

2014年1月18日17时50分左右，在××市××开发区景园小区内通过警民合力，在广大群众的围追堵截下，抢劫嫌疑人陶某在案发现场被当场抓获。

当日17时50分左右，一名陌生男子在××市××开发区景园小区的环宇通信手机店门口徘徊，当该男子等到店内只剩下女店主孟某一人时，突然冲入店内，并从身上掏出一把水果刀，将孟某的双手和脸部刺伤，抢得营业款约两千元后逃窜。女店主孟某强忍剧痛跑出店外大喊"有人抢东西，快抓坏人"，民警朱××闻讯赶了过来，该男子没逃出百米，就被二三十名群众和民警朱××合力抓获。

经审查，嫌疑人陶××（男，25岁，河南人），交代了抢劫的事实。目前陶××已被月牙河派出所拘留，等待他的只有法律的严惩。

（二）诊治

（1）导语没有鲜明准确地表达主题。

（2）主体部分主次不清，立足点不准确。

（3）文中存在病句和逻辑不清的现象。

六、相关知识拓展

（一）消息六要素

消息一般有"六要素"（5W+H），即何时（When）、何地（Where）、何人（Who）、何事（What）、何因（Why）及如何发生（How）。

（二）消息的"倒金字塔"结构

消息的写作是将最重要、最新鲜的事实写在新闻的最前面，按事实重要程度和读者关注的程度先主后次地安排，内容越是重要的，读者越是感兴趣的，越要往前安排，然后依次递减。这在新闻写作中称为"倒金字塔"结构。例文中《青啤捐160万元建"心理救助站"援助灾区人民》、《揭秘宋祖英鸟巢演唱会周杰伦弹古筝吊威亚》等均是"倒金字塔"结构。如图所示：

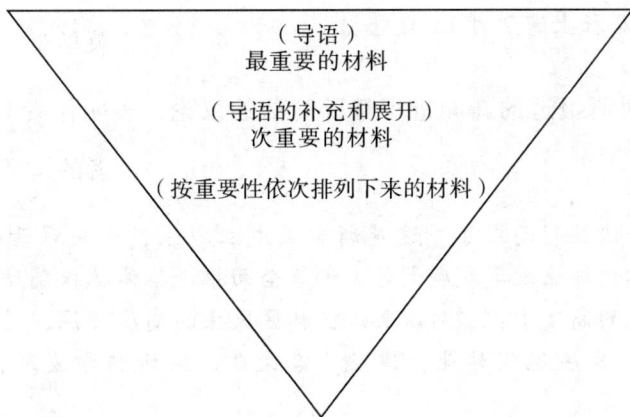

（导语）
最重要的材料

（导语的补充和展开）
次重要的材料

（按重要性依次排列下来的材料）

（三）消息导语的常见形式

消息是实践性很强的文体，一则消息导语该怎样写，要根据文章的具体情况来确定。导语的写作方法多种多样，常见的形式有以下几种：

（1）叙述式。用直接叙述的方法，把消息中最新鲜、最主要的事实简明扼要地写出来，给读者以开门见山的感觉。例如：

最近两个双休日，上海楼市新盘供应遭遇供应井喷，且房价较之前推出的批次明显上涨，但购房者热情不减，数家楼盘内购房者踊跃选房，排队买楼的情况在这些楼盘再次出现，商品住宅的平均成交价格再涨2.22%，达14 034元/平方米。

（资料来源：《文摘周报》2009年6月26日。）

（2）描写式。对消息的主要事实或某一有意义的侧面作简要、形象的描写，给读者鲜明的印象。例如：

正是柳绿莺啼的春天，今日下午，本报第二次飙碟听音会在湖南大剧院取得了圆满成功。虽然下了大雨，但来自长沙、株洲、湘潭、益阳、张家界的近百名发烧友和音乐爱好者坐在一起，整整三个多小时，沉浸在古今中外以春天为主题的音乐里。醉了，醉了，在这烟花三月的下午，大家都醉在这美妙的歌声里。

（资料来源：《三湘都市报》2007年4月23日。）

（3）提问式。先揭露矛盾，鲜明地、尖锐地提出问题，再作简要的回答，引起读者的关注和思考。例如：

亲爱的读者，你知道灯芯绒可以做夏天穿的裙子吗？上海绒布厂新生产的许多种灯芯绒中就有这样的新品种。

（资料来源：新华社上海 7 月 15 日电。）

（4）议论式。对所报道的新闻进行精辟简洁的议论，表明作者对报道对象的观点。例如：

中央林业工作会议胜利闭幕了。这是新中国成立以来，中央召开的首次林业工作会议。这次会议谋划加快林业改革发展大计，部署全面推进集体林权制度改革工作，充分体现了党和国家对林业的高度重视，对改善山区林区民生的高度关注，对于进一步解放和发展农村社会生产力，发展现代林业，建设生态文明，促进科学发展，必将产生深远的影响。

（资料来源：《人民日报》2009 年 6 月 24 日。）

（5）引用式。引用消息中人物深刻而富有意义的语言作为导语。例如：

"一户一片经济园，果、兔、猪、鸡小银行；一户一眼卫生井，优质饮水保健康；一户一口沼气池，点灯煮饭省能源；一户一条硬化路，晴雨行走不沾泥；一户一个小院坝，打场晒粮用途广。"四川省射洪县瞿河乡桅杆村实施的"户办工程"，大大改善了村民生产生活条件，村民们用自编的顺口溜表达他们的喜悦心情。

（资料来源：《人民日报》2006 年 3 月 31 日。）

七、模拟写作实训

（一）实训任务
根据【项目任务背景】给定的材料，代××蓝天贸易有限公司写一篇消息。

（二）实训要求
（1）结构完整，格式规范。
（2）标题新颖，揭示主题。
（3）要素齐全，内容充实。
（4）语言精练，篇幅短小。

项目 10 思考与练习题

一、填空题

1. 消息被称为新闻报道的_____。
2. 根据内容，消息可以分为_____、_____、_____和_____。
3. 消息的特点包括_____、_____和_____。
4. 消息的结构形式包括_____、_____和_____。
5. 常见的消息标题有_____和_____两种。

二、选择题

（一）单选题

1. 下列关于消息的描述不正确的是（   ）

A. 消息追求新

B. 消息内容真实准确

C. 消息篇幅短小精悍，但是有时候为了突出主题也会长篇大论

D. 消息报道及时

2. 下列属于综合消息特点的是（   ）

A. 将不同地点、单位各具特色、性质相同的事实综合在一起

B. 在叙述事实的时候作出一些评论

C. 集中报道成功经验

D. 将单位最新出现的情况进行报道

3. 下列关于消息特点的表述不正确的是（   ）

A. 消息报道最近发生的事情

B. 今天的消息是金子，昨天的消息是银子，前天的消息是垃圾

C. 为了突出报道的主题，消息可以适当虚构

D. 消息追求简洁

4. 下列关于复合标题的说法错误的是（   ）

A. 复合标题就是多行标题，具有较大容量

B. 完整的复合标题由正题、引题和副题三部分组成

C. 复合标题中的正题是对消息中最主要的思想和事实的概括

D. 引题是对整体的补充说明

5. 下列关于导语的说法，不正确的是（   ）

A. 导语一般是一篇消息的第一个自然段或者第一句话

B. 导语是写作过程的第一步

C. 导语的写作方法主要是叙述式

D. 导语的写作方法多种多样

（二）多选题

1. 下列关于消息的描述正确的是（　　　）

A. 根据内容，消息可以分为动态消息、综合消息、经验消息和述评消息

B. 消息追求短、快、新

C. 消息导语部分很重要

D. 消息标题写作灵活多样

2. 常见的导语写作方法有（　　　）

A. 提问式　　　　　B. 描写式　　　　　C. 引用式　　　　　D. 叙述式

3. 消息常见的结尾写法有（　　　）

A. 反问式　　　　　B. 小结式　　　　　C. 号召式　　　　　D. 启发式

三、判断题

1. 消息倒金字塔结构就是将最重要、最新鲜的事实写在新闻的最前面。（　　　）

2. 消息一定要有结尾。（　　　）

3. 经验消息是一种兼有消息与评论作用的新闻。（　　　）

4. 复合标题由正题、引题和副题三部分组成。（　　　）

5. 动态消息迅速及时报道重大事件、重要活动和各项工作中最新出现的或者是发生的新情况、新动态、新成就和新问题。（　　　）

四、改错题

1. 引题＋正题模式

高温考验老人

急诊室老年病人骤然增多

2. 消息导语有一定模式。

3. 复合标题中不可缺少的是正题和引题。

4. 经验消息是一种兼有消息和评论作用的新闻。

5. 消息写作中一定要有结尾。

五、问答题

1. 如何理解消息的倒金字塔结构？

2. 消息结构形式如何把握？

3. 请阐述你对复合标题的理解。

单元五 企业规章制度文书

项目 11 企业章程与办法、规则、规程、制度写作

任务 11 – 1 企业章程写作

知识目标

1. 了解企业章程适用范围
2. 理解企业章程概念、特点和类型
3. 掌握企业章程的写作格式和要求

技能目标

1. 能熟练掌握企业章程的写作技能
2. 能撰写格式规范、结构完整、内容完备、表述正确、要素齐全的企业章程

【项目任务背景】

某甲与乙、丙、丁等筹建×××广告有限责任公司，专注广州广告设计，提供品牌设计、广告设计、标志设计、LOGO 设计、VI 设计、形象设计专业摄影、360 度全景图制作、多媒体设计、软件界面设计等广告服务，并欲将该广告公司打造成 E 时代广告品牌专家。

根据《中华人民共和国公司登记管理条例》第二十条规定：申请设立有限责任公司，应当向公司登记机关提交有关文件，其中包括公司章程。

一、任务分析

（1）根据【项目任务背景】给定的材料，代×××广告有限责任公司，拟写一篇××广告有限责任公司章程（草案）。

（2）要顺利完成写作任务，必须对下列两个问题进行认真分析：

①如何构思企业章程的写作结构？考虑标题、题注、正文要写的内容。

②企业章程的写作方法和要求有哪些？

二、范文借鉴

（一）范文

广东××建筑有限责任公司章程

（二〇一三年六月十一日股东会议通过）

第一章　总则

第一条　为适应建立现代企业制度的需要，规范本公司的组织和行为，保护公司、股东和债权人的合法权益，根据《中华人民共和国公司法》、《中华人民共和国公司登记管理条例》制定本章程。

第二条　公司类型：有限责任公司。本公司（以下简称公司）依据法律、法规和本章程，在国家宏观政策指导下，依法开展经营活动。

第三条　公司的宗旨和主要任务是通过合理有效地利用股东投入到公司的资产，使其创造出最佳经济效益，目的是发展经济，为国家提供税利，为股东奉献投资效益。

第四条　公司依法经公司登记机关核准登记，取得法人资格。

第二章　公司名称和住所

第五条　公司名称：××有限责任公司。

第六条　公司住所：广州市××路××号。

第七条　公司经营场所：广州市××路××号。

第三章　公司经营范围

第八条　公司的经营范围：××。

第九条　公司的经营范围以登记机关依照有关法律核准为准。

第十条　公司的经营范围中有法律法规规定必须报经审批和须领取经营许可证的，已经批准，并领取了经营许可证。

第四章　公司注册资本

第十一条　公司的注册资本为人民币××万元。

第十二条　公司的注册资本全部由股东投资。

第十三条　公司的注册资本中：货币××万元，占注册资本总额的××%。

第五章　股东姓名或名称（略）

第六章　股东的权利和义务（略）

第七章　股东出资方式和出资额（略）

第八章　股东转让出资的条件（略）

第九章　公司的机构及其产生办法、职权、议事规则（略）

第十章　公司的法定代表人（略）

第十一章　公司利润分配和财务会计（略）

第十二章　公司的解散事由与清算办法（略）

第十三章　附则（略）

股东签名：（略）

广东××建筑有限责任公司章程（印章）

2013 年 6 月 11 日

（二）评析

这是一份有限责任公司章程，从整篇文章来看有如下几点值得学习：

（1）结构完整，格式规范。由标题、题注、正文、尾部等部分组成；采用"章条式"组织安排正文内容，是一份格式规范的企业章程。

（2）正文内容完备。正文内容包括总则、分则、附则。

（3）条理清楚，逻辑性强。

三、知识支撑

（一）企业章程的概念

企业章程，是指企业依法制定的规定企业名称、住所、经营范围、经营管理制度等重大事项的规章类文书。或是指企业必备的规定企业组织及活动的基本规则的书面文件，是以书面形式固定下来的股东共同一致的意思表示。企业章程是企业组织和活动的基本准则，是企业基本法律文书。

（二）企业章程的种类

按照企业类型划分，企业章程可分为：

（1）独资企业章程。

（2）合伙企业章程。

（3）公司章程。公司章程又分为两类：①有限责任公司章程，包括一人有限公司章程。②股份有限公司章程，包括一般股份有限公司章程、上市公司章程。

（4）企业集团章程。

（三）企业章程的特点

1. 法定性

根据《中华人民共和国公司登记管理条例》第二十条规定：申请设立企业，应当向企业登记机关提交企业章程。企业章程是企业设立的必备条件之一，无论是设立独资企业、合伙企业还是有限责任公司，或设立股份有限公司，都必须由全体股东或企业发起人订立企业章程，并且必须在企业设立登记时提交企业登记机关进行登记。

企业章程的法律地位、主要内容及修改程序、法律效力都由法律强制规定，任何企业都必须遵守，不得违反。

2. 确定性

确定性主要强调企业章程的真实性、明确性和稳定性。

真实性是指企业章程记载的内容必须是客观存在的、与实际相符的事实。

明确性是指企业章程的意思表示、内容事项均必须明确，无含糊隐晦之处。

稳定性是指每一个企业组织的章程，都是规定某一企业组织性质、宗旨和行动指南的文书，是经过全体成员或代表大会的认真调查、讨论、研究、反复修改制定出来的，一旦公布，就具有相对的稳定性，不能随意修改。

3. 自治性

自治性主要体现在：首先，企业章程是一个企业组织行动的纲领，该企业组织所从事的活动，必须严格按章程办事，企业成员的思想、言行，必须严格遵守章程规定的有关原则，不能有任何的随意性。其次，企业章程作为一种行为规范，不是由国家而是由企业依法自行制定的，是一种法律以外的行为规范，由企业自己来执行，无需国家强制来保证实施。企业章程作为企业内部规章，其效力仅对企业和相关当事人，不具有普遍的约束力。

四、技能演练

（一）企业章程结构形式

标题＋题注＋正文＋尾部

（二）企业章程写作方法

1. 标题

（1）标题格式：企业名称＋文种。如：×××有限责任公司章程。

（2）标题字体与排版。标题用2号小标宋体，与公文标题字号字体相同。标题应居中排版。

2. 题注

企业章程的题注有两种形式，一种是在标题下方用括号注明订立机关和发布日期，如：××公司×××年×月×日。一种是标题之下用圆括号括入该章程通过的时间和会议名称，如×××年×月×日×××会议通过，这一方面说明该章程的生效时间，另一方面说明其制定或修改的历史发展阶段。企业章程的日期应当采用汉字数字小写，如：二〇一四年二月十八日。章程通过的会议名称写在成文日期的后面。如：二〇一四年二月十八日×××会议通过。

3. 正文

正文是企业章程的核心部分。

撰写企业章程，通常采用"章条款"的方法，即把同类的内容组成一个章，一个独立的具体内容应为一个条，条下如需分述可分设款项。企业章程的正文应当包括下列三个方面的内容：

（1）总则。一般写明该企业组织的名称、性质、宗旨、任务、指导思想和组织本身建设的要求等内容。总则是章程的纲领，对全文起统率作用。

（2）分则或细则。企业章程分则部分一般须写明经营范围和经营方式、注册资金数额及其来源、组织机构及其职权、法定代表人产生的程式和职权范围、财务管理制度和利润分配方式、劳动用工制度和其他事宜。企业章程细则部分须逐条写明该项业务的办理及工作程序的规定等。

（3）附则。附则是主体部分的补充，主要说明解释权、修订权、实施要求、生效日期以及章程与其他法规、规章的关系及其他未尽事项等。

4. 尾部

包括企业名称（全称）、企业印章和成文日期。

（三）企业章程写作要求

（1）文种使用规范。企业章程有规范格式。一般情况下，企业章程主要用于制定企业组织准则，所涉及的内容一般是长期的、经常性的工作任务，在其所适用的范围内具有权威的规定性。

（2）制定程序合法。企业章程作为企业组织与行为的基本准则，制定时程序应规范合法，先以草案形式发与企业成员征求意见，在此基础上再经企业最高级会议审议通过。

（3）内容条款简短。企业章程是一个企业的纲领性文件，结构要严谨，条理要清晰。章程的条款须简洁、清晰、明了，切忌文字繁冗，内容杂糅，否则不便于指导、操作或执行。

（4）语言严谨，表达准确。章程用语要庄重、严谨、准确、简练，以体现章程的庄严性和严肃性。

（5）必须持续稳定。企业章程一般用以说明企业组织的宗旨、性质、组织原则、机构设置、职责范围等，并对企业成员起行为准则作用，须有一定的持续性与相对稳定性，不可朝令夕改。

五、病文诊治

（一）病文

章　程

第一章　总则

第一条　由中国××集团公司出资，设立中国××集团招标有限公司，特制定本章程。

第二条　公司企业类型：有限责任公司（国有独资）。

第二章　公司名称和住所

第三条　公司名称：中国××集团招标有限公司（以下简称公司）。

第四条　公司住所：广州市××区××街×号××楼××号房间。

第三章　公司经营范围

第五条　公司经营范围：国内建筑工程的招标服务，工程所需设备、材料的采购招标；会议服务。

第四章　公司注册资本、出资人的权利和义务

……

第九条　出资人享有如下权利：

1. 了解公司经营状况和选举董事会成员；

2. 了解公司财务状况或选举监事会成员；

3. 决定公司的经营方针和审议批准董事会的报告；

4. 决定公司的投资计划；

5. 审议批准监事会的报告；

6. 审议批准公司的年度财务预算方案、决算方案；

7. 审议批准公司的利润分配方案和弥补亏损方案；

8. 对公司合并、分立、变更公司形式，解散和清算等事作出决定；

9. 修改公司章程；

……

第五章　董事会职权、议事规则

第十一条　公司设董事会，成员为9人，姜太公钓鱼，愿者上钩，由中国××集团公司委派。董事任期3年。任期届满，可连选连任。董事在任期届满前，不得无故解除其职务。董事会设董事长1人，由董事会成员轮流坐庄。

……

第九章　附则

第二十七条　公司章程经中国××集团公司批准生效。

第二十八条　公司章程由中国××集团公司负责解释，涉及公司登记事项的以公司登记机关登记为准。

第二十九条　本章程一式三份，并报公司登记机关备案一份。

××××有限公司

2014年1月8日

（二）诊治

这篇企业章程在写作上存在下列问题：

（1）标题不正确。标题不能简写成"章程"两个字。

（2）总则缺乏依据。章程是一个组织或团体的纲领性文件，制定时既要充分依据国家法规、党的方针政策，同时又要密切联系本地区、本单位的实际。本章程未做到"上有所依，下有所系"，条款不齐。

（3）表述不清。对公司的性质、宗旨、业务范围、会员权利义务、组织、管理等原则性的内容，表述不清。

（4）内容条理不清。如第四章第九条，共有九小点内容，前三点每条的内容都在两个以上，各条内容混杂，如第一点写出资人享有了解公司经营状况的权利，又享有选举董事会成员的权利；第二点写出资人享有了解公司财务状况的权利，又享有选举监事会成员的权利，明显反映出思路不清。

（5）语体不适当。该文没注意应用文语言要朴实、简明，影响了表达的严肃性和准确性。如"姜太公钓鱼，愿者上钩"、"轮流坐庄"等，既表述不清，又失去了章程的严肃性。

（6）企业章程的日期没有采用汉字数字小写，没有股东签名，没有公司全称和加盖公司印章。

六、相关知识拓展

（一）企业章程的重要意义

企业章程作为公司组织与行为的基本准则，对企业的成立及运营具有十分重要的意义，它既是企业成立的基础，也是企业赖以生存的灵魂。具体体现在以下四方面：

1. 企业章程是企业设立的最基本条件和最重要的法律文件

企业的设立程序以订立章程开始，以设立登记结束。企业没有企业章程，不能获得批准，也不能获得登记。

2. 企业章程是确定企业权利、义务关系的基本法律文件

企业章程一经有关部门批准并经公司登记机关审核即对外产生法律效力。企业依章程享有各项权利，并承担各项义务，符合企业章程的行为受国家法律的保护，违反章程的行为，就要受到干预和制裁。

3. 企业章程是企业实行内部管理的依据

企业章程作为企业的章法标准，规定了企业组织和活动的原则及细则，它是企业内部活动的基本准则。它确立的内部管理体制，是企业对内进行管理的依据，要求企业组织整体及每个成员严格遵守和执行。

4. 企业章程是企业对外进行经营交往的基本法律依据

企业章程向外公开申明的企业宗旨、营业范围、资本数额、财产状况、权利与义务关系以及责任形式等内容，为投资者、债权人和第三人与该企业进行经济交往提供了条件和资信依据。企业章程也是企业向第三者表明信用，使他人了解企业组织和财产状况的重要法律文件，便于企业的对外经济交往。

鉴于企业章程的上述作用，必须强化企业章程的法律效力。这不仅是企业活动本身的需要，而且也是市场经济健康发展的需要。

（二）企业章程的修改

有下列情形之一的，企业应当修改章程：

（1）有关法律、行政法规修改后，企业章程规定的事项与修改后的法律、行政法规的规定相抵触。

（2）企业的情况发生变化，与章程记载的事项不一致。

（3）股东大会决定修改章程。

（三）企业章程的变更

根据我国有关企业法的规定，企业章程的变更应依照以下程序进行：

（1）由董事会提出修改章程的决议或由股东决议提出章程修改草案。

（2）股东会对章程修改条款进行表决。有限责任公司修改公司章程，须经代表 2/3 以上表决权的股东通过；股份有限公司修改章程，须经出席股东大会的股东所持表决权的 2/3 以上通过。

（3）企业章程的修改涉及需要审批的事项时，报政府主管机关批准。如股份有限公司为注册资本而发行新股时，必须向国务院授权的部门或者省级人民政府申请批准；属于向社会公开募集的，须经国务院证券管理部门批准。

（4）企业章程的修改涉及需要登记事项的，报企业登记机关核准，办理变更登记；未涉及登记事项的，送企业登记机关备案。

（5）企业章程的修改涉及需要公告事项的，应依法进行公告。如企业发行新股募足股款后，必须依法律或企业章程规定的方式进行公告。

七、模拟写作实训

（一）实训任务

根据【项目任务背景】给定的材料，代×××广告有限责任公司拟写一篇××广告有限责任公司章程（草案）。

（二）实训要求

（1）结构完整，格式规范。

（2）采用"章条式"结构形式撰写。

（3）条理清楚，逻辑性强。

（4）语言得体，表述准确。

任务 11 - 2   企业管理办法与规则写作

知识目标

1. 了解企业管理办法与规则的适用范围

2. 理解企业管理办法与规则的概念、特点

3. 掌握企业管理办法与规则的写作格式和要求

技能目标

1. 能熟练掌握企业管理办法与规则的写作技能

2. 能撰写格式规范、结构完整、内容完备、表述正确、要素齐全的企业管理办法与规则

【项目任务背景】

某甲与乙、丙、丁等筹建×××广告有限责任公司，专注广州广告设计，提供品牌设计、广告设计、标志设计、LOGO 设计、VI 设计、形象设计专业摄影、360 度全景图制作、多媒体设计、软件界面设计等广告服务，并欲将该广告公司打造成 E 时代广告品牌专家。

为了公司的正常运营和规范管理，需要制定一系列企业经营管理办法与规则。

一、任务分析

（1）根据【项目任务背景】给定的材料，请代×××广告有限责任公司拟写企业经营管理办法与规则。

（2）要顺利完成写作任务，必须对下列两个问题进行认真分析：

①如何构思企业管理办法与规则的写作结构？考虑标题、题注、正文要写的内容。

②企业管理办法与规则的写作方法和要求有哪些？

二、范文借鉴

（一）范文

××有限责任公司财务管理办法
（二〇一三年十二月二十八日公司办公会议通过）

第一章　总则

第一条　为进一步加强全辖××公司的财务核算，规范财务开支行为，建立有效的财务管理监督机制，不断提高公司的经营效益，根据《农村信用合作社财务管理实施办法》、《××公司财务管理办法》以及上级行政部门关于强化财务管理的有关要求，结合我省实际，特制定本办法。

第二条　公司实行独立核算，自主经营，自负盈亏，自担风险。其财务管理重点体现在以提高经营效益为中心，把有限的财务费用用于拓展业务，促进发展上来，同时应建立健全财务管理制度，规范收支行为，维护公司合法权益。

第三条　公司财务管理工作实行主任负责制，同时接受广大社员的民主管理与监督，有关重大财务事项须经理事会等民主管理组织研究决定，并定期向社员代表大会或全体员工报告其财务收支状况。

第二章　管理机构组成及职责

第四条　根据财务管理工作的需要，省公司成立财务管理委员会，公司主任任主任委员、分管财务的副主任任副主任委员，科技财务部、综合办公室，稽核监察部负责人为委员。财务管理委员会负责审定财务管理办法，决定重大财务开支事项，监督检查财务收支执行情况，惩处违规违纪行为，定期公开财务收支，定期向员工代表大会报告财务收支计划执行情况等。

（略）

第三章　费用管理的方法

第八条　公司费用开支实行"定额控制、包干使用、超支赔偿、节约奖励、审计监督、年度通算"的管理办法。

（略）

第四章　费用管理的具体内容

第十八条　基本费用管理的内容。

（略）

第五章　固定资产、代办手续费管理

第二十条　固定资产购置，无论金额大小，一律按权限逐级上报审批，批准后由公司统一招标，组织实施。

（略）

第六章　财务费用开支的程序及审批权限（略）

第七章　奖惩

第二十六条　年末费用因控制不力造成超支，相应扣减主任和会计的费用控制金，若超支额度过大，不足扣减，总公司在年末除进行经济处罚外，将按照有关规定进行行政处罚。

（略）

第二十七条　公司审计稽核部门要加强财务费用收支的再监督，并依照有关规定对违规行为及时查处，确保财务制度的贯彻执行。

第八章　附则

第二十八条　本办法自 2014 年 1 月 1 日起执行，原管理办法同时废止。

××有限责任公司

2013 年 12 月 28 日

（二）评析

这是一份企业财务管理办法，从整篇文章来看有如下几点值得学习：

（1）结构完整，格式规范。由标题、题注、正文等部分组成，正文采用"章条式"，是一份格式规范的企业管理办法。

（2）正文内容完备，具体明确。正文内容包括总则、分则、附则。

（3）条理清楚，逻辑性强。

（4）题注表述规范。

三、知识支撑

（一）企业管理办法的概念

企业管理办法是企业主管部门对贯彻执行某一规定或进行某项工作的方法、步骤、措施等，提出具体规定的规章制度类文书。

（二）企业管理办法的特点

（1）办法的法规约束性侧重于行政约束力。

（2）办法的条款具体、完整，不能抽象、笼统。

（三）企业管理办法的分类

根据内容、性质的不同，企业管理办法可分为实施文件办法和工作管理办法两种。前者如"企业职工带薪休假实施办法"；后者如"企业财务管理办法"、"企业档案管理办法"、"企业经营管理办法"、"企业员工管理办法"。

（四）企业管理规则的概念

企业管理规则是企业主管部门为规范管理某一工作而制定的企业员工共同遵守的规章制度类文书。

（五）企业管理规则的特点

1. 专门性

企业管理规则所适用的范围一般比较小，是专门就某一项工作或活动而制定的，超出这一范围便没有什么意义了。如"安全生产规则"只限于生产范围。

2. 强制性

企业管理规则在特定范围内具有强制性和约束力，相关人员都须严格遵循。

3. 具体性

企业管理规则的内容往往涉及具体工作的方方面面，条款比较具体、细致，无须再制定细则来作解释、补充。

四、技能演练

（一）企业管理办法与规则结构形式

标题＋题注＋正文（前言＋主体＋结尾）＋尾部

（二）企业管理办法与规则写作方法

1. 标题

企业管理办法与规则的标题一般由"发文机关＋事由＋文种"构成。

范例1：广州顺达物流总公司质量管理办法

范例2：广州顺达物流总公司仓库管理规则

2. 题注

标题之下用括号注明企业管理办法与规则通过的时间与会议名称，或批准的机关和时间等。

3. 正文

正文一般由"前言＋主体＋结尾"组成。

（1）前言。写制定管理办法与规则的依据、目的等。

（2）主体。写管理办法与规则的具体内容，采用分条列项的方法撰写。

（3）结尾。提出执行管理办法与规则的希望和要求。

4. 尾部

写上单位名称和成文日期。

（三）企业管理办法与规则写作要求

（1）结构完整，格式规范。由标题、题注、正文、尾部等部分组成。

（2）内容条款具体完整，便于操作和执行。

（3）语言朴实、准确简明，便于理解和记忆。

五、病文诊治

（一）病文

管理办法

2004. 01. 26

一、总则

1. 特制定本档案管理办法。

二、公司档案范围

公司建档范围确立为：

1. 公司设立、变更的申请、审批、登记以及终止、解散后清算等方面的文件材料。

2. 公司股东会、董事会、监理会形成的文件材料。

3. 财务、会计及其管理方面的文件材料。

4. 劳动工资、人事、法律事务管理方面的文件材料。

5. 经营管理方面的文件材料。

......

以上文件材料包括决议、决定、条例、规章制度等法规性文件，各类会议文件、重要记录、工作计划、工作规划和工作总结。

公司档案还包括声像资料：

......

三、公司档案管理体制

......

四、档案管理工作

（一）档案材料的收集

1. 区分全宗，确定立档单位。

2. 分类。依据档案来源、时间、题目、内容、字母顺序分成若干层次和类别。

3. 归档前将资料分类，分组放置在待办卷宗内。

4. 案卷排列。立卷按永久、长期、短期分别组卷，卷内文件把正文、底稿、附件、请示和批复放在一起，编制案卷目录和案内目录，并复印出 4～5 份。

5. 整理案卷，使之厚度适宜，控制在 1～2cm 之间，材料过窄应加衬边；材料过宽应折叠整齐；字迹难辨认的，应附抄件；以每一案卷端正书写标题。

6. 对所有公司档案系统排列，确定保管期限，编制档案目录（卡片），按一定次序排列和存放。

7. 每年对档案进行一次清理。

......

（二）档案的归档、立卷与管理

1. 建立、健全立卷归档制度，确立归档范围、归档时间、保管期限。

2. 对遗缺不全的档案，采取不同措施，积极收集齐全。

3. 及时催促办理完毕的文件上交回收，在次年检查齐全后整理立卷归档。

（三）档案的保管

1. 从档案的内容、来源、时间、可靠程度、名称等方面鉴别档案的价值。

2. 确定各类档案的保存期限表。其中财务档案见财务档案保存期限表。公司档案保管期限分永久、长期、短期三种。介于两种保管期限的，保管期限从长。

（四）档案的鉴定

1. 防止档案的损坏，延长档案的寿命，维护档案的安全。

2. 公司设立专门地点或专用库房或专用文件库保存档案。

3. 做好档案室的防盗、防水渍、防潮、防虫蛀、防尘、防鼠害、防高温、防强光等工作，门窗应结实牢固。

（五）档案的销毁

1. 对已失效的档案，认真鉴定，编制销毁清册，该清册永久保存。

2. 办理销毁手续，经董事会或总经理批准，方能销毁。

3. 销毁时要有两人以上监销，并在清册上签字。

4. 公司终止、解散时，档案应移交控股股东或主管部门或当地国家档案馆。

5. 公司应采取严密管理措施，防止档案失密和泄密。

（六）档案借阅、利用工作

1. 凡需使用档案者，均须填写文件调阅单，依据调阅权限和档案密级，经各级领导签批后方能调阅。

2. 案卷一般仅供在档案室阅读，立卷的文件、资料可外借。外借的须办理登记手续×日。

3. 借阅期限不得超过×日。

（二）诊治

这份××公司档案管理办法存在下列问题：

（1）标题不正确。标题应由公司名称＋事由＋文种构成。

（2）总则缺制定管理办法的依据。

（3）表述不清。第四条"档案收集"与"档案归档、立卷与管理"具体内容互相混淆；"档案保管"与"档案鉴定"具体内容互相混淆，明显反映出该办法思路不清。

（4）题注中日期书写不规范。

六、相关知识拓展

企业管理办法与规则皆属规章制度类文书，应用较为广泛，其正文常用的表述形式有五种。

1. 章条式

章条式也称章断条连式。适用于内容复杂的企业管理办法与规则，分为总则、分则、附则三大部分，总则为第一章，一般交代制定管理办法与规则的依据。分则有若干章，各章分若干条，要将具体内容和措施依次逐条写清楚。附则为最后一章，是管理办法与规则的结尾，一般是交代实施的日期和对实施的说明。

2. 通篇分条式

通篇分条式，也称逐条贯通式。此种写法直接分条，适用于内容比较简单的企业管理办法与规则。

3. 前言加条款式

正文开头有一段没有列入条款的引言，一般用来交代根据、目的、意义；主体部分写法跟通篇分条式相似。

4. 前言后语式

前言后语式也称前言加条款加后语式。正文开头有一段没有列入条款的引言，一般用来交代根据、目的、意义；主体部分写法跟通篇分条式相似；后语写执行企业管理办法与规则的希望和要求。

5. 项目式

此种写法直接分项，全文序数用中文小写或阿拉伯数字或两者混合标注，没有前言后语，适用于内容比较简单的企业管理办法与规则。

七、模拟写作实训

（一）实训任务

根据【项目任务背景】给定的材料，请代×××广告有限责任公司分别撰写一篇企业经营管理办法和企业经营管理规则。

（二）实训要求

（1）目的明确，针对性强。

（2）内容具体，操作性强。

（3）条项内容独立完整，条项之间互不交叉。

（4）结构完整，格式规范，条理清楚，层次分明，逻辑性强。

（5）语言朴实，简洁明了，表达准确。

任务11-3　企业管理规程与制度写作

知识目标

1. 了解企业管理规程与制度的适用范围

2. 理解企业管理规程与制度的概念、特点和类型

3. 掌握企业管理规程与制度的写作格式和要求

技能目标

1. 能熟练掌握企业管理规程与制度的写作技能

2. 能撰写格式规范、结构完整、语言得体、要素齐全的企业管理规程与制度

【项目任务背景】

广东××建筑公司以承建"高、大、新、特、重"工程著称于世，已成为国内外知名的建筑业行业品牌。公司在国内和国际上完成了一大批工期要求紧、质量要求高、难度要求大的大型和特大型工程，并先后在国内外建筑工程的建设中，创造了多个彪炳建筑业史册的施工项目，一些项目已成为当地标志性的建筑物。

为建立和健全安全生产责任制，制定完备的安全生产规章制度和操作规程，公司决定重新制定建筑施工管理制度和各类机械设备操作规程等一系列规章制度。

一、任务分析

（1）根据【项目任务背景】给定的材料，代广东××建筑公司分别写一篇安全施工管理制度和××机械设备操作规程。

（2）要顺利完成写作任务，必须对下列两个问题进行认真分析：

①如何构思企业管理规程与制度的写作结构？考虑标题、题注、正文和尾部要写的内容。

②企业管理规程与制度的写作方法和要求有哪些?

二、范文借鉴

(一)范文

1. 企业管理规程范文

广东××建筑总公司叉车工安全操作规程
(2013 年 12 月 28 日公司办公会议通过)

一、为确保本公司叉车的安全使用,加强员工安全意识,规范公司叉车工操作,特制定本安全操作规程。

二、操作者必须经过培训,取得合格证后,方可操作。

三、作业前必须认真检查转向、刹车装置是否安全可靠,确认安全后方可出车。

四、装运物货不得超载,应有专人指挥,作业时货物应装稳、系牢,不准长距离(1 公里以上)运输货物,行驶速度不得超过 10 千米/小时。

五、严禁装运易燃易爆物品。

六、驾驶室外不得乘人。

七、严寒季节,要加强防寒防冻措施。

八、希望公司叉车工严格遵守本安全操作规程,违者视其情节轻重,按公司有关规定处理。

广东××建筑总公司
2013 年 12 月 28 日

2. 企业管理制度范文

广东××有限责任公司考勤制度

第一章　总则

第一条　为了加强劳动纪律和工作秩序,根据《中华人民共和国劳动法》有关规定,特制定本制度。

第二章　工作制

第二条　公司行政部门实行每周 5 天标准工作周制度,每天工作 8 小时,每周工作时数为 40 小时。

第三条　公司行政部门上班时间为 8:00~12:00,13:00~17:00。

第四条　生产车间实行两班制,每班工作 8 小时。早班上班时间为 6:00~14:00;中班上班时间为 14:00~22:00。

第三章　考勤范围

第五条　(略)

第六条　(略)

第四章　考勤办法

第七条　(略)

第八条　（略）

第九条　（略）

第十条　（略）

第五章　请假制度

（略）

第六章　考勤统计及评价

（略）

第七章　奖惩办法

（略）

第八章　附则

第二十条　公司行政部会同人力资源部执行本制度，经公司总经理批准颁行。

广东××有限责任公司

2013 年 12 月 28 日

（二）评析

《广东××建筑总公司叉车工安全操作规程》和《广东××有限责任公司考勤制度》有如下几点值得借鉴：

（1）两篇规章制度结构完整，格式规范。均由标题＋正文＋尾部部分组成，格式规范。

（2）两篇规章制度正文内容完备，具体明确。

（3）《广东××建筑总公司叉车工安全操作规程》正文内容比较简单，采用"项目式"表述形式适当。

（4）《广东××有限责任公司考勤制度》正文内容比较复杂，采用"章条式"表述形式适当。

三、知识支撑

（一）企业管理规程的概念

所谓"规程"，就是"规则＋流程"。所谓流程即为实现特定目标而采取的一系列前后相继的行动组合，也即多个活动组成的工作程序。规则则是对工作的要求、规定、标准和制度等。因此，企业管理规程可以定义为：是企业主管部门针对某一工作程序制定的具有一定标准和要求的规章制度类文书。

（二）企业管理规程的特点

（1）标准性。企业管理规程是规范企业生产、操作等具体工作要求、实施程序标准的规定，是标准文件的一种形式。

（2）针对性。企业管理规程一般针对某一具体工作项目的标准而拟制，具有很强的针对性。

（3）具体性。企业管理规程对相关工作项目的每个工作程序的表述具体明确。

（三）企业管理规程的分类

企业管理规程的分类根据内容、性质的不同，可分为实施文件规程和工作管理规程两种。前者如"社会民政福利企业管理规程"、"建筑施工企业安全生产许可证颁发管理工作规程"；后者如"企业工程资料管理规程"、"企业安全生产规程"、"企业施工管理规程"等。

（四）企业管理制度的概念

企业管理制度是企事业单位为了保证某项工作的有序进行而制定的要求有关人员共同遵守的规章制度类文书。

（五）企业管理制度的特点

（1）规范性。企业管理制度是要求有关人员共同遵守的管理操作规程，其内容是对有关工作内容及人员行为的规范。

（2）针对性。制度一般是针对某项工作而制定的，所以有很强的针对性。如作息制度、岗位责任制度等，都是针对某项工作的实际需要而制定出来的。

（3）细致性。为便于人们对制度的理解和操作，制度的条文内容十分具体、明晰、细致，极少有一般化、抽象化的东西。

四、技能演练

（一）企业管理规程与制度结构形式

标题 + 正文（前言 + 主体 + 结尾）+ 尾部

（二）企业管理规程与制度写作方法

1. 标题

企业管理规程与制度的标题有两种形式：

（1）由"企业名称 + 事由 + 文种"组成。

范例1：广东××机电设备安装公司××设备安全操作规程

范例2：广东××有限责任公司财务管理制度

（2）由"事由 + 文种"组成。

范例1：××设备安全操作规程

范例2：员工考勤制度

2. 正文

企业管理规程与制度正文内容分为三个层次，包括前言、主体和结尾。

（1）前言，是制定企业管理规程与制度的背景、目的、依据或指导思想。有的企业管理规程与制度的前言为单独一段，有的企业管理规程与制度的前言为第一条或第一项，有的企业管理规程与制度的前言为前几条或前几项。

（2）主体，是企业管理规程与制度的具体工作程序和对有关人员的行为要求。

（3）结尾，说明执行要求等事项。有的企业管理规程与制度的结尾为单独一段，有的企业管理规程与制度的结尾为最后一条或最后一项，有的企业管理规程与制度的结尾为最后几条或最后几项。

若企业管理规程与制度正文内容复杂、涉及面广，应采用"章条式"写法，正文可分为总则、分则和附则来写。

3．尾部

尾部由单位名称和成文日期构成，位置在正文的右下方。

（三）企业管理规程与制度写作要求

（1）目的明确，针对性强。

（2）内容具体细致，具有可操作性。

（3）条项内容独立完整，条项之间互不交叉。

（4）结构完整，格式规范，条理清楚，层次分明，逻辑性强。

（5）语言朴实，简洁明了，表达准确。

五、病文诊治

（一）病文

广东××机电设备安装公司制度

第一条　总则

为了明确岗位职责，根据岗位的具体情况和要求，特制定本制度。

第二条　总经理与副总经理岗位职责（略）

一、总经理岗位职责（略）

二、副总经理岗位职责（略）

第三条　部门负责人岗位职责

一、办公室主任岗位职责

（略）

二、财务部经理岗位职责

（略）

三、采购部经理岗位职责

（略）

四、销售部经理岗位职责

（略）

五、工程部经理岗位职责

（略）

六、培训部经理岗位职责

（略）

七、人力资源部经理岗位职责

（略）

……

第四条　员工岗位职责

一、机修工岗位职责。（略）

二、机电设备安装工岗位职责。（略）

三、实验室仪器维护人员岗位职责。（略）

四、司机岗位职责（略）

五、热力工岗位职责。（略）

六、水质仪表维护人员岗位职责。（略）

七、热力专业组长岗位职责。（略）

……

第五条　附则

本制度自颁布之日起实施。

广东××机电设备安装公司

2014 年 1 月 1 日

（二）诊治

这是一篇公司岗位责任制度，在写作上存在下列问题：

（1）标题不正确。制度标题应由"企业名称＋事由＋文种"构成或由"事由＋文种"构成，不能只有企业名称和文种。

（2）正文表述形式不当。该制度内容较为复杂，不适宜用通篇分条式表述，应采用章条式表述。

（3）有些款项内容表述混乱。第四条第三款写实验仪器维护人员岗位职责，第 5 款却写热力工岗位职责，而第六款又写水质仪表维护人员岗位职责，第七款再写热工专业组长岗位职责。款项内容表述混乱，明显反映出该制度思路不清。

六、相关知识拓展

企业管理规程与制度属规章制度类文书，应用较为广泛，其正文常用的表述形式有五种。

1. 章条式

章条式也称章断条连式。适用于内容复杂的企业管理规程与制度，分为总则、分则、附则三大部分，总则为第一章，一般交代制定管理规程与制度的依据。分则有若干章，各章分若干条，要将具体内容和措施依次逐条写清楚。附则为最后一章，是管理规程与制度的结尾，一般是交代实施的日期和对实施的说明。

2. 通篇分条式

通篇分条式，也称逐条贯通式。此种写法直接分条，适用于内容比较简单的企业管理规程与制度。

3. 前言加条款式

正文开头有一段没有列入条款的引言，一般用来交代根据、目的、意义；主体部分写法跟通篇分条式相似。

4. 前言后语式

前言后语式也称前言加条款加后语式。正文开头有一段没有列入条款的引言，一般用来交代根据、目的、意义；主体部分写法跟通篇分条式相似；后语写执行企业管理规程与制度的希望和要求。

5. 项目式

此种写法直接分项，全文序数用中文小写或阿拉伯数字或两者混合标识。没有前言后语。适用于内容比较简单的企业管理规程与制度。

七、模拟写作实训

（一）实训任务

（1）根据【项目任务背景】给定的材料，代广东××建筑公司写一篇安全施工管理制度。

（2）根据【项目任务背景】给定的材料，代广东××建筑公司写一篇××机械设备操作规程。

（二）实训要求

（1）结构完整，格式规范。

（2）内容具体，操作性强。

（3）条项内容独立完整，条项之间互不交叉。

（4）条理清楚，层次分明，逻辑性强。

（5）语言朴实，简洁明了，表达准确。

项目11 思考与练习题

一、填空题

1. 企业章程是指企业依法制定的，规定企业名称、住所、经营范围、经营管理制度等重大事项的_____类文书。

2. 公司章程又分为两类，即_____和_____。

3. _____主要强调企业章程的真实性、明确性和稳定性。

4. 撰写企业章程，通常采用_____的方法，即把同类的内容组成一个章，一个独立的具体内容应为一个条，条下如需分述可分设款项。

5. 企业章程标题格式一般为_____。

6. 企业管理办法是企业主管部门对贯彻执行某一规定或进行某项工作的方法、步骤、措施等，提出具体规定的_____文书。

7. 根据内容、性质的不同，企业管理办法可分为_____和_____两种。

8. 企业管理规则所适用的范围一般比较小，是专门就某一项工作或活动而制定的，超出这一范围便没有什么意义，这是指企业管理规则的_____特点。

9. 企业管理规则、办法的正文一般由_____、_____、_____三部分组成。

10. _____是企业主管部门针对某一工作程序制定的具有一定标准、要求和规定的规章制度类文书。

11. 企业管理规程与制度正文内容的结构分为三层，包括前言、主体和结尾。其中_____说明制文的目的、指导思想和制文的根据。

12. 企业管理制度一般是针对某项工作而制定的，所以有很强的_____。

13. 企业管理规程与制度由_____、_____、_____三部分构成。

二、选择题

（一）单选题

1. 企业章程属于（   ）

A. 法律类文书　　B. 规章类文书　　C. 礼仪类文书　　D. 行政类文书

2. 企业章程作为一种行为规范，不是由国家而是由企业依法自行制定的，是一种法律以外的行为规范，由企业自己来执行，无须国家强制来保证实施。这说明了企业章程具有（   ）

A. 法律性　　B. 不稳定性　　C. 自治性　　D. 确定性

3. 企业章程的核心部分是（   ）

A. 正文　　B. 标题　　C. 题注　　D. 落款

4. 企业章程一般写明该企业组织的名称、性质、宗旨、任务、指导思想和组织本身建设的要求等内容。总则是章程的纲领，对全文起统率作用的是(   )

A. 分则　　B. 细则　　C. 附则　　D. 总则

5. 企业章程主体部分的补充是（   ）

A. 分则　　B. 细则　　C. 附则　　D. 总则

6. 跟通篇分条式写法比较相似，正文开头有一段没有列入条款的引言，一般用来交代根据、目的、意义。此种写法是（   ）

A. 通篇分条式写法　　　　B. 章条式写法

C. 纲目式写法　　　　　　D. 引言加条款式写法

7. 一般交代管理办法实施的日期和对实施进行说明的部分是（   ）

A. 正文　　B. 办法的结尾　　C. 题注　　D. 落款

8. 适用于内容比较简单的企业管理规则的写法是（   ）

A. 通篇分条式　　B. 章条式　　C. 纲目式　　D. 引言加条款式

9. 企业管理规程是规范企业生产、操作等具体工作要求，实施程序标准的规定，是标准文件的一种形式。这是指企业管理规程的（   ）

A. 针对性　　B. 具体性　　C. 标准性　　D. 明确性

10. 企业管理制度是要求有关人员共同遵守的管理操作规程，其内容是对有关工作内容及人员行为的规范。这是指企业管理制度的（   ）

A. 针对性　　B. 规范性　　C. 细致性　　D. 明确性

11. 下面属于实施文件规程的是（　　　）

A. 建筑施工企业安全生产管理工作规程

B. 企业工程资料管理规程

C. 企业安全生产规程

D. 企业施工管理规程

12. 企业管理制度的签署由企业名称和制发时间构成，位置在正文（　　　）

A. 左下方　　　　　B. 正下方　　　　　C. 斜下方　　　　　D. 右下方

（二）多选题

1. 按照企业类型划分，企业章程可分为（　　　）

A. 独资企业章程　　　　　　　　B. 合伙企业章程

C. 公司章程　　　　　　　　　　D. 企业集团章程

2. 企业章程的特点有（　　　）

A. 法定性　　　　B. 不确定性　　　　C. 自治性　　　　D. 不稳定性

3. 企业章程的正文应当包括下列哪些方面的内容（　　　）

A. 总则　　　　　B. 分则　　　　　C. 守则　　　　　D. 附则

4. 企业管理办法的特点是（　　　）

A. 办法的法规约束性侧重于行政约束力

B. 办法的条款具体、完整

C. 抽象

D. 笼统

5. 企业管理办法中的工作管理办法有（　　　）

A. 企业职工带薪休假实施办法　　　B. 企业财务管理办法

C. 企业档案管理办法　　　　　　　D. 企业经营管理办法

6. 企业管理规则的特点有（　　　）

A. 专门性　　　　B. 强制性　　　　C. 笼统性　　　　D. 具体性

7. 企业管理规程与制度正文内容的结构分为三层，包括（　　　）

A. 标题　　　　　B. 前言　　　　　C. 主体　　　　　D. 结尾

三、判断题

1. 企业章程是企业组织和活动的基本准则。（　　　）

2. 企业章程作为企业内部规章，其效力不仅对企业和相关当事人，还具有普遍的约束力。（　　　）

3. 企业章程是企业设立的必备条件之一。（　　　）

4. 撰写企业章程，通常采用"纲目式"的方法。（　　　）

5. 企业章程是一个企业的纲领性文件，其结构不宜简练。（　　　）

6. 企业管理办法是企业主管部门对贯彻执行某一规定或进行某项工作的方法、步骤、措施等，提出具体规定的规章制度类文书。（　　　）

7. 企业管理办法的行政约束力侧重于法规约束性。（　　　）

8. "企业员工管理办法"属于实施文件办法。（　　　）

9. 企业管理规则的内容往往涉及具体工作的方方面面，条款比较具体、细致，无须再制定细则来作解释、补充。（　　　）

10. 通篇分条式写法，此种写法直接分条，适用于内容比较复杂的规则，如"评比规则"。（　　　）

11. 所谓"规程"，就是"规则＋流程"。因此，企业管理规程可以定义为：企业主管部门针对某一工作程序制定的具有一定标准、要求和规定的规章制度类文书。（　　　）

12. 为便于人们对制度的理解和操作，制度的条文内容十分具体、明晰、细致，极少有一般化、抽象化的东西。（　　　）

13. 企业管理规程对相关工作项目的每个工作程序的表述都很笼统。（　　　）

四、改错题

1. 企业章程作为企业内部规章，其效力不仅对企业和相关当事人，还具有普遍的约束力。

2. 撰写企业章程，通常采用"纲目式"的方法。

3. 企业章程是一个企业纲领性文件，其结构不宜简练。

4. 企业章程用语要生动、幽默、活泼，以体现章程的庄严性和严肃性。

5. 企业章程一般用以说明企业组织的宗旨、性质、组织原则、机构设置、职责范围等，并对企业成员起行为准则作用，具有不确定性。

6. 企业管理办法的行政约束力侧重于法规约束性。

7. "企业员工管理办法"属于实施文件办法。

8. 通篇分条式写法直接分条，适用于内容比较复杂的规则，如"评比规则"。

9. 企业管理规程对相关工作项目的每个工作程序的表述具体笼统。

10. 企业管理规程与制度的总则一般交代实施的日期和对实施的说明。

11. 为便于人们对制度的理解和操作，制度的条文内容比较一般化、抽象化。

12. 企业管理规则所适用的范围一般比较大，是就多项工作或活动而制定的。

13. 企业管理办法与规则的写作要求要求内容条款深奥复杂。

五、问答题

1. 什么是企业章程？
2. 如何理解企业章程的自治性？
3. 简述企业章程的写作要求。
4. 企业管理办法与规则的写作要求有哪些？
5. 如何理解企业管理规则的特点？
6. 简述企业管理规程与制度的一般写法。

单元六　企业经济契约文书

项目 12　意向书、经济合同与劳动合同写作

任务 12 - 1　意向书写作

知识目标

1. 了解意向书的适用范围
2. 理解意向书的概念、特点和类型
3. 掌握意向书的写作格式和要求

技能目标

1. 能熟练掌握意向书的写作技能
2. 能撰写格式规范、结构完整、内容完备、表述正确、要素齐全的意向书

【项目任务背景】

　　2013 年 6 月 18 日上午，广州博大贸易有限责任公司（甲方）与佛山兴达贸易有限责任公司（乙方）在广州迎宾馆就技术与经济合作事宜进行了友好磋商。双方本着"互惠互利，共担风险"的原则，经协商，达成了许多共识。技术与经济合作的范围很广，主要包括高科技产品开发，农副产品深加工与综合利用，外贸出口技术咨询，高新技术以及资金等方面的引进合作。合作方式灵活，双方同意根据具体项目情况，采用多种合作方式。双方明确了合作程序，先由双方商定适当时间，组团考察调研；再根据考察调研结果，共同拟定具体的合作项目和方式；然后约期磋商合同条款，最后签订正式合同。

　　甲乙双方还明确了各自的义务：甲方负责提供资源和项目资料；乙方负责提供合作开发项目的资料、设备和技术，组织有关技术力量，协调合作开发项目的各方关系，协助或代理甲方的产品出口和合作项目产品的出口。

　　双方确定了具体的联系人，进行经常的联络工作。双方同意未尽事宜在签订正式合同或协议时再予以补充。

　　甲乙双方认为此次洽谈意向明确，富有成效，并商定由甲方对此次洽谈的情况起草一份文件，双方各执两份。

　　甲方基本信息：

　　法人代表：李××；联系人：彭××；电话：020 - 6123×××；传真：020 - 6123×××；邮编：510300；联系地址：广州市海珠区新港西路××号；E-mail: gzbd666@ 126. com。

　　乙方基本信息：

　　法人代表：赵××；联系人：黄××；电话：0757 - 8632×××；传真：0757 - 8632×××；邮编：528088；联系地址：佛山市禅城区建国路××号；E-mail: fssd555@ 163. com。

一、任务分析

（1）根据【项目任务背景】给定的材料，代广州博大贸易有限责任公司和佛山兴达贸易有限责任公司起草一份意向书。

（2）要顺利完成写作任务，必须对下列两个问题进行认真分析：

①如何构思意向书的写作结构？考虑标题、正文和尾部要写的内容。

②意向书的写作方法和要求有哪些？

二、范文借鉴

（一）范文

意向书

广州××有限责任公司（简称甲方）与深圳××有限责任公司（简称乙方），于2014年1月8日上午在深圳市国贸大厦22层会议厅就引进开发农副产品深加工技术进行了洽谈，双方本着"互惠互利，共谋发展"的原则，经友好协商，达成以下共识：

一、合作范围

1. 农副产品深加工技术咨询和引进。

2. 农副产品深加工机械设备引进。

3. 农副产品深加工专利引进。

4. 引进外国资金开发农副产品深加工基地。

二、合作方式

双方同意根据具体项目情况，采用多种合作方式，主要包括引进农副产品深加工技术、专利、机械设备和资金。

三、合作程序

先成立由双方代表组成的引进开发农副产品深加工技术工作组，商定适当时间，组团考察调研；再根据考察调研结果，共同拟定具体的合作项目和方式；然后约期磋商合同条款，最后签订正式合同。

四、甲乙双方义务

1. 甲方负责提供农副产品深加工基地的用地和厂房建设。

2. 乙方负责提供农副产品深加工技术资料、机械设备、专利，组织有关技术力量和协调各方关系，协助代理产品出口。

3. 双方共同引进外国资金开发农副产品深加工基地。

4. 双方确定联系人，开展经常性的联络工作。

五、未尽事宜，在正式签订合同时再予以补充

六、此意向书一式四份，双方各执两份

甲方：　　　　　　　　　　　　　　　　　　乙方：

广州××有限责任公司　　　　　　　　　　　深圳××有限责任公司

（公章）　　　　　　　　　　　　　　　　　（公章）

代表：钟××（签名）　　　　　　　　　　　代表：刁××（签名）

二〇一四年一月八日　　　　　二〇一四年一月八日

联系人：刘××　　　　　　　联系人：朱××

电话：020 – 3939 × × × ×　　电话：0755 – 3838 × × × ×

传真：020 – 3939 × × ×　　　传真：0755 – 3838 × × × ×

邮编：510300　　　　　　　邮编：519300

联系地址：　　　　　　　　　联系地址：

广州市海珠区新港西路××号　深圳市罗湖区建设路××号

E-mail：gzxd333@163. com　　E-mail：szrf888@ 126. com

（二）评析

该意向书有以下几点值得借鉴：

（1）结构完整，格式规范。该意向书结构是由"标题＋正文（导语＋主体＋结尾）＋尾部"组成，完整齐全，格式规范合理。

（2）条理清楚，层次分明。

（3）协商性和灵活性突出。在导语中写明"本着'互惠互利，共谋发展'的原则，经友好协商"，体现出意向书协商性的特点。在结尾中写道"未尽事宜，在正式签订合同时再予以补充"，体现出意向书灵活性的特点。

（4）表述准确，行文简练。该意向书对"合作范围、合作方式、合作程序和甲乙双方义务"的具体内容表述准确，行文简练，体现出意向书简略性的特点。

三、知识支撑

（一）意向书的概念

意向书是当事人双方或多方之间，在对某合作项目正式签订合同或协议之前，表达初步设想的意向性契约文书。

（二）意向书的特点

（1）协商性。意向书的撰写多用商量的语气，不带任何强制性。若没有达成一致的事项，可另行约期磋商，未尽事宜，可在正式签订合同或协议书时予以补充。

（2）灵活性。意向书不是法律文书，不像合同那样一经签订便不能随便改动。意向书比较灵活，在协商过程中，当事人各方均可以按各自的意图和目的提出意见；在正式签订合同或协议书前亦可以随时变更或补充修改相关内容。

（3）简略性。意向书所表达的意思简略，只是当事人各方协商结果的大致轮廓，只需写出意向性意见，具体细致内容待正式签订合同或协议书时再完善。

（三）意向书的种类

（1）按内容划分，主要包括商品贸易意向书、技术合作意向书、经济合作项目意向书等。

（2）按形式划分，可分为条款式和书信式两类。本单元只讲条款式意向书的写作。

四、技能演练

(一) 意向书结构形式

标题 + 正文（导语 + 主体 + 结尾） + 尾部

(二) 意向书写作方法

1. 标题

意向书的标题一般有四种形式：

(1) 事由 + 文种。如"关于合作经营×××的意向书"。

(2) 项目名称 + 文种。如"合资建立陶瓷厂意向书"。

(3) 合作单位 + 合作项目 + 文种。如"广州市××公司与香港××公司合作经营地铁意向书"。

(4) 文种，即"意向书"。

2. 正文

意向书正文的一般结构形式为：导语 + 主体 + 结尾。

(1) 导语，写明合作各方当事人单位的名称，双方接触的简要情况，包括商谈时间、地点，原则精神，磋商后达成的意向性意见。有一句惯用语不能漏掉："双方本着'××××，××××，××××'的原则，经友好磋商。……"过渡句"现达成以下意向"或"现已达成初步意向，内容如下"也经常使用。

(2) 主体，分条列款写明达成的意向性意见。主要内容的编写要条理清楚，层次分明，逻辑性强。

(3) 结尾，写有关事项的说明。如意向书的份数、生效日期等，特别要注意写明一句话："未尽事宜，在正式签订合同或协议书时予以补充。"以便留有余地。

3. 尾部

写意向书签订各方单位的名称（加盖公章）、代表人姓名（签名）、成文日期（用中文汉字书写）、联系人、电话、传真、邮编、联系地址、E-mail 等。

(三) 意向书写作要求

(1) 结构完整，要素齐全。意向书结构由"标题 + 正文（导语 + 主体 + 结尾） + 尾部"组成，每一部分的要素要齐全完整，格式要规范合理。

(2) 条理清楚，层次分明。意向书具体内容的编写要力求条理清楚，层次分明，逻辑性强。

(3) 突出协商性和灵活性特点。

(4) 表述准确，行文简练。意向书具体内容的表述要准确，行文要简练，体现意向书简略性的特点。

(5) 关键问题不涉及。在撰写意向书时，对合作项目中的关键问题不宜写入，以便在下一步谈判时，能进退自如，取得主动。

(6) 需上级批准的项目不承诺，超越工作范围的意向条款不写入。因为兴办一个合作项目，必然涉及许多上级部门，而且要经他们审批，非本方工作范围，也非本方能够单独解决的。所以在撰写意向书时，必须谨慎行事，不可将不适当的承诺和超越工作范围的意向条款写入意向书。

五、病文诊治

（一）病文

经济合同意向书

2014年1月8日至10日，广州美味食品有限公司（简称甲方）与德国HP公司（简称乙方）就合作组建生产绿色食品公司事宜进行友好磋商，进行了洽谈。双方现已达成以下共识：

一、双方一致同意在广州市白云区高新工业区建立绿色食品生产基地。

二、甲方承诺找厂址和建厂房，乙方承诺提供绿色食品生产的最新技术和设备。

三、双方商定新组建的合资经营企业为有限责任公司，并定名为：美德食品有限责任公司。

四、甲方决定投资比例为4∶6，即甲方占40%，乙方占60%，总投资2 000万元，其中甲方800万元，乙方1 200万元。

五、甲方决定利润分成比例为5∶5，合资经营期限暂定为5年。

六、新组建公司设董事会，人数为5人，甲方3人，乙方2人。董事长1人由乙方担任。副董事长1人由甲方担任。总经理1人由甲担任，副经理2人，分别由甲乙方各委派1人担任。

七、双方共同遵守中国政府的法律法规。

八、甲乙双方商定，在适当时间，就有关问题进一步商洽。

广州美味食品有限公司董事长   德国HP公司总裁

×××（签名）   ×××（签名）

2014. 1. 10   2014. 1. 10

（二）诊治

该意向书不足之处有以下几个方面：

（1）标题不正确。不能写成"经济合同意向书"，应改为"意向书"或"合作组建生产绿色食品公司意向书"。

（2）结构要素不齐全，写法不正确。尾部缺少加盖公章、联系人、电话、传真、邮编、联系地址、E-mail等要素。成文日期书写不规范，要用中文汉字书写年份全称。

（3）缺乏协商性和灵活性。正文中第四、五项都是甲方单方的意见，并非协商一致的意见，缺乏协商性；结尾处没有"未尽事宜，在正式签订合同或协议书时予以补充"这一项，缺乏灵活性。

（4）把关键问题写入了意向书。投资比例、利润分成是敏感问题，也是合作项目中的关键问题，一般要经过多次谈判才能达成一致意见。意向书不能写入关键问题。

（5）表述不准确，行文欠简练。如正文第四项中"总投资2 000万元，其中甲方800万元，乙方1 200万元"应加上币种，是美元、港币，抑或是人民币，这样表述才准确。

六、相关知识拓展

（一）意向书与合同比较

1. 相同点

两者均属契约类文书。

2. 不同点

（1）文种性质不同。意向书非法律文书，不具有法律效力；合同是法律文书，具有法律效力。

（2）内容要求不同。意向书的内容要写得比较原则，力求简略；合同的内容要写得具体详细。

（3）灵活性不同。意向书的条款签订后，当事人双方均可以随意更改；合同的条款一经签订，当事人双方均不可以随意更改。

（二）意向书的作用

1. 意向书是合作双方开展各项后续工作的向导。

2. 意向书是合作双方进行实质性谈判的原则性依据。

3. 意向书是合作双方正式签订合同或协议书的基础。

（三）意向书的模式

一般来说，意向书有两种模式。

1. 模式一

标题：　　　　　　　　　　　　×××ד意向书

正文：

×××公司（简称甲方）与×××公司（简称乙方）于××××年××月××日在××宾馆就×××××××××××进行磋商，双方本着"×××××，×××××"的原则，经友好协商，现确定以下××××合作关系：（导言）

一、合作范围

1. ……

2. ……

3. ……

二、合作方式

……

三、合作程序

……

四、甲乙双方义务

1. ……

2. ……

3. ……

（以上四项为主体）

五、未尽事宜，在正式签订合同或协议书时再予以补充

六、此意向书一式两份，双方各执一份（以上两项为结尾）

尾部：

甲方：	乙方：
公司名称（全称）：	公司名称（全称）：
（加盖公章）	（加盖公章）
法人代表：	法人代表：
成文日期：	成文日期：
联系人：	联系人：
电话：	电话：
传真：	传真：
邮编：	邮编：
联系地址：	联系地址：
E-mail：	E-mail：

2. 模式二

标题：　　　　　　　**×××××××××××××意向书**

正文：

　　××公司（简称甲方）与××公司（简称乙方）于××××年××月××日在××宾馆就××××××××××进行磋商，双方本着"×××××，×××××"的原则，经友好协商，现已达成初步意向，内容以下：（导言）

一、……

二、……

三、……

四、……

五、……

六、……

（以上六项为主体）

七、未尽事宜，在正式签订合同或协议书时再予以补充

八、此意向书一式两份，双方各执一份（以上两项为结尾）

尾部：

甲方：	乙方：
公司名称（全称）：	公司名称（全称）：
（加盖公章）	（加盖公章）
法人代表：	法人代表：
成文日期：	成文日期：
联系人：	联系人：
电话：	电话：
传真：	传真：
邮编：	邮编：

七、模拟写作实训

（一）实训任务

根据【项目任务背景】给定的材料，代广州博大贸易有限责任公司和佛山兴达贸易有限责任公司起草一份意向书。

（二）实训要求

（1）结构完整，格式规范。

（2）条理清楚，层次分明。

（3）协商性和灵活性特点要突出。

（4）表述准确，行文简练。

任务 12 – 2　经济合同写作

知识目标

1. 了解经济合同的适用范围

2. 理解经济合同的概念、特点和种类

3. 掌握经济合同的写作格式和要求

技能目标

1. 能熟练掌握经济合同的写作技能

2. 能撰写格式规范、结构完整、内容完备、表述正确、要素齐全的经济合同

【项目任务背景】

　　广州大地贸易有限公司拟将该公司位于广州市榆南路 21 号的厂房三间出租给广州天强贸易有限公司，双方已就房屋租赁的面积、用途、租赁期限、租金、付款方式、维修养护责任、违约责任、争议处理等达成一致，拟于 2014 年 1 月 8 日在广州白云宾馆签订房屋租赁合同。请根据《中华人民共和国合同法》、《中华人民共和国城市房地产管理法》等相关法律法规，代广州大地贸易有限公司撰写一份与广州天强贸易有限公司的房屋租赁合同。

一、任务分析

（1）根据【项目任务背景】给定的材料，代广州大地贸易有限公司与广州天强贸易有限公司撰写一份房屋租赁合同。

（2）要顺利完成写作任务，必须对下列两个问题进行认真分析：

①如何构思经济合同的写作结构？考虑标题、首部、正文和尾部要写的内容。

②经济合同的写作方法和要求有哪些？

二、范文借鉴

（一）范文

房屋租赁合同

出租方（以下简称甲方）：××市××食品有限公司

法定代表人：×××

地址：××市××区××村　　电话：×××××××

承租方（以下简称乙方）：××市××贸易有限公司

法定代表人：×××

地址：××市××区××村　　　电话：×××××××

根据《中华人民共和国合同法》、《中华人民共和国城市房地产管理法》及其他有关法律、法规的规定，在平等、自愿、协商一致的基础上，甲乙双方就下列房屋的租赁达成如下协议：

第一条　房屋基本情况

甲方房屋（以下简称该房屋）坐落于××市××区××社区，宗地号为A××××_××××，房产地名称为厂房1栋、宿舍2栋，厂房1栋建筑面积为3 791.29平方米，宿舍2栋建筑面积为4 709.3平方米，该房屋的土地使用权以出让方式取得。现甲方将上述物业出租给乙方使用。

第二条　房屋用途

乙方承租该房屋以用作工业厂房和员工宿舍使用。除双方另有约定外，乙方不得改变房屋用途。

第三条　租赁期限

租赁期限自2008年9月1日至2020年8月31日。

第四条　租金

该房屋租金为人民币××元/年。

租金总计为人民币××元。

第五条　付款方式

乙方应于本合同生效之日向甲方支付全部租金即合计为人民币××元。

第六条　交付房屋期限

甲方于本合同生效之日起10日内，将该房屋交付乙方。

第七条　甲方对产权的承诺

甲方保证出租的该房屋没有产权纠纷；除补充协议另有约定外，有关按揭、抵押债务、税项及租金等，甲方均在出租该房屋前办妥。出租后如有上述未清事项，由甲方承担全部责任，由此给乙方造成经济损失的，由甲方负责赔偿。

第八条　维修养护责任

租赁期间，甲方对房屋及其附着设施每隔半年检查、修缮一次，乙方应予积极协助，不得阻挠施工。正常的房屋大修费用由甲方承担；日常的房屋维修由甲方承担。因乙方管理使用不善造成房屋及其相连设备损失和维修的费用，由乙方承担责任并赔偿损失。

租赁期间，防火安全、门前三包、综合治理及安全、保卫等工作，乙方应按当地有关部门的规定执行并承担全部责任和服从甲方的监督检查。

第九条　关于装修和改变房屋结构的约定

乙方不得随意损坏房屋设施，如需改变房屋的内部结构和装修或设置对房屋结构产生影响的设备，需先征得甲方书面同意，投资由乙方自理。退租时，除另有约定外，甲方有权要求乙方按原状恢复或向甲方交纳恢复工程所需费用。

第十条　关于房屋租赁期间的有关费用

在房屋租赁期间，以下费用由乙方支付，并由乙方承担延期付款的违约责任：

1. 水、电费；
2. 煤气费；
3. 电话费；
4. 物业管理费。

在租赁期，如果发生政府有关部门征收本合同未列出项目但与使用该房屋有关的费用，均由乙方支付。

第十一条　租赁期满

租赁期满后，本合同即终止，届时乙方须将房屋退还甲方。如乙方要求继续租赁，则须提前一个月书面向甲方提出，甲方在合同期满前向乙方正式书面答复，如同意继续租赁，则续签租赁合同。

第十二条　因乙方责任终止合同的约定

乙方有下列情形之一的，甲方可终止合同并收回房屋，造成甲方损失的，由乙方负责赔偿：

1. 擅自将承租的房屋转租的；
2. 擅自将承租的房屋转让、转借他人或擅自调换使用的；
3. 擅自拆改承租房屋结构或改变承租房屋用途的；
4. 利用承租房屋进行违法活动的；
5. 故意损坏承租房屋的。

第十三条　提前终止合同

租赁期间，任何一方提出终止合同，需提前一个月书面通知对方，经双方协商后签订终止合同书，在终止合同书签订前，本合同仍有效。

如因国家建设、不可抗力因素或出现本合同第十二条规定的情形，甲方必须终止合同时，一般应提前一个月书面通知乙方。乙方的经济损失甲方不予补偿。

第十四条　登记备案的约定

自本合同生效之日起 10 日内，甲乙双方持本合同及有关证明文件申请登记备案。

第十五条　违约责任

租赁期间双方必须信守合同，任何一方违反本合同的规定，按年度须向对方交纳年度租金的 5% 作为违约金。乙方逾期未交付租金的，每逾期一日，甲方有权按月租金的 5% 向乙方加收滞纳金。

第十六条　不可抗力

因不可抗力原因导致该房屋毁损和造成损失的，双方互不承担责任。

第十七条　其他

本合同未尽事宜，由甲乙双方另行议定，并签订补充协议。补充协议与本合同不一致的，以补充协议为准。

第十八条　合同效力

本合同之附件均为本合同不可分割的一部分。本合同及其附件内空格部分填写的文字与印刷文字具有同等效力。

当代企业应用文写作

本合同及其附件和补充协议中未规定的事项，均遵照中华人民共和国有关法律、法规执行。

第十九条　争议的解决

本合同在履行中发生争议，由甲乙双方协商解决。协商不成时，甲乙双方同意提交中国国际经济贸易仲裁委员会深圳分会仲裁，仲裁裁决是终局的，对双方均有约束力。

第二十条　合同份数

本合同一式三份，甲乙双方各执一份，合同登记机关一份，均具有同等效力。

甲方（章）：	乙方（章）：
法定代表人（签名）：	法定代表人（签名）：
委托代理人（签名）：	委托代理人（签名）：
2014 年 1 月 18 日	2014 年 1 月 18 日

（二）评析

这是一份法人与法人之间签订的房屋租赁合同。有如下几点值得借鉴：

（1）合同结构完整。由标题、首部、正文和尾部四个部分组成，是一份结构完整、格式规范的合同。

（2）合同各部分结构的必备要素齐全。标题包括了合同的性质（房屋租赁）与文种（合同）两个要素，首部包括了甲方和乙方当事人的名称、地址、电话、法人代表等基本情况，正文包括了引言、主体和结尾三个部分，尾部包括了甲乙双方的名称、公章、法定代表人或委托代理人签名及合同的签订日期。

（3）合同正文内容完备，具体明确。引言部分交代了合同订立的相关法律依据及平等协商的原则。主体条款内容完备、详细、明确。

三、知识支撑

（一）经济合同的概念

经济合同是平等主体的自然人、法人、其他组织之间为了一定的经济目的设立、变更、终止民事权利义务关系的协议。

（二）经济合同的种类

1. 按合同内容分

（1）买卖合同。

买卖合同是出卖人转移标的物的所有权于买受人，买受人支付价款的合同。

（2）供用电（水、气、热力）合同。

供用电（水、气、热力）合同是供电（水、气、热力）人向用电（水、气、热力）人供电（水、气、热力），用电（水、气、热力）人支付电（水、气、热力）费的合同。

（3）借款合同。

借款合同是借款人向贷款人借款，到期返还借款并支付利息的合同。

（4）租赁合同。

租赁合同是出租人将租赁物交付承租人使用、收益，承租人支付租金的合同。

（5）融资租赁合同。

融资租赁合同是出租人根据承租人对出卖人、租赁物的选择，向出卖人购买租赁物，提供给承租人使用，承租人支付租金的合同。

（6）承揽合同。

承揽合同是承揽人按照定做人的要求完成工作，交付工作成果，定做人给付报酬的合同。

（7）建设工程合同。

建设工程合同是承包人进行工程建设，发包人支付价款的合同。

建设工程合同又包括工程勘察合同、设计合同和施工合同。

（8）运输合同。

运输合同是承运人将旅客或者货物从起运地点运输到约定地点，旅客、托运人或者收货人支付票款或者运输费用的合同。

运输合同又包括客运合同、货运合同和多式联运合同等。

（9）技术合同。

技术合同是当事人就技术开发、转让、咨询或者服务订立的确立相互之间权利和义务的合同。

技术合同又包括技术开发合同、技术转让合同、技术咨询合同和技术服务合同等。

（10）保管合同。

保管合同是保管人保管寄存人交付的保管物，并返还该物的合同。

（11）仓储合同。

仓储合同是保管人储存存货人交付的仓储物，存货人支付仓储费的合同。

（12）委托合同。

委托合同是委托人和受托人约定，由受托人处理委托人事务的合同。

（13）行纪合同。

行纪合同是行纪人以自己的名义为委托人从事贸易活动，委托人支付报酬的合同。

（14）居间合同。

居间合同是居间人向委托人报告订立合同的机会或者提供订立合同的媒介服务，委托人支付报酬的合同。

2. 按合同表现形式分

（1）条款式经济合同。

条款式经济合同是指用文字叙述的形式，把双方协商一致同意的合同内容，一条一条地记载下来。

（2）表格式经济合同。

表格式经济合同是指把某些合同关系必然涉及、必须明确规定的内容设计印制成固定的表格，当订立这些合同时，按表格项目一一填写就可以了。

（3）表格条款结合式经济合同。

表格条款结合式经济合同是指把条款式合同和表格式合同结合起来，既有文字叙述的条款，又有固定的表格，使用机动灵活，运用范围广。

（三）经济合同的特点

（1）合法性。经济合同双方当事人必须按《中华人民共和国合同法》及国家和省的有关规定签订协议，合同的内容必须具有合法性；依法签订的合同具有法律效力，受到法律的承认和保护。

（2）平等性。经济合同当事人各方的法律地位是平等的，相互之间是一种平等互利的伙伴关系，必须遵守平等互利、协商一致的原则，任何一方不得将自己的意志强加给另一方，任何组织和个人不得非法干预。采取胁迫手段所签订的合同是无效合同。

（3）经济性。经济合同是当事人各方围绕一定的经济关系，为实现一定的经济目的而订立的合同。

四、技能演练

（一）经济合同结构形式

标题＋首部＋正文＋尾部

（二）经济合同写作方法

1. 标题

（1）标题的结构要素与写作格式。

经济合同的标题结构为"合同的性质＋文种"。

如"房屋租赁合同"这一标题即由"房屋租赁"（合同的性质）＋"合同"（文种）构成。

（2）标题字体与排版。

标题建议用 2 号小标宋体，与行政公文标题字号字体相同，显得比较规范。标题应居中排版。

2. 首部

经济合同的首部应该分别写明合同各方当事人（法定代表人）的名称或者姓名、电话、住所等。

3. 正文

正文是经济合同的核心，包括引言、主体和结尾三个部分。

引言主要交代合同订立的相关法律依据及原则。法律依据主要有《中华人民共和国合同法》及国家和地方、行业的有关规定，原则是平等自愿、协商一致。有项目的还要写明项目名称。

主体除了写明标的、数量、质量、价款或者报酬、履行期限、地点和方式、违约责任、解决争议的方法等必备条款外，还应根据不同种类的经济合同写明其特殊的条款约定。

结尾主要交代合同的法律效力、所使用的语言文字（涉外合同）、份数等。

4. 尾部

经济合同的尾部一般包括署名、盖章和签订日期、地点等；如有负责人或联系人的，应分别写清楚；如需登记的，还应写明合同登记机关需要填写的相关信息，如合同登记编号、申请登记人、登记材料、合同类型、合同交易额、技术交易额、技术合同登记机构印章、经办人、登记日期等。

（三）经济合同写作要求

（1）不得违背相关法律法规，不损害国家、集体和他人的利益。
（2）不得违反平等、自愿、公平、诚实信用的原则。
（3）结构要完整。
（4）要素要齐全。
（5）内容要详细。
（6）语言要明确。

五、病文诊治

（一）病文

经济合同

（TT01 纳米生物材料开发项目）

甲方：广东××食品有限责任公司
乙方：××农业大学

第一条　本合同合作研究开发项目的要求如下。（略）
第二条　本合同合作各方在研究开发项目中，分工承担如下工作。（略）
第三条　为确保本合同的全面履行，合作各方确定，采取以下方式对研究开发工作进行组织管理和协调。（略）
第四条　合作各方确定，各自为本合同项目的研究开发工作提供以下技术资料和条件。（略）
第五条　合作各方确定，按如下方式提供或支付本合同项目的研究开发经费及其他投资，以及结算方式。（略）
第六条　乙方提供的技术应保证其不侵犯任何第三人的合法权益。如发生第三人指控因实施该项技术而侵权的，所产生的相关责任均由乙方承担。（略）
第七条　合同的变更必须由合作各方协商一致，并以书面形式确定。（略）
第八条　未经其他合作方同意，合作一方不得将本合同项目部分或全部研究开发工作转让给第三人承担。（略）
第九条　在本合同履行过程中，因作为研究开发标的的技术已经由他人公开（包括以专利权方式公开），乙方应在3日内通知甲方解除合同。逾期未通知并致使甲方产生损失的，甲方有权要求予以赔偿。（略）
第十条　保密条款。（略）
第十一条　知识产权。（略）
第十二条　验收的标准与方式。（略）
第十三条　后续改进。（略）
第十四条　项目联系人。（略）
第十五条　合作各方的权利义务。（略）

第十六条　合同解除。（略）

第十七条　合作各方确定：本合同及相关附件中所涉及的有关名词和技术术语，其定义和解释如下。（略）

第十八条　与履行本合同有关的下列技术文件，经合作各方以书面方式确认后，为本合同的组成部分。（略）

第十九条　补充与附件。（略）

第二十条　合同效力。（略）

甲方：广东××食品有限责任公司

（盖公章）

2014 年 1 月 18 日

乙方：××农业大学

（盖公章）

2014 年 1 月 18 日

（二）诊治

这份经济合同有以下几个方面的问题：

1. 合同各部分的要素不齐全

（1）标题的要素不齐全。标题只有文种名称（经济合同），没有写明这份经济合同的具体性质。标题应写为"技术开发（合作）合同"。

（2）首部的要素不齐全。首部只有甲乙双方的名称，还应补充甲乙双方的地址、法定代表人、项目联系人、项目负责人、联系方式等基本情况。

（3）正文部分的要素不齐全。正文只有主体部分（具体的条款内容），缺少引言和结尾两个部分，感觉既没头又没尾，比较突兀。

（4）尾部的要素不齐全。尾部只有甲乙双方的名称、公章及签订日期，还应补充双方的法定代表人或委托代理人、合同签订的地点以及技术合同登记机构应填写的材料。

2. 合同正文主体条款内容不够完备

合同的主体遗漏了合作风险损失的承担方式、违约责任、争议处理等重要条款内容，应补充。

建议根据中华人民共和国科学技术部统一印制的《技术开发（合作）合同》（示范文本）写作。

六、相关知识拓展

（一）经济合同的订立

订立合同的当事人应当具有相应的民事权利能力和民事行为能力。

当事人依法可以委托代理人订立合同。

当事人订立合同，有书面形式、口头形式和其他形式。

书面形式是指合同书、信件和数据电文（包括电报、电传、传真、电子数据交换和电子邮件）等可以有形地表现所载内容的形式。

（二）经济合同的效力

依法成立的合同，自成立时生效。法律、行政法规规定应当办理批准、登记等手续生效的，依照其规定。

（三）经济合同的履行

合同生效后，当事人应当按照约定全面履行自己的义务，不得因姓名、名称的变更或者法定代表人、负责人、承办人的变动而不履行合同义务。

当事人应当遵循诚实信用的原则，根据合同的性质、目的和交易习惯履行通知、协助、保密等义务。

（四）经济合同的变更和转让

当事人协商一致，可以变更合同。法律、行政法规规定变更合同应当办理批准、登记等手续的，依照其规定。

除了根据合同性质不得转让、按照当事人约定不得转让以及依照法律规定不得转让的外，债权人可以将合同的权利全部或者部分转让给第三人。债权人转让权利的，应当通知债务人。未经通知，该转让对债务人不发生效力。

（五）经济合同的解除

当事人协商一致，可以解除合同。

当事人可以约定一方解除合同的条件。当解除合同的条件成立时，解除权人可以解除合同。

（六）违约责任

当事人一方不履行合同义务或者履行合同义务不符合约定的，应当承担继续履行采取补救措施或者赔偿损失等违约责任。

当事人一方明确表示或者以自己的行为表明不履行合同义务的，对方可以在履行期限届满之前要求其承担违约责任。

（七）争议的解决

当事人可以通过和解或者调解解决合同争议。

当事人不愿和解、调解或者和解、调解不成的，可以根据仲裁协议向仲裁机构申请仲裁。涉外合同的当事人可以根据仲裁协议向中国仲裁机构或者其他仲裁机构申请仲裁。当事人没有订立仲裁协议或者仲裁协议无效的，可以向人民法院起诉。当事人应当履行发生法律效力的判决、仲裁裁决、调解书；拒不履行的，对方可以请求人民法院执行。

（八）自然人与法人的含义

1. 自然人的含义

自然人是指具有独立的民事权利能力和民事行为能力的公民。自然人属于法律范畴。在中国未满18周岁的公民就不是自然人，剥夺政治权利的犯罪分子不是自然人，精神病人、植物人也不是自然人。

2. 法人的含义

法人是指具有独立的民事权利能力和民事行为能力的社会组织。法人属于法律范畴。

法人包括机关法人、社会团体法人、企业法人。

（九）标的的含义

标的是合同当事人双方权利和义务共同所指向的对象。标的包括货物、工程项目、货币、劳务等。

（十）定金与订金的含义

1. 定金的含义

定金是指合同当事人为了确保合同的履行，根据双方约定，由一方按合同标的额的一定比例（小于或等于20%）预先给付的金钱或其他代替物。

定金罚则：当债务人履行债务后，定金应当抵作价款或者收回；若给付定金的一方违约，则无权要求返还定金；若收受定金的一方不履行约定的债务，则应当双倍返还定金。

2. 订金的含义

订金是预付款或称诚意金。

若给付方违约，无权要求返还订金，若收受方违约，只能退回订金，不享有定金罚则。

（十一）解决经济合同争议的方法

（1）解决经济合同争议的方法有协商、调解、仲裁和诉讼。

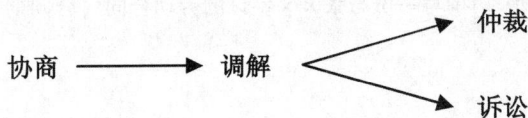

协商 ⟶ 调解 ⟶ 仲裁
调解 ⟶ 诉讼

（2）经济合同争议解决的一般过程。

当事人双方先通过协商，协商不成由经济调解委员进行调解，调解不成的，可以根据仲裁协议向仲裁机构申请仲裁。涉外合同的当事人可以根据仲裁协议向中国仲裁机构或者其他仲裁机构申请仲裁。仲裁裁决是终局裁决，不能再向人民法院起诉。

当事人没有订立仲裁协议或者仲裁协议无效的，可以直接向人民法院起诉。

当事人应当履行发生法律效力的调解书，仲裁裁决书、判决书，一方拒不履行的，另一方可以向人民法院申请强制执行。

七、模拟写作实训

（一）实训任务

根据【项目任务背景】给定的材料，代广州大地贸易有限公司与广州天强贸易有限公司撰写一份房屋租赁合同。

（二）实训要求

（1）结构要完整。

（2）要素要齐全。

（3）内容要详细。

（4）语言要明确。

任务 12 - 3 劳动合同写作

知识目标

1. 了解劳动合同的适用范围

2. 理解劳动合同的概念、特点和类型

3. 掌握劳动合同的写作格式和要求

技能目标

1. 能熟练掌握劳动合同的写作技能

2. 能撰写格式规范、结构完整、内容完备、表述正确、要素齐全的劳动合同

【项目任务背景】

广东某高校文秘专业的应届毕业生张××（女）成功应聘到广州大地贸易有限公司担任总经理助理一职，经协商，张××将于2013年6月1日起正式上岗，试用期一个月，每月工资3 000元（试用期2 500元）。请根据《中华人民共和国劳动法》、《中华人民共和国劳动合同法》及国家和省的有关规定，代广州大地贸易有限公司撰写一份与张××签订的劳动合同（合同期限为两年）。

一、任务分析

（1）根据【项目任务背景】给定的材料，代广州大地贸易有限公司撰写一份劳动合同。

（2）要顺利完成写作任务，必须对下列两个问题进行认真分析：

①如何构思劳动合同写作结构？考虑标题、首部、正文和尾部要写的内容。

②劳动合同的写作方法和要求有哪些？

二、范文借鉴

（一）范文

编号：

广东省职工劳动合同

甲方（用人单位）：   乙方（职工）：

名称：   姓名：

法定代表人：   身份证号码：

地址：   现住址：

经济类型：

联系电话：   联系电话：

根据《中华人民共和国劳动法》和国家及省的有关规定，甲乙双方按照平等自愿、协商一致的原则订立本合同。

　　一、合同期限

　　（一）合同期限

　　双方同意按以下第（　　）种方式确定本合同期限：

　　1. 有固定期限：从　　年　　月　　日起至　　年　　月　　日止。

　　2. 无固定期限：从　　年　　月　　日起至本合同约定的终止条件出现时止（不得将法定解除条件约定为终止条件）。

　　3. 以完成一定的工作为期限：从　　年　　月　　日起至工作任务完成时止。

　　（二）试用期限

　　双方同意按以下第（　　）种方式确定试用期期限（试用期包括在合同期内）：

　　1. 无试用期。

　　2. 试用期从　　年　　月　　日起至　　年　　月　　日止。

　　（试用期最长不超过6个月。其中合同期限在6个月以下的，试用期不得超过15日；合同期限在6个月以上1年以下的，试用期不得超过30日；合同期限在1年以上两年以下的，试用期不得超过60日。）

　　二、工作内容

　　（一）乙方的工作岗位（工作地点、部门、工种或职务）为

　　（二）乙方的工作任务或职责是

　　（三）甲方因生产经营需要调整乙方的工作岗位，按变更本合同办理，双方签章确认的协议或通知书作为本合同的附件。

　　（四）如甲方派乙方到外单位工作，应签订补充协议。

　　三、工作时间

　　（一）甲乙双方同意按以下第（　　）种方式确定乙方的工作时间：

　　1. 标准工时制，即每日工作　　小时，每周工作　　天，每周至少休息1天。

　　2. 不定时工作制，即经劳动保障部门审批，乙方所在岗位实行不定时工作制。

　　3. 综合计算工时工作制，即经劳动保障部门审批，乙方所在岗位实行以　　为周期，总工时　　小时的综合计算工时工作制。

　　（二）甲方因生产（工作）需要，经与工会和乙方协商后可以延长工作时间。除《劳动法》第四十二条规定的情形外，一般每日不得超过1小时，因特殊原因最长每日不得超过3小时，每月不得超过36小时。

　　四、工资待遇

　　（一）乙方正常工作时间的工资按下列第（　　）种形式执行，不得低于当地最低工资标准。

　　1. 乙方试用期工资　　元/月（元/日）；试用期满工资　　元/月（元/日）。

　　2. 其他形式：

　　（二）工资必须以法定货币支付，不得以实物及有价证券替代货币支付。

　　（三）甲方根据企业的经营状况和依法制定的工资分配办法调整乙方工资，乙方在60日内未提出异议的视为同意。

　　（四）甲方每月　　日发放工资。如遇节假日或休息日，则提前到最近的工作日支付。

　　（五）甲方依法安排乙方延长工作时间的，应按《劳动法》第四十四条的规定支付延长工作时间的工资报酬。

五、劳动保护和劳动条件

（一）甲方按国家和省有关劳动保护的规定，提供符合国家劳动卫生标准的劳动作业场所，切实保护乙方在生产工作中的安全和健康。如乙方工作过程中可能产生职业病危害，甲方应按《职业病防治法》的规定保护乙方的健康及其相关权益。

（二）甲方根据乙方从事的工作岗位，按国家有关规定，发给乙方必要的劳动保护用品，并按劳动保护规定每（年/季/月）免费安排乙方进行体检。

（三）乙方有权拒绝甲方的违章指挥、强令冒险作业，对甲方及其管理人员漠视乙方安全和健康的行为，有权要求改正并向有关部门检举、控告。

六、社会保险和福利待遇

（一）合同期内，甲方应依法为乙方办理参加养老、医疗、失业、工伤、生育等社会保险的手续，社会保险费按规定的比例，由甲乙双方负责。

（二）乙方患病或非因工负伤，甲方应按国家和地方的规定给予医疗期和医疗待遇，按医疗保险及其他相关规定报销医疗费用，并在规定的医疗期内支付病假工资或疾病救济费。

（三）乙方患职业病、因工负伤或者因工死亡的，甲方应按《工伤保险条例》的规定办理。

（四）甲方按规定给予乙方享受节日假、年休假、婚假、丧假、探亲假、产假、看护假等带薪假期，并按本合同约定的工资标准支付工资。

七、劳动纪律

（一）甲方根据国家和省的有关法律、法规通过民主程序制定的各项规章制度，应向乙方公示；乙方应自觉遵守国家和省规定的有关劳动纪律、法规和企业依法制定的各项规章制度，严格遵守安全操作规程，服从管理，按时完成工作任务。

（二）甲方有权对乙方履行制度的情况进行检查、督促、考核和奖惩。

（三）如乙方掌握甲方的商业秘密，乙方有义务为甲方保守商业秘密，并作如下约定（略）。

八、本合同的变更

（一）任何一方要求变更本合同的有关内容，都应以书面形式通知对方。

（二）甲乙双方经协商一致，可以变更本合同，并办理变更本合同的手续。

九、本合同的解除

（一）经甲乙双方协商一致，本合同可以解除。由甲方解除本合同的，应按规定支付经济补偿金。

（二）属下列情形之一的，甲方可以单方解除本合同：

1. 试用期内证明乙方不符合录用条件的；

2. 乙方严重违反劳动纪律或甲方规章制度的；

3. 乙方严重失职、营私舞弊，对甲方利益造成重大损害的；

4. 乙方被依法追究刑事责任的；

5. 甲方歇业、停业、濒临破产处于法定整顿期间或者生产经营状况发生严重困难的；

6. 乙方患病或非因工负伤，医疗期满后不能从事本合同约定的工作，也不能从事由甲方另行安排的工作的；

7. 乙方不能胜任工作，经过培训或者调整工作岗位，仍不能胜任工作的；

8. 本合同订立时所依据的客观情况发生重大变化，致使本合同无法履行，经当事人协商不能就变更本合同达成协议的；

9. 本合同约定的解除条件出现的。

甲方按照第5、6、7、8、9项规定解除本合同时，需提前30日书面通知乙方，并按规定向乙方支付经济补偿金，其中按第6项解除本合同并符合有关规定的还需支付乙方医疗补助费。

（三）乙方解除本合同，应当提前 30 日以书面形式通知甲方。但属下列情形之一的，乙方可以随时解除本合同：

1. 在试用期内的；
2. 甲方以暴力、威胁或者非法限制人身自由的手段强迫劳动的；
3. 甲方不按本合同规定支付劳动报酬，克扣或无故拖欠工资的；
4. 经国家有关部门确认，甲方劳动安全卫生条件恶劣，严重危害乙方身体健康的。

（四）有下列情形之一的，甲方不得解除本合同：

1. 乙方患病或非因工负伤，在规定的医疗期内的；
2. 乙方患有职业病或因工负伤，并经劳动能力鉴定委员会确认，丧失或部分丧失劳动能力的；
3. 女职工在孕期、产期、哺乳期内的；
4. 法律、法规规定的其他情形。

（五）解除本合同后，甲乙双方在 7 日内办理解除劳动合同有关手续。

十、本合同的终止

本合同期满或甲乙双方约定的本合同终止条件出现时，本合同即行终止。

本合同期满前 1 个月，甲方应向乙方提出终止或续订劳动合同的书面意向，并及时办理有关手续。

十一、违约情形及责任

（一）甲方的违约情形及违约责任：（略）

（二）乙方的违约情形及违约责任：（略）

十二、调解及仲裁

双方在履行本合同的过程中如发生争议，可先协商解决；不愿协商或协商不成的，可以向本单位劳动争议调解委员会申请调解；调解无效，可在争论发生之日起 60 日内向当地劳动争议仲裁委员会申请仲裁；也可以直接向劳动争议仲裁委员会申请仲裁。对裁决不服的，可在 11 日内向人民法院提起诉讼。

十三、其他

（一）本合同未尽事宜，按国家和地方有关政策规定办理。在合同期内，如本合同条款与国家、省有关劳动管理新规定相抵触的，按新规定执行。

（二）下列文件规定为本合同附件，与本合同具有同等效力：（略）

（三）双方约定（内容不得违反法律及相关规定，可另加双方签名或盖章的附页）：（略）

甲方：（盖章）　　　　　　　　　　　　　　乙方：（签名或盖章）

法定代表人：

（或委托代理人）

2014 年 1 月 8 日　　　　　　　　　　　　2014 年 1 月 8 日

鉴证机构（盖章）：

鉴证人：

鉴证日期：2014 年 1 月 10 日

（二）评析

这是广东省的职工劳动合同示范文本。该文本有如下几个特点：

（1）合同结构完整。由标题、首部、正文和尾部四个部分组成，是一份结构完整、格式规范的合同。

（2）合同各部分结构的必备要素齐全。标题包括了合同的使用范围（广东省）、对象（职工）、文种（劳动合同）三个要素，首部要素齐全，正文包括了引言、主体和结尾三个部分，尾部要素齐全。

（3）合同正文内容完备，具体明确。引言部分交代了合同订立的相关法律依据及平等自愿、协商一致的原则。主体条款内容完备、详细、明确，包括了合同期限（含试用期）、工作内容（工作岗位、工作任务或职责等）、工作时间、工资待遇（含支付时间与支付方式等）、劳动保护和劳动条件、社会保险和福利待遇、劳动纪律、合同的变更、合同的解除、合同的终止、违约情形及责任、调解及仲裁等条款内容。结尾部分交代了合同的其他补充情况。

总之，这是一份结构完整、格式规范、要素齐全、内容完备、表述清楚的劳动合同，值得我们学习借鉴。

三、知识支撑

（一）劳动合同的概念

劳动合同是中华人民共和国境内的国家机关、企事业单位、社会团体、个体经济组织、民办非企业单位等用人单位与劳动者建立劳动关系，明确双方当事人的劳动权利和义务的协议。

（二）劳动合同的种类

按照有效期限的不同，劳动合同可分为以下三种。

1. 有固定期限劳动合同

有固定期限劳动合同，是指用人单位与劳动者约定合同终止时间的劳动合同。用人单位与劳动者协商一致，可以订立有固定期限劳动合同。

2. 无固定期限劳动合同

无固定期限劳动合同，是指用人单位与劳动者约定无确定终止时间的劳动合同。用人单位与劳动者协商一致，可以订立无固定期限劳动合同。

3. 以完成一定工作任务为期限的劳动合同

以完成一定工作任务为期限的劳动合同，是指用人单位与劳动者约定以某项工作的完成为合同期限的劳动合同。

（三）劳动合同的主要特点

1. 合法性

劳动合同双方当事人必须按《中华人民共和国劳动法》、《中华人民共和国劳动合同法》及国家和省的有关规定签订协议，合同的内容必须具有合法的资格；依法签订的合同具有法律效力，受到法律的承认和保护。

2. 平等性

签订劳动合同，双方必须遵守公平、平等自愿、协商一致的原则。采取胁迫手段所签订的劳动合同是无效的合同。

3. 约束力

劳动合同双方必须按照诚实信用的原则履行劳动合同约定的义务。

四、技能演练

（一）劳动合同结构形式

标题 + 首部 + 正文 + 尾部

（二）劳动合同写作方法

1. 标题

劳动合同标题直接写作"劳动合同"或者在"劳动合同"前加上合同的适用范围，如"广东省职工劳动合同"。

2. 首部

劳动合同的首部应该分别写明合同双方当事人（用人单位与劳动者）的基本信息，包括用人单位的名称、住所和法定代表人或者主要负责人，劳动者的姓名、住址和居民身份证或者其他有效身份证件号码。

3. 正文

正文是劳动合同的核心，包括引言、主体和结尾三个部分。

引言主要交代合同订立的相关法律依据及原则。

主体除了包括劳动合同期限、工作内容和工作地点、工作时间和休息休假、劳动报酬、社会保险、劳动保护、劳动条件和职业危害防护，法律、法规规定应当纳入劳动合同的其他事项等必备条款外，还可以包括用人单位与劳动者约定的试用期、培训、保守秘密、补充保险和福利待遇等其他事项。

结尾主要交代合同的份数等。劳动合同文本由用人单位和劳动者各执一份。

4. 尾部

劳动合同的尾部除甲乙双方的签章、签订日期外，还包括甲方的法定代表人（或委托代理人）签名及合同鉴证机构名称、公章、鉴证人签名、鉴证日期等。

（三）劳动合同写作要求

（1）遵循合法、公平、平等自愿、协商一致、诚实信用的原则。

（2）结构要完整。

（3）要素要齐全。

（4）内容要详细。

（5）语言要明确。

五、病文诊治

（一）病文

合 同

乙方（职工）：吴小姐　　　　　　　　甲方（用人单位）：运通公司

地址：广州市花园小区 12 栋 302 房　　　地址：广州市东南大厦运通公司

一、合同期限

（一）合同期限

双方同意按以下第 1 种方式确定本合同期限：

1. 有固定期限：从 2009 年 9 月 1 日起至 2011 年 9 月 1 日止。

2. 无固定期限：从 2009 年 9 月 1 日起至本合同约定的终止条件出现时止（不得将法定解除条件约定为终止条件）。

3. 以完成一定的工作为期限：从_____年_____月_____日起至工作任务完成时止。

（二）试用期限

双方同意按以下第 2 种方式确定试用期期限（试用期包括在合同期内）：

1. 无试用期。

2. 试用期从 2009 年 9 月 1 日起至 2009 年 12 月 1 日止。

二、工作内容

（一）乙方的工作岗位（工作地点、部门、工种或职务）为广州运通物流公司办公室文秘人员。

（二）乙方的工作任务或职责是接待、服务、会务组织与文件、函件、信息报送等工作。

三、工作时间

（一）甲乙双方同意按以下第 1 种方式确定乙方的工作时间：

1. 标准工时制，即每日工作 8 小时，每周工作 5 天。

2. 不定时工作制，即经劳动保障部门审批，乙方所在岗位实行不定时工作制。

3. 综合计算工时工作制，即经劳动保障部门审批，乙方所在岗位实行以_____为周期，总工时_____小时的综合计算工时工作制。

（二）甲方因生产（工作）需要，经与工会和乙方协商后可以延长工作时间。除《劳动法》第四十二条规定的情形外，一般每日不得超过 1 小时，因特殊原因最长每日不得超过 3 小时，每月不得超过 36 小时。

四、工资待遇

（一）乙方试用期工资 1 500 元/月；试用期满工资 2 000 元/月。

（二）工资必须以法定货币支付，不得以实物及有价证券替代货币支付。

（三）甲方根据企业的经营状况和依法制定的工资分配办法调整乙方工资，乙方在 60 日内未提出异议的视为同意。

（四）甲方每月 10 日发放工资。如遇节假日或休息日，则提前到最近的工作日支付。

（五）甲方依法安排乙方延长工作时间的，应按《劳动法》第四十四条的规定支付延长工作时间的工资报酬。

五、劳动保护和劳动条件（略）

六、劳动纪律（略）

七、本合同的变更（略）

八、本合同的解除（略）

九、本合同的终止（略）

十、调解及仲裁（略）

十一、其他（略）

乙方：

2014 年 1 月 8 日

甲方：（盖章）

2014 年 1 月 8 日

（二）诊治

这份劳动合同有以下几个方面的问题：

1. 排版、格式不规范

（1）标题排版不美观，可适当拉开字间距以使其美观。

（2）合同首部和尾部甲乙双方的位置排列不规范，应该按照甲方在左，乙方在右的方式横排。

2. 合同各部分结构的要素不齐全

（1）标题的要素不齐全。不能只写"合同"二字，应写为"劳动合同"。

（2）首部的要素不齐全。首部还应补充用人单位的住所和法定代表人或者主要负责人，以及劳动者的住址和居民身份证或者其他有效身份证件号码。

（3）正文部分的要素不齐全。正文缺少引言，感觉比较突兀。

（4）尾部的要素不齐全。尾部还应包括甲方的法定代表人（或委托代理人）签名及合同鉴证机构名称、公章、鉴证人签名、鉴证日期等。

3. 合同内容、文字有错漏

（1）首部当事人信息撰写错误。乙方姓名要填写与本人身份证一致的姓名，不能用吴小姐、李先生等字样；单位名称不能用简称"运通公司"，而应用登记在册的全称。

（2）主体条款内容有错漏。

①合同的主体遗漏了社会保险和福利待遇，甲乙双方的违约情形及违约责任等重要条款内容。

②第一项"合同期限"中对合同期限的选择矛盾，既然选择了第一种方式，就不要再填写其他方式了；而且，合同截止日期的填写也有误，应填写至 8 月 31 日即可。

③第四项"工资待遇"中的试用期工资（1 500 元）错误，原因是低于合同约定工资（2 000 元）的百分之八十，应改为 1 600 元以上。

六、相关知识拓展

（一）劳动合同的订立

用人单位自用工之日起即与劳动者建立劳动关系。

建立劳动关系，应当订立书面劳动合同。

已建立劳动关系，未同时订立书面劳动合同的，应当自用工之日起 1 个月内订立书面劳动合同。

（二）试用期限

劳动合同期限 3 个月以上不满 1 年的，试用期不得超过 1 个月；劳动合同期限 1 年以上不满 3 年的，试用期不得超过 2 个月；3 年以上固定期限和无固定期限的劳动合同，试用期不得超过 6 个月。

（三）劳动合同的履行

用人单位与劳动者应当按照劳动合同的约定，全面履行各自的义务。

用人单位应当按照劳动合同的约定和国家的规定，向劳动者及时足额支付劳动报酬。

（四）劳动合同的变更

用人单位与劳动者协商一致，可以变更劳动合同约定的内容。变更劳动合同，应当采用书面形式。

变更后的劳动合同文本由用人单位和劳动者各执一份。

（五）劳动合同的解除

用人单位与劳动者协商一致，可以解除劳动合同。

劳动者提前 30 日以书面形式通知用人单位，可以解除劳动合同。劳动者在试用期内提前 3 日通知用人单位，可以解除劳动合同。

七、模拟写作实训

（一）实训任务

根据【项目任务背景】给定的材料，参照《中华人民共和国劳动法》、《中华人民共和国劳动合同法》及《广东省职工劳动合同》（示范文本），代广州大地贸易有限公司撰写一份劳动合同。

（二）实训要求

（1）结构完整，格式规范。

（2）要素齐全，内容详细。

（3）条理清楚，逻辑性强。

（4）语言简洁，表达准确。

项目 12　思考与练习题

一、填空题

1. 意向书的特点主要包括＿＿＿＿＿＿、＿＿＿＿＿＿、＿＿＿＿＿＿。
2. 意向书的结构由＿＿＿＿、＿＿＿＿、＿＿＿＿三部分组成。

3. 经济合同是平等主体的自然人、法人、其他组织之间为了一定的经济目的设立、变更、终止民事权利义务关系的_____。

4. 经济合同当事人应当遵循公平原则，确定各方的_____和_____。

5. 当事人订立经济合同，应当具有相应的_____能力和_____能力。

6. 收受定金的一方不履行约定债务的，应当_____倍返还定金。

7. 经济合同的结构一般由_____、_____、_____、_____四部分组成。

8. 已建立劳动关系，未同时订立书面劳动合同的，应当自用工之日起____个月内订立书面劳动合同。

9. 劳动者在试用期的工资不得低于本单位相同岗位最低档工资或者劳动合同约定工资的百分之_____，并不得低于用人单位所在地的最低工资标准。

10. 用人单位应当依法建立和完善劳动规章制度，保障劳动者享有_____、履行_____。

11. 劳动者提前_____日以书面形式通知用人单位，可以解除劳动合同。

12. 劳动合同的一般结构由_____、_____、_____、_____四部分组成。

二、选择题

（一）单选题

1. 下列意向书标题不正确的是（　　　）

A. 关于组建合资经营公司的意向书

B. 广发食品公司与香港食品进出口公司合资建立蔬菜生产基地意向书

C. 意向书

D. 关于建立陶瓷厂的经济合同意向书

2. 租赁期限不得超过（　　　）年

A. 十　　　　　　B. 二十　　　　　　C. 三十　　　　　　D. 四十

3. 下列结构要素中不适用于经济合同的是（　　　）

A. 标题　　　　　B. 主送机关　　　　C. 正文　　　　　　D. 尾部

4. 下列合同中不属于经济合同的是（　　　）

A. 买卖合同　　　B. 运输合同　　　　C. 技术合同　　　　D. 劳动合同

5. 下列表述中不正确的是（　　　）

A. 经当事人协商一致，可以变更经济合同

B. 经当事人协商一致，可以解除经济合同

C. 当事人订立经济合同，必须是书面形式

D. 当事人可以通过和解或者调解解决经济合同争议

6. 下列表述中完全正确的是（　　　）

A. 借款合同是借款人向贷款人借款，到期返还借款的合同

B. 按合同的有效期限来分，经济合同可以分为长期合同、中期合同和短期合同

C. 经济合同是平等主体的自然人或法人为了一定的经济目的设立、变更、终止民事权利义务关系的协议

D. 买卖合同是出卖人转移标的物的所有权于买受人，买受人支付价款

（二）多选题

1. 意向书在正文的结尾部分写明一句话："未尽事宜，在正式签订合同或协议书时予以补充"，体现了意向书具有（　　　）的特点
   A. 不严肃性　　　　B. 简略性　　　　C. 协商性　　　　D. 灵活性

2. 当出现下列（　　　）情形时，经济合同无效
   A. 一方以欺诈、胁迫的手段订立合同，损害国家利益
   B. 恶意串通，损害国家、集体或者第三人利益
   C. 以合法形式掩盖非法目的
   D. 损害社会公共利益

3. 当出现下列（　　　）情形时，当事人可以解除经济合同
   A. 因不可抗力致使不能实现合同目的
   B. 在履行期限届满之前，当事人一方明确表示或者以自己的行为表明不履行主要债务
   C. 当事人一方迟延履行主要债务，经催告后在合理期限内仍未履行
   D. 当事人一方迟延履行债务或者有其他违约行为致使不能实现合同目的

4. 借款合同的内容主要包括借款的（　　　）以及利率、期限、还款方式等
   A. 种类　　　　B. 币种　　　　C. 用途　　　　D. 数额

三、判断题

1. 意向书是法律文书，具有法律效力。（　　　）
2. 意向书与经济合同一样，双方一经签订不得随意更改。（　　　）
3. 当事人依法可以委托代理人订立经济合同。（　　　）
4. 要约可以撤回。（　　　）
5. 要约不可以撤销。（　　　）
6. 因不可抗力致使不能实现合同目的时，当事人可以解除经济合同。（　　　）
7. 《中华人民共和国合同法》自 1999 年 10 月 1 日起施行，《中华人民共和国经济合同法》、《中华人民共和国涉外经济合同法》、《中华人民共和国技术合同法》同时废止。（　　　）

四、改错题

1. 劳动合同一般由标题、引言（前言）、正文与尾部四个部分组成。

2. 劳动者在试用期的工资不得低于劳动合同约定工资的百分之五十。

3. 女职工在孕期、产期、哺乳期的，用人单位可以与其解除劳动合同。

4. 劳动者违反服务期约定的，应当按照约定向用人单位支付违约金，违约金的数额不得低于用人单位提供的培训费用。

5. 劳动者在试用期内提前三十日通知用人单位，可以解除劳动合同。

五、问答题

1. 何谓意向书？
2. 意向书的作用是什么？
3. 意向书与经济合同有何区别？
4. 意向书怎样写？
5. 什么是经济合同？
6. 经济合同主要有哪些种类？
7. 经济合同一般包括哪些主要条款？
8. 经济合同有哪些主要特点？
9. 什么是不可抗力？
10. 什么是劳动合同？
11. 劳动合同主要有哪些种类？
12. 劳动合同一般包括哪些主要条款？
13. 劳动合同有哪些主要特点？
14. 劳动合同与经济合同的主要区别有哪些？

单元七 企业会务工作文书

项目 13 会前文书：会议通知与会议议程写作

任务 13 - 1 会议通知写作

知识目标

1. 了解会议通知与其他通知的异同
2. 掌握会议通知的结构及写作注意事项

技能目标

1. 能熟练掌握会议通知的写作技能
2. 能撰写格式规范、结构完整、内容完备、表述正确、要素齐全的会议通知

【项目任务背景】

AA 集团总公司是一家美国独资的外资企业，主要业务包括 AA 系列办公用品、影像类产品在中国的销售和售后服务工作，旨在为中国市场量身打造最佳的产品与解决方案。从 20 世纪 80 年代起，AA 集团总公司就与中国建立了贸易关系。今天，AA 集团总公司已经在苏州、深圳、北京、珠海等地拥有包括生产、研发、销售在内的 5 家分公司及 15 个全国办事处。如今，AA 集团总公司在华投资总额已累积超过 2.5 亿美元，拥有员工 6 000 余人，通过技术转让及外汇创收为中国的经济发展作出贡献，在众多的外资企业中名列前茅。

AA 集团总公司在中国已经发展了 23 年。这 23 年来，公司积极参与促进中国经济和社会繁荣进步的实践，与中国共发展、同腾飞。2013 年，AA 集团总公司在中国的营业额为 80 亿美元，扣除利息、税项、折旧及摊销后的净利润为 9 亿美元，比去年同期增长了 13.5%。公司上下对今年所取得的业绩感到欢欣鼓舞。

新的一年，充满希望。为了激励员工，加强公司内部的团结协作，为巩固和发展新老合作伙伴的贸易关系，为公司的未来发展，AA 集团总公司决定在广州白天鹅宾馆举办 "AA 集团总公司 2013 年年会暨第一届商品贸易洽谈会"。此次会议邀请 20 多家新老合作企业的领导、高层主管参加。会议的举办时间为 2014 年 1 月 3 日（周五）至 5 日（周日）。

公司总裁兼首席执行官霍华德·泰勒任命总经理张××为此次会议组长，财务总监刘××为副组长。为此，张总召开了一次会议把各项任务分配下去，他要求以总经理办公室秘书李××为首的总经理办公室成员为此次会议作筹划，拟写会议方案，其他各部门职员配合办公室成员完成各项具体的会务工作，协助办公室成员把此次会议的准备工作做好，保证会议的顺利进行。

"AA 集团总公司 2013 年年会暨第一届商品贸易洽谈会" 即将召开，请根据项目背景、案例内容，代总经理办公室秘书李××拟写一篇会议通知。

一、任务分析

（1）根据【项目任务背景】给定的材料，代总经理办公室秘书李××拟写一篇 AA 集团总公司 2013 年年会暨第一届商品贸易洽谈会通知。

（2）受文对象是 AA 集团总公司的 5 家分公司、15 个全国办事处和公司直属各部门。

（3）要顺利完成写作任务，必须对下列两个问题进行认真分析：

①如何构思会议通知的写作结构？考虑标题、正文和尾部要写的内容。

②会议通知的写作方法和要求有哪些？

二、范文借鉴

（一）范文

广东××物流总公司关于召开"第八届人才强企研讨会"的通知

各事业部、分公司、人力资源部：

为了进一步贯彻落实董事会关于"人才强企"的战略，加快公司的发展步伐，经公司董事会研究，决定于 2013 年 12 月 26 日至 28 日在广州益丰酒店召开"广东××物流总公司第八届人才强企研讨会"。现将有关事项通知如下：

一、会议议题

1. 总结本公司贯彻落实董事会关于"人才强企"战略的情况，表彰一批先进单位和个人。

2. 研讨本公司在新形势下如何进一步贯彻落实董事会关于"人才强企"战略的任务及其对策。

3. 各事业部、分公司、人力资源部等单位交流人力资源管理经验。

二、参加会议人员

1. 总公司董事、监事、总经理、副总经理。

2. 各事业部、分公司、人力资源部正副经理。

三、会期与会议地点

1. 会期：3 天，2013 年 12 月 26 日至 28 日。

2. 会议地点：广州益丰酒店八楼会议室。

四、会议报到时间和地点

1. 会议报到时间：2013 年 12 月 25 日下午 4：00～5：00。

2. 报到地点：广州益丰酒店一楼大厅。

五、其他事项

1. 请分别以事业部、分公司、人力资源部为单位，将参加会议人员的姓名、性别、职务及人力资源管理交流经验材料、研讨论文等于 2013 年 12 月 20 日下午 4：00 前用 E-mail 发送至总公司办公室邮箱（gz××888@126.com）。

2. 各事业部、分公司、人力资源部可各来一辆工作用车，该司机食宿由大会安排，其余自带司机食宿自理，大会不予安排。

希望与会人员妥善安排好本部门的工作，依时参加研讨会。

特此通知。

附件：广东××物流总公司第八届人才强企研讨会议程表

广东××物流总公司
2013 年 12 月 12 日

（联系人：×××，联系电话：×××××××××。）

（二）评析

这是一份事务文书会议通知，有如下几点值得借鉴：

（1）会议通知标题正确。标题采用公文完整式标题，由"发文机关＋事由＋文种"构成。表述准确，文字简洁。

（2）主送机关正确。

（3）会议通知正文结构完整。正文由"前言＋主体＋结尾"组成，前言写了通知的缘由、目的。通知主体的事项具体、明确、周密；包括会议议题、参加会议人员、会议的时间与地点、会议报到的间与地点、其他事项等；通知结尾提出希望。

（4）会议通知附件标注正确。会议通知应有附件，主要是会议议程、会议日程。

（5）尾部。尾部包括署名和成文日期。

三、知识支撑

（一）会议通知的概念

会议通知是单位召开会议前向相关单位及有关人员告知会议有关事项时所使用的一种会务文书。

（二）会议通知的分类

根据企业的情况，会议通知可以分为公司员工大会、总经理办公会、专业会议、安全工作会议、部门工作会议等。

（三）会议通知的特点

会议通知是企业常用的一种会务文书，主要特点有：

（1）广泛性。会议通知应用广泛，使用频率高，既可用于布置工作、传达重要精神，也可以用于知照一般事项。

（2）具体性。会议通知内容必须具体、明确、周密。

（3）时效性。一般来说，会议通知必须在开会前发至与会者手中。

四、技能演练

（一）会议通知结构形式

标题＋受文单位＋正文＋尾部

（二）会议通知写作方法

1. 标题

（1）标题格式：

①发文单位＋事由＋文种。如"广州腾飞电脑公司关于召开季度安全工作会议的通知"。

②事由＋文种。如"关于开展安全检查工作会议的通知"。

（2）标题写作注意事项：标题事由应当简明、确切地概括通知的主要内容；如果标题很长需要换行时，要做到词意完整、排列对称、间距恰当；公文标题中除名称加书名号外，一般不用标点符号。如"深圳市人民政府关于废止《市政府批转深圳市委组织部、深圳市人事局、劳动局关于执行十类工资区的实施方案的通知》等 130 件规范性文件的通知"，此标题违反了上述标题写作的注意事项，可以更改为"深圳市人民政府关于废止部分规范性文件的通知"。

2. 受文单位

受文单位为要通知的公司下属各单位和直属各部门。

3. 正文

正文是会议通知的核心部分，一般由"缘由＋事项＋要求"三部分组成：

（1）通知缘由：交代有关背景、根据及目的、意义等。

（2）通知事项：正文的主体部分。会议通知的内容要尽量详尽周到，应包括会议内容、参会人员、会议时间及地点、注意事项等。

（3）执行要求：要求受理单位贯彻执行的意见，要明白无误地提出工作的任务和要求，让人知道做什么，怎么做，做到什么程度，切忌泛泛而言，让人不得要领。

4. 尾部

尾部包括署名和日期两部分。

（三）会议通知写作要求

（1）要明确具体。通知内容的要明确具体。

（2）要周密安排。会议有关事项的安排要周密，不能疏漏。

（3）要条理明晰。会议议程逻辑性要强，要遵守轻重缓急和保密性原则，条理明晰，让与会者一目了然。

五、病文诊治

（一）病文

关于召开布置开展增产节约劳动竞赛会议的通知

各分公司、分厂、各车间党支部、公司直属各部门：

为贯彻上级精神，总公司董事会研究决定在全公司范围内广泛开展增产节约、劳动竞赛活动，现在把会议需要知道的事情通知给你们：

一、会议时间：12 月 18 日至 20 日。

二、会议地点：总公司招待所。

　　三、与会人员：各分公司、分厂、总公司各直属部门的负责人，总公司工会主席。

　　四、请各单位准备好本单位开展劳动竞赛活动的经验材料，限 5000 字。并请与会人员于 12 月 18 日前来报到。

　　特此通知。

广东×××总公司（盖公章）

2013 年 12 月 8 日

（二）诊治

（1）标题事由概括不当。可改为：关于召开增产节约劳动竞赛会议的通知。

（2）主送单位违反了党政分开的原则，不同类型单位之间应用逗号间隔。

（3）通知缘由缺少会议目的、名称和内容，且使用口语。可改为：为落实总公司董事会关于在全公司范围内开展增产节约劳动竞赛活动的决定，总公司将于总部召开增产节约劳动竞赛会议，部署该项活动的具体事宜。现将会议有关事项通知如下。

（4）与会人员表述不清，应改为：各分公司、分厂主管生产的负责同志和工会主席，总公司直属各部门负责同志。

（5）经验材料是在活动实践中总结出来的，劳动竞赛活动尚未开展，还没有经验材料。

（6）报到时间有歧义。

六、相关知识拓展

会议通知写作模式举例

关于召开××××××××××××××会议的通知

各××××、××××：

　　为了×××××××××××××××××××××，经××××××××××研究，定于×月×日召开×××××会。现将有关事项通知如下：

　　一、会议议题

　　××××××××××××××××××××。

　　二、参加人员

　　××××××××××××××××××××。

　　三、会议时间与地点

　　1. 会议时间：××××年××月××日—××日。

　　2. 会议地点：××××××

　　四、会议报到时间与地点

　　1. 会议报到时间：××××年××月××日—××日。

　　2. 会议报到地点：×××××一楼大厅。

五、其他事项

1. ××××××××××××××××××。
2. ×××××××××××××××××××××××。
3. ×××××××××××××。

联系人：×××，电话：×××××××，传真：×××××××××。

（印章）

××××年×月×日

七、模拟写作实训

（一）实训任务

（1）根据【项目任务背景】给定的材料，代总经理办公室秘书李××拟写一篇 AA 集团总公司 2013 年年会暨第一届商品贸易洽谈会通知。

（2）受文对象是 AA 集团总公司的 5 家分公司、15 个全国办事处和总公司直属各部门。

（二）实训要求

（1）会议通知的结构必须完备无缺。

（2）会议通知的内容明确，事项交代清楚。

（3）严格按照公文格式写作（包括版头、主体和版记部分），独立完成设计和排版工作，编辑、打印精美。

任务 13 - 2　会议议程写作

知识目标

1. 了解会议议程的特点

2. 理解会议议程的程序原则

技能目标

1. 能熟练掌握会议议程的写作技能

2. 能根据"项目任务背景"给定的材料，撰写结构完整、格式规范、要素齐全的会议议程

【项目任务背景】

根据"任务 13 - 1"的【项目任务背景】给定的材料，代 AA 集团总公司拟写一份 AA 集团总公司 2013 年年会暨第一届商品贸易洽谈会议程。

一、任务分析

（1）根据"任务 13 – 1"的【项目任务背景】给定的材料，代 AA 集团总公司拟写一份 AA 集团总公司 2013 年年会暨第一届商品贸易洽谈会议程。

（2）要顺利完成写作任务，必须对下列两个问题进行认真分析：

①如何构思会议议程的写作结构？考虑标题、正文和尾部要写的内容。

②会议议程的写作方法和要求有哪些？

二、范文借鉴

（一）范文

广东省写作学会 2014 年新春茶话会议程

会议时间：2014 年 2 月 25 日上午 9：50 ～ 12：00

会议地点：广东××职业技术学院东校区工业实训中心 903 室（会议室）

主持人：黄××

会议议程：

1. 介绍出席"新春茶话会"的领导和嘉宾（9：50）
2. 宣布"广东省写作学会 2014 年新春茶话会"正式开始（10：00）
3. 广东××职业技术学院副院长王××教授致欢迎词（5 分钟）
4. 广东省写作学会会长陈××教授作《广东省写作学会 2013 年工作报告》（20 分钟）
5. 第一轮抽奖（5 分钟，抽三等奖 20 名）
6. 会员第一阶段学术交流（10：30 ～ 10：50）
7. 第二轮抽奖（3 分钟，抽二等奖 10 名）
8. 会员第二阶段学术交流（10：53 ～ 11：13）
9. 第三轮抽奖（2 分钟，抽一等奖 2 名，特等奖 1 名）
10. 广东省写作学会副会长古××教授作大会总结（11：15 ～ 11：20）
11. 全体与会人员照相留念（11：20 ～ 11：30）
12. 分两批参观广东××职业技术学院校史馆（工业实训中心二楼）（11：30 ～ 12：00）
13. 午宴（12：30）（地点：广东××职业技术学院西校区铭苑餐厅）

广东省写作学会

2014 年 2 月 25 日

（二）评析

这是一篇条文式会议议程，有如下几点值得借鉴：

（1）此篇会议议程格式规范，结构完整，要素齐全。

（2）会议事项能按轻重缓急原则进行安排，时间分配比较合理，条理清楚。

（3）语言表达简洁。

三、知识支撑

（一）会议议程的概念

会议议程是指对会议已确定的议题或要解决和处理的问题进行先后次序安排的会务文书。会议议程也是主持人撰写主持词的依据。

（二）会议议程的特点

（1）结构形式简单。会议议程结构形式一般可采用条文式或表格式两种。

（2）安排事项科学。会议议程要遵循轻重缓急和保密事项放后的原则。

（3）语言表达简洁。会议议程要求用准确的语言进行表达，力求简练。

（三）会议议程的种类

（1）按规模划分，可分为大型、中型和小型会议议程三大类。

（2）按重要程度划分，可分为重要会议议程和一般会议议程两大类。

（3）按形式划分，可分为条文式会议议程和表格式会议议程两大类。

四、技能演练

（一）会议议程的结构形式

标题 + 正文 + 尾部

（二）会议议程的写作方法

1. 标题

由"会议名称 + 议程"组成。

范例1：《广东宏大物业总公司2013年年会议程》

范例2：《南储仓储物流管理公司办公会议议程》

2. 正文

一般分两层来写，第一层：写会议的时间、地点和主持人；第二层：写会议具体事项，按轻重缓急的原则分条列款编排，重急在前，轻缓在后。若有保密性较强的议题，一般放在最后面。

3. 尾部

写主办单位的名称和举行会议的日期。

（三）会议议程写作要求

（1）按轻重缓急原则编排会议议程。

（2）用语简洁、准确，条理清晰。

五、病文诊治

（一）病文

> ## 会 议 议 程
>
> 一、会议时间
> 7月12日（周六）
> 二、会议地点
> 北京昆仑饭店
> 三、会议主持
> 第一财经频道主持人：崔××
> 四、会议进程
> 1. 10：00~10：03　主持人宣布仪式开始，介绍到场来宾。
> 2. 10：03~10：18　创业学生代表宣读倡议书。
> 3. 10：18~10：23　播放"2013创业周"视频短片。
> 4. 10：23~10：28　基金会顾问团代表致词。
> 5. 10：28~10：33　指导单位领导致贺词。
> 6. 10：33~10：40　上海市大学生科技创业基金会严隽琪会长宣布创业周启动。

（二）诊治

从完整的会议议程要求的角度来看，以上会议议程主要存在以下几个问题：

（1）标题应由"会议名称＋议程"构成。

（2）会议时间与地点不具体，具体在何时何地进行活动不明确。

（3）会议进程中第二和第五两项应调换。

（4）会议进程中没有散会时间。

六、相关知识拓展

编排会议议程应考虑的因素：

（1）对将要讨论的问题要求提前考虑。

①对问题的解决或处理，有哪些看起来是行得通的？

②所要讨论的问题其最后结果可能意味着什么？

（2）如果时间允许，把会议参加者的建议合并到暂定议程里，提前分发，以征求补充意见。

（3）提前向与会者简明介绍会议的目的，并要求他们做一些具体工作，例如抽样调查员工意见，汇集统计数字，或搜集背景资料等。

（4）可能的话，把议程的话题限制在同一个主题范围内。这既有助于从容进行，同时也使必须参加企业会议的人数减到最少。假如议程中有不同主题，可以分别安排为两个小会议进行。

（5）假如这些主题之间没有关系，则应力求少安排一些话题。因为要使与会者从他很感兴趣的问题转移到兴趣不高的问题上，而又始终全神贯注，是很困难的。

（6）设法将议程话题限制为一个主要的讨论项目，辅之以不需大量准备的次要项目。

（7）提前分发每一项议程话题的附件，以节省开会时间。这样就可以确定每一项拿到会上讨论的话题在会前都已向与会者简明介绍。这是一种利用以前会议记录实际可行的方法。

（8）在议程上要标明会议开多长时间。与会者知道会议不允许超过时间后，就会更加积极。

（9）对那些非常有争议的、极为复杂的或小组完全不熟悉的话题，要安排充分的时间。

（10）要记住注意力的持续时间是有限度的。对一位实业家来说，有效的会议一般持续一个小时，当会议进行了一个半小时时，就接近效果递减的临界线了。

（11）假如会议必须开到两小时以上，应安排中间休息时间。

（12）假如可能，要留出会后交谈和娱乐的时间。

七、模拟写作实训

（一）实训任务

根据"任务 13－1"的【项目任务背景】给定的材料，代 AA 集团总公司拟写一份 AA 集团总公司 2013 年年会暨第一届商品贸易洽谈会议程。

（二）实训要求

（1）会议议程内容必须完备、准确。

（2）时间安排合理、进程恰当。

（3）编辑、打印精美。

项目 13　思考与练习题

一、填空题

1. 会议通知的结构一般是由＿＿＿、＿＿＿、＿＿＿、＿＿＿等部分组成。

2. 会议通知的正文一般包括＿＿＿、＿＿＿、＿＿＿三部分内容。

3. "某市劳动局关于对城镇待业人员统一登记的通知"这个标题应改为：

＿＿＿＿＿＿＿＿＿＿＿＿＿＿＿＿＿＿＿＿＿＿＿＿＿＿＿＿＿＿＿＿＿。

4. 会议议程的结构形式是＿＿＿＿＿、＿＿＿＿＿、＿＿＿＿＿。

5. 会议议程安排上要充分体现＿＿＿＿＿＿的原则。

6. 会议通知的语言要求＿＿＿＿＿、＿＿＿＿＿。

7. 会议议程的标题由＿＿＿＿＿＿＿和＿＿＿＿＿＿＿组成。

8. 会议通知可以分为_____、_____、_____、_____、_____等类型。

二、选择题

（一）单选题

1. 下列事例不能用通知行文的有（　　　）

A. 某公司聘用一名经理

B. 某银行向各储蓄所下达季度储蓄任务

C. 某公司有关职工福利发放标准的文件

D. 两单位之间商洽某个具体事项

2. 为使受文者能够正确理解并准确执行通知所要求的事项、措施等，通知在写作时应（　　　）

A. 说服力强　　　　B. 论证充分　　　　C. 针对性强　　　　D. 具体明确

3. 会议通知只在指定的一段时间内有效，行文要及时，体现了会议通知的（　　　）特点

A. 指导性　　　　B. 时效性　　　　C. 针对性　　　　D. 广泛性

4. 公文标题中除名称加（　　　）外，一般不用标点符号

A. 书名号　　　　B. 逗号　　　　C. 句号　　　　D. 省略号

（二）多选题

1. 会议通知按形式来划分有（　　　）

A. 书面通知　　　　B. 电话通知　　　　C. 口头通知　　　　D. 传真通知

2. 下列语句可以作为会议通知结束语的有（　　　）

A. 请遵照办理　　　　　　B. 请认真贯彻执行

C. 请按照执行　　　　　　D. 以上妥否，请批示

3. 通知写作时，需要注意的事项有（　　　）

A. 主体包括目的和正文　　　　　　B. 用语要准确、具体

C. 制发要迅速、及时　　　　　　　D. 内容具体、明确

三、判断题

1. "××食品厂关于提高产品质量，造福人类，加强成品检验工作的通知"，此标题正确。（　　　）

2. "早晨五六点钟，通往机场的大街两旁已经站满了数万名欢送的人群"，从公文写作角度来看，此语言正确。（　　　）

3. 通知不受发文机关级别高低的限制，不论机关级别高低都可以用。（　　　）

4. 通知由于对主体要求宽泛，已成为现行公文中使用频率最高的一种公文。（　　　）

5. 用于发布条例、规定、办法和实施细则等行政法规时使用的通知是转发性通知。（　　　）

6. 国家领导机关、企事业单位都可以用通知，而指示一般只能由党政领导机关发出。（　　　）

7. 上级机关对下级机关某一项工作作出指示和安排，而根据公文内容又不必用"命

令"或"指示"时，可使用指示性通知。（　　）

四、问答题

1. 会议通知与其他通知有何不同？

2. 编排会议议程应考虑哪些因素？

项目 14　会中文书：开幕词、闭幕词与会议记录写作

任务 14 - 1　开幕词写作

知识目标

1. 了解开幕词的概念和特点

2. 掌握开幕词的写作要求

技能目标

1. 能熟练掌握开幕词的写作技能

2. 能撰写格式规范、结构完整、内容完备、表述正确、要素齐全的开幕词

【项目任务背景】

根据"任务 13 - 1"的【项目任务背景】给定的材料和 AA 集团总公司 2013 年年会暨第一届商品贸易洽谈会议程，为总裁兼首席执行官霍华德·泰勒拟写一篇开幕词。

一、任务分析

（1）根据"任务 13 - 1"的【项目任务背景】给定的材料和 AA 集团总公司 2013 年年会暨第一届商品贸易洽谈会议程，为总裁兼首席执行官霍华德·泰勒拟写一篇开幕词。

（2）要顺利完成写作任务，必须对下列两个问题进行认真分析：

①如何构思开幕词的写作结构？考虑标题、题注、称谓、正文、结束语、尾部要写的内容。

②开幕词的写作方法和要求有哪些？

二、范文借鉴

（一）范文

广东 BB 集团总公司第二届商品贸易洽谈会开幕词

董事长杨××

女士们、先生们：

　　新年伊始，万象更新。值此新年到来和"广东 BB 集团总公司第二届商品贸易洽谈会"开幕之际，我谨代表本公司向远道而来的各国来宾、港澳台同胞、海外侨胞表示热烈的欢迎，并致以新年祝福！

　　曾记否？2012 年金秋十月，在庆祝本公司产品研发中心落成典礼之时，我们曾在这里举办过第一届商品贸易洽谈会。今天我们又在这里隆重举行"广东 BB 集团总公司第二届商品贸易洽谈会"，本届洽谈会的规模和内容比上一届更大、更丰富，将进一步扩大本公司和有关国家、港澳地区的经济技术合作和贸易往来，增进相互了解和彼此的友谊。

　　本公司地处我国沿海经济发达的广东省，对外经贸事业的发展有着广阔的前景。目前，本公司已同世界上近 30 个国家和地区建立了贸易往来和经济技术合作关系，这种合作关系正在日益巩固和发展。

　　在此次洽谈会上，本公司将推出包括轻工、机电、陶瓷、电子及食品等 250 余种商品，供各位来宾选择。所展出的商品有很多是我国或我省的名牌产品和新开发的出口产品。欢迎各位来宾洽谈贸易，凭样订货。

　　今天在座的各位来宾中，有许多是我们的老朋友，我们之间已建立了长久的良好合作关系。对于各位真诚合作的精神和良好的信誉，本公司表示由衷的赞赏和感谢。同时，我们也热情欢迎来自许多国家、地区的新朋友，我们为有幸结识新朋友而感到十分高兴。我们衷心希望与新老朋友真诚合作，共谋发展，同创美好的明天。

　　最后，预祝"广东 BB 集团总公司第二届商品贸易洽谈会"取得圆满成功！

　　谢谢大家！

2014 年 1 月 3 日

（二）评析

这篇开幕词有如下几点值得借鉴：

（1）结构完整，格式规范。这篇开幕词由"标题＋题注＋称谓＋正文＋结束语＋尾部"构成，符合开幕词的结构要求，是一篇结构完整、格式规范的开幕词。

（2）正文内容编排合理。称谓之后的首段，即开头部分，讲话人借新年到来和"广东 BB 集团总公司第二届商品贸易洽谈会"开幕之机，代表本公司对来宾表示热烈的欢迎并致以新年祝福。主体部分为第二至第五段。第二段介绍本次洽谈会的背景、规模和宗旨、目的。第三段概括介绍省情、本集团公司贸易往来的状况及前景。第四段说明本次洽谈会的任务。第五段点明来宾中有许多是已有良好合作关系的老朋友，同时，对新老朋友的到来，发展相互之间的合作关系也表示热烈的欢迎。最后是祝愿性结语。

（3）全文内容符合开幕词的要求，文字精练，气氛庄重热烈。

三、知识支撑

（一）开幕词的概念

开幕词是党政机关、社会团体、企事业单位的领导人在重要会议开幕时所作的讲话，旨在阐明会议的指导思想、宗旨、重要意义，向与会者提出开好会议的中心任务和要求的一种会务工作文书。

（二）开幕词的种类

（1）按照载体的不同，开幕词分为口头开幕词和书面开幕词。

（2）按内容的重要程度，可分为侧重性开幕词和一般性开幕词两种。

①侧重性开幕词往往对会议召开的历史背景、重大意义或会议的中心议题等，作重点阐述，而忽略其他安排。一般用于召开重大会议，如中国共产党全国代表大会、全国人民代表大会等。

②一般性开幕词则只对会议的目的、议程、基本精神、来宾等作简要概述。

（3）按具体内容划分，开幕词可分为代表大会开幕词、体育运动会开幕词、商务洽谈会开幕词、文娱晚会开幕词、庆典大会开幕词等。

（三）开幕词的特点

开幕词的特点有三个：

（1）宣告性。开幕词是会议的序曲，宣布会议正式开幕，渲染庄重气氛。

（2）指导性。开幕词一般要指出会议的指导思想，对会议提出任务，为会议定下基调。

（3）预示性。开幕词中要简单介绍会议的主要内容、议程安排和主要精神，使与会人员了解有关事项。

四、技能演练

（一）开幕词结构形式

标题 + 题注 + 称谓 + 正文 + 结束语 + 尾部

（二）开幕词写作方法

1. 标题

（1）由"事由 + 文种"构成的标题。如"第二届商品贸易洽谈会开幕词"。

（2）由"致词人 + 事由 + 文种"构成的标题。如"××同志在××会上的开幕词"。

（3）由"正题 + 副题"构成的复式标题。正题揭示会议的宗旨、中心内容，副标题补充说明，前两种标题的构成形式基本相同，如"团结协作，共渡难关——××董事长在××省企业联盟会上的开幕词"。

（4）只写文种。如"开幕词"。

2. 题注

在标题之下，写明致词者的单位名称、职务和姓名，或用括号注明会议开幕的年月日。

3. 称谓

这是对与会人员的称呼，一般视会议性质、参加会议对象而定。通常用泛称"女士们、先生们"、"来宾们"和"各位代表"等，为表示对重要嘉宾的尊重，可对其单独称呼。

4. 正文

正文包括开头、主体和结尾三部分。

（1）开头部分。宣布会议开幕，如"××大会现在开幕"；代表会议主办单位对参加会议人员表示欢迎、感谢，如"我代表×××向来自国内外的各位来宾、各位代表表示热烈的欢迎！"；还有对会议的规模、筹备情况和出席会议人员等作简要介绍，如"参加这次会议的代表共有××人……"，这一部分一般要自成一段，与开头分开。

（2）主体部分。这是开幕词的核心部分，通常包括三项内容：①阐明会议的意义，通过对以往工作情况的概括总结和对当前形势的分析，简要介绍会议的筹备过程，说明会议是在什么形势下，为解决什么问题和达到什么目的而召开的。②阐明会议的指导思想，提出大会任务，说明会议主要议程和安排。③为保证会议顺利举行，向与会者提出会议的要求，语言要富有鼓动性。

（3）结尾部分。通常是提出会议任务、要求和希望，并再一次表示祝贺、欢迎、感谢，表达祝愿、希望及共勉之类的话。

5. 结束语

对会议表示良好的祝愿，一般用祈使句，要简短有力，具有鼓舞性。如："预祝大会（会议）圆满成功！"

6. 尾部

尾部一般写致词人的单位名称、职务、姓名和成文日期。若在题注已经写名致词人的单位名称、职务、姓名和成文日期，则尾部省略。

（三）开幕词的写作要求

（1）把握会议宗旨。开幕词的撰写人必须熟悉会议，了解与会议有关的背景情况，因此要事先学习相关材料，听取领导的指示，亲自参与会议的筹划和组织工作。

（2）条理清晰，重点突出。开幕词有引导与会人员把握会议方向的作用，因此主题要明确，层次清楚，使听众一目了然。

（3）语言简明通俗。开幕词只是对会议作个简单的概括，因此篇幅不宜过长，不能作长篇大论，旁征博引，要突出实质性内容，简洁明了，起到画龙点睛的作用。同时要适于口头表述，切忌书面语言过多，影响表达效果。在比较严肃的大型会议上，不可使用幽默语言。

五、病文诊治

（一）病文

洽谈会开幕词

女士们、先生们：

值此××省国际经济合作和出口商品洽谈会开幕之际，我代表××省人民政府、××市人民政府、××省对外贸易总公司，向远道而来的五大洲各国来宾、港澳台同胞、海外侨胞表示热烈的欢迎和真诚的问候！

×年×月，在庆祝××对外贸易中心落成典礼之时，我们曾在这里举办过一次洽谈会。今年这次洽谈会，规模和内容比上一次更加广泛和丰富。这次洽谈会，将进一步扩大我省同世界各国及港澳地区的经济技术合作和贸易往来，增进相互了解和彼此的友谊。

××省是我国沿海经济比较发达的省份之一，幅员辽阔，物产丰富，人力资源充足，工农业生产和港口、交通均有一定的基础，对外经贸事业的发展有着广阔的前景。目前，我省已同世界上140多个国家和地区建立了贸易往来和经济技术合作关系，这种合作关系正在日益巩固和发展。

谢谢！

（二）诊治

这篇开幕词存在问题较多，诊治如下：

（1）标题不规范。应改为：××省国际经济合作和出口商品洽谈会开幕词。

（2）结构欠完整。没有题注，也没有尾部，给人的感觉是没头没脑。

（3）正文主体部分内容没有突出重点。主体部分只回顾上次洽谈会的场景，但对本次洽谈会的优势及特点没有太多阐述，不能显示本次洽谈会的不平凡之处。

（4）结尾很仓促。既没有预祝大会成功，也没有对大会提出要求和希望，缺乏鼓动性。

六、相关知识拓展

公司开幕词写作模式

×××××××开幕词
（××××年××月××日）
董事长　×××

××××：

值此××××开幕之际，我谨代表×××向×××表示热烈的欢迎！

×××××××××××××××××××××××××××××××××××××××
（阐明会议的意义）。

×××××××××××××××××××××××××××××××××××××××
（阐明会议的指导思想、任务、议程等）。

> ××（对
> 与会者提出要求）。
>
> ×××—×××—×【××××××××××（阐明会议的意义）。
> 最后，预祝××××圆满成功！
> 谢谢大家！

七、模拟写作实训

（一）实训任务

根据"任务13-1"的【项目任务背景】给定的材料和 AA 集团总公司2013 年年会暨第一届商品贸易洽谈会议程，为总裁兼首席执行官霍华德·泰勒拟写一篇开幕词。

（二）实训要求

（1）结构完整，格式规范。
（2）标题正确，称谓恰当。
（3）条理清楚，重点突出。
（4）语言简洁，情感丰富。

任务 14-2 闭幕词写作

知识目标
1. 了解闭幕词的概念和特点
2. 掌握闭幕词的写作要求
技能目标
1. 能熟练掌握闭幕词的写作技能
2. 能撰写格式规范、结构完整、内容完备、表述正确，要素齐全的闭幕词

【项目任务背景】

> 根据"任务13-1"的【项目任务背景】给定的材料，"AA 集团总公司2013 年年会暨第一届商品贸易洽谈会"顺利地结束了，AA 集团总公司副总裁爱德华·克里兹将在欢送宴会上致闭幕词。请根据"任务13-1"的【项目任务背景】给定的材料和 AA 集团总公司2013 年年会暨第一届商品贸易洽谈会议程，为 AA 集团总公司副总裁爱德华·克里兹拟写一篇闭幕词。

一、任务分析

（1）根据"任务13-1"的【项目任务背景】给定的材料和 AA 集团总公司2013 年年会暨第一届商品贸易洽谈会议程，为 AA 集团总公司副总裁爱德华·克里兹拟写一篇闭

幕词。

（2）要顺利完成写作任务，必须对下列两个问题进行认真分析：

①如何构思闭幕词的写作结构？考虑标题、题注、称谓、正文、结束语、尾部要写的内容。

②闭幕词的写作方法和要求有哪些？

二、范文借鉴

（一）范文

××市科学技术协会第×次代表大会闭幕词

（××××年×月×日）

会长×××

各位代表、各位来宾：

　　××市科协第×次代表大会，在市委、市政府和省科协的亲切关怀下，在与会同志的共同努力下，已经圆满地完成了预定的各项任务，今天就要胜利闭幕了。这是我市科技界具有历史意义的大会，是继往开来、团结奋进的大会，也是动员××特区广大科技工作者为我市率先基本实现社会主义现代化建功立业的大会！

　　这次代表大会得到了市领导和上级科协的重视和关怀，市五套班子领导在百忙中莅临大会，悉心指导。省委常委、市委书记×××同志，市委副书记×××同志代表市委、市政府在大会中作了重要讲话，市委常委、宣传部长×××为全体代表作了一场生动的形势报告。他们深刻论述了市场经济条件下……（报告内容概述）

　　全体代表经过认真地讨论和审议，一致通过了×××同志所作的工作报告；一致通过了《××市科学技术协会章程》；大会还表彰了全市科协系统先进集体和先进工作者；向第×届全市自然科学优秀论文获奖者颁奖；向全市广大科技工作者发出了倡议书；大会选举产生了××市科学技术协会第×届委员会；聘请了一批德高望重的两院院士、专家学者担任市科协名誉主席、顾问和荣誉委员。大会圆满完成了各项预定的任务。

　　同志们，我们即将进入一个新的世纪和关键的历史发展时期，回顾过去，令人鼓舞；展望未来，令人振奋！我们的使命艰巨而光荣，我们的责任任重而道远。第×届科协恰逢世纪之交和千年交替之际，正处在我国进入全面建设小康社会，加快推进现代化建设的新的发展阶段，我们第×届委员会要更加努力地学习邓小平关于"科学技术是第一生产力"的理论，在市委、市政府的领导下，进一步弘扬"献身、创新、求实、协作"的精神，满腔热情地为我市的广大科技人员服务，加强××特区科技工作者的团结与协作，做好"三主一家"工作，在改革开放和社会主义现代化建设中，奉献才智，再立新功，再创辉煌！

　　最后，我代表全体与会人员向为本次会议提供热情、周到服务的全体工作人员和有关单位的同志们表示衷心的感谢！

　　现在，我宣布××市科学技术协会第×次代表大会胜利闭幕！

（二）评析

　　这篇闭幕词开头首先对会议精神进行了高度概括，为会议性质定下了结论。接着按照会议议程进行了逐条分析，指出了会议的深远意义和重要性。最后针对会议精神的传达、贯彻提出要求和号召，宣布会议完成使命，胜利闭幕。行文充满热情，号召与会者有力，语言昂扬，是一篇值得学习的闭幕词。

三、知识支撑

（一）闭幕词的概念

闭幕词是党政机关、社会团体、企事业单位的领导人，在重要会议闭幕时所作的总结性讲话，是一种会务工作文书。主要是总结会议所完成的任务，对会议作出评价，并号召与会者贯彻会议精神。

（二）闭幕词的种类

闭幕词种类与开幕词分类相同。

（三）闭幕词的特点

闭幕词的特点有三个：

（1）宣告性。闭幕词是会议的尾声，宣布会议完成使命，闭幕。

（2）总结性。闭幕词一般要对会议的整个过程进行总结，对会议精神进行高度概括，为会议性质定下结论。

（3）评估性。闭幕词中要对会议取得的成果进行评价，解决了哪些问题，完成了哪些任务，得到了哪些经验教训。

四、技能演练

（一）闭幕词结构形式

标题＋题注＋称谓＋正文＋结束语＋尾部

（二）闭幕词写作方法

1. 标题

标题写法参见"开幕词"。

2. 题注

在标题之下，写明致词者的单位名称、职务和姓名，或用括号注明会议开幕的年月日。

3. 称谓

称谓的写法参见"开幕词"。

4. 正文

正文由开头、主体、结尾三部分构成。

（1）开头。简要说明会议已完成各项任务，即将结束，如"本次大会已完成历史使命，即将闭幕"、"大会已圆满完成各项任务，即将落下帷幕"。

（2）主体。这一部分是闭幕词的重点，一般包括：

①简单地对会议作出总的评价，如收获、影响等。

②按照会议议程逐条分析，讨论了哪些问题，解决了哪些问题，还有哪些问题需要以

后深入探讨，等等。

③会议的深远意义和重要性。

④提出希望、号召。还可以针对会后对会议精神的传达和贯彻提出要求。

如北京市市长刘淇在第二十一届世界大学生运动会闭幕词中呼唤："亲爱的朋友们，到 2008 年，当神圣的奥运五环旗帜在北京冉冉升起的时候，我们将再次伸出双臂欢迎各国运动员和朋友们的到来，共同为实现崇高的奥林匹克理想，为世界体育、友谊和进步作出更大的贡献。"

（3）结尾。对参加会议的人员以及会议的工作服务人员表示感谢，并宣布会议闭幕。通常为："现在，我宣布×××大会胜利闭幕！"

5. 结束语

通常写祝颂语或写"谢谢大家"。

6. 尾部

尾部一般写致词人的单位名称、职务、姓名和成文日期。若在题注已经写明致词人的单位名称、职务、姓名和成文日期，则尾部省略。

（三）闭幕词写作要求

（1）要了解会议进程。写闭幕词要了解会议进程，掌握会议的全面情况，搜集会议的主要文字材料，写作者从会议开始就要做好写作准备，尽早构思，适时动笔，不要等到闭幕前夕再撰写，那样一般都会由于仓促急切而影响撰写质量。

（2）要紧密结合中心议题。写闭幕词要根据会议实际情况，紧密结合中心议题进行阐述，不能游离主题泛加议论，应针对会议主要内容予以阐述和肯定。同时，要注意与会议开幕词前后呼应，不可与开幕词脱节。

（3）要补充会议内容。写闭幕词要补充会议内容，适当深化和发挥，但必须是与会议议题有关的事情。闭幕词既是对会议的总结和评价，又可以是对会议精神的延伸和补充。对于会议虽未展开，但已认识到的重要问题，应当在闭幕词中提出，适当强调，作必要发挥。

（4）要高度综合概括。写闭幕词要高度综合和概括，富有鼓动性和号召力。会议接近尾声时，不必重复进行讨论，无论是总结成果，还是提出要求，都应简洁明了，点到为止，不要拖泥带水，切忌画蛇添足。同时，行文要倾注热情，号召有力，语言昂扬，使与会者在会议结束时受到鼓舞。

五、病文诊治

（一）病文

"瓜果节"闭幕词

各位领导、各位来宾、客商朋友们、同志们：

东风吹来满眼春，同州五月捷报飞。经过全县上下的共同努力，在各位领导、各位来宾以及广大客商朋友们的大力支持和密切配合下，"陕西××首届瓜果节"已圆满完成了任务，达到了预期的目的。

在这短短的三天里，大家相互交流、增进了解、达成共识、共谋发展，使"瓜果节"的各项活动有序开展，使我县的反季节蔬果得到了较为广泛的宣传，达到了沟通信息、扩大影响、开拓市场、让外界了解××、让××走向全国的目的。可以说，这是我县有史以来首次规模大、范围广、层次高、成果丰的贸易盛会。

一是"瓜果节"规模空前……二是反季节农产品贸易成交量大……三是招商引资和商品贸易成效显著……四是瓜果节期间活动内容丰富多彩……

"长风破浪会有时，直挂云帆济沧海。"我们有理由相信，经过我们的共同努力，新世纪的××，将是一个发展空间广阔、投资环境优越的新××，一个产业结构合理、经济飞速发展的新××，一个社会全面稳定、人民安居乐业的新××，一个充满生机，充满活力，商机无限，希望无限的新××！

"陕西××首届瓜果节"，是团结协作的盛会，是圆满成功的盛会，是孕育希望的盛会！

（二）诊治

这篇闭幕词存在问题较多，诊治如下：

（1）标题不规范。应改为：陕西××首届瓜果节闭幕词。

（2）结构欠完整。没有题注，也没有尾部，给人的感觉是没头没脑。

（3）正文主体部分内容对与会者既没有太多感情交流，也没有对与会者表示感谢或发出号召。

（4）结尾很仓促。既没有对参加会议组织的人员以及会议的工作服务人员表示感谢，也没有宣布会议闭幕。

六、相关知识拓展

闭幕词写作模板

×××××××代表大会闭幕词

（××××年××月××日）

×××

代表们、同志们：

×××××第××次代表大会，在×××的亲切关怀和直接领导下，经过全体代表的共同努力，现在已经圆满地完成了预定的各项任务。

这次代表大会，标志着×××××进入了一个新的发展阶段。×××同志代表×××××× 在这次代表大会上的致词，是指导工作的纲领性文件……

这次代表大会，经过全体代表的认真审议，一致同意××同志代表第××届执行委员会所作的工作报告，并通过了相应决议。大家认为……

这次代表大会，经过充分酝酿和民主选举，产生了新一届执行委员会。这次代表大会还表彰了×××××等先进集体和×××等先进工作者。先进模范光辉事迹，为我们做好工作，提供了经验，树立了榜样，鼓舞我们奋勇前进。

同志们！我们这次代表大会，是×××××进军动员大会，是开创我×××××工作新局面的誓师大会。大会结束以后，我们要紧张地行动起来……我们要紧密团结在×××××周围，奋发图强，艰苦奋斗，不断创新，开拓前进，去争取工作更大胜利！

在这次代表大会期间，所有为大会服务的同志们，包括做秘书、会务、保卫、生活服务工作的同志，做文件简报、宣传报道、交通联络、印刷工作的同志，都日夜操劳，为大会顺利进行而辛勤工作。在这里，我代表大会主席团向他们表示衷心感谢。

现在，我宣布：××××××××××代表大会胜利闭幕。

谢谢大家！

七、模拟写作实训

（一）实训任务

根据"任务13-1"的【项目任务背景】给定的材料和 AA 集团总公司2013年年会暨第一届商品贸易洽谈会议程，为 AA 集团总公司副总裁爱德华·克里兹拟写一篇闭幕词。

（二）实训要求

（1）结构完整，格式规范。

（2）标题正确，称谓恰当。

（3）条理清楚，重点突出。

（4）语言简洁，情感丰富。

任务14-3　会议记录写作

知识目标

1. 了解会议记录的概念、特点和分类

2. 理解会议记录的作用

3. 掌握会议记录的写作要求

技能目标

1. 能熟练掌握会议记录的写作技能

2. 能撰写格式规范、结构完整、内容完备、表述正确、要素齐全的会议记录

【项目任务背景】

（1）广东××物流总公司，为总结经验，表彰先进，推动公司又好又快发展，总公司办公会决定评选"2013年度优秀团队和优秀员工"，并于2014年1月8日上午9：00～11：30在总公司办公楼8楼会议室召开2013年度总结表彰大会，要求董事会成员，事业部、分公司和培训中心正副职负责人，总公司直属部门正副职负责人，优秀团队代表和优秀员工出席大会。参加大会的人数为100人。

（2）根据《广东××物流总公司关于实施目标管理的考核办法》，经有关部门严格考核和组织各方代表认真评选，运输部、配送部、客服部、广州分公司、花都分公司等5个单位，锐意创新，团结合作，业绩突出，被总公司授予"2013年度优秀团队"称号；该公司客服部李××等20位员工，爱

岗敬业，做事用心，表现出色，成绩优秀，被总公司评为"2013 年度优秀员工"。（3）总结表彰大会的主要内容：

①李××总经理作广东××物流总公司 2013 年度实施目标管理工作总结。

②钟××副总经理宣读表彰文件。

③郑××董事长为 2013 年度优秀团队和优秀员工颁奖。

④运输部经理陆××代表优秀团队发言。

⑤客服部李××代表优秀员工发言。

⑥副董事长杨××代表董事会对此次大会作总结，并宣布总结表彰大会结束。

⑦会后总公司领导与优秀团队代表和优秀员工在公司食堂共进午餐。

（4）广东××物流总公司郑××董事长要求办公室主任助理陈××做好会议记录，详细记录此次总结表彰大会情况。

一、任务分析

（1）根据【项目任务背景】给定的材料，代广东××物流总公司办公室主任助理陈××写一篇会议记录。

（2）要顺利完成写作任务，必须对下列两个问题进行认真分析：

①如何构思会议记录的写作结构？考虑标题、首部、正文、尾部要写的内容。

②会议记录的写作方法和要求有哪些？

二、范文借鉴

（一）范文

××县楹联协会理事会第六次会议记录

时间：2013 年 12 月 10 日上午 8：30

地点：市文化馆会议室

出席人：胡××、尚××、孟××、惠××、白××、赵××

缺席人：李××（生病住院）

列席人：黄××（实习人员）

主持人：孟××（副主任委员）

记录人：胡××（办公室秘书）

议题：

一、补选协会常务副会长

二、讨论编发第四期《长武联苑》有关事宜

孟××：今天理事会主要有两大任务。一是补选常务副会长，再是议议编发第四期《长武联苑》的事。原常务副会长任×同志已于上次理事会上辞去职务。从便于工作的角度，我提议由协会秘书长老惠同志兼任常务副会长。请大家考虑。

赵××：老惠是文化馆助理研究员，长期从事民俗研究，联系工作和开展业务都很方便，我认为适合。

胡××：常务副会长事情多，要有较多的时间，精力又要充沛。这些条件老惠都具备。

孟××：如果大家没有其他意见，现在就举手表决。同意的，请举手。好，一致通过。根据协会章程，惠××同志从现在起正式担任本协会常务副会长。

惠××：感谢同志们的信任和支持，我一定做好工作。

孟××：下面讨论编发第四期《长武联苑》的事，请大家多提意见。

吕××：《长武联苑》作为我们的会刊，已发行了三期，影响较好。但三期都是油印本，印刷效果和纸张都不好。第四期能否做成胶印的？

尚××：主要是经费原因。以往都是靠协会的会费印刷，能印出来就不错了。要搞胶印，就得另筹经费。

白××：印刷质量好了，还可以以成本价卖出一部分，回收一些资金。此外，对联要及早开始收集。

赵××：协会里的杨宗武先生不幸于上月逝世。杨先生撰的对联诙谐风趣，镶本县地名的组联更是独具匠意。我提议在第四期《长武联苑》为杨先生出个纪念专栏。

惠××：杨先生的地名趣联把本县乡村地名巧作连缀，看似信手拈来，实则暗藏玄机，土而不俗，自然贴切，很是难得。我赞成为杨先生出个纪念专栏。

孟××：我把今天会议的情况作一个归纳：一、理事会补选惠××同志为协会常务副会长，并继续担任秘书长；二、第四期《长武联苑》原则上改为胶印，经费问题待下次理事会落实；三、在第四期《长武联苑》中为已故会员杨宗武先生刊出纪念专栏。

散会。

记录人：胡××

主持人：孟××

（二）评析

这篇会议记录有如下几点值得借鉴：

（1）结构完整，格式规范。这篇会议记录由标题、首部、正文、尾部四个部分组成。

（2）忠实反映会议情况。会议有两个议题：补选协会常务副会长和讨论编发第四期《长武联苑》有关事宜。这篇会议记录采取了摘要记录的方式，分别记载了发言者对与会议议题有关的发言要点和主持人对讨论情况的归纳，形成会议的决议。

（3）按发言顺序记录，条理清楚。

（4）语言简洁明了，保持了发言人的语言特色。

三、知识支撑

（一）会议记录的概念

会议记录是记录会议基本情况、研究和讨论的问题、报告和发言的内容、会议决议等各方面情况的一种会务文书。

会议记录是有关会议情况的笔录，是了解会议情况的原始凭证。会议记录适用于一切会议。只要是正式开会，不论是什么性质的，也不论是什么规模的，都可以做会议记录。但一般多用于比较重要的正式会议，而且要求真实地反映会议的面貌。

（二）会议记录的分类

（1）按会议的性质分，有代表大会记录、工作会议记录、学术会议记录和座谈会记录等。

（2）按组织系统分，有党委会议记录、行政会议记录和工会会议记录等。

（3）按照会议记录的详尽程度，可以把会议记录分成两大类：

①摘要会议记录。

一般会议只要求有重点地、扼要地记录与会者的讲话、发言以及决议，不必"有闻必录"。所谓重点、要点，是指发言人的基本观点和主要事实以及结论。对于一般性的例行会议，则只要概括地记录讨论内容和决议的要点，不必记录详细过程。

②详细会议记录。

对于特别重要的会议或者特别重要的发言，要做详细记录。详细记录要求尽可能记下每个人发言的原话，不管重要与否，最好还能记下发言时的语气、动作表情以及与会者的反应。如果发言者是照稿子念的，可以把稿子作原件，并记下稿子之外的插话、补充解释的部分。需要详细记录的发言，可采取速记的方法。现代化技术为我们提供了方便，可以先录音，会后再进行整理。

（三）会议记录的特点

1. 真实完整性

会议记录是记录员随着会议的进展逐项记录下来的，会议的情况怎样就记成怎样，与会者说了什么就记什么。它既反映了会议的组织概况，又反映了会议的详细内容，是对会议情况真实、完整的记载。

2. 原始形态性

会议记录是会议情况和内容的原始记录，它未经加工提炼，也未增添删减。与会议简报、会议纪要和会议决议相比，尽管它们在内容上具有一致性，但在存在形式上有很大差异。会议记录具有原始形态性，而会议的简报、纪要、决议是在会议记录的基础上整理、综合而成的。

3. 机要保密性

会议记录反映会议的全过程，记载了与会者的全部发言，特别是一些重要会议的记录记载了具有带密级的特殊内容和不宜公开的内部事项。所以会议记录也具有保密性，必须按保密制度进行妥善、安全的保管，按规定进行归档。

四、技能演练

（一）会议记录结构形式

标题+首部+正文+尾部

（二）会议记录写作方法

1. 标题

会议记录的标题就是会议记录的名称。记录标题很重要，如果没有标题会给日后查找带来诸多不便。如果使用专门印制的会议记录纸，记录标题就填写在记录标题的栏目中；如果使用专用的会议记录本，标题就写在本子的相应的位置上。

标题由会议名称加文种组成，如"××会议记录"。会议名称要记会议全称，一般不宜省略或简化。

2. 首部

首部的内容主要包括开会时间、地点、会议主持人、会议出席人、列席人、缺席人和记录人等内容。这部分内容写在会议标题之下。

（1）开会时间。要写明具体的年、月、日，上午（或下午、晚上）×时×分至×时×分。

（2）开会地点。要写清楚具体地点，如"××会议室"、"××礼堂"等。

（3）会议主持人。要写清主持人的职务和姓名，如"公司董事长×××"、"公司总经理×××"等。

（4）出席人。即按规定必须参加会议的人员。根据会议的性质、规模和重要程度的不同，出席人可以采取详略不同的记录方法。详记需记录出席人的姓名、单位、职务；略记则只记出席者的范围和人数，如"各部门正副经理20人"。

（5）列席人。即不属于本次会议的正式成员，但是与会议有关的各方面人员。其记录可参照出席人的记录方法。

（6）缺席人。重要人物缺席时，应做记录。缺席者不多时，要写上缺席者的姓名，并注明缺席的原因；缺席人较多，原因又一时难以查清的，可只写缺席人数。

（7）记录人。写明记录人的姓名和部门，以示对所记录的内容负责。

3. 正文

正文会议内容是会议记录的主体，这一部分随着会议的进展一步步完成，没有具体的固定模式。一般包括主持人启发性、引导性的讲话或反映会议宗旨的报告，与会者的发言、讨论情况以及会议决议等。这一部分是了解会议意图的主要依据，是会议成果的综合反映，也是日后备查的重要的部分，需要着重记录。

4. 尾部

散会时，主持人和记录人应分别在会议记录全文的右下方签名，以示负责。

（三）会议记录的写作要求

1. 结构完整，格式规范

会议记录由标题、首部、正文、尾部四个部分组成，不得缺少任何部分。遗漏任一部分都有可能为日后查考带来诸多不便。为了保证记录项目的完整、齐全，可以根据会议记录的格式要求设计规范的会议记录本或记录纸，以便记录时逐项填写。

2. 忠实于会议情况，记录内容完整准确

会议记录要忠实于会议，记录人员必须具有高度的责任感，要以严肃认真的态度实事求是地记录会议的全貌和发言人的原意，特别是重要会议和重要发言，应记原话，原话意见不完整的可以做一些技术上的加工，但不能随意作内容和意思上的增删或修改。会议的重要情况、发言的主要内容和意见必须记录完整，不得遗漏。没有听清楚或发言者表达不清的地方，会后要及时找有关人员核对。

3. 综合运用记录方法

会议内容的记录有详细记录和摘要记录两种方法。详细记录就是尽可能完整无遗、忠实无误地记录会议的全部内容，不仅对每个与会者的发言详尽记录，而且对表决时的具体情况也要实录，甚至有时还应记录会场内的氛围和发言人的语气等。摘要记录法就是只记录会议议题、发言要点、结论意见和决议事项等，而对会议的其他内容一笔带过或省略不记。

一般而言，决定重大原则问题的会议，涉及面较宽有重大影响的会议，采用详记方法；一般事务性质的会议，或不太重要的会议，采用略记方法。但是大量的会议是重要中有不重要的部分，不重要中有重要部分。因此，多数记录是详略兼备的记录。这就要求记录人员能够根据会议的重要程度、记录的目的性，灵活地使用记录方法。通常情况下，重要会议、会议议题、重要人物的讲话、重要发言、发表的焦点意见、争论的分歧性意见、形成的决议、表决的情况和主持人的结论性讲话等都是要详细记录的。

五、病文诊治

（一）病文

会议记录

时间：××年8月20日上午8时

地点：××市福金路2号××市个体劳动者协会办公室

出席：宋××、陈××、王××、王××、马××

缺席：马××

列席：吕××

主持人：宋××

记录员：徐××

议题：如何组织个体劳动者活动

宋××：各位女士、先生，大家好，今天请大家来，是征求大家意见，如何开展市个体劳动者协会活动，我市个体劳动者协会成立一年多了，还未开展过活动，现在请大家随便发言。

陈××：我先来介绍一下市个体劳动者协会吧……我们很想把协会办好，开展受大家欢迎的活动，所以请大家来谈谈。

李××：讲就讲，我做个体生意，没组织太自由了，又想有个组织管管。人一年一半在外，在外时想回家，回家又闲得受不了……

王××：我也如此，一星期到舞厅两三次，说实在的，真没啥意思。离开学校，就没参加过什么活动。今年一年，就公安局给我们开过一次会，告诉不能收赃物。听说市里有个劳协是我们的"头"，可谁都不知道它在哪。

马××：我毕业干个体六年了，六年多没处交团费，恐怕早就自动退团了吧。（众人笑）

王××：我家七口人，六个党员，就我一个"白丁"。（记者问："你想入党吗？"）入党？哪入啊？没人管，完全靠自己管自己。

……

宋××：今天的会开得很好，大家的发言十分热烈，还提了不少很好的建议。归纳起来，协会计划做如下几件事：（1）健全协会组织，由在座各位担任各区协会分会长。（2）9月9日重阳节搞一次协会文体活动。（3）每月中旬举办一个讲座。（4）明年"五四"举行卡拉OK大奖赛。

（二）诊治

以上病文存在问题较多，诊治余下：

（1）标题不正确。会议记录的标题一般由"会议名称＋文种"组成。标题应改为"××市个体劳动者协会座谈会记录"。

（2）结构不完整。这篇会议记录缺少尾部。主持人和记录员应分别在会议记录正文的左下方签名。

（3）开会时间欠具体。开会时间要写明具体的起止时间。

（4）缺席者没有注明缺席原因。

六、相关知识拓展

会议记录写作模板

××公司办公会议记录

时间：××年×月×日×时

地点：公司办公楼五楼大会议室

出席人：×××、×××、×××、×××、×××……

缺席人：×××（事由）、×××（事由）、×××（事由）……

列席人：×××

主持人：×××（公司总经理）

记录人：×××（办公室主任）

会议议题：×××

主持人发言：（略）

与会者发言：×××

×××……

×××……

×××……

×××……

散会。

主持人：×××（签名）

记录人：×××（签名）

（本会议记录共×页）

七、模拟写作实训

（一）实训任务

根据【项目任务背景】给定的材料，代广东××物流总公司办公室主任助理陈××写一篇会议记录。

（二）实训要求

（1）结构完整，格式规范。

（2）忠实于会议情况。

（3）记录内容准确完整。

（4）适当运用记录方法。

项目 14　思考与练习题

一、填空题

1. 开幕词的特点有 ＿＿＿＿＿＿＿＿＿、＿＿＿＿＿＿＿＿＿、＿＿＿＿＿＿＿＿＿。

2. 开幕词的结构一般是由 ＿＿＿＿＿＿＿、＿＿＿＿＿＿＿、＿＿＿＿＿＿＿、＿＿＿＿＿＿＿、＿＿＿＿＿＿＿、
＿＿＿＿＿＿＿六部分组成。

3. 闭幕词的特点有 ＿＿＿＿＿＿＿＿＿、＿＿＿＿＿＿＿＿＿、＿＿＿＿＿＿＿＿＿。

4. 闭幕词的结构一般是由 ＿＿＿＿＿＿＿、＿＿＿＿＿＿＿、＿＿＿＿＿＿＿、＿＿＿＿＿＿＿、
＿＿＿＿＿＿＿、＿＿＿＿＿＿＿六部分组成。

5. 会议记录的特点有 ＿＿＿＿＿＿＿＿＿、＿＿＿＿＿＿＿＿＿、＿＿＿＿＿＿＿＿＿。

6. 会议组织概况一般包括 ＿＿＿＿＿＿＿＿＿、＿＿＿＿＿＿＿＿＿、＿＿＿＿＿＿＿＿＿、
＿＿＿＿＿＿＿＿＿、＿＿＿＿＿＿＿＿＿、＿＿＿＿＿＿＿＿＿七部分组成。

7. 按照会议记录的详尽程度，会议记录的类型有 ＿＿＿＿＿＿＿＿＿、＿＿＿＿＿＿＿＿＿。

8. 会议记录的标题由 ＿＿＿＿＿＿＿＿＿和 ＿＿＿＿＿＿＿＿＿组成。

二、选择题

（一）单选题

1. 开幕词确定会议的基调，要求与会者遵守会议制度，围绕开幕词所确定的中心议题开展活动，因此，开幕词具有（　　）特点

 A. 宣告性   B. 强迫性   C. 号召性   D. 导向性

2. 按照会议性质、内容的不同，开幕词可分为侧重性开幕词和（　　）两类

 A. 口头致辞   B. 专题开幕词

 C. 书面致辞   D. 一般性开幕词

3. 会议记录是会议情况和内容的原始记录，它未经加工提炼，也未增添删减，因此它具有（　　）特点

 A. 纪实性   B. 原始性   C. 预见性   D. 可行性

4. 会议记录要把开会时当场的自然情况和具体情况记录下来，因此它具有（　　）特点

 A. 纪实性   B. 时效性   C. 预见性   D. 可行性

5. 不管是开幕词表达"有朋自远方来，不亦乐乎"的愉悦心情，还是闭幕词表达亲

朋远行的依依惜别之情，都具有的特点是（　　　）

    A. 说服力强　　　　B. 号召力强　　　　C. 情理结合　　　　D. 感情真挚

6. 开幕词和闭幕词大多是在现场当面向来宾口头表达的，所以遣词造句具有（　　　）的特点。

    A. 振振有词　　　　B. 多用口语　　　　C. 号召力强　　　　D. 说服力强

7. 下列不属于讲话稿一类的有（　　　）

    A. 开幕词　　　　B. 演讲词　　　　C. 大会发言　　　　D. 大会简报

8. 一般情况下，开幕词和闭幕词都是一种礼节性的外交公关辞令，因此，写作时要求（　　　）

    A. 短小精悍　　　　B. 长篇大论　　　　C. 条款明确　　　　D. 有理有据

（二）多选题

1. 按照载体的不同，开幕词分为（　　　）

    A. 口头致词　　　　　　　　　　B. 侧重性开幕词

    C. 书面致词　　　　　　　　　　D. 一般性开幕词

2. 闭幕词与开幕词一样，具有（　　　）等共同特点

    A. 纪实性　　　　B. 简明性　　　　C. 号召性　　　　D. 口语化

3. 闭幕词的正文主体部分一般包括的内容有（　　　）

    A. 对会议的总结和评价　　　　　　B. 对与会者的希望或号召

    C. 对与会者提出感谢或祝贺　　　　D. 对没有解决的问题进行深化

4. 会议记录的作用有（　　　）

    A. 参考作用　　　　B. 素材作用　　　　C. 依据作用　　　　D. 总结作用

三、判断题

1. 为了做到平等对待，开幕词的称谓不可以有单独称呼。（　　）

2. 开幕词写作中尽量使用书面语，为了渲染气氛，可以多用幽默语言。（　　）

3. 写闭幕词时，对与会议议题有关的事情可以作适当补充、深化和发挥。（　　）

4. 闭幕词是对会议的总结和概括，不到会议结束不能写闭幕词。（　　）

5. 一般而言，决定重大原则问题的会议，涉及面较宽且有重大影响的会议，采用详记方法或略记方法都可以。（　　）

6. 做会议记录时，原话意见不完整的可以作一些技术上的加工，但不能随意作内容和意思上的增删和修改。（　　）

7. 写闭幕词时，不必重复进行讨论，无论是总结成果，还是提出要求，都应简洁明了。（　　）

四、问答题

1. 开幕词与闭幕词的写作要求分别有哪些？

2. 会议记录与会议纪要有何不同？

项目 15 会后文书：会议纪要与会议简报写作

任务 15 – 1 会议纪要写作

温馨提示：会议纪要写作知识和技能详见项目 5 – 任务 5 – 2 纪要写作的内容。在此不再赘述。

任务 15 – 2 会议简报写作

知识目标

1. 了解会议简报的概念和特点
2. 掌握会议简报的写作要求
3. 了解会议简报的作用及分类

技能目标

1. 能熟练掌握会议简报的写作技能
2. 能撰写格式规范、结构完整、内容完备、表述正确、要素齐全的会议简报

【项目任务背景】

（1）广东××物流总公司，为总结经验，表彰先进，推动公司又好又快发展，总公司办公会决定评选"2013 年度优秀团队和优秀员工"，并于 2014 年 1 月 8 日上午 9：00～11：30 在总公司办公楼 8 楼会议室召开 2013 年度总结表彰大会，要求董事会成员，事业部、分公司和培训中心正副职负责人，总公司各直属部门正副职负责人，优秀团队代表和优秀员工出席大会。参加大会的人数为 100 人。

（2）根据《广东××物流总公司关于实施目标管理的考核办法》，经有关部门严格考核和组织各方代表认真评选，运输部、配送部、客服部、广州分公司、花都分公司等 5 个单位，锐意创新，团结合作，业绩突出，被总公司授予"2013 年度优秀团队"称号；该公司客服部李××等 20 位员工，爱岗敬业，做事用心，表现出色，成绩优秀，被总公司评为"2013 年度优秀员工"。

（3）总结表彰大会的主要内容：

①李××总经理作广东××物流总公司 2013 年度实施目标管理工作总结。

②钟××副总经理宣读表彰文件。

③郑××董事长为 2013 年度优秀团队和优秀员工颁奖。

④运输部经理陆××代表优秀团队发言。

⑤客服部李××代表优秀员工发言。

⑥副董事长杨××代表董事会对此次大会作总结，并宣布总结表彰大会结束。

⑦会后总公司领导与优秀团队代表和优秀员工在公司食堂共进午餐。

（4）广东××物流总公司郑××董事长要求办公室主任助理陈××编写一份会议简报，报道此次总结表彰大会情况。

一、任务分析

（1）根据【项目任务背景】给定的材料，代广东××物流总公司办公室主任助理陈××编写一份会议简报，报道此次总结表彰大会情况。

（2）要顺利完成写作任务，必须对下列两个问题进行认真分析：

①会议简报结构有几部分组成？考虑报头、报核和报尾要写的内容。

②会议简报的编写方法和要求有哪些？

二、范文借鉴

（一）范文

内部资料
注意保密

广州××机电设备安装总公司
会议简报
（2014 年第 1 期）

广州××机电设备安装总公司办公室　　　　　　　　　　2014 年 1 月 3 日

按语：岁月更替，万象更新。在 2014 年即将到来之际，总公司召开了第六届第二次职代会暨 2014 年工作会议。总公司要求各分公司、总公司直属各部门要认真学习董事长××同志所作的工作报告、党委书记高××同志的重要讲话和总经理谢××同志《关于 2014 年经营发展的工作要点》，解放思想，抢抓机遇，群策群力，乘势而上，为实现总公司新的发展目标而努力奋斗。

推进发展，构建和谐，为实现总公司新的发展目标而努力奋斗

为了深入贯彻落实广州××机电设备安装总公司第六届第一次职代会精神，总公司于 2013 年 12 月 28 日上午 8：30～11：30，下午 2：00～5：00 在总公司培训中心一楼会议厅召开了广州××机电设备安装总公司第六届第二次职工代表大会暨 2014 年工作会议。

上午在全体会议上，听取了总公司董事长××同志《推进发展，构建和谐，为实现广州××机电设备安装总公司新的发展目标而努力奋斗》的工作报告、党委书记高××同志《统一思想，真抓实干，为推进广州××机电设备安装总公司和谐发展再作新贡献》的重要讲话和总经理谢××同志《关于 2014 年经营发展的工作要点》。

下午在分组讨论会上，与会同志认真学习讨论了上述 3 个文件，按照广州××机电设备安装总公司第六届第一次职代会总体工作部署，结合公司实际，提出了 2014 年经营发展总的工作思路：围绕"一个重点"，拓展"两个市场"，加强"五个管理"，落实"五项工作"，强化"一项保障措施"，实现"两个目标"，再创公司经营发展新的辉煌。

围绕"一个重点"：以推进发展，构建和谐为重点，确保各项经营指标的完成，各分公司、各部门要开展"创新争优"活动，争创"先进团队"和争当"优秀员工"。

拓展"两个市场"：真抓实干做好市场开发工作，拓展国内和国外两个市场，实现市场份额最大化。

加强"五项管理"：（略）

落实"五项工作"：（略）

强化"一项保障措施"：加强党建和思想政治工作，为推进发展、构建和谐提供坚强保证。

实现"两个目标"：一是实现经营收入 3.06 亿元，利润 6 600 万元的目标；二是实现无重大事故的安全工作目标，为公司可持续发展奠定良好的基础。

大家一致表示，一定要认真学习董事长××同志所作的工作报告、党委书记高××同志的重要讲话和总经理谢××同志《关于 2014 年经营发展的工作要点》等 3 个文件，认真贯彻落实广州××机电设备安装总公司第六届第一次职代会总体工作部署和广州××机电设备安装总公司第六届第二次职代会暨 2014 年工作会议精神，以科学发展观为指导，按照 2014 年经营发展总的工作思路，解放思想，抢抓机遇，群策群力，乘势而上，为广州××机电设备安装总公司持续发展，为建设广州××机电设备安装总公司美好家园而努力奋斗！

短讯
　　★2013 年 12 月 28 日上午 11：40，出席"广州××机电设备安装总公司第六届第二次职工代表大会"的全体代表在总公司正门合影留念。

　　★2013 年 12 月 28 日下午，广州××机电设备安装总公司第六届第二次职工代表大会采用举手表决的方式通过了总公司董事长××同志所作的《推进发展，构建和谐，为实现广州××机电设备安装总公司新的发展目标而努力奋斗》工作报告和总经理谢××同志《关于 2014 年经营发展的工作要点》的决议。

发送：各分公司，总公司直属各部门。　　　　　　　　　　　　　　　（共印 50 份）

本报编辑部电话：3388××××　　　E-mail：gzxx168@126.com

（二）评析

这份会议简报有如下几点值得借鉴：

（1）结构完整，格式规范。这份会议简报由报头、报核和报尾组成，排版格式规范。

（2）报头要素齐全。报头包括简报的名称、期数、编发单位、印发日期、提醒事项（内部刊物，注意保密）、红色间隔线组成。

（3）报核中按语位置正确。报核有按语应排在标题的上方。

（4）报核中文章标题揭示简报的主旨，正文结构严谨，层次清楚，行文流畅。开头用叙述的方式总括了全文的主要事实，让读者有一个总的印象。主体部分简述会议主要事实，结尾部分描述了公司员工的态度和决心。这种写作思路值得大家借鉴。

三、知识支撑

（一）会议简报的概念

顾名思义，会议简报就是简明扼要地报道会议情况的一种会务文书。会议简报只在有关单位内部交流，一般不公开报道。有的会议简报在报头部分印有"内部文件，注意保存"字样，有的还有一定的保密性，只送上级机关或有关领导人。

（二）会议简报的作用

1. 下情上报

会议简报最初就是向上级反映重大问题和重要情况的报告。作为内部信息交流的刊物，同样可以作为上级机关的"耳目"，随时将工作的进展情况以及工作中出现的新情况、新问题、新经验及时反映给上级领导，便于上级领导及时了解下情，为决策部门指导工作和制定政策提供参考依据。

2. 上传下达

会议简报还可以下行，及时快速地向下级传达有关文件精神，通报有关情况，宣传推广典型经验，布置安排任务，指导工作实践等。

3. 交流沟通

会议简报也可以平行，用于同行单位、部门之间交流经验、沟通情况、传递信息，促进相互了解，相互学习借鉴，以他人之长补己之短，不断改进和推动工作。

（三）会议简报的种类

（1）会议简报从内容上分，主要有如下几种：

①代表大会简报。如各级人大代表大会简报、各级党员代表大会简报、团员代表大会简报、职工代表大会简报、会员代表大会简报等。

②总结表彰会议简报。

③业务会议简报。

④庆典大会简报。

⑤研讨会简报。

（2）从形式上分，有专题会议简报、综合会议简报。

（四）会议简报的特点

1. 新

"新"是指会议简报反映的内容一定要有新意。即要反映新情况、新事物、新经验、新思想、新动向，向上级机关和领导提供新动态，让下属了解新发展。

2. 真

"真"是指会议简报所反映的内容必须真实。会议简报既是本单位工作的反映，又直接关系到上级领导对有关情况的判断，故其所反映的人和事不能有任何虚构，所有的数据都要确凿。"真"是会议简报的生命。

3. 快

"快"是指会议简报的编写要快，反映情况要快，传递信息要快。会议简报有强烈的时效性。

4. 简

会议简报本姓"简"，就是指会议简报在内容上必须提纲挈领，不枝不蔓，精简扼要，篇幅短小。

四、技能演练

（一）会议简报结构形式

报头＋报核＋报尾

（二）会议简报写作方法

1. 报头

报头在会议简报的第一页上方，约占全页1/3的位置。中间用醒目的大字印上简报的名称，如"××简报"或"情况反映"等。名称下面是会议简报的期数，如"××××年第×期"。期数下空一行左侧是编发单位的名称，右侧是本期会议简报的印发日期。报头左上角写提醒事项，如"内部刊物，注意保存"、"内部刊物，注意保密"或"机密"等。报头与报核之间用一条红色粗实线隔开。

2. 报核

会议简报的报核一般由按语、标题、正文三部分组成。

（1）按语。

内容重要的会议简报，要加写按语。按语是用来表达办报机关（单位）的主张和意图的。按语内容一般要写在标题上方，有时四周加花边。

对按语的写作要求是：观点鲜明、见解精辟、文字简短、表达有力。写按语时还应注意两点：第一，凡是不太重要的问题，或是问题虽然重要但会议简报已讲清楚的，就不必加按语；第二，确需加按语时，就应写得鲜明有力，与其写得不痛不痒，不如不写。

（2）标题。

会议简报上文章的标题是编者（作者）用来表达自己的立场和观点，以影响和帮助读者阅读、理解文章。标题要和内容保持一致，不能题文脱节。一个好的标题应是"直言其事"、"显明其意"，以简练、准确的语言概括全文的内容，如"朝阳税务局认真做好个体工商户的税收工作"、"我局展开降低成本经验交流会"，这样的标题使人一看就知道内容写的是什么。

（3）正文。

这是会议简报的具体内容，是最重要的部分。它的结构包括前言、主体和结尾三部分。具体如下：

①前言。一般就是正文的头一两句或一段话。它总括全文的中心或主要事实，让读者对全文有一个总的印象。一般要写明什么人或什么单位、什么时间、什么事件、结果怎么样等内容。在具体写法上，用得较多的有叙述式、结论式、提问式和描写式。

②主体。这是会议简报的核心内容，它要对第一部分提到的主要事实和结论加以具体阐述，使之更加清晰和具体。在层次安排上，可根据具体内容来确定。内容较多，可按性质综合分段或冠以小标题。要做到内容具体、结构严谨、层次清楚、前后贯通、融为一体。

③结尾。可归结全文，以加深读者印象；可以不单独结尾，言尽意止，干净利落。会议简报要不要结尾，如何结尾，应视内容而定，灵活掌握。

正文结束后另起一行偏右方注明稿件出处如"摘自××"或注明供稿单位和采写人，外加括号。

3. 报尾

在正文的下方有两条平行的黑色间隔线。线内左侧写送发单位名称或个人姓名、职务；右侧下方写本期印发的份数，加括号。如不发送，则可不要这两条平行线。第二条黑色间隔线下方写明编辑单位的联系电话和电子邮箱号码。

（三）会议简报编写要求

1. 标题要醒目

标题是人们阅读文章的第一步。凡是选择性的文章，人们都是根据标题来决定取舍的。

2. 选材要精当

选择有普遍意义的重要情况、典型经验编写会议简报。

3. 特点要突出

在编写会议简报时要根据简报的特点进行编写。这就要求在编写时文字要简明扼要，报道要迅速及时，题材要新颖别致，内容要真实可靠。

4. 编排要规范

会议简报由"报头＋报核＋报尾"组成，编排要遵循统一的格式。

五、病文诊治

（一）病文

会议简报

（20××年第×期）

层层务实　统一认识　振奋精神

　　××市工交系统领导干部第×次务实会议后，各总公司（局）根据副市长×××同志关于国庆节前调查研究、节后开会的要求，截止10月25日，A总公司、B总公司、C总公司、D总公司、E总公司、F工业总公司、G工业总公司、H总公司、I总公司和J总公司已先后召开了本系统的务实会议。大家普遍反映，××市第×次务实会开得适时，领导讲话内容好，有深度，抓住了当前经济体制改革中的关键问题，与会者很受启发和教育。

　　各总公司的务实会都传达了上级精神，提高了认识，统一了思想，研究部署了工作，制订了措施，概括起来有以下主要特点：

　　一、指导思想明确。各总公司的务实会不是一般地学学文件，交流体会，而是紧紧抓住怎样把中国共产党全国代表会议、××市第×次务实会议精神落实到各级领导干部的思想和行动中去，并通过对加强宏观管理和搞活微观、整党和改革的两大关系问题统一认识，有针对性地牵动着每位与会者，使他们进一步明确两个关系的核心问题是树立全局观念，是要时刻想着党，时刻不忘国家。这是每一个共产党员的党性问题，只有在这一党性观念的指导下，正确处理好局部和全局、企业和国家的关系，才能理顺各种关系，保证经济体制改革的健康发展。

　　二、紧密联系实际。各总公司都联系本系统改革和工作的实际，解决倾向性的问题。如××总公司通过剖析××厂前领导班子和×个厂级干部犯严重错误的问题，明确指出一些领导班子中倾向性的问题，对与会者震动很大。有的同志说，这次会议敲的警钟使我们头脑清醒了，我们从中得到的不是消沉，而是动力，激励我们用更高的标准树立开拓精神，以坚定的信心搞好改革，争创第一流的工作。

三、确定工作重心。各总公司在统一思想认识的基础上，明确了当前工作的重心。认为四季度要认真学习和贯彻中国共产党全国代表会议和××市工交系统第×次务实会议精神；正确认识和估计当前的形势，坚持改革；加强宏观管理，进一步搞活企业，提高产品质量，降低物资消耗；坚决压缩固定资产投资，缩短基本建设规模，增加社会经济效益；抓好社会主义精神文明建设；全面完成今年的工作任务。

（二）诊治

这是一份信息反馈性质的会议简报。层次清楚、语言简练，可以说基本上具备了会议简报要"简"的特点。但也存在一些缺陷，诊治如下：

（1）结构不完整。此简报缺少报尾。

（2）报头要素不齐全。报头缺少主办单位、印发日期、提示事项和红色间隔线。

（3）文章内容不具体。会议简报文章主要靠事实、实例说话，而不能靠作者本人空发议论。这篇会议简报从头到尾，只有一个实例。如第四段"紧密联系实际"中提到"明确提出一些领导班子中倾向性的问题"，但却看不出这些"倾向性的问题"是什么。因此，既说不上"明确"，也说不上"震动很大"，"敲警钟"、"头脑清醒"就更无从谈起了，难以起到沟通信息、交流情况的作用。

（4）有地方表达不清，文字不通。如第一段末"与会者很受启发和教育"有语病。这里的"与会者"是参加"××市第×次务实会议"的与会者，还是各公司听传达"××市第×次务实会议"精神的与会者；再如"各总公司的务实会议都传达了精神"，未写明传达了什么精神。

六、相关知识拓展

（一）会议简报与会议纪要的区别

（1）承担的任务不同。会议简报只是报告和交流情况，供上下左右参考，对阅读对象没有硬性要求，一般也没有什么约束力。会议纪要则有一定的权威性。它的结论可以指导有关方面统一认识，它列入的议定事项，要求有关方面共同遵守执行，它对特定的阅读对象有一定的指导和制约作用。

（2）会议简报的编写者在简报中可以对他所写的事件发议论，谈看法，既可肯定，也可否定；会议纪要则必须忠实于会议情况，客观扼要地叙述会议的内容，不允许编写者在纪要中对其内容进行评论。

（3）会议简报要求文字简短，一般在一千字左右，最好不超过两千字；会议纪要则不受文字长短的限制，该短则短，该长则长。有些内容丰富、问题重大的座谈会纪要，洋洋万言也是常见的。

（4）会议纪要可以作为一种情况反映，缩写成会议简报；会议简报则起不到会议纪要的作用。

（二）简报格式

1. 报头

内部资料

注意保密

会议简报

（2014 年第 1 期　总期 48 期）

广东宏大物业总公司办公室　　　　　　　　　　　　2014 年 1 月 8 日

2. 报核

　　按语

　　标题

　　正文

花絮

3. 报尾

发送：各分公司，总公司直属各部门。　　　　　　（共印 50 份）

本报编辑部电话：3838××××　　　　E-mail：gdww888@126.com

七、模拟写作实训

（一）实训任务

根据【项目任务背景】给定的材料，代广东××物流总公司办公室主任助理陈××编写一份会议简报，报道此次总结表彰大会情况。

（二）实训要求

（1）结构完整，格式规范。

（2）报头要素齐全，简报名称和间隔线套红打印。

（3）报核要有按语，文章结构严谨，条理清楚，语言简洁。

（4）报尾要素齐全，要有两条黑色间隔线。

项目 15 思考与练习题

一、填空题

1. 会议纪要的特点有_____、_____、_____、_____、_____、_____。
2. 会议纪要的正文由_____、_____、_____三部分组成。
3. 会议简报的作用有_____、_____、_____。
4. 会议简报的结构一般由_____、_____、_____三部分组成。
5. 根据内容和性质的不同，会议纪要一般可以分为_____、_____、_____、_____等类型。

二、选择题

（一）单选题

1. 下列关于会议纪要的说法不正确的是（　　　）
A. 会议纪要有特定的文头和发文字号
B. 会议纪要没有主送机关
C. 与其他公文相比，会议纪要称谓很特殊，常以"会议"作为表述主体
D. 会议纪要反映的是与会领导的意志

2. 下列不是会议纪要主体的常用写法的是（　　　）
A. 概述法　　　　　B. 抒情法　　　　　C. 发言记录法　　　　　D. 归结法

3. 下列有关会议纪要的起草人的说法不正确的是（　　　）
A. 起草人要自始至终参加会议，了解会议的所有情况
B. 起草人绝不能将个人意见、观点掺杂进去
C. 起草人可以根据情况，增删或更改会议内容
D. 起草人不能增删或更改会议内容

4. 会议简报可以及时、快速地向下级传达有关文件精神，通报有关情况，指导工作实践，体现了会议简报的（　　　）作用
A. 下情上报　　　B. 上传下达　　　C. 交流沟通　　　D. 指导交流

5. （　　　）是会议简报的生命
A. 真　　　　　　B. 简　　　　　　C. 快　　　　　　D. 新

（二）多选题

1. 会议纪要在开头部分要先写明会议的基本情况，它包括（　　　）
A. 会议召开的根据、目的　　　　　　B. 会议名称、议题、成果
C. 时间、地点、与会人员　　　　　　D. 讨论经过和各方面意见

2. 会议纪要与会议记录的不同之处有（　　　）
A. 来源不同　　　B. 性质不同　　　C. 关系不同　　　D. 功能不同

3. 会议简报的特点包括（　　　）。

A. 快　　　　　　　B. 简　　　　　　C. 新　　　　　　D. 真

4. 会议简报写作时，对按语的要求是（　　　）

A. 观点鲜明　　　B. 见解精辟　　　C. 文字简短　　　D. 表达有力

三、判断题

1. 会议记录是《国家行政机关公文处理办法》规定的 13 个法定文种之一。（　　　）

2. 会议纪要常用"会议学习"、"会议讨论"、"会议认为"、"会议决定"、"会议要求"、"会议号召"、"我们"、"领导认为"等表述形式。（　　　）

3. 会议简报不但在有关单位内部交流，也可公开报道。（　　　）

4. 会议简报要不要结尾，如何结尾，应视内容而定。（　　　）

5. 会议简报的编排没有格式规定，可随心所欲。（　　　）

6. 会议纪要是理性的，会议记录是感性的。（　　　）

7. 办公会议记录的主体部分可以采用发言记录这种方式来写作。（　　　）

四、问答题

1. 会议纪要有哪些写作技巧？

2. 会议简报的写作要求有哪些？

3. 会议纪要与会议简报有哪些区别？

单元八　企业公关礼仪文书

项目 16　请柬与邀请函、欢迎词与欢送词、祝酒词与贺词写作

任务 16 - 1　请柬与邀请函写作

知识目标

1. 了解请柬与邀请函的适用范围
2. 理解请柬与邀请函的概念、特点
3. 掌握请柬与邀请函的写作格式和要求

技能目标

1. 能熟练掌握请柬与邀请函的写作技能
2. 能撰写格式规范、结构完整、内容完备、表述正确、要素齐全的请柬与邀请函

【项目任务背景】

　　A 公司拟于 2014 年 1 月 18 日上午 9 时，举办公司成立 20 周年庆典暨新一届董事会就职典礼，地点在广州市会展中心 1 号馆。此次庆典活动以"为企业创造价值"为主题，回顾 A 公司 20 年风雨历程，展现其 20 年辉煌业绩，届时邀请××市政府有关领导和合作伙伴 B 公司、D 公司和 C 公司等出席庆典大会。

　　公司成立 20 周年庆典将回顾 A 公司从小到大、从弱到强的发展历程。为表彰公司优秀员工，在庆典上还将颁发优秀员工敬业奖、企业突出贡献奖等奖项。新一届董事会成员在新任董事长×××的带领下宣誓就职。

　　公司成立 20 周年庆典结束后将举行庆典酒会，招待××市政府有关领导和合作伙伴 B 公司、D 公司和 C 公司等来宾。在庆典酒会上，董事长致祝酒词，××市政府领导代表××市政府致贺词，B 公司代表合作伙伴致贺词。本公司全体员工参加，地点在广州××宾馆丽晶宴会厅。

　　A 公司要求办公室主任助理张××制作一款请柬送给××市政府有关领导，撰写邀请函分别邀请合作伙伴 B 公司、D 公司和 C 公司的领导。

一、任务分析

　　（1）根据【项目任务背景】给定的材料，代 A 公司办公室主任助理张××完成两项任务：

　　①制作一款请柬送给××市政府有关领导。

②撰写邀请函分别邀请合作伙伴 B 公司、D 公司和 C 公司的领导。

（2）要顺利完成写作任务，必须对下列几个问题进行认真分析和讨论：

①请柬的基本结构包括哪些？要考虑请柬的颜色，请柬的封面如何设计，封里写什么内容，封底写什么内容等。

②请柬写作的要求和技能。

③邀请函基本结构包括哪些？要考虑邀请函的标题、称谓、正文和尾部写什么等。

④邀请函写作的要求和技能。

二、范文借鉴

（一）范文1

1. 原文

请　柬

×××先生（女士）：

　　兹定于 2014 年 1 月 18 日上午 9 时，在广州××宾馆举行公司成立 20 周年庆典暨新一届董事会就职典礼，并于 1 月 18 日中午 12 时假座广州××宾馆丽晶宴会厅敬备薄宴。

　　恭请拨冗光临。

A 公司（章）

2014 年 1 月 3 日

2. 评析

这是一份请柬封里的内容，有如下几点值得借鉴：

（1）结构完整。由标题、称呼、正文和尾部四个部分组成，格式规范。

（2）正文内容完备，具体明确。活动名称、时间、地点以及具体事项清楚。

（3）首部和尾部应具备的要素齐全，请柬是给谁的，是谁发出的，什么时间发出，明确无误，称呼得体，结语委婉。

（二）范文2

1. 原文

三层实木地板：中国未来十年的发展专题研讨会
邀请函

尊敬的＿＿＿＿＿＿＿女士/先生：

　　您好！

　　随着新一轮经济建设高潮的到来和内需市场的拉动，中国地板生产和销售也展现出了新的局面。尤其作为现代科技创新成果的三层实木地板，市场前景颇为看好。为了有效地加强政府有关部门、行业协会、同行企业、供应商及新闻机构之间的信息交流与沟通，共同为发展中国三层实木地板产业献计献策，并就三层实木地板产品创新和市场开发等问题达成进一步的共识，中国轻工业协会××专业委员会定于 2014 年 1 月 18 日，假座广东省广州××宾馆××厅，举办"三层实木地板：

中国未来十年的发展"专题研讨会。专题研讨会采取主题发言和自由讨论有机结合的方式，规格高，形式新，具有较大的信息量。现诚邀请您出席会议，并将有关事项说明如下：

1. 本次专题研讨会会期一天。具体时间为 2014 年 1 月 18 日上午 9：00 至下午 5：00（中午招待午餐）。签到时间为上午 8：45。

2. 凡欲在专题研讨会上发言的单位，请事先拟好发言稿，以电子版形式发至会务组电子邮箱（E-mail：zgqgxx222@163.com），由会务组统一整理后编入会议资料。

3. 凡欲在专题研讨会上通过播放录像、设置宣传牌等方式展示企业及品牌形象的单位，请在回执上注明，并于会议举行前 10 天提交有关资料，支付相应费用。

4. 本次专题研讨会会务费标准为：外方企业，每人×××美元；中方企业，每人×××元人民币。凡本协会会员单位，可有一人免交会务费。

5. 凡参加"三层实木地板：中国未来十年的发展"专题研讨会者，交通费、住宿费自理。

6. 凡有意参加"三层实木地板：中国未来十年的发展"专题研讨会者，请填写好回执，于 2013 年 12 月 28 日前发至会务组电子邮箱。

会务组通讯地址：广州市××路××号×楼×座（广州××公共关系有限公司）。

邮编：510×××。

垂询电话：020－×××××××或×××××××。

传真：020－×××××××。

中国轻工业协会××专业委员会（印章）

2013 年 12 月 18 日

2．评析

该邀请函有以下几点值得借鉴：

（1）结构完整，格式规范。该邀请函结构是由"标题＋称谓＋正文＋尾部"组成，完整齐全，排版格式规范合理。

（2）条理清楚，层次分明。

（3）庄重详尽。用足够的篇幅，对活动的背景情况、具体内容以及规模和形式等方面作较为详尽的介绍和说明，从而引起被邀请者的关注，激发被邀请者的兴趣。

三、知识支撑

（一）请柬的概念

请柬也称请帖。它是单位或个人邀请有关人士出席会议、参加庆典或某项活动而专门制成的一种礼仪性文书。采用请柬方式邀请能够显示举办者或主人的郑重态度。

（二）请柬的种类

按性质划分，有公务请柬和私务请柬两类。

（1）公务请柬。按内容划分，又可分为会议请柬、庆典仪式请柬、参展请柬、宴会请柬、奠基剪彩请柬、单位开张请柬等。

（2）私务请柬。按内容划分，又可分为结婚请柬、升职请柬、乔迁请柬等。

（三）请柬的特点

（1）严谨、准确。请柬的文字很少，务求严谨、准确，一定要写清被邀请者的姓名、身份、邀请的事由及应注意的事项等内容。特别要注意核对时间、地点和人名等内容，做到清晰明了，绝对避免差错。

（2）语言达雅兼备。"达"就是通顺、明白，不至于让被邀请者产生歧义；"雅"就是讲究文字美，根据具体场合、内容、对象，采用得体客气的措辞，要力求做到优美、典雅、热情、庄重、友好，使被邀请者感到愉快和温暖，切忌使用乏味及浮华的语言。

（四）邀请函的概念

邀请函是指单位或个人邀请有关单位或亲朋好友、知名人士、专家、商业客户、贸易伙伴等参加某项活动时所发的请约性书信。在国际交往以及日常的各种社交活动中，这种书信使用广泛。但要注意应简洁明了，语气殷切，更富有感情色彩，不要文字太多。

（五）邀请函分类

按性质划分，有公务邀请函和私务邀请函两类。

（1）公务邀请函。按内容划分，又可分为会议邀请函、庆典仪式邀请函、参展邀请函、宴会邀请函、奠基剪彩邀请函、单位开张邀请函等。

（2）私务邀请函。按内容划分，又可分为结婚邀请函、升职邀请函、乔迁邀请函等。

（六）邀请函的特点

（1）格式规范。一般采用书信格式。

（2）庄重礼貌。措辞文雅、郑重。

（3）语言朴实。

（4）语气委婉。语气诚恳谦和。

四、技能演练

（一）请柬结构形式

封面＋封里（标题＋称呼＋正文＋结束语＋尾部）＋封底

（二）请柬写作方法

1. 封面

请柬的封面要写明"请柬"字样。不用封面的请柬，就在第一行的中间写"请柬"二字。

2. 封里

（1）标题。即文种：请柬。有的标题写在封面上，封里不写标题。

（2）称呼。敬语＋姓名＋身份（职务、职称）＋冒号，如"尊敬的刘××董事长"。

（3）正文。

正文是请柬的核心部分。请柬的正文应当包括以下两个方面的内容：

①交代举行活动的时间、地点。

②交代举行的活动事宜、应知事项。

（4）结束语。如"恭候拨冗光临"、"敬请届时光临"、"敬请光临指导"等敬辞。

（5）尾部。

请柬的尾部应写单位全称和成文日期，并加盖公章。

3. 封底

请柬的封底一般不写任何文字。有的企业请柬的封底写企业文化或经营范围。

（三）请柬写作要求

1. 文字方面要求

请柬不应篇幅过长，有关事项要周详，语言要简洁明了，把内容说清楚即可。行文要热情、友好、恭敬，措辞要典雅得体、注意分寸，切忌堆积辞藻，华而不实。

2. 发送时间要求

请柬具有很强时效性，过了规定时间，它就失去了意义。最好在活动时间的前三至五天发送比较恰当。

3. 设计制作要求

（1）用纸要厚实，质量要好，样式要别致，色彩鲜亮、醒目，以暖色为主。

（2）设计要美观大方，装帧要精致考究，书写要工整漂亮。

（3）不宜装饰得花花绿绿、过于杂乱，给人以浮华、堆砌之感。

（四）邀请函结构形式

标题＋称谓＋正文＋尾部

（五）邀请函写作方法

1. 标题

（1）由"发文事项＋文种"构成。如"关于××市××学术研讨会的邀请函"，"××××会议邀请书"。

（2）以文种为标题。如邀请函或邀请书。

2. 称谓

标题下顶格书写被邀请的单位名称和个人姓名，在个人姓名后应加上"先生"、"同志"或职务；有时可使用泛称，如"各位专家"。

3. 正文

正文写活动的背景、具体内容、规模和形式等方面作较为详尽的介绍和说明，从而引起被邀请者的关注，激发被邀请者的兴趣。

4. 结束语。

写"恭候拨冗光临"、"敬请届时光临"、"敬请光临指导"等礼节性问候语或恭敬语。

5. 尾部

邀请函的尾部写邀请人或单位的名称和日期，并加盖公章，以示庄重。

（六）邀请函的写作要求

（1）格式规范。一般采用书信格式。

（2）庄重礼貌。措辞文雅、郑重。

（3）语言朴实。

（4）语气委婉。语气诚恳谦和。

五、病文诊治

（一）病文1

1. 原文

请　柬

过去的一年，我们用心搭建平台，您是我们关注和支持的财富主角。

新年即将来临，我们倾情实现网商大家庭的快乐相聚。为了感谢您一年来对阿里巴巴的大力支持，我们特于2013年12月28日在广州花园大酒店举办2013年度阿里巴巴客户答谢会，届时将有丰厚的奖品等着您，期待您的光临！

2. 诊治

这份请柬（封里），存在一些问题，诊治如下：

（1）缺少称谓。要写上"尊敬的××女士/先生："

（2）表述不准确。如：答谢会的时间是几点几分开始至几点几分结束、地点是几楼几号会议厅，均不具体，表述不准确。

（3）缺少尾部。要写上主办单位的名称和成文日期。

（二）病文2

1. 原文

邀请函

刘××先生：

　　第××届全国电子产品展销会定于2013年×月12日至15日在广州琶洲会展中心举行。本届展销会，展厅面积达5万平方米，参展的中外电子企业逾一千家，称得上中国电子工业的一次盛大检阅。从展销会所展示的技术和产品中，人们可以充分感受到中国电子工业进一步腾飞所展现的新成果、新面貌以及中国电子工业发展的新趋势。

　　受本届展销会组委会委托，特邀请您出席定于2013年×月12日上午的开幕式。

广州××公共关系有限公司（印章）

2013年×月5日

2. 诊治

这份邀请函存在一些问题，诊治如下：

（1）称谓不得体。应改为"尊敬的刘××先生："

（2）缺少问候语。应在称谓下面写上"您好！"

（3）表述有矛盾。如："参展的中外电子企业逾一千家，称得上中国电子工业的一次盛大检阅。"

（4）展销会开幕式的时间和地点不具体。要写上开幕式的具体时间，具体到时分；地点要具体到馆号和楼层。

（5）缺少结束语。要写上"此致、敬礼"或"敬请光临指导！"

六、相关知识拓展

（一）邀请书与请柬的区别

邀请书（函）与请柬都是邀请有关人员参加某一活动的礼仪文书，都是为了表示邀请者的礼貌和郑重制作的，文体结构大致一样。但邀请书与请柬也有所区别。

（1）适用范围不同。邀请书所涉及的活动均有一定的议项和议题，如座谈会、学术研讨会等，而请柬所涉及的一般为庆典、婚礼、开业等喜庆之事。

（2）主办者不同。邀请书的制发者一般是单位或团体，而请柬的使用除单位或团体外，个人也可以使用。

（3）内容不同。邀请书的内容较请柬详细、具体，篇幅也比请柬长，一般还附有回执。

（4）形式不同。在外观形式上，邀请书采用书信体形式，较朴实；请柬则特别注意外观的装饰性和艺术性，更具礼仪色彩。

（二）请柬（样板）

见图 8-1。

七、模拟写作实训

（一）实训任务

根据【项目任务背景】给定的材料，代 A 公司办公室主任助理张××完成两项任务：

（1）制作一款请柬送给××市政府有关领导。

（2）撰写邀请函分别邀请合作伙伴 B 公司、D 公司和 C 公司的领导。

（二）实训要求

1. 请柬实训要求

（1）结构完整，格式规范。

（2）正文内容，明确具体。

（3）语气恳切，感情真挚。

（4）结束语要用得体的惯用语。

（5）封面设计，美观大方。

2. 邀请函实训要求

（1）结构完整，格式规范。

（2）称谓得体，有问候语。

（3）正文内容，明确具体。

（4）语气恳切，感情真挚。

（5）结束语要用得体的惯用语。

<table>
<tr><td align="center">1. 封面</td><td align="center">2. 封底</td></tr>
</table>

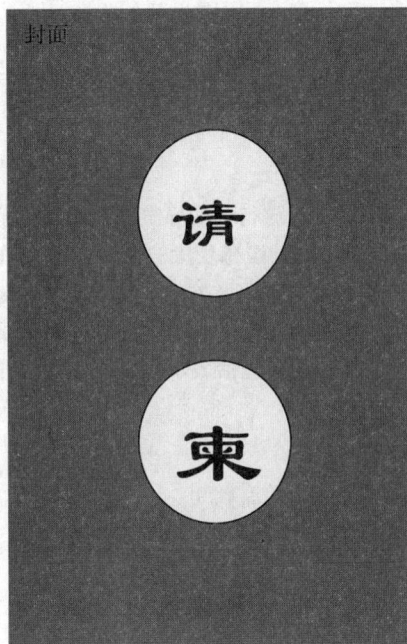

3. 封里

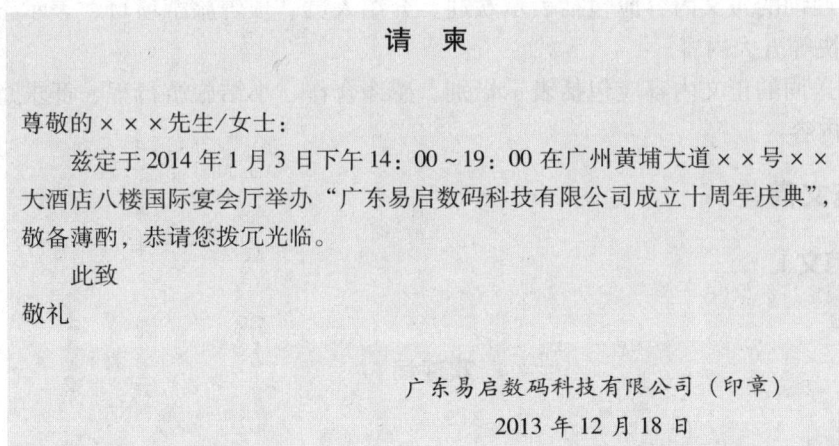

请　柬

尊敬的×××先生/女士：

　　兹定于 2014 年 1 月 3 日下午 14：00 ~ 19：00 在广州黄埔大道××号××大酒店八楼国际宴会厅举办"广东易启数码科技有限公司成立十周年庆典"，敬备薄酌，恭请您拨冗光临。

　　此致

敬礼

　　　　　　　　　　　　　　　　　广东易启数码科技有限公司（印章）

　　　　　　　　　　　　　　　　　　　　2013 年 12 月 18 日

任务 16 - 2　欢迎词与欢送词写作

知识目标

1. 了解欢迎词与欢送词的适用范围
2. 理解欢迎词与欢送词的概念、特点
3. 掌握欢迎词与欢送词的写作格式和要求

技能目标

1. 能熟练掌握欢迎词与欢送词的写作技能
2. 能撰写格式规范、结构完整、内容完备、表述正确、要素齐全的欢迎词与欢送词

【项目任务背景】

2014 年 1 月 25 日早上 8 点在广州体育中心广场，"广之旅"旅行社的导游张晓丽和旅游车司机张师傅一道，负责带着"家庭旅游团"成员共 30 人前往丹霞山风景区感受大自然的风采。在前往的途中还要参观马坝古人类遗址，并在丹霞山脚下的宾馆住宿一晚，于 1 月 26 日下午 5 点左右返回广州。

请你代张晓丽导游起草一份欢迎词和一份欢送词。此欢迎词应包括表示欢迎、介绍人员、预告旅游项目、表示态度、预祝旅途合作愉快等五大内容。导游欢送词应包括表示惜别、感谢合作、小结旅游行程、征求意见、期盼重逢等五大内容。

一、任务分析

（1）根据【项目任务背景】给定的材料，代张晓丽导游分别起草一份欢迎词和欢送词。

（2）要完成写作任务，必须掌握欢迎词和欢送词的写作知识和技能。

（3）欢迎词的正文内容应包括表示欢迎、介绍人员、预告旅游项目、表示态度、预祝旅途合作愉快等五大内容。

（4）欢送词的正文内容应包括表示惜别、感谢合作、小结旅游行程、征求意见、期盼重逢等五大内容。

二、范文借鉴

（一）范文 1

1. 原文

欢迎词

尊敬的各位领导、女士们、先生们：

值此 A 公司 30 周年庆典之际，请允许我代表 A 公司，并以我个人的名义，向参加庆典的领导和朋友们表示热烈的欢迎。

　　俗话说"一个好汉三个帮"。A 公司成立 30 年来，能取得今天的成绩，离不开上级的正确领导与大力支持，离不开老朋友的真诚合作。今天我们又十分高兴地结识了许多新朋友，我谨向新朋友们再次表示热烈欢迎，并希望能与新朋友们发展相互间的友好合作关系。

　　子曰："有朋自远方来，不亦乐乎。"朋友们不顾路途遥远专程前来我公司贺喜并洽谈贸易合作事宜，为 A 公司 30 周年庆典更添了一份热烈和祥和，我们由衷地感到高兴，并表示诚挚的谢意！

　　回顾过去，我们的真诚合作取得了丰硕成果；展望未来，我们的合作前景更加广阔。为此，我们衷心希望上级领导继续支持、给力，衷心希望与新老朋友深度合作，共谋发展，再创辉煌！

　　再次谢谢大家的光临！

A 公司董事长：×××

2014 年 1 月 18 日

　　2．评析

　　这篇欢迎词有以下几方面值得借鉴：

　　（1）结构完整，格式规范。

　　（2）正文内容，层次分明。欢迎词正文内容一般包括表示欢迎、表示感谢、提出希望等。

　　（3）用语得体，友善礼貌。欢迎词的字里行间表达出真挚的感情；称呼用尊称，措辞得体；引用古文名句恰当，富有文采。

　　（4）篇幅短小，言简意赅。

（二）范文 2

　　1．原文

欢送词

尊敬的约翰·克林顿先生：

　　再过半小时，您就要起程回美国了。我谨代表××重工集团公司，并受中国商务部李副部长之托，向您及您率领的代表团全体成员表示最热烈的欢送！

　　近四天来，我们双方本着"平等互惠、合作共赢"原则，经过多次友好磋商，达成了多项有实质性的合作协议，取得了令人满意的成果。在此，我们对您在洽谈中表现出的诚意和合作态度，深表感谢！我们衷心希望双方的经济贸易能够取得令双方满意的经济效益，合作关系不断向前发展。

　　我们期待着您和您的同事们明年再来我公司访问，共叙友情。

　　中国有句古话："送君千里终有一别"。我们只能在此告别，祝您及您的同事旅途愉快！

××重工集团公司总经理　梁××

2014 年 1 月 18 日

　　2．评析

　　这篇欢送词有以下几点值得借鉴：

　　（1）结构完整，格式规范。

（2）篇幅短小，言简意赅。

（3）用语得体，友善礼貌。

（4）正文内容，层次分明。在向外国客户表达欢送之意的同时，重点讲三个方面的内容。其一是点明欢送的原因，"再过半小时，您就要起程回国了"，并表达致词人以什么身份来欢送客人；其二是肯定与客人会谈所取得的成果、收获，并对客人的努力和贡献表达感谢；其三是提出自己的希望和祝愿。

三、知识支撑

（一）欢迎词的概念

欢迎词是由东道主对宾客的到来表示欢迎的一种礼仪文书。

（二）欢迎词的特点

1. 欢愉性

中国有句古话"有朋自远方来，不亦乐乎"。所以，致欢迎词当有一种愉快的心情，言词用语务必富有感情色彩，表现出致词人的真诚。只有这样才能给客人一种"宾至如归"的感觉，为下一步各种活动的圆满举行打下良好基础。

2. 口语性

欢迎词本是面向宾客口头表达的，所以口语化是欢迎词在文字上的要求，在遣词造句上要运用生活化的语言，即简洁又富有生活的情趣。口语化会拉近主人同来宾之间的关系。

（三）欢送词的概念

欢送词是行政机关、企事业单位、社会团体或个人在公共场合欢送宾客、友好团体或亲友出行时致词的讲话稿，亦是一种礼仪文书。

（四）欢送词的特点

1. 惜别性

有句古诗说得好"相见时难别亦难"，中国人重情谊这一千古不变的民族传统在今天更显得珍贵。欢送词要表达送亲朋远行时的感受，所以依依惜别之情要溢于言表。当然，感情格调也不可过于低沉，尤其是公共事务的交往更应把握好分别时所用言辞的分寸。

2. 口语性

同欢迎词一样，口语性也是欢送词的一个显著特点。遣词造句也应注意使用生活化的语言，使送别既富有情趣又自然得体。

四、技能演练

（一）欢迎词结构形式

标题 + 称呼 + 正文 + 尾部

（二）欢迎词写作方法

1. 标题

标题有两种形式：

（1）欢迎场合或对象加文种构成，如"在××××××公司成立20周年庆祝大会上的欢迎词"。

（2）用文种"欢迎词"作标题。

2. 称呼

提行顶格加冒号称呼对象。面对宾客，宜用亲切的尊称，如"亲爱的朋友"、"尊敬的领导"等。

3. 正文

欢迎词的正文一般由"开头＋主体＋结尾"组成。

（1）开头。

交代背景，表示欢迎。

（2）主体。

说明欢迎的缘由，可叙述彼此的交往、情谊，说明交往的意义。对初次来访者，可多介绍本组织的情况。

（3）结尾。

提出希望，用敬语表示祝愿和感谢。

4. 尾部

包括署名和成文日期。用于现场讲话的欢迎词或欢送词无须署名。若需刊载或印发，则应在题目下面或文末署名。

（三）欢迎词写作要求

1. 看对象说话

欢迎词多用于对外交往。在各社会组织的对外交往中，所迎接的宾客可能是多方面的，如上级领导、检查团、考察团等。来访目的不同，欢迎的缘由也应不同。欢迎词要有针对性，看对象说话，表达不同的情谊。

2. 看场合说话

欢迎的场合不同，仪式也是多种多样的，有隆重的欢迎大会、酒会、宴会、记者招待会等；有一般的座谈会、展销会、订货会等。欢迎词要看场合说话，该严肃则严肃，该轻松则轻松。

3. 热情而不失分寸

欢迎词应出于真心实意，热情、谦逊、有礼，语言亲切，饱含真情，注意分寸，不卑不亢。

4. 称呼得体

由于是用于对外（本组织以外的宾客）交往，欢迎词的称呼比开幕词、闭幕词更具有感情色彩，更需热情有礼。为表示尊重，要称呼全名，在姓名前或后面加上职衔或"先生"、"女士"，加上"亲爱的"、"尊敬的"、"敬爱的"等敬语以表示亲切。

（四）欢送词结构形式

标题＋称呼＋正文＋尾部

（五）欢送词写作方法

1. 标题

标题的写法一般有两种。有单独以文种命名，如"欢送词"。有由活动内容和文种名共同构成，如"在××研讨会结束典礼上的欢送词"。

2. 称呼

称呼要求写在开头顶格处。要写出宾客的姓名称呼。如"尊敬的女士们、先生们"、"亲爱的×××各位同仁"。

3. 正文

欢送词的正文一般由"开头＋主体＋结尾"三部分组成。

（1）开头。

开头通常应说明在举行何种欢送仪式，发言人是以什么身份代表哪些人向宾客表示欢送的。

（2）主体。

欢送词在这一部分要回顾和阐述双方在合作或访问期间在哪些问题和项目上达成了一致的立场、取得了哪些有突破性的进展，陈述本次合作交流中双方的合作和交流所带来的益处，阐述其深远的历史意义。私人欢送词还应注意表达双方在共事合作期间彼此友谊的加深增进以及分别之后的想念之情。若为朋友送行，还要加上一些勉励的话。

（3）结尾。

通常在结尾处再次向来宾表示真挚的欢送之情，并表达期待再次合作的心愿。亲朋远行尤其要表达希望早日团聚的惜别之情。

4. 尾部

欢送词在落款处要署上致词的单位名称、致词者的身份、姓名，并署上成文日期。

（六）欢送词写作要求

（1）称呼用尊称，注意宾客身份，致词要恰到好处，感情要真挚、诚恳。

（2）措辞要慎重，勿信口开河，要尊重对方风俗习惯，以免发生不该发生的误会。

（3）语言要精练、热情、友好、礼貌。

五、病文诊治

（一）病文

新同学们欢迎词

各位老师、各位同学：

首先，我谨代表全院教职员工，请××级的新同学们猜个谜语。谜底嘛，是一件大家非常熟悉、一辈子都离不开的东西。再穷的人家也至少"拥有一个它"，每天少不了同它打交道。但是，人们往往对它漠然置之，熟视无睹。请问：这是什么？很遗憾，大家都没有猜中，我只好自己亮谜底，这就是我今天讲话的题目——门！不是吗？再穷的人家至少拥有一扇门。

世界上最有名的门是法国的凯旋门，中国最有名的门是天安门。我们今天不讲凯旋门，也不讲天

安门，只说一说咱们学院的大门。这扇门线条流畅，姿态优雅，造型别致新颖，号称××高校第一门。那么它的造型有何深刻的寓意？我院十个教学系的教授都有不同的看法，请为诸位指点。

讲到咱们学院的大门，我得从图纸设计谈起……

咱们学院大门建造过程有许多可歌可泣的故事，三天三夜也讲不完……

……

请新同学们一起参与咱们学院大门的讨论和研究。

谢谢！

（二）评析

这篇欢送词存在的问题较多，诊治如下：

（1）标题不正确。应改为：在××××级新生开学典礼上的欢迎词或欢迎词。

（2）称谓不正确。应改为：亲爱的新同学。

（3）正文内容离题万里。从头到尾既没有表示对××××级新同学的欢迎，也没有介绍学院的基本情况，结尾也没有对××××级新同学提出希望和要求。

（4）结构不完整。缺少尾部。

六、模拟写作实训

（一）实训任务

（1）根据【项目任务背景】给定的材料，代张晓丽导游分别起草一份欢迎词和欢送词。

（2）欢迎词的正文内容应包括表示欢迎、介绍人员、预告旅游项目、表示态度、预祝旅途合作愉快等五大内容。

（3）欢送词的正文内容应包括表示惜别、感谢合作、小结旅游行程、征求意见、期盼重逢等五大内容。

（二）实训要求

（1）结构完整，格式规范。

（2）正文内容，条理清楚。

（3）语言简练，措辞得体。

（4）感情真挚，注重礼节。

任务16-3　祝酒词与贺词写作

知识目标

1. 了解祝酒词与贺词的适用范围

2. 理解祝酒词与贺词的概念、特点和类型

3. 掌握祝酒词与贺词的写作格式和要求

技能目标

1. 能熟练掌握祝酒词与贺词的写作技能
2. 能撰写格式规范、结构完整、热情洋溢、语言得体、要素齐全的祝酒词与贺词

【项目任务背景】

2013年12月28日晚上7：00～10：00，天诚国际大酒店会议中心天诚厅里欢声笑语，热闹非凡，中国人寿保险股份有限公司广海支公司的员工和广州大众汽车销售有限公司员工200余人欢聚在此，隆重举行"A型汽车险营销20周年"庆典酒宴，总结工作，表彰颁奖，载歌载舞，喜迎新年。

1993年12月28日，中国人寿保险股份有限公司广海支公司营销部正式成立，开创了A型汽车险营销新历程。成立之初的5名管理人员和60名汽车险人员，成为A型汽车险营销市场的拓荒者。他们引入全新的汽车险营销机制，革新保险经营的传统模式，经过艰辛而又辉煌的创业历程，终于使A型汽车险进入了高速发展时期。中国人寿保险股份有限公司广海支公司总经理刘××致祝酒词，广州大众汽车销售有限公司总经理黄××致贺词。

……

一、任务分析

根据【项目任务背景】给定的材料，应完成两项写作任务：

（1）为中国人寿保险股份有限公司广海支公司总经理刘××撰写一篇祝酒词。

（2）为广州大众汽车销售有限公司总经理黄××撰写一篇贺词。

（3）要完成上述写作任务，必须掌握祝酒词和贺词的写作知识和技能。

二、范文借鉴

（一）范文1

1. 原文

李××总经理在A公司成立35周年庆典晚宴上的祝酒词

尊敬的各位领导、各位来宾，亲爱的同事们：

今天，我们欢聚一堂，隆重庆祝A公司成立35周年，这是A公司的一件盛事，也是全市人民的一件盛事。

借此机会，我谨代表A公司，对各位领导和中外嘉宾的光临表示热烈的欢迎和衷心的感谢！向A公司的创业者们表示诚挚的问候！

回顾过去，A公司走过了35年的风雨历程，可以说，A公司发端于改革开放的起航之日，兴起于市场经济的转型之时，腾飞于中国经济融入全球经济一体化之际，是时代、历史和新老员工造就了今天的"A品牌"、"A文化"和"A精神"。

展望未来，A公司面向新经济时代的宏伟蓝图已绘就，我们深信扎根于××地区这块沃土的A公司，必将高举民族工业的旗帜，弘扬民族工业的精神，牢牢把握发展的战略机遇期，为××市经济的发展，为民族工业的壮大再谱新章，再创辉煌；我们坚信，有各级领导的关心和支持，有中外朋友的关爱和真诚合作，有A公司全体员工的共同努力，A公司的事业必将更加兴旺发达！

最后，让我们共同举杯，为我们的共同发展，为 A 公司的美好愿景，为大家的健康，干杯！

A 公司总经理李××

2014 年 1 月 18 日

2．评析

这是公司一般庆典酒宴上通用的祝酒词，有如下几个点值得借鉴：

（1）结构完整，格式规范。

（2）正文内容，条理清楚，层次分明。

（3）用词适当，语气殷切，称呼得体。

（4）尾部应具备的要素齐全。

（二）范文 2

1．原文

朱××董事长在广东××装饰材料集团总公司
成立 20 周年庆典大会上的贺词

尊敬的各位领导、各位来宾，亲爱的朋友们：

晚上好！

金秋十月，瓜果飘香。在这个丰收的季节里，我们欢聚一堂，隆重庆祝"广东××装饰材料集团总公司"成立 20 周年。值此喜庆的日子，我谨代表广东××房地产集团总公司并以个人的名义，对广东××装饰材料集团总公司迎来 20 周年华诞，表示热烈的祝贺。

随着改革开放的深入，中国建筑装饰行业经济蓬勃发展，给中国房地产和装饰材料经营企业带来发展的机遇。广东××房地产集团总公司抓住机遇，乘势而上，得到长足的发展。20 年来，我们广东××房地产集团总公司一直与广东××装饰材料集团总公司真诚合作，尤其在住宅家居装饰、装修、美化方面进行深度合作，给现代人们的生活品质提高带来很大的改变。

广东××装饰材料集团总公司为中国建筑装饰协会、广东省建筑装饰协会、中国企业网、中国连锁经营协会等先进的会员单位。在全国各类评比中屡获各类大奖，工程遍布全国各地。2011 广州亚运会××场馆、××五星级酒店等一些典范工程，均取得了可喜成绩。在 1999 年，广东××装饰材料集团总公司就率先尝试"区域品牌"计划新模式，与众不同。几年来，"区域品牌"的巨大威力使广东××装饰材料集团总公司低调汲取市场财富，逐渐成为行业"直销模式"巨头，并通过"区域品牌"的效应，使企业"区域品牌"呈良好发展的势头。广东××装饰材料集团总公司的品牌发展战略，已经赢得了众多的客户群体，并长期稳定的受那些客户们拥戴。可喜可贺！

我们广东××房地产集团总公司是一个朝气蓬勃、充满活力、富有想象力和创造力的企业，历经 20 年的商海遨游，培养了我们诚信的为人之道，求实的办事作风；我们相信在各级主管部门的领导下，在社会各界朋友的帮助下，尤其是在广东××装饰材料集团总公司的鼎力支持下，经过公司员工的不懈努力与拼搏，我们一定会创造明天的辉煌。借此机会，我向所有关心和支持我们的各位来宾、合作伙伴、各界朋友表示衷心的感谢！

最后，祝广东××装饰材料集团总公司成立 20 周年庆典大会取得圆满成功，祝各位到场的领导和来宾身体健康、万事如意！

谢谢大家！

2. 评析

这是公司一般庆典酒宴上通用的贺词，有如下几个点值得借鉴：

（1）结构完整，格式规范。

（2）正文内容，条理清楚，层次分明。

（3）用词适当，语气殷切，称呼得体。

（4）尾部应具备的要素齐全。

三、知识支撑

（一）祝酒词的概念

祝酒词是指单位或个人在酒席宴会开始前，东道主或主人对领导、来宾或客人表示热烈欢迎、亲切问候、诚挚感谢、衷心祝愿的一种礼仪文书。

祝酒词是应酬之辞，其内容以叙述友谊为主，总的要求篇幅短小，文辞庄重、热情、得体、大方。

（二）祝酒词的种类

（1）按形式划分，可分为书面祝酒词和口头祝酒词两大类。

（2）按性质划分，可分为公务祝酒词和私务祝酒词两大类。

①公务祝酒词又可分为政务祝酒词、商务祝酒词、外交祝酒词、庆典祝酒词、庆功祝酒词、迎宾祝酒词、送行祝酒词、节日祝酒词等。

②私务祝酒词又可分为生日祝酒词、婚嫁祝酒词、乔迁祝酒词等。

（3）按内容划分，可分如下几种：①政务祝酒词；②商务祝酒词；③外交祝酒词；④庆典祝酒词；⑤庆功祝酒词；⑥节日祝酒词；⑦送行祝酒词；⑧迎宾祝酒词；⑨开业祝酒词；⑩乔迁祝酒词；⑪婚嫁祝酒词；⑫生日祝酒词；⑬聚会祝酒词。

（三）祝酒词的特点

（1）内容的祝愿性。祝酒词的内容重在祝愿，祝愿事情取得成功或祝愿幸福安康、祝愿美好的未来等。

（2）形式的灵活性。祝酒词既可采用书面形式，也可使用口头形式。

（3）用语得体，切合身份。祝酒词要求语言表达感情充沛，富有情感。

（4）篇幅短小，言简意赅。祝酒词是在酒席宴会开始前的讲话，因此，篇幅不宜长，要简洁而有吸引力。

（5）语言口语化。用口语化的语言表达，显得更亲切。

（四）贺词的概念

贺词是指单位或个人应邀参加某一重大会议或庆典活动时，常常即时发表讲话，表示对主人的祝贺、感谢之意的一种礼仪文书。

以信函形式发送的贺词通常叫作贺信，借助电报发出的贺词通常称作贺电。

（五）贺词的种类

（1）按形式划分，可分为书面贺词和口头贺词两大类。

（2）按性质划分，可分为公务贺词和私务贺词两大类。

①公务祝酒词又可分为政务贺词、商务贺词、外交贺词、庆典贺词、庆功贺词、节日贺词、开业贺词等。

②私务祝酒词又可分为生日贺词、升学贺词、婚嫁贺词、乔迁贺词等。

（3）按内容划分，可分如下几种：①政务贺词；②商务贺词；③外交贺词；④庆典贺词；⑤庆功贺词；⑥节日贺词；⑦开业贺词；⑧乔迁贺词；⑨婚嫁贺词；⑩生日贺词；⑪升学贺词。

（六）贺词的特点

（1）内容的祝贺性。贺词的内容重在祝贺。祝贺或赞颂要求感情真挚，切合身份，用语准确。

（2）形式的灵活性。贺词既可采用书面形式，也可使用口头形式；既可采用信函形式，也可使用电报形式，还可使用电子邮件形式。

（3）语言富有情感。贺词要求感情真挚，用语得体，切合身份。

（4）篇幅可长可短。少则几十字，多则几百字甚至上千字。

（5）语言口语化。用口语化的语言表达，显得更亲切。

四、技能演练

（一）祝酒词结构形式

标题＋称呼＋正文＋尾部

（二）祝酒词写作方法

本书介绍书面形式的祝酒词的写作方法。

1. 标题。

（1）完整式标题。由"祝贺者＋活动名称＋文种"组成。

范例：张××总经理在××市××有限公司××分公司成立宴会上的祝酒词

（2）省略式标题。由"活动名称＋文种"组成。

范例：在××市××有限公司××分公司成立宴会上的祝酒词

2. 称呼

称呼或称谓，一般用泛称，可以根据出席者的身份来定，如"尊敬的各位领导、各位来宾、亲爱的朋友们"、"尊敬的各位领导，尊贵的各位来宾，亲爱的女士们、先生们"、"尊贵的各位女士、各位先生"、"亲爱的朋友们、同志们"等。

3. 正文

祝酒词的正文一般由"开头＋主体＋结尾"组成。

（1）开头。表示祝愿的话语。

（2）主体。肯定活动的意义、作用，表示勉励。

（3）结尾。再次表示祝愿。常用的句式有："最后，让我们共同举杯，为……，为……，为……，干杯！"、"最后我提议，为……，为……，为……，干杯！"、"请允许我，为……，为……，为……，干杯！"以表示真诚的祝贺。

4. 尾部

在正文右下方署名和成文日期。

（三）祝酒词写作要求

（1）结构完整，格式规范。

（2）标题正确，称谓得体。

（3）正文内容，条理清楚。

（4）篇幅短小，言简意赅。

（5）语言表达，感情充沛。

（四）贺词结构形式

标题＋称呼＋正文＋尾部

（五）贺词写作方法

本书介绍书面形式的贺词的写作方法。

1. 标题。

（1）完整式标题。由"祝贺者＋活动名称＋文种"组成。

范例：黄××董事长在××市××有限公司××分公司成立宴会上的贺词

（2）省略式标题。由"活动名称＋文种"组成。

范例：在××市××有限公司××分公司成立宴会上的贺词

2. 称呼

称呼或称谓，一般用泛称，可以根据出席者的身份来定，如"尊敬的各位领导、各位来宾、亲爱的朋友们"、"尊敬的各位领导，尊贵的各位来宾，亲爱的女士们、先生们"、"尊贵的各位女士、各位先生"、"亲爱的朋友们、同志们"等。

3. 正文

贺词的正文一般由"开头＋主体＋结尾"组成。

（1）开头。表示祝贺。

（2）主体。肯定活动的意义、作用，或简述双方合作情况，或回顾过去，展望未来。

（3）结尾。提出希望，并再次表示祝愿。

4. 尾部

在正文右下方署名和成文日期。

（六）贺词写作要求

（1）结构完整，格式规范。

（2）标题正确，称谓得体。

（3）正文内容，条理清楚。

（4）语言表达，富有感情。

（5）篇幅可长可短。

五、病文诊治

（一）病文1

1. 原文

祝酒词

先生们、女士们：

晚上好!

"中国国际××展览会"今天开幕了。今晚，我们有机会同各界朋友欢聚，感到很高兴。我谨代表中国国际贸易促进委员会××市分会，对各位朋友光临我们的展览会，表示热烈欢迎!

今晚，各国朋友欢聚一堂，我希望中外同行广交朋友，寻求合作，共同度过一个愉快的一天。

最后，请大家举杯，为"中国国际××展览会"的圆满成功，为朋友们的健康，干杯!

---

2. 评析

这篇祝酒词存在问题较多，诊治如下：

（1）标题不正确。应改为：在中国国际××展览会晚宴上的祝酒词。

（2）称谓欠得体。称谓不符合"女士优先"国际礼仪原则，且应加上敬语，改为："尊敬的女士们、先生们："

（3）内容单薄，条理不清。正文内容没有写活动的意义、作用等；把开幕式与晚宴混在一起写，条理不清。

（4）有语病。如："今晚，各国朋友欢聚一堂，我希望中外同行广交朋友，寻求合作，共同度过一个愉快的一天。"

（5）缺少尾部。

（二）病文2

1. 原文

贺　词

各位领导、各位来宾，先生们、女士们：

大家好!

今天，四海嘉宾高朋满座，大家欢聚一堂，恭贺××大酒店隆重开业。借此机会，我谨代表广州××环保炊具设备有限公司向××大酒店红火开业表示热烈的祝贺!向多年来一直关心、支持我们公司发展的领导们、同仁们表示最衷心的感谢!

作为酒店炊具设备的供应商，我们将一如既往地支持酒店餐饮事业的发展，实实在在做好产品及服务，为酒店的宏伟蓝图提画龙点睛之笔、约锦上添花之盟。在今后的合作中，愿携诸位之手，借各位之威，共同将酒店及餐饮事业做强、做大!

最后，让我们共享这一美好时刻，让我们共同祝愿××大酒店创造辉煌事业，拥有灿烂的明天!

祝××大酒店骏业鸿开、客源如江，生意兴隆！祝各位领导、各位来宾、同志们、朋友们身体健康，工作顺利，万事如意！

谢谢大家！

2．诊治

这篇贺词存在问题较多，诊治如下：

（1）标题不正确。应改为：在××大酒店开业庆典上的贺词。

（2）称谓欠得体。称谓不符合"女士优先"国际礼仪原则，且应加上敬语，改为："尊敬的各位领导、各位来宾，亲爱的女士们、先生们："

（3）缺少尾部。

六、相关知识拓展

（一）公司开业午宴祝酒词例文

张××总经理在××市××××××工程有限公司
河源分公司开业午宴上的祝酒词

尊敬的各位领导、各位来宾，亲爱的女士们、先生们：

大家中午好！

嘉宾临，开门红，事业隆。今天，我们欢聚在这里，庆祝"××市××××××工程有限公司河源分公司"隆重开业。值此喜庆日子，我谨代表××市××××××工程有限公司河源分公司并以我个人的名义，向莅临今天开业典礼的各位领导、各位来宾，女士们、先生们表示热烈欢迎和衷心感谢！

回顾××市××××××工程有限公司河源分公司的筹备历程，我感到无比的自豪和欣慰。今天的开业，离不开各位领导的支持，离不开各位来宾的帮助，对此，我向大家表示衷心的感谢！

××市××××××工程有限公司自1992年成立以来，贯彻"以德为先，以质为本，精诚合作，共享繁荣"的经营理念，在电力安装、消防工程项目设计、施工、创新技术、新产品开发等方面屡创佳绩，通过了ISO质量管理体系、环境管理体系和职业健康安全管理体系认证，成为××市电力消防行业中的知名企业。

××市××××××工程有限公司河源分公司全面承接××市××××××工程有限公司在河源地区的电力消防等业务，是一个朝气蓬勃、充满活力、勇于创新的企业，我们始终相信我们的团队是一支有能力、有素质、团结有为的团队，来之能战，战之能胜。

我深信，有各位领导的关爱，有朋友们的鼎力支持，经过我们自身的不懈努力，××市×××××工程有限公司河源分公司必将稳健发展，走向辉煌！

现在我提议：

为河源的经济发展，

为××××公司河源分公司美好明天，

为大家的健康，

干杯！

谢谢大家！

总经理：张××

2012年10月27日

（二）公司揭牌典礼贺词例文

阮××会长在××市×××××工程有限公司
河源分公司揭牌典礼上的贺词

尊敬的各位领导、各位来宾，亲爱的女士们、先生们：

大家上午好！

今天，风和日丽，喜事盈门。××市××电力消防科技工程有限公司河源分公司在这里举行隆重的揭牌庆典，值此喜庆之际，我谨代表河源市××联合会向××市××公司河源分公司隆重揭牌表示热烈祝贺！对来自经济发达地区的××市××公司支持河源的经济建设表示热烈欢迎！

河源作为全国生态发展区，一直以来秉承着"既要金山银山，也要绿水青山"的发展理念，生态环境得到有效保护的同时，经济也实现了又好又快增长。近几年来，河源市又创新性地提出了打造"广东生态旅游示范区"的战略构想，走出了一条以生态旅游为特色的可持续发展之路，成为全省乃至全国科学发展的典范。虽然河源仍是一个经济欠发达地区，但正在迅速发展，交通方便，资源丰富，商机无限。我们本着"优势互补，资源共享，加强合作，共谋发展"的愿望，欢迎各位企业家来河源投资办实业，支持河源的经济建设，为河源的发展注入新的活力。我们一定尽地主之谊，协调各方关系，竭尽全力支持来河源投资的企业。

河源，山好水好人更好；来河源投资，"攒钱多，麻烦少，身体好"。

最后，祝愿×××河源分公司开业大吉，事业蒸蒸日上！祝愿莅临庆典的各位来宾生活愉快，工作顺心，万事如意！

谢谢大家！

河源市××联合会
2012 年 10 月 27 日

七、模拟写作实训

（一）实训任务

根据【项目任务背景】给定的材料，应完成两项写作任务：

（1）为中国人寿保险股份有限公司广海支公司总经理刘××先生撰写一篇祝酒词。

（2）广州大众汽车销售有限公司总经理黄××先生撰写一篇贺词。

（二）实训要求

（1）结构完整，格式规范。

（2）标题正确，称谓得体。

（3）正文内容，条理清楚。

（4）语言表达，感情充沛。

项目 16 思考与练习题

一、填空题

1. 贺词具有＿＿＿＿＿＿＿＿＿、＿＿＿＿＿＿＿、＿＿＿＿＿＿＿、＿＿＿＿＿＿＿＿和＿＿＿＿＿＿＿特点。

2. 贺词主体部分一般由＿＿＿＿＿＿＿、＿＿＿＿＿＿＿和＿＿＿＿＿＿三部分构成。

3. 邀请书具有＿＿＿＿＿＿＿＿、＿＿＿＿＿＿＿、＿＿＿＿＿＿＿和＿＿＿＿＿＿的特点。

4. 请柬的写作包括＿＿＿＿＿＿＿、＿＿＿＿＿＿＿和＿＿＿＿＿＿＿三部分。

二、选择题

（一）单选题

1. 祝酒词的结构形式有"（　　　）"和"书面型"两种

A. 简单型　　　　B. 口语型　　　　C. 复杂型　　　　D. 简约型

2. 请柬的结构形式是：标题 + 称呼 + 正文 + （　　　）+ 尾部

A. 常用语　　　　B. 结束语　　　　C. 恭敬语　　　　D. 惯用语

3. 欢迎词的正文一般由"开头 + （　　　）+ 结语"组成

A. 主体　　　　B. 正文　　　　C. 导语　　　　D. 称呼

（二）多选题

1. 邀请函的特点有（　　　）

A. 格式规范　　　B. 庄重礼貌　　　C. 语言朴实　　　D. 语气委婉

2. 请柬和邀请函的完整结构是由（　　　）组成

A. 标题　　　　B. 称呼　　　　C. 正文　　　　D. 尾部

3. 请柬的尾部一般应包括（　　　）

A. 盖章　　　　B. 署名　　　　C. 成文日期　　　　D. 领导签名

三、判断题

1. 贺词一般是在第二行的结尾表示向对方的祝贺。（　　　）

2. 祝酒词称呼一般可以根据致词者的身份来确定。（　　　）

3. 欢送词语言应热情、友好、礼貌，临别时讲话篇幅大些。（　　　）

四、改错题

1. 邀请函要注意应语气殷切，富有感情色彩，文字多点没关系。

2. 请柬的正文要写明邀请参加的活动内容、地点等事项。

3. 欢迎词、欢送词的一个显著特点是遣词造句要用完整的书面语。

五、问答题

1. 请柬的内容应包括哪些部分？

2. 祝酒词与贺词有哪些不同？

3. 请柬与邀请函有何相同之处？它们各有什么写作要求？

单元九 企业商务文书

项目 17 商务电函与信函写作

任务 17 - 1 商务传真写作

知识目标

1. 了解商务传真的适用范围
2. 理解商务传真的概念、特点和类型
3. 掌握商务传真的写作格式和要求

技能目标

1. 能熟练掌握商务传真的写作技能
2. 能撰写格式规范、结构完整、内容完备、表述正确、要素齐全的商务传真

【项目任务背景】

鑫桥集团总司给迅达科技有限公司发去一份关于音像辅助设备短少问题的传真，要求迅达科技有限公司在 2014 年 1 月 18 日内解决上述有关问题。请代鑫桥集团总司传真首页信息且在首页上撰写一篇商务传真文书。

一、任务分析

（1）根据【项目任务背景】给定的材料，为鑫桥集团总司撰写一篇商务传真文书。

（2）要完成上述写作任务，必须掌握商务传真文书的写作知识和技能。

二、范文借鉴

（一）范文

迅达科技有限公司传真

收件人：李宁经理	传真号：98765432	收件人单位：亚帆包装设备公司
发件人：黄帆	传真号：12345678	电话：88675432
主题：关于设备运行故障的排除		页数：1
抄送：		日期：2014 年 1 月 10 日
□紧急　　　□请审阅　　　□请批注　　　□请答复　　　□请传阅		

尊敬的李宁经理：

我公司于 2013 年 12 月 18 日与贵公司签订了购置一台型号为 V－301 速封设备的合同（编号为 V301－098），设备已由贵公司于 12 月 20 日负责上门安装并调试完成。

然而，我公司在使用一周后发现该设备的预热功能存在明显问题，即在包装过程中，屡屡出现封口不能密闭的现象，导致本公司成品中不合格产品率大幅上升。由于本公司操作人员在使用过程中严格按照贵公司产品说明书上的程序以及贵公司现场调试人员的培训内容进行操作，所以，该产品目前所存在的问题没有我公司人为操作的因素。

鉴于该产品说明书上没有标明本故障的排除方法，同时，在购货合同中有明确规定："贵公司将在该设备调试正常后的一个月中，免费做好相关的售后服务工作，确系存在产品质量问题，贵公司将在一周内给予排除或给予调换。"所以，本公司特致函贵公司，请贵公司立即组织负责售后服务的有关技术人员来我公司作实地检查，排除该产品目前所存在的故障，并承诺如果不能彻底解决质量上的问题，将负责给予调换。

因我公司工作业务之急需，我们希望能够于 2014 年 1 月 14 日前得到贵公司的答复。

（二）评析

这是一份按照办公自动化软件套用的规范格式撰写的商务传真，从整篇文章来看，有如下几个特点：

（1）传真文头套用了办公自动化软件的详细规范格式，使得传真要素清楚、分明、简练。

（2）正文内容简练，把事件的前因后果作了清楚的陈述。

（3）指明了产品质量问题是由于供应商的单方面原因所致，根据所签合同中有关条款，提出了做好售后服务的要求，并要求供应商作出承诺："如果不能彻底解决质量上的问题，将负责给予调换。"

（4）明确了要求回复的时间。

此传真将为该企业与供应商日后就售后服务环节作进一步交涉，打好业务商函上的基础，值得我们学习借鉴。

三、知识支撑

（一）商务传真的概念

商务传真是指运用传真通信工具发送与原图文真迹相同的商函或其他相关商务文件的一种书信体文书。

通过传真，企业的文件、图表、照片等信息可以方便地相互传递，是目前采用公用电话网或互联网传送图文真迹的主要方法。

（二）商务传真的种类

从传输的内容分，商务传真可分为文书、文字材料和图像信息三种类型。

（三）商务传真的特点

1. 真实性

即传送的是文书、文字材料或图像的真迹。

2. 便捷性

即操作方便，传送快捷。

3. 可靠性

即传真不会对文字信息或图像作出修改。

四、技能演练

（一）商务传真结构形式

首部＋称谓＋正文

（二）商务传真写作方法

1. 首部

商务传真的首部虽然有不同的格式，但首部的主要要素是相通的。一般首部由收件人（包括单位全称或个人）、发件人（包括单位全称或个人）、传真号（对方具体传真号码）、日期、页数、事由、抄送、紧急程度和其他有关内容等要素组成。

商务传真首部有两种格式：

（1）由"传真发送方单位名称＋传真签发单"组成。

范例1

××公司传真签发单

单位：（指本传真拟向哪方发送）

收件人：（指对方收取传真的人或职务）

事由：（可以是本传真的标题或本传真大致内容的简要概括）

抄送方：（如本传真需要同时抄送给其他单位，则应在该栏予以明确）

传真起草人：（指本传真撰稿责任人）

签发：（由本传真的签发人签署）

传真号码：（指对方传真号码）

日期：（指发送本传真的日期）

核稿：（指本传真的核对人）

内部编号：（指本企业对该传真做的编号）

正文（略）

（2）办公自动化软件的规范格式。

范文 2

传 真

收件人：（传真接收方单位名称或个人）　　传真号：（对方具体传真号码）

发件人：（传真发送方单位名称或个人）　　日期：（本传真的发送日期）

关于：（简要介绍本传真的内容）　　　　页数：（本传真的页数）

抄送：（如有抄送方，可列明）

□紧急　　　□请审阅　　　□请批注　　　□请答复　　　□请传阅

正文（略）

2. 称谓

称谓要得体，一般要用敬语，如"尊敬的×××经理"、"尊敬的×××董事长"等。

3. 正文

正文由"开头＋主体＋结尾"组成。

（1）开头。一般写发传真的缘由。

（2）主体。写传真的具体事项。

（3）结尾。提出解决问题的要求和希望。

（三）商务传真写作要求

（1）结构完整，格式规范。

（2）首部要素齐全。

（3）措辞得体，语气平和。

（4）表达准确，条理清楚。

五、病文诊治

（一）病文

传 真

收件人：广州东凯宾馆总经理

发件人：广州洪运物流有限公司　　　　日期：2014 年 1 月 23 日

关于：2013 年 12 月 23 日来函的回复　　页数：1

抄送：

□紧急　　　□请审阅　　　□请批注　　　□请答复　　　□请传阅

贵宾馆于 2014 年 1 月 3 日的传真已经收到，对于贵宾馆委托本公司在负责托运贵宾馆顾客行李箱过程中造成行李箱遗失，以致客户向贵宾馆投诉并要求赔偿经济损失一事，本公司在表示遗憾之余，亦认为这是合乎情理的。

然而，贵公司在传真中指出的本次事件是由于本公司所承担托运的车辆质量问题和运输包装问题所导致引起的这一说法，本公司表示不敢苟同，其理由：一是本公司的所有车辆均经过专门车辆质监部门的检验并均持有合格运输证书；二是本公司在运输包装环节上亦是严格按照物流行业相关操作规程和标准进行的，因此不存在包装上的不合规格等问题。

另外，需要指出的是，贵宾馆服务员因没有将不同顾客使用的行李箱特征做好登记，导致我公司在运输行李箱物品时出现对货物编号的差错，从而进一步导致了贵宾馆顾客在领取行李物品时发生了张冠李戴的情况（此情况是经询问广州市消费者协会得到的，受到经济损失的顾客曾向消费者协会作了反映）。这样，本次事故的起因完全是由于贵宾馆人为管理不当导致的，而绝不是我公司所承担托运车辆在质量和包装上的问题。因此，本公司将不予接受贵宾馆提出的要求我公司"承担部分经济损失"的要求。

希望贵公司能够加强内部管理，从失误中吸取教训，不要把过多精力花费在转移经济损失方面。我公司相信，通过贵公司的努力反省，一定能弥补在管理工作中产生的经济损失，我公司作为贵宾馆的合作伙伴，将不计前嫌地竭诚满足贵宾馆所提出的相应物流服务需求。

（二）诊治

这篇商务传真文书存在问题较多，诊治如下：

（1）首部漏掉传真号。

（2）没有称谓。

（3）复函日期过于拖延，显得无礼貌。

（4）措辞不得体。

①教训对方，要求对方吸取教训，努力反省。

②合作态度不够诚恳。在第一段就对本次事件先入为主表明态度，即"本公司在表示遗憾之余，亦认为这是合乎情理的"，以此表明本企业态度。虽然该企业是在进行了一番调查的前提下发出此传真，如向消费者协会询问和顾客反馈等，有一定的明确依据，但在确定东凯宾馆的经济损失与企业物流质量无关后，该文运用了较为调侃的语调，使对方感觉到来函没有诚意，甚至是无理取闹。

（5）有语病。如："本公司将不予接受贵宾馆提出的要求我公司'承担部分经济损失'的要求。"

六、相关知识拓展

（一）发传真要使用企业正规传真首页

代表企业对外发送传真应使用带有企业标志的传真首页。这样既可以让接收方感到文件正规，给予重视，同时也通过传真首页了解相关信息，如该传真件有几页等。通常的传真首页内容要填写齐全，不要遗漏。下面是通用传真首页：

××××××公司传真

收件人 To   发件人 From

传真号 Fax   日期 Date

电话 Phone   页数 Page

主题 Re   抄送 Cc

□ 紧急   □ 审阅   □ 批注   □ 答复   □ 传阅
Urgent   For Review   Comment   Reply   Recycle

（二）商务传真内容的书写

商务传真内容的书写如同商务信函。在填写齐全传真首页的栏目后，商务传真内容的书写同商务信函的写作，具体包括：对受文者的称谓；件名或主题；开头应酬语；正文；祝颂语；署名及附注。由于传真首页上已经写明了日期，在落款时可以不写。如果传真文件已经打印好，则在传真首页的栏目后面只需写一封短信，表示随之将文件一起传递过去。

（三）传真常识

1. 不同传真机使用不同的纸

热敏纸传真机使用热敏纸，这种纸是一面经过特殊处理的光滑的热敏感光纸，或卷筒型，不需要墨粉，这种纸接收的传真件的清晰度会随时间的延长而下降，同时要注意存放，防止高温，避免强光照射，以保持字迹清晰。

普通纸传真机是使用喷墨或激光技术在标准复印纸上传真文件。这种传真纸和复印机或打印机共用，可以批量购买，以降低成本。这种传真机需要墨粉盒或喷墨盒，传真的质量也非常好，而且传递非常迅速。另外，这种传真机能制作复印件，通常可以在小企业中作为复印机使用。

2. 可以使用计算机通过网络收发传真

如果将计算机通过调制解调器连接到网络，可以不必将需要的传真件打印到纸张上再用传真机发送过去，而是通过计算机直接发送或接收传真件。发件人可以先在计算机上拟定传真稿，再通过计算机程序中的 WinFaxPRO 通信软件拨叫对方的传真机，点击要发的文件，或从计算机中的“地址簿”中选择传真号码，传真便能自动发送给收件人。当接收传真时，对方发过来的传真信息能被收到并以图像形式储存在计算机内，可以方便阅读或用计算机中标准的传真形式打印出来。

3. 发送机密信函要注意保密

发送需要保密的传真件，应先打电话给接收者，请对方在传真机边等候，并立即取走传真件。

七、模拟写作实训

（一）实训任务

根据【项目任务背景】给定的材料，为鑫桥集团总司撰写一篇商务传真文书。

（二）实训要求

（1）结构完整，格式规范。

（2）首部要素齐全。

（3）措辞得体，语气平和。

（4）表达准确，条理清楚。

任务 17 - 2　商务电子邮件写作

知识目标

1. 了解商务电子邮件适用范围

2. 理解商务电子邮件概念、特点和类型

3. 掌握商务电子邮件写作格式和要求

技能目标

1. 能熟练掌握商务电子邮件的写作技能

2. 能撰写格式规范、结构完整、内容完备、表述正确、要素齐全的商务电子邮件

【项目任务背景】

××省人力资源研究中心向广州力达传播有限公司人力资源总监李明先生发出一份有关会议邀请的电子邮件。内容是关于本省每年一届的企业人力资源交流会议定于 5 月 3 日早上 10：00 在梅园宾馆举行，会期一天。请你作为××省人力资源研究中心主任黄××向钟××先生发出邀请，并提醒他要在会上作一个 30 分钟的发言，内容围绕员工的绩效考核工作展开。另外，晚上 7：00 ~ 9：00 举行酒会，以便专家们自由交流。

发件人邮箱：happy222@ sohu. com；收件人邮箱：liming333@ sina. com。

一、任务分析

（1）根据【项目任务背景】给定的材料，为××省人力资源研究中心主任黄××撰写一篇商务电子邮件文书。

（2）要完成上述写作任务，必须掌握商务电子邮件文书的写作知识和技能。

二、范文借鉴

（一）范文

电子邮件

发件人：tavet@ kingdie. com

收件人：liming2009@ hotmail. com

主题：Apusic 中间件新产品发布及 J2EE 技术研讨会邀请函

尊敬的李××经理：

　　网络时代，技术不断推陈出新，应用服务器也在飞速发展，成为网络计算的核心平台。现在，基于 J2EE 规范的应用服务器产品，在全球得到了广大 IT 厂商和用户的支持，并成为大型分布式企业应用的主流产品。Apusic 2.0 应用服务器在这种时代的呼唤中应运而生！

　　作为国内中间件市场的领导厂商，金蝶一直在孜孜不倦地发展民族自主产权的系统软件产品。

　　Apusic 应用服务器 V 2.0 是金蝶在中间件市场上的一次重拳出击。该产品遵循业界最新的 J2EE 1.3 规范，功能和性能得到增强，经过国家有关权威机构认定，在国内属于领先水平。Apusic 2.0 应用服务器投放市场，将为国内的电子政务、电子商务及行业应用打造技术先进、稳定可靠的应用系统提供核心级的保障。

　　值此 IT 战国时代，英雄辈出，合纵连横乃出路所在。金蝶将以 Apusic 应用服务器为利器，以广大的 Java 爱好者为基础，广泛联合国内独立应用软件商（ISV）、系统集成商，参与"共筑长城"计划，发展自主产权的系统软件技术，共同探讨和挖掘新技术的商用价值。

　　"用 Apusic 中间件，共筑软件长城——Apusic 应用服务器 V 2.0 新产品及成果鉴定发布会"将于 2014 年 1 月 18 日在北京长富宫饭店大宴会厅举行，届时将推出业界瞩目的 Apusic 应用服务器 V 2.0，并由国家信息产业部有关领导、国内中间件领域权威专家、金蝶中间件用户为您诠释 Apusic 应用服务器的精彩之处。另外，下午的技术研讨会将会带你进入核心技术领域，领受前所未有的技术体验。

　　欢迎您拨冗参加！

　　此致

敬礼

主办单位：S 市金蝶中间件有限公司

协办单位：金蝶国际软件集团有限公司

支持单位：中国电子商务协会

中国软件评测中心

2014 年 1 月 8 日

附件下载：1. 会议日程安排

　　　　　2. 会议回执表

（二）评析

　　这份电子邮件是 S 市金蝶中间件有限公司给惠达软件开发有限公司李××经理的邀请函。有如下几点值得借鉴：

（1）邮件头采用电子邮件常用格式简化版。省略了抄送、发送时间和密抄等项目。

（2）正文内容，条例清楚。把需要介绍的企业背景、产品性能、特点、市场前景以及新产品发布会议的时间地点作了清楚的陈述。

（3）语言富有文采，有一定的感染力。

（4）附件位置恰当。将附件换成下载方式阅读，位置在落款下方。

（5）结尾要素齐全。

三、知识支撑

（一）商务电子邮件的概念

商务电子邮件是指以电子邮件的形式，通过计算机网络技术在信息互联网上进行商务信息沟通联系的一种方式，是当代商务沟通中非常有效的工具。

（二）商务电子邮件文书的概念

商务电子邮件文书是指以电子邮件的形式，通过计算机网络技术在信息互联网上进行商务信息沟通的一种商务文书。

（三）商务电子邮件的特点

1. 传递信息便捷

电子邮件的传递不受时间、地域限制，传递信息便捷。与电话系统相比不要求双方在场，是传递信息、获取资料最有效的途径之一。

2. 发送成本便宜

电子邮件可实现一对多群发功能，一个用户通过电脑连接 Internet，可以将邮件用主送或抄送形式向一人或多人发送信息。利用电子邮件发送各种信息，可借助互联网强大的技术力量，降低信息传递成本，省去昂贵的邮费和打印费。

3. 发送多种形式信息

电子邮件可发送文字、语音、图像等多种形式信息。可以即时将图表性文件以及图像和语音等多种类型信息集成在一个邮件中传送，使商务沟通更加直观、生动、形象、有效。同时，接受者也可以通过电子邮件的其他功能，直接打印、转发、保存上述信息。

四、技能演练

（一）商务电子邮件结构形式

邮件头＋邮件体

（二）商务电子邮件写作方法

1. 邮件头

（1）收发件人电子邮件地址栏。即接收和发送信件人的地址。电子邮件信箱的地址在格式上由两个部分组成：用户名和域名，它们之间用"＠"隔开。用户名就是代表自己的电子名字，长度为 4～20 位，一般由小写英文字母和数字构成，不能有空格。"＠"是"在"的意思，之后是域名，即为你提供电子邮件服务的运营服务商的名称。

（2）抄送。在抄送栏中可以输入多个人的电子邮件地址，彼此之间需要用英文逗号隔开，表示此邮件同时抄送给以上地址的几个人阅读，收件人也能据此了解到所收的邮件发件人还抄送给了谁。

（3）暗送栏。又叫密件抄送，即把密件邮件发送给某人，其他抄送人无法看到所抄送的对象。

（4）主题栏。在主题栏中输入要发出邮件的信息主题，它概括信息内容，简要鲜明。它将显现在收件人的收件箱中，使收件人打开邮箱即可了解来件的主题思想，有利于信件处理，提高效率。

（5）其他工具栏。包括打印、变化字体、信纸选择等相关辅助性功能。

2．邮件体

邮件体主要由正文栏和附件栏两个部分构成。具体如下：

（1）正文栏。结构如商务信函，对外发出的电子邮件正文包括：对收件人的称谓、开头问候语、正文、祝颂语、署名、时间等。在具体写作上有时比较随意，但更讲求内容的针对性和表述的扼要性。

（2）附件栏。这部分主要是一些正文之外的附加件内容及其他电子邮件有关的发送、修改等功能。比如可以附上与商函内容相关的文件、照片、图片，甚至音像资料等。该功能一般通过粘贴附件栏按钮来实现。

（三）商务电子邮件写作要求

（1）内容写作要有的放矢、言简意赅，真正起到及时沟通的作用。商务电子邮件最主要的就是正文部分，由于电子邮件的版面篇幅受电脑屏幕限制，一般要求正文写得言简意赅，起到及时沟通的作用。

（2）主题概括准确、精练。主题应概括准确、精练，富有吸引力。每一封信件设一个主题，提醒收信人重视和阅读。

（3）语言简明，直接坦率。可以采用对话语气，更加富有人情味。

（4）排版可以选用齐头文写法。即所有段落开头都利用回车打到一行的顶端，就连落款也顶格写，以符合国际商务信函书写惯例。

五、病文诊治

（一）病文

电子邮件

发件人：hjjgxc@ gzst. net. cn

收件人：liming2009@ sina. com

主题：××市科技局高新处函

李××经理：

按照××省科技厅有关文件要求，2009 年××省高新技术产品认定工作即将开始，现将有关事项致函你公司：

一、认定范围

属以下技术领域或产品目录：

1.《国家重点支持的高新技术领域》［见《高新技术企业认定管理办法》（国科发〔2008〕172号）附件］；

2.《中国高新技术产品目录》（2012 年版）；

3.《中国高新技术产品出口目录》（2012 年版）。

二、提交材料

1.《××省高新技术产品认定申请表》；

2. 企业营业执照复印件；

3. 企业 2013 年度审计报告；

4. 产品检测报告；

5. 产品用户报告（1～2 份）。

以上材料一式一份，及《××省高新技术产品认定申请表》电子文档。

三、提交时间和程序

请你单位速将申报材料提交××区科技主管部门，××区科技主管部门对材料进行审核、汇总后，于 1 月 20 日前将材料提交至××市科技局高新处。不得有误。

联系人：杨××，43126777；王××，83524645。

××市科技局高新处

2014 年 1 月 10 日

（二）诊治

这份电子邮件文书存在问题较多，诊治如下：

（1）主题不清晰。未能概括商务电邮的具体内容。

（2）称谓不得体。应加上敬语，如"尊敬×××总经理"、"尊敬×××董事长"等。

（3）正文用语欠礼貌，略显生硬。如"不得有误"。没有注意到商务电子邮件文书应有的礼貌，违背了商务电子邮件中不应使用祈使句叙述的要求。

（4）没有附件。根据正文内容应有附件。

六、相关知识拓展

Office Outlook 的概述与操作

Office Outlook 是 Microsoft Office 套装软件的组件之一，可以用它来收发电子邮件、管理联系人信息、记日记、安排日程和分配任务等。

在电脑"开始—程序"中点击，即可看到"Outlook Express"软件，在使用 Outlook 之前请先到自己的 Internet 邮箱中将相应的 POP3 开启，这样才可以收信。在登录邮箱后都有一个邮箱设备，里面就有 POP3 选项，状态为开启或者关闭。

Outlook 不是电子邮箱的提供者，它是 Windows 操作系统的一个收、发、写、管理电子邮件的自带软件，即收、发、写、管理电子邮件的工具，使用它收发电子邮件十分方便。通常我们在某个网站注册了自己的电子邮箱后，要收发电子邮件，须登入该网站，进入电邮网页，输入账户名和密码，然后进行电子邮件的收、发、写操作。使用 Outlook

Express后，这些顺序便可以一步跳过。只要你打开 Outlook Express 界面，该程序便自动与你注册的网站电子邮箱服务器联机工作，下载你收到的电子邮件。发信时，可以使用 Outlook Express 创建新邮件，通过网站服务器联机发送（所有电子邮件可以脱机阅览）。另外，Outlook Express 在接收电子邮件时，会自动把发信人的电邮地址存入"通信簿"，供你以后调用。还有，当你点击网页中的电邮超链接时，会自动弹出写邮件界面，该新邮件已自动设置好了对方（收信人）的电邮地址和你的电邮地址，你只要写上内容，点击"发送"即可。

七、模拟写作实训

（一）实训任务

根据【项目任务背景】给定的材料，为××省人力资源研究中心主任黄××撰写一篇商务电子邮件文书。

（二）实训要求

（1）结构完整，格式规范。
（2）称谓得体，主题鲜明。
（3）语言简明，语气谦和。

任务 17–3　商务信函写作

知识目标
1. 了解商务信函的适用范围
2. 理解商务信函的概念、特点和类型
3. 掌握商务信函的写作格式和要求

技能目标
1. 能熟练掌握商务信函的写作技能
2. 能撰写格式规范、结构完整、内容完备、表述正确、要素齐全的商务信函

【项目任务背景】

广州××化工产品进出口公司在商务活动中了解到某外方公司对化工产品有需求的信息，便立即向潜在客户发出了简短的推销信函及新产品目录附件，抓住一切机会推销本公司产品。内容背景为：广州××化工产品进出口公司从中国驻某国使馆商务处了解到该外方公司欲购买化工产品，广州××化工产品进出口公司向该公司介绍自身声誉、服务素质、物流运输和包装保证等环节，并作出可赊账3个月的许诺，附上产品目录供对方参考，还提供了顾客可向中国银行进行信用查询的方式，最后期望对方能向本公司进行询价。

一、任务分析

（1）根据【项目任务背景】给定的材料，代广州××化工产品进出口公司撰写一篇联络函。

（2）要完成写作任务必须掌握联络函的写作知识和技能。

二、范文借鉴

（一）范文1——询问函

1. 原文

> 背景：广东先力研磨有限公司通过同行推荐，有意购买山东力帆机械工程有限公司的 HVE-20 型研磨机，但需要进一步了解机器的详情和价格。故向山东力帆机械工程有限公司销售部发出询问函。
>
> 尊敬的先生/女士：
>
> 您好！多位同行向我公司推荐了贵公司生产的 HVE-20 型研磨机，深知其为国内名牌产品。
>
> 我公司目前需要该研磨机若干台，有意订购贵公司的产品。贵公司能否将研磨机的产品性能、配套装置等有关细节资料、价格目录及结算方式等寄给我公司，供我方参考。
>
> 若贵公司能在 1 月 12 日前回复，我方将不胜感激。再次感谢，盼望回复。
>
> 联系地址：×××××××××
>
> 联系电话：87654321
>
> 联系人：×××
>
> 顺颂
>
> 商祺
>
> 广东先力研磨有限公司
2014 年 1 月 8 日

2. 评析

这是一份询问函，从整篇文章来看，有如下几点值得借鉴：

（1）该函在叙述时，注意说明原因，行文用语温和、友好，并在信函的开头将自己如何获悉产品信息的渠道作了介绍。

（2）正文对所要求询问的价格、目录单等用简明语言作了清楚交代，如果是单纯地询价，一般可用一句话写在明信片上发出即可。

（二）范文2——推销函

1. 原文

> 尊敬的先生/女士：
>
> 您好！
>
> 非常高兴能随函附上一本有关我公司生产的婚纱样品图册。我公司在同行中历史最为悠久，产品一向以款式新颖、工艺考究、质地优良驰名中外。多年来，中外顾客有增无减。
>
> 如果您也有兴趣，可以享受试销优惠。届时您会惊喜地发现，我公司产品确实名不虚传，有口皆碑。如何？您想试试吗？请尽快回函，谢谢！
>
> 恭祝
>
> 金安
>
> 天禧婚纱用品公司
2014 年 1 月 18 日
>
> 附件：天禧婚纱用品公司婚纱样品图册

2. 评析

这是一份推销函，有如下几点值得借鉴：

（1）结构完整，格式规范。

（2）正文重点突出。推销函着重介绍了产品的优点，如生产商的历史、工艺、质量、款式以及商品在市场上的信誉、受欢迎程度等。

（3）结尾抓住顾客心理。即希望享受优惠，从而鼓励顾客尽快采取行动。

（三）范文3——联络函

1. 原文

> ××公司维修部负责人：
>
> 　　您好！
>
> 　　我公司去年11月购入贵公司一台MX4500型号的大图胶印机。由于对这种兼有多用功能的机器不熟悉，经常出现故障。目前，我司业务量很大；很难满足顾客需求，加上我们又没有这方面的技术人员，因此，恳求贵部尽快安排相关技术人员上门维修。我公司的地址是广州市××路32号；电话号码：020-8765××××；联系人：李××。
>
> 　　若能及早得到贵部的帮助，我们将感激不尽。
>
> 　　恭祝
>
> 商祺
>
> 广州××印刷制品公司
2014年1月3日

2. 评析

这是一份联络函，有如下几点值得借鉴：

（1）结构完整，格式规范。

（2）正文内容，重点突出。着重叙述机器出现故障，公司业务量很大，很难满足顾客需求的情况。说明要求对方尽快安排相关技术人员上门维修的缘由。

（3）语言得体，语气恳切。此函用语礼貌，尊重对方，能够达到预期的目的。

（4）指导思想正确。此函本着"双赢"的指导思想来撰写，字里行间体现了相互平等、精诚合作的原则，机器出现故障，是让人着急的事，如果写信的指导思想不对，信中出现让对方不舒服或产生歧义的语句，如"由于你公司机器质量问题，总出故障"或"要求你们收信后立即派人来维修"等，就达不到应有的效果。

（四）范文4——订购函

1. 原文

> 广州××有限公司销售部：
>
> 　　贵方1月18日就我方有关户外路面照明设备询问价格的复函收悉，非常感谢！
>
> 　　贵方能以现货供应，解决了我司的燃眉之急。今随函附上订购该产品的正式订单，恳请按单所写的规格、型号、数量装运是荷。
>
> 　　顺颂
>
> 金安
>
> 广州××有限公司
2014年1月20日
>
> 　　附件：订单

2. 评析

这是一份订购函，有如下几点值得借鉴：

（1）结构完整，格式规范。

（2）正文内容，言简意明。本函虽简短，但表达的意思很清楚，有两层含义：一是对卖方及时提供有关商品价格表示感谢，即便是很明显的商函中的客套语，但显得有礼貌；二是旋即告知对方发出订单并提出要对方及时发货的要求，显示了商函写作目的鲜明直接的特点。

（3）语言得体，语气恳切。此函用语礼貌，尊重对方，能够达到预期的目的。

（4）恰当运用专用语。"是荷"是专用语，意为"给您添麻烦了"，体现简朴美。

（五）范文5——索赔函

1. 原文

广东××有限公司：

去年11月20日，由贵厂发出的集装箱运输车运送的铝材发生了下述意外情况：

经查，该批铝材的铝含量在90%以下者约占42%，不符合原定规格30m×0.2m的线型铝材共有122条，占总货量比重的29%，显然是货不对版。首批到货即出现这样的遗憾，使我们自然对今后的进货深感不安。因此，我们希望贵方能按合同约定对此次问题作妥善的处理，还望保证今后装货不再发生这样的意外。

我方已于去年11月28日电告贵方，兹将本地商检局检查凭证附上，再以书面告知。

顺颂

金安

广州××铝业贸易有限公司
2014年1月5日

附件：广州市商检局检查凭证（复印件1份）

2. 评析

这是一份索赔函，有如下几点值得借鉴：

（1）结构完整，格式规范。

（2）开头直截了当。该索赔函开头就直截了当点明所收到的货物出现意外情况。

（3）行文注重事实。在经过调查后，查明造成问题的客观原因，避免了随意性的指责。

（4）语言得体，语气婉转。此函在提及索赔事项时，表达婉转，运用了"希望"、"妥善处理"等礼貌用语，但又不失原则地指出要依"合同约定"处理，含有一定的压力。用语礼貌，尊重对方，能够达到预期的目的。

（5）结尾提供索赔依据。结尾不忘将商检局检查凭证附上，以增加索赔理由。

（六）范文6——催款函

1. 原文

大新公司催款单　　　　　　　　　　　　　　　　　　编号：	
单位名称：＿＿＿＿＿＿＿＿ 单位地址：＿＿＿＿＿＿＿＿ 电话号码：＿＿＿＿＿＿＿＿ 　 这只是一份友好的提醒。 　　　　　第一次通知 发出时间：＿＿＿＿＿＿＿＿	致：＿＿＿＿＿＿＿＿ 　你好！ 　如果您的支票已经寄出，请不要理会这份通知；如果您的支票还未寄出，我们热切地期待着您能及时将款项付清。 　衷心感谢！ 　发票号码：＿＿＿＿＿＿＿＿ 　到期时间：＿＿＿＿＿＿＿＿ 　所欠金额：＿＿＿＿＿＿＿＿

2. 评析

这是一份标准样式的催款函。有如下几点值得借鉴：

（1）结构完整，格式规范。

（2）正文内容，言简意明。

（3）体现第一阶段的催款函特点。

催款有几个阶段，这是第一阶段的有固定结构的催款函。一般加上印有催款单位的名称、地址和电话，并留出对方需填的发票号码、到期时间和所欠金额等内容，以便回执。这一阶段的催款函应该用友好的口吻，甚至可以强调以往和对方的良好关系，属于提醒性质。

三、知识支撑

（一）商务信函的概念

商务信函简称商函，是指在商务活动中交流信息、联系业务、洽谈贸易、磋商和处理问题的信件，目前主要通过邮寄、电子邮件、传真、电传及电报等方式来进行信息传递。

在商务活动中，许多日常业务处理需要通过大量来往的商函来解决，所以商函的写作在商务活动中地位是举足轻重的。人们可以通过商函去销售产品或提供服务，建立信贷和收款，调解矛盾、解除误会，与客户建立贸易关系等。一份写得成功的、出色的商函甚至可以成为企业公关的一个组成部分，可以促进目标的实现，为企业带来巨大的经济效益和社会效益。能成功写作商函者甚至被视为公司的一大"财富"。

（二）商务信函的种类

（1）按行文方向，商务信函可分为致函和复函两种。

（2）按具体业务项目或内容，一般可分为联络函、咨询函、推销函、订购函、催款函、寄样函、索赔函、理赔函、报价函、还价函、致歉函、谈判函、调解函和婉拒函等。由于现代社会中的业务活动纷繁复杂，商务信函内容涉及销售、催款、投诉、咨询、合作及联络等多种情形，这只是大体的分法，以便于写作指导。

（3）按行文对象，可分为对上级主管部门、对客户或协作单位兄弟部门等。一般对上级主管部门多以行政公函形式出现，属于行政公文范畴；对客户或协作单位，是商函开展过程中最常见的沟通手段。这类商函因为涉及商务活动的主要内容，所以内容相当广泛。

（三）商务信函的特点

1. 商务性

商务信函的内容一般主要集中在商务贸易的洽谈上，体现了商务性的特点。

2. 联络性

商务信函一般要经过询问、答复、磋商等环节，体现了联络性的特点。

3. 凭据性

商务信函一旦发出，即可作为办理商务的凭据。由于它是书面形式，双方一旦发生纠纷，便成为重要的凭据之一，体现了凭据的特点。

4. 简洁性

用简洁朴实的语言来写信函，让信函读起来简单、清楚，容易理解。用尽可能少的文字简练地表达思想，做到既简洁又无损语意。

5. 适度口语化

每一封信函的往来，都是发信人跟收信人之间的一次交流。信函里可以体现出商函措辞适度口语化和随意性的一面。

四、技能演练

（一）商务信函结构形式

称谓＋正文＋祝颂语＋尾部＋附件

（二）商务信函写作方法

1. 称谓

称谓是对收信者的称呼，包括单位和个人称谓，根据具体对象而定，应在第一行左边顶格书写。称谓包括两种形式：一种是泛尊称，如"尊敬的先生/女士/经理"等；一种是使用具体指姓或指全名的尊称，这一类是对写信人认识的受文者或很明确要发给的人，如"尊敬的李明总监"。如果是单位名称，不能简写，必须写全称；如果单位和个人负责人都要写，单位在上，负责人及其职务写在下一行。

2. 正文

正文可分开头、主体、结尾三部分。

（1）开头。主要写明起因或写信的出发点，或承接开头语陈述复信的理由。开头语是商务信函的起始部分，应根据是向对方发信还是向对方复信来确定不同写法。如果是主动发信，一般应先采用惯用语"您好"、"见信好"等礼节性用语，再说明发信意图，表明主旨；如果是向对方复信，可先采用"收到贵公司的来函，非常荣幸"等，或说明于何日收到了对方的有关商洽什么内容的商函。

（2）主体。可根据发函的目的、所要表达的具体内容、理由、经过、要求、打算和措施等作充分的陈述。一般情况下，只要做到表述清楚，具体明确写出发信或复信主要内容，用词确切、简明就可以了，不必过于拘泥于格式和文本。

（3）结尾。用一两句结尾应酬语表示对收信人的礼貌周到。例如提出联络事由的信函，结尾可用"拜托之处，将不胜感激"；询问报价、寄样等商函，可用"盼望回复"、"敬候佳音"等。

3．祝颂语

所有的商务信函结束都要使用祝颂语。祝颂语分为祝者自身的"请候语"和收信方的"安好语"两部分。请候语在正文结束后空两格或另起一行空两格书写，常用的有"恭祝"、"敬希"、"顺颂"等；安好语一定要另起一行顶格书写，表示对对方的尊重，常用的有"商祺"、"金安"、"生意兴隆"等。

4．尾部

尾部应在商务信函的最后偏右写出发信或复信者的名称，包括单位名称和个人名称。其中个人姓名前要写职务，或把发函人的姓名附在企业名称后面。日期写在名称下方。

5．附件

有的商务信函还有附件，一般在落款左侧靠下方，写"附件"或"附"，然后注明附件的名称和件数，常用的有商品目录、价格表、订发货单、催款单、样品图表和收据等。

（三）商务信函写作要求

1．内容正确，目的清楚，表述具体

商务信函内容涉及双方的权利、义务和利害关系等，写作者首先必须写好每一条传递的信息，尤其是产品价格、名称、规格和数量等。其次是观点要准确，文字表达要准确，要选择恰当的词语和专业术语；思路要清楚，要避免双重意义的表述或模棱两可的含义，如某文中"虽然我公司同意回收完好的退货，但是我方无法同意回收有缺损的退货"一句，就不如"我公司只接受可再度销售的退货"清楚明了；内容多的行文层次要分明，先写什么，后写什么，要安排妥当，条理清晰；表述上切忌笼统粗犷，含糊其辞和抽象化。表达不具体的信函易引发不必要的麻烦，若要双方反复问答联络才搞清楚，就会贻误工作。

2．文字简洁，态度礼貌，语气委婉

书写者应考虑到对方身处的情境往往是于非常忙碌的商业事务中，因此，要用尽可能少的文字简练地表达意图，避免堆砌修饰和长篇大论式的表达，做到既简洁又无损语意，这是商务信函写作之必需。如"关于贵方要求延期支付11月3日到期货款一事，现在很高兴通知您，在公司通过慎重考虑后，同意多给贵方两周的宽限来支付款额"，改写成"公司已同意多给贵方两周时间来支付11月3日到期的货款"，在简洁之余，更突出了所要传递的信息。

礼貌是商务信函必需的，在商务信函中营造友好的气氛，有利于双方的协作和交往，在书写时要注意态度亲切、诚恳，措辞得体，语气平和。语气是一种很重要的交流因素，往往通过体谅和理解对方以及有分寸的表达体现出来。在提到人、事或缘由动机时，要注意防止出现令对方感觉不愉快的负面语句。如"贵方在提交订购产品清单时遗漏了交代产品型号"简单的一句，就不如用"请速致函我公司贵方尚未提交的产品清单型号，以便我公司立即将订货发出"，能让对方感觉得到尊重和周到的服务。语句虽然有所扩展，但效果显著是第一位的。

3. 明确责任，划定界线，分清权限

在商务信函写作过程中，应该明确双方相应的界线，防止某方在执行中出现单方面违背承诺或在执行过程中出现偏差的情况。这里所指的界线、责任和权限，一般是针对业务对象提出的。在商函的写作过程中，应明确地告知或提醒对方，哪些权力已经或将要超越对方的权限。如："出于对合作顺利开展负责的态度，我公司认为，贵公司在资产重组正式法律文本还没有正式签署之前，要求我公司提供详尽的财务报表，似乎不甚妥当。"这就是一种界线的明确，既婉拒了对方要求，也表明了我方的先决条件。这里所指的责任，主要是告知业务关联方在作出不利于合作业务顺利开展的行为后所应承担的相关责任。这既是一种善意的提醒，也为日后在有可能产生法律纠纷之时，使本企业拥有主动权做好铺垫。在确定界线和责任时，商函撰写中应避免任意扩大或缩小界线范围，应严格对照以往的约定或有关法律、法规，否则可能会起到适得其反的效果。

五、病文诊治

（一）病文

刘××经理：

你方 1 月 15 日来函及货样收到。

信中提到我公司发出的电脑配件与订货样品不符一事，我公司立即进行了调查，发现装箱时误装了部分二等品。我公司因日常订发货业务量大，造成类似后果是不足为奇的。而你方提出将质量不符合要求的部分产品按照降低原成交价 30% 的折扣价处理，我方经公司讨论后表示接受。

如你方对此事处理还有异议，我公司可委托相关部门继续受理，但未能保证满足你方提出的所有要求。若你方告上法庭，我方将奉陪到底。

××公司销售部经理　冯××

2014 年 1 月 20 日

（二）诊治

这是一篇针对索赔函而作出的理赔函。该文存在问题较多，诊治如下：

（1）称谓欠得体。遗漏了适当的敬语。

（2）态度不诚恳，自我优越感强。出现了让对方感觉不愉快的负面语句，如："我公司因日常订发货业务量大，造成类似后果是不足为奇的。"只强调客观原因，没有从主观上找原因，道歉态度不够真诚。

（3）不注重礼貌。在解决争议中，未能以礼相待，遗漏祝颂语。

（4）结尾显草率。不符合理赔函写作要求，有威胁之嫌。如："若你方告上法庭，我方将奉陪到底。"

六、相关知识拓展

（一）撰写订购函注意的内容和要求

订购函是买卖双方经过面洽或电话等形式将交易谈妥，事后需要再以书面确认，以避免

产生差错造成损失的函。订购函写作要像合同撰写那样表述准确、清楚。准确是指所列商品目录的编号、数量、价格等一定要准确无误，包括打印、拼写或数字运用等方面的准确；清楚是指买方向卖方讲清自己需求什么货、购买方式、运输方式、时间、包装和保险等具体条件。

订购函往往需将订购单作为附件附于信后，在制定、填写订单时，特别要注意一些细节，如：

商品——名称、编号、式样、颜色、质量。

数量——多少、长度、每项货物数量的最高和最低限制。

价格——单位价格、扣率（或佣金，包括已经得到的）、总额。

包装——箱装、盒装、袋装、瓶装（视具体需要而定）

装运——装运须知、时间、地点（起运港、目的港）、运输方式、保险。

付款——付款方式、确认事先议定的付款条件以及代理银行等。

其他——订单号码、日期、负责订货人签字等。

另外，还需了解一旦订单寄出，卖方收到并确认后，双方承担的责任是什么等。

（二）撰写索赔函和理赔函注意的内容和要求

1. 撰写索赔函须注意的内容

（1）案件的基本情况、事由、时间、原因。

（2）对方违约的事实及依据。

（3）索赔的理由和违约证据。

（4）明确提出索赔意见和要求。

（5）附件中应包括双方来往函件和相关证明材料。

2. 索赔函的写作要求

（1）写信前先要认真阅读双方签订的合同和来往函电，分清是非责任。

（2）收集足够的书面文件和证明，作为信函附件。

（3）相信对方收信人会正确处理这一申诉案件，冷静说明索赔项目，清楚而具体地解释索赔理由。

（4）提出的索赔要求要合情合理。

（5）措辞和语气要礼貌，要与索赔原因等情况相适应，促使事态朝有利于赔偿的方向发展。

3. 撰写理赔函时须注意的内容

（1）先引用对方来函及事由。

（2）提出对争议的看法。其中，经过调查责任不在己方的，应友好地帮助其分析事情发生的原委，提出改善建议；如果责任确实在己方，则应真诚地向对方道歉，解释事情发生的原委。

（3）写明解决索赔案的意见和处理方法。

（4）信尾要礼貌地感谢对方在解决争议中的合作态度，并表示促进友谊的愿望。

4. 理赔函的写作要求

（1）要认真阅读对方的索赔信，弄清缘由。

（2）仔细调查，明晰原委，然后再复信。

（3）要以诚恳友好的态度处理问题，有错认错，无则加勉。

（4）语言朴实，要使用道歉语等，做到礼貌得体。

（三）企业电子信函的尺寸和规格常识

当今企业对外发信都使用计算机，这就要求在排版时首先要估计文件的字数，再确定行距和字距。字体通常多用宋体，最后确定上、下、左、右的页边空白尺寸。

多数企业信纸的上方印有标识和有关信息。因此上方的空白尺寸要相应确定，左右最少应留出 25 毫米。若信函用几页纸，则每页的页边空白、字体字号、行距字距要一致，而且最后一页要保证至少有三行正文，不能只有落款几个字。如果打字时发现只有落款或只剩一行字时，应重新对页边距、行间距或字体等进行调整。美观的信函最好落款在纸的下半页，以使版面平衡协调。

如果是亲笔书写，要字迹工整，不要涂改。可以用蓝色或黑色笔写，勿用红笔。

七、模拟写作实训

（一）实训任务

根据【项目任务背景】给定的材料，代广州××化工产品进出口公司撰写一篇联络函。

（二）实训要求

（1）结构完整，格式规范。

（2）称谓得体，注重礼貌。

（3）语言简明，语气谦和。

（4）结语恰当使用祝颂语。

项目 17　思考与练习题

一、填空题

1. 传真具有_____、_____、_____三个特点。

2. 传真的类型可分为_____、_____、_____三类。

3. 商务传真的写作模式有_____和_____两种。

4. 通过传真，企业的_____、_____、_____等信息可以方便地相互传递。

5. 普通纸传真机是使用_____在标准复印纸上传真文件。

6. 商务电子邮件必须具备的内容是_____、_____。

7. 商务电子邮件的邮件头由_____、_____、_____、_____、_____五部分组成。

8. 商务电子邮件的主要特点包括_____、_____、_____。

9. Office Outlook 可以用来_____、_____、_____等。

10. 用户名就是代表自己的电子名字，长度为 4~20 位，一般用小写英文字母和数字构成，不能有_____。

11. 商务信函正文必须具备的内容是_____、_____、_____。

12. 商务信函的结构一般是由_____、_____、_____、_____四部分组成。

13. 商务信函的主要特点包括_____、_____、_____、_____和适度口语化。

14. 按行文方向分，商务信函可分为_____和_____两种。

15. 每一封信函的往来，都是发信人跟收信人之间的一次交流。信函里可以体现出商函措辞适度_____和_____的一面。

二、选择题

（一）单选题

1. 发件人可以先在计算机上拟定传真稿，再通过计算机程序中的通信软件（　　）拨叫对方的传真机

A. WinFaxPRO　　　B. Protocol　　　C. Lan　　　D. Operating System

2. 商务传真的规范格式不包括（　　）

A. 发件人　　　　　　　　　B. 收件人

C. 页数　　　　　　　　　　D. 收件人和发件人的地址

3. 商务传真传送的内容不包括（　　）

A. 文书　　　　B. 文字材料　　　C. 图像　　　D. 视频

4. 在填写齐全传真首页的栏目后，商务传真内容的书写不包括（　　）

A. 对受文者的称谓　　　　　B. 件名或主题

C. 开头应酬语　　　　　　　D. 印章

5. 发送机密信函要注意保密。发送需要保密的传真件不包括（　　）

A. 先打电话给接收者　　　　B. 请对方在传真机边等候

C. 立即取走传真件　　　　　D. 对传真件进行销毁

6. 商务电子邮件中的"@"含义是（　　）

A. 在　　　　B. 是　　　　C. 连接　　　　D. 属于

7. Office Outlook 中不属于商务电子邮件的功能有（　　）

A. 自动把发信人的电邮地址存入"通讯簿"

B. 跳过输入账户名和密码步骤，直接进行电子邮件的收、发、写操作

C. 自动设置好对方（收信人）的电邮地址和自己的电邮地址

D. 管理联系人信息、记日记、安排日程、分配任务

8. 商务电子邮件最主要的就是（　　）部分，由于电子邮件的版面篇幅受限制，一般要求写得言简意赅，起到及时沟通的作用

A. 正文　　　　　　　　　　B. 附件

C. 主题　　　　　　　　　　D. 收发件人电子邮件地址

9. 用户名就是代表自己的电子名字，长度为（　　）

A. 6～8 位　　　　　　B. 4～10 位　　　　　　C. 7～10 位　　　　　　D. 4～20 位

10. 商务电子邮件语言简明、直接，可以采用（　　）语气，更加富有人情味

A. 谈判　　　　　　B. 讨论　　　　　　C. 恭敬　　　　　　D. 对话

11. 下列哪一项不属于商务信函的祝颂语（　　）

A. "恭祝"、"金安"　　　　　　　　　　B. "敬希"、"生意兴隆"

C. "商祺"、"顺颂"　　　　　　　　　　D. "拜托之处，将不胜感激"

12. 在写作索赔函时，不包括以下（　　）内容

A. 事由、时间、原因　　　　　　　　　B. 对方违约的事实及依据

C. 明确提出索赔意见和要求　　　　　　D. 提出对争议的看法

13. 订购函写作要求像（　　）撰写那样表述准确、清楚

A. 启事　　　　　　B. 会议纪要　　　　　　C. 传真　　　　　　D. 合同

14. 在写作索赔函时，特别要注意写好索赔的（　　）

A. 理由和违约证据　　　　　　　　　　B. 抬头

C. 金额　　　　　　　　　　　　　　　D. 附件

15. 如果是亲笔书写商务电子信函，要字迹工整，不要涂改，可以用（　　）笔写，勿用红色笔

A. 黄色或黑色　　　　　　　　　　　　B. 绿色或蓝色

C. 铅灰色　　　　　　　　　　　　　　D. 蓝色或黑色

（二）多选题

1. 传真签发单内容填写包括（　　）等

A. 事由＋文种　　　　　　　　　　　　B. 单位

C. 对方传真号码　　　　　　　　　　　D. 收件人

2. 按照使用不同的纸型划分，传真机通常有（　　）等类型

A. 热敏纸传真机　　　　　　　　　　　B. 卷筒型传真机

C. 普通纸传真机　　　　　　　　　　　D. 胶印纸传真机

3. 传真用语要求（　　）

A. 商量　　　　　　B. 礼貌　　　　　　C. 诚恳　　　　　　D. 指示

4. 正文栏包括（　　）等

A. 对收件人的称谓　　　　　　　　　　B. 开头问候语

C. 正文　　　　　　　　　　　　　　　D. 署名

5. 商务电子邮件中的措辞，应当选用（　　）等语气

A. 谦和　　　　　　B. 平等　　　　　　C. 恭敬　　　　　　D. 祈使

6. 电子邮件的其他工具栏包括（　　）等相关辅助性功能

A. 打印　　　　　　B. 变化字体　　　　　　C. 信纸选择　　　　　　D. 复印

7. 订购函往往需将订购单作为附件附于信后，在制定、填写订单时，特别要注意一些细节，如价格包括（　　）

A. 单位价格　　　　　　　　　　　　　B. 扣率（或佣金，包括已经得到的）

C. 总额 D. 税费

8. 商务信函一般要经过（　　　）等环节，体现了联络性的特点

A. 询问 B. 磋商 C. 答复 D. 督办

9. 询问性、报价、寄样等商函，结尾部分可用（　　　）等

A. "盼望回复" B. "敬候佳音"

C. "拜托之处，将不胜感激" D. "收到贵公司的来函，非常荣幸"

三、判断题

1. 传真不必标明收件人的姓名、单位。（　　　）

2. 传真不必考虑保密要求。（　　　）

3. 传真不必标明收发件双方的传真号。（　　　）

4. 传真不必标明紧急程度。（　　　）

5. 抄送方一般是指本传真需要同时抄送给的其他单位，并应在该栏予以明确。（　　　）

6. 商务电子邮件不可以选用齐头文写法。（　　　）

7. 使用商务电子邮件把密件邮件发送给某人，其他抄送人无法看到所抄送的对象。（　　　）

8. 在电子邮件抄送栏中可以输入多个人的电子邮件地址，彼此之间需要用中文逗号隔开。（　　　）

9. 商务电子邮件在具体写作上有时比较随意，更讲求内容的针对性和表述的扼要。（　　　）

10. 商务电子邮件每一封信件设一个以上主题，提醒收信人重视和阅读。（　　　）

11. 在相关商务信函写作过程中，应该明确双方相应的界线、责任和权限。（　　　）

12. 商务信函的称谓如果是单位名称，不能简写，必须写全称；如果单位和个人负责人都要写，单位在上，负责人及其职务写在下一行。（　　　）

13. 落款中个人姓名前要写职务，或把发函人的姓名附在企业名称后面，日期写在名称下方。（　　　）

14. 商务信函主体部分可根据发函的目的、所要表达的具体内容、理由、经过、要求、打算、措施等作充分的陈述。（　　　）

15. 在商函的写作过程中，应明确地告知或提醒对方，哪些权力已经或将要超越对方的权限。（　　　）

四、改错题

1. 商务传真传送的是文书、文字材料或图像的近似痕迹，不能有效地反映其本身。

2. 签发是由传真对方的签发人签署。

3. 传真号码指我方传真号码。

4. 普通纸传真机通常只适合在大企业中作为复印机使用。

5. 传真发出后一般最好等待对方主动电询是否收到。

6. 商务电子邮件所有段落的开头都利用回车打到一行的顶端，落款则仍然写在正文右下方。

7. 暗送又叫密件主送，即把密件邮件主送给某人，其他抄送人无法看到所抄送的对象。

8. 用户通过电脑连接 Internet，可以将邮件用抄送形式向一人或多人发送信息。

9. 接受者可以通过电子邮件的其他功能，直接打印、转发、传真；在保存信息上只能保存文字，不能保存语音、图像等多媒体信息。

10. 电子邮件的传递不受时间、地域、语言、文化的限制，但在传送声像、图片时要求双方同时在线才能传送。

五、问答题

1. 传真的正文首部一般要写什么内容？
2. 处理传真有何注意事项？
3. 商务传真内容的书写有哪些需要考虑的要素？
4. 何谓商务电子邮件？
5. 商务电子邮件有何写作要求？
6. POP3 在 Office Outlook 软件中有何重要功能？
7. 何谓商务信函？
8. 写作索赔函时要注意什么写作要求？
9. 写作商务信函时在礼貌、语气态度上有什么要求？

项目18　商务谈判文书

任务18-1　商务谈判方案写作

知识目标

1. 了解商务谈判方案的适用范围
2. 理解商务谈判方案的概念、特点和类型
3. 掌握商务谈判方案的写作格式和要求

技能目标

1. 能熟练掌握商务谈判方案的写作技能
2. 能撰写格式规范、结构完整、内容完备、表述正确、要素齐全的商务谈判方案

【项目任务背景】

佛山 SS 丝绸贸易有限责任公司（以下简称甲方）拟向美国 MBS 公司（以下简称乙方）出售新产品 Y801 型丝绸面料。

佛山 SS 丝绸贸易有限责任公司是中国最大的丝绸生产企业之一。该公司最近开发的新产品 Y901 型丝绸面料，虽然价格稍高一些，但在质感和花色品种方面都独具特色，第一批 Y901 型丝绸面料 10 万码投放国内市场后，一周内即被抢购一空，是极具竞争力的产品，好评如潮。同时，研发的新产品 Y802、Y803、Y804 型丝绸面料系列产品也即将投产。在国际市场上，日本、韩国、中国香港、中国台湾都是内地丝绸产品的强大竞争对手，为了占领国际市场，该公司董事会决定邀请美国 MBS 公司前来佛山洽谈。

美国 MBS 公司是一家国际上知名的贸易公司，与我国多家丝绸生产企业有业务往来，信誉良好，付款及时。该公司应邀于 2014 年 1 月 8 日来禅洽谈。

佛山 SS 丝绸贸易有限责任公司董事会一致认为，争取与美国 MBS 公司签订购销合同至关重要。于是，该公司董事会决定成立谈判领导小组，由黄志鹏等五人组成谈判班子，具体分工如下：主谈：黄志鹏（该公司总经理）；副主谈：廖克先（该公司财务总监）；成员：杨丽红（秘书兼翻译，该公司总经理助理）；张忠良（技术顾问，该公司生产部经理）和肖小明（该公司法律顾问）。

该公司董事长对谈判班子指示（保密）：

（1）在 FOB 贸易条件下，谈判报价：7.8 美元/每码；理想价格目标：7.4 美元/每码；可接受价格目标：7.0 美元/每码；最低价格目标（通常称底线）：6.8 美元/每码；订货量为 50 万码。

（2）在 FOB 贸易条件下，若乙方订购 Y801 型丝绸面料 100 万码，我方可以以 6.8～7.0 美元/每码优惠价与乙方成交。

（3）磋商合作生产 Y802、Y803、Y804 型丝绸面料系列产品的事宜。

该公司拟于 2014 年 1 月 10—12 日与美国 MBS 公司的谈判代表进行谈判，谈判地点为该公司九楼洽谈室和佛山宾馆三楼西餐厅。该公司董事会要求杨××总经理助理代表谈判领导小组起草谈判方案。

一、任务分析

（1）根据【项目任务背景】给定的材料，代佛山 SS 丝绸贸易有限责任公司总经理助理杨××起草一篇商务谈判方案。

（2）要完成写作任务，必须掌握商务谈判方案的写作知识和技能。

二、范文借鉴

（一）范文

关于引进日本 KS 株式会社矿用汽车的谈判方案

三年前，我公司曾购日本 KS 株式会社矿用汽车，经试用性能良好，为适应矿山技术改造的需要，打算通过谈判再次引进该株式会社矿用汽车及有关部件的生产技术。该株式会社代表于 2013 年 8 月 8 日应邀来我公司洽谈。

一、谈判主题

通过谈判，以适当价格引进日本 KS 株式会社 30 台矿用汽车及有关部件的生产技术。

二、谈判目标

（一）技术要求

1. 矿用汽车车架运行 15 000h 不开裂。

2. 在气温为 40 摄氏度条件下，矿用汽车发动机停止运转 8h 以上，在接入 220V 的电源后，发动机能在 30min 内启动。

3. 矿用汽车的出动率在 85% 以上。

（二）试用期考核指标

1. 一台矿用汽车试用 10 个月（包括一个严寒的冬天）。

2. 出动率达 85% 以上。

3. 车辆运行 375h，共 3 125km。

4. 车辆运载达 312 500m^3。

（三）技术转让内容和技术转让深度

1. 利用采购 30 台车为筹码，日本 KS 株式会社无偿（不作价）地转让车架、厢斗、举升缸、转向缸和总装调试等技术。

2. 技术文件包括：图纸、工艺卡片、技术标准、零件目录手册、专用工具、专用工装和维修手册等。

（四）目标价格

1. 2005 年购买日本 KS 株式会社矿用汽车，每台 FOB 单价为 10 万美元；三年后的今天如果仍然以每台 10 万美元成交，则定为价格上限，即底线。

2. 按该株式会社矿用汽车国际市场每年价格平均下浮率 20% 计算，今年成交的可能性价格为 9.4 万美元，此价格为理想价格。

3. 如果以每台 9.6 万美元成交，此价格为次理想价格。

三、谈判策略

1. "切香肠"还价策略。

2. 固若金汤策略。

小组成员在心理上要做好充分准备，争取价格下限成交，不能急于求成；采取固若金汤策略，即使在非常困难的情况下，也要坚持不能超过价格上限成交。

四、谈判程序

第一阶段：就车架、厢斗、举升缸、总装调试等技术附件展开洽谈。

第二阶段：商定合同条文。

第三阶段：价格洽谈。

五、谈判日程安排

8 月 10 日上午 9：00～12：00，下午 3：00～6：00 为第一阶段。

8 月 11 日上午 9：00～12：00 为第二阶段。

8 月 11 日晚上 7：00～9：00 为第三阶段。

六、谈判地点

第一、二阶段的谈判地点安排在公司八楼洽谈室。

第三阶段的谈判安排在××宾馆二楼咖啡厅。

七、谈判小组分工

主　谈：张××（为我方谈判总代表，全面负责谈判工作）

副主谈：李××（为主谈提供建议，或见机而谈）。

成　员：

刘××（翻译，随时为主谈、副主谈担任翻译，留心对方的反应等）

程××（秘书，负责谈判记录、起草有关谈判文件及安排谈判具体工作等）

黄××（经济法律顾问，负责财务与法律条款的谈判等）

××市矿业有限责任公司

矿用汽车引进领导小组

2013 年 8 月 3 日

（资料来源：张洁主编：《新编涉外文书完全范本》，北京：光明日报出版社 2003 年版，略有增删。）

（二）评析

该商务谈判方案有如下几个方面值得借鉴：

（1）结构完整，格式规范。该谈判方案由标题、正文（开头＋主体）、尾部三部分组成，结构完整；全文的排版、标题的拟写、署名和日期的标识都符合写作规范。

（2）主题明确，目标确定。该谈判方案的主题明确："以适当价格引进日本 KS 株式会社 30 台矿用汽车及有关部件的生产技术。"然后围绕这个主题，确定四个目标：技术要求、试用期考核指标、技术转让内容和技术转让深度、目标价格等。这样使得该谈判方案指导性很强。

（3）程序科学，切实可行。该谈判方案程序分为三个阶段，把相对较易的"车架、厢斗、举升缸、总装调试等技术附件展开洽谈"安排在第一阶段；把相对较难"商定合同条文"安排在第二阶段；价格洽谈是商务谈判的焦点，难度最大，把它安排在最后一个阶段是合理的，符合商务谈判的一般规律：先易后难，先简单后复杂。这样安排使得该谈判程序可操作性强。

（4）重点突出，条理清楚。谈判方案中各条各款具体周密、重点突出、条理清楚。对可能出现的情况有一个充分的估计，有的放矢地采取相应的策略。

（5）时间、地点安排合理。一般来说，安排第一、二阶段谈判场合简朴一些，最后阶段的谈判场合高档一些；第一阶段谈判时间长一些，最后阶段的谈判时间短一些，使对方没有回旋的余地。该谈判方案时间、地点的安排都较合理。

三、知识支撑

（一）商务谈判方案的概念

商务谈判方案是指在商务活动中，当事人一方在谈判前拟定的对谈判的构想、背景、对象、原则、主题、目标、策略、程序、谈判班子的组成及其分工等内容作出具体安排的计划类商务文书。

（二）商务谈判方案的种类

（1）根据谈判的内容可分为商品贸易谈判方案、经济合作项目谈判方案和技术合作谈判方案等。

（2）根据谈判的形式可分为面对面商务谈判方案、电话商务谈判方案和函电商务谈判方案三种。

本单元只介绍面对面商务谈判方案的写作。

（三）商务谈判方案的特点

（1）政策性。商务谈判方案的撰写，要以我国的方针、政策、法律、法规为依据，遵循国际惯例、国际公约和对方国家的法律、法规。

（2）具体性。商务谈判方案指导商务谈判的全过程。因此，方案中必须具体明确谈判总体构想、背景、对象、原则以及谈判的主题、目标与要求、策略、程序（时间、地点、分几个阶段）、谈判班子的组成及各自分工等。

（3）策略性。在商务谈判方案中，要拟定具体的、有效的、针对性强的谈判策略，如"切香肠"的还价策略等。

（4）双赢性。商务谈判具有鲜明的经济性。因此，在撰写商务谈判方案时，既要考虑我方的利益，也要考虑对方的利益，即达到双赢的目的，否则谈判无法顺利进行。

（5）专业性。只有掌握了国际贸易、国际公约、国际惯例以及法律等方面的专业知识，才能撰写出一份较好的商务谈判方案。

四、技能演练

（一）商务谈判方案的结构形式

标题＋正文＋尾部

商务谈判方案因谈判指向不同，写作内容也有所不同，但无论是哪一种形式的商务谈判方案，写作结构形式都是相同的，都是由"标题＋正文＋尾部"所组成。

（二）商务谈判方案的写作方法

1. 标题

商务谈判方案标题一般有三种形式：

（1）谈判双方＋谈判事由＋文种。

例：××公司与××公司合资经营××的谈判方案。

（2）谈判对象＋谈判事由＋文种。

例：与××公司洽谈购买××商品的谈判方案。

（3）谈判事由＋文种。

例：关于购买（销售）××商品的谈判方案。

2. 正文

一般格式：开头＋主体。

（1）开头。也叫前言，写明谈判的总体构想、谈判的原则、谈判的背景或谈判对象的概况等。

（2）主体。写明谈判主要内容，这是谈判方案的核心部分，决定着谈判的基本方向。

3. 尾部

签署谈判领导小组的名称和日期。

（三）商务谈判方案的写作要求

（1）主题明确，目标确定。撰写谈判方案，首先要明确谈判主题，然后围绕谈判主题，确定目标，目标又细分成理想目标（最高目标）、次理想目标（可接受价格目标）和最低目标（通常称底线）。

（2）合法合理，注意策略。谈判方案的撰写，既要符合我国的法律、法规、方针和政策，又要符合国际公约和国际惯例，还要符合谈判对方国家的法律和相关政策。同时也要考虑谈判双方的自身利益，使政策性和策略性有机地结合。

（3）程序科学，切实可行。要根据谈判的具体情况，包括谈判内容的复杂程度、涉及问题多少等，科学地安排谈判的程序，先谈什么，再谈什么，最后谈什么，分几个阶段逐步进行。一般的谈判程序是先易后难，先简单后复杂。谈判时间安排先长后短，谈判场地安排由简朴到相对高档。

（4）知己知彼，有的放矢。谈判前要做好充分的调查研究工作，撰写方案时要以所掌握的实际情况和可靠数据为决策依据，一切要从实际出发，要做到：知己知彼，有的放矢，切忌盲目冒进。

（5）内容具体，重点突出。谈判方案的内容要具体周密、重点突出、条理清楚。方案中必须具体明确谈判总体构想、背景、对象以及谈判的主题、目标与要求、策略、程序（时间、地点、分几个阶段）、谈判班子的组成及其分工等。对可能出现的情况要有一个充分的估计，经过认真的分析、周密的研究，并采用相应的谈判策略。

五、病文诊治

（一）病文

（二）诊治

该商务谈判方案存在较多不足之处，诊治如下：

（1）结构不完整。缺少正文中的开头部分，给读者没头没脑的感觉。

（2）内容不齐全。首先，该谈判方案缺少开头部分即缺少了谈判总体构想、谈判原则、谈判背景和谈判对象，使读者不知所云；其次，缺少主体部分的谈判主题、谈判策略和谈判程序等。试想：没有主题怎么确定谈判目标？没有谈判策略和谈判程序又怎么实现谈判目标？

（3）落款不正确。商务谈判方案的落款应当是该项目的引进小组或单位临时组建的领导小组，而该谈判方案落款是"营销部经理朱××"，显然不符合谈判方案的写作规范。

（4）不像谈判方案。就全文内容来看，倒像"营销部经理朱××"对该项目谈判的意见或指示。尤其是正文主体部分第五项的表述，完全是领导的指示，一点儿也不像谈判方案。

六、相关知识拓展

（一）面对面商务谈判方案与函电商务谈判方案比较

1. 共同点

（1）文类相同。两者均属于计划类文书。

（2）功能相同。两者均为涉外经贸谈判服务。

（3）撰写时间相同。两者均在涉外经贸谈判前撰写。

2. 不同点

（1）适用对象不同。面对面商务谈判方案适用于内容和程序复杂，涉及问题较多的谈判；而函电商务谈判方案适用于内容和程序较简单，涉及问题较少的谈判。

（2）具体内容不同。面对面商务谈判方案包括安排谈判地点和组建谈判班子；而函电商务谈判方案不必安排谈判地点，一般不组建谈判班子，很多时候是一对一的谈判。

（二）商务谈判方案的模式

标题：　　　　　　**关于×××××××××的谈判方案**

正文：开头：

　×××××××××××××××××××××××××××××××××××××××
××××××××。

主体：

　一、谈判主题

　×××××××××××××××××××××××××××××××××。

　二、谈判目标

　（一）技术目标

　1. ×××××××。

　2. ×××××××。

　3. ×××××××。

　（二）价格目标

　1. 理想价格目标（最高目标）：×××××××。

　2. 可接受价格目标（次理想目标）：×××××××。

　3. 最低价格目标（通常称底线）：×××××××。

　三、谈判策略

　1. ××××策略。

　2. ××××策略。

3. ××××策略。

四、谈判程序

（一）谈判阶段

第一阶段：××××××××××××。（就×××××××××展开洽谈等）

第二阶段：×××××××××××。（商定×××合同条款等）

第三阶段：×××××××××××。（价格洽谈等）

（二）谈判日程安排

×月×日上午9：00～××：××，下午××：××～××：××为第一阶段；

×月×日上午9：00～××：××为第二阶段；

×月×日晚上7：30～9：30为第三阶段。

（三）谈判地点

第一阶段谈判地点：×××××××××××。

第二阶段谈判地点：×××××××××××。

第三阶段谈判地点：×××××××××××。（××饭店××楼××厅等）

五、谈判班子组成与分工

主谈：×××（为我方谈判班子总代表，扮演"白脸"角色等）

副主谈：×××（辅助主谈，扮演"红脸"角色，提供建议，见机而谈等）

成员A（翻译）：×××（随时为主谈、副主谈担任翻译，留心对方的反应等）

成员B（秘书）：×××（负责谈判记录、起草有关谈判文件及安排谈判具体工作等）

成员C（经济法律顾问）：×××（负责财务与法律方面的条款等）

尾部：

××××公司××××小组

××××年××月××日

七、模拟写作实训

（一）实训任务

根据【项目任务背景】给定的材料，代佛山 SS 丝绸贸易有限责任公司总经理助理杨××起草一篇商务谈判方案。

（二）实训要求

（1）谈判目标明确。

（2）谈判策略得当。

（3）谈判程序科学。

（4）格式合乎规范。

（5）内容重点突出。

任务 18 - 2　商务谈判备忘录写作

知识目标

1. 了解商务谈判备忘录的适用范围
2. 理解商务谈判备忘录的概念、特点和类型
3. 掌握商务谈判备忘录的写作格式和要求

技能目标

1. 能熟练掌握商务谈判备忘录的写作技能
2. 能撰写格式规范、结构完整、内容完备、表述正确、要素齐全的商务谈判备忘录

【项目任务背景】

关于合资兴办丝绸面料公司的谈判记录

谈判时间：2014 年 1 月 18 日上午 9：00 ~ 12：00，下午 3：00 ~ 5：30
谈判地点：中国佛山市西樵山酒店三楼会议室
谈判双方：中国佛山市××丝绸进出口贸易公司（简称甲方）
　　　　　美国旧金山 3K 公司（简称乙方）
谈判双方代表：
甲方：叶志强　周晓峰　谭莲花　张晨　刘丽清
乙方：泰罗逊　汤姆逊　玛丽　　乔治　李家威
记录人：刘丽清　李家威

中国佛山市××丝绸进出口贸易公司（简称甲方）与美国旧金山 3K 公司（简称乙方）于 2014 年 1 月 18 日上午 9：00 ~ 12：00，下午 3：00 ~ 5：30，在佛山市西樵山酒店三楼会议室就合资兴办丝绸面料公司事宜进行初步协商，双方本着"互惠互利，共谋发展"的原则，相互交换了意见，达成了谅解，洽谈在友好的气氛中进行。（以下为谈判记录节录）
　　……
　　1. 乙方同意就合资兴办丝绸面料公司进行投资，投资金额大约 1 000 万美元，投资方式为技术专利、成套设备及资金。作价原则和办法待进一步磋商。
　　2. 甲方同意用厂房、土地使用权进行投资。作价原则和办法亦待进一步磋商。
　　3. 关于利润的分配原则。乙方认为自己的投入既有资金，又有技术和成套设备，应该占 70%；甲方则认为应该按投资比例分成。双方没有取得一致意见，甲方建议另约时间进行协商。
　　4. 新建中外合资经营企业生产的××产品。乙方建议在国际市场上销售年产量的 50%；甲方不同意，建议提高国际市场上销售额，达到 70%，其余的在中国国内市场上销售。双方没有取得一致意见，乙方建议另约时间进行协商。
　　5. 甲方同意将其属下第二分公司现在的厂房改造为新建公司的生产车间，现在的办公楼为新建公司办公楼，乙方同意。
　　6. 关于新建公司名称、规模、合营年限以及双方存在的分歧，双方一致同意 3 月 28 日继续洽谈。
谈判于下午 5：30 结束。

中国佛山市××丝绸进出口贸易公司　　　　　　美国旧金山 3K 公司
记录人：×××（签名）　　　　　　　　　　　记录人：×××（签名）

一、任务分析

（1）根据【项目任务背景】给定的材料，代中国佛山市××丝绸进出口贸易公司与美国旧金山3K公司撰写一篇商务谈判备忘录。

（2）要完成写作任务，必须掌握商务谈判备忘录的写作知识和技能。

二、范文借鉴

（一）范文

中国飞天公司与美国××公司
关于组建合作经营企业谈判备忘录

中国飞天公司（简称甲方）与美国××公司（简称乙方）的代表，双方本着"真诚合作，互利互惠，共同发展"的原则，于2014年1月×日在甲方公司总部所在地北京市××大厦就组建合作经营企业事宜进行了初步磋商，并作出如下承诺：

一、甲乙双方一致同意共同组建合作经营企业。

二、关于投资金额和投资方式，乙方同意就组建合作经营企业进行投资，投资总金额大约为8 000万美元。投资方式为：资金和技术专利权等。具体事宜待进一步磋商。甲方用厂房、土地使用权、机器设备作为投资，其作价原则和办法，亦待进一步磋商。

三、关于利润分配。乙方认为自己的投入既有资金，又有技术，应该占60%～70%，而甲方则认为应该按各占50%比例分成，没有取得一致意见。但乙方代表表示，利润分配比例愿意考虑甲方的意见，希望另定时间协商确定。

四、关于合作经营生产的YY系列产品的销售。乙方承诺利用其在国际市场上的销售网，该产品销售额占年产量的50%。甲方希望乙方提高该产品在国际市场上销售额，达到60%～70%，其余的在中国市场上销售。乙方表示愿意考虑甲方的意见，另约时间商定。

五、关于合作经营企业的名称、组织机构、生产规模、合作年限以及其他有关事项，均没有详细讨论，双方都认为待第三项内容向各自的董事会汇报后，再作决定。

六、这次洽谈虽未能解决合作经营的主要问题，但双方都表达了合作的愿望。期望在今后的两个月内再次接触，以便进一步洽谈具体的合作事宜，具体时间待双方磋商后再定。

甲方	乙方
中国飞天公司（签章）	美国××公司（签章）
代表：×××（签章）	代表：×××（签章）

2014年1月×日

（资料来源：刘杰、付胜：《经济文书写作与范例》，北京：人民出版社2005年版，略有修改。）

（二）评析

该商务谈判备忘录有如下几个方面值得借鉴：

（1）结构完整，格式规范。该谈判备忘录由标题、正文、尾部三个部分组成。符合谈判备忘录的写作要求，格式规范。

（2）真实反映谈判情况。该谈判备忘录真实准确地反映谈判各方经初步讨论达成的谅解或共识、各方承诺事项、存在分歧以及待定磋商的问题。

（3）文字简洁，条理清楚。该谈判备忘录正文的主体部分，对谈判各方经初步讨论达成的谅解或共识、各方承诺事项、存在分歧以及待定磋商的问题，写得比较原则，文字很简洁，且采用分条列项法进行表述，条理清楚。

三、知识支撑

（一）商务谈判备忘录的概念

商务谈判备忘录又叫商务会谈备忘录，是指在商务谈判过程中，用来综合概括谈判各方经初步讨论达成的谅解或共识、各方承诺事项、存在分歧以及待定磋商的问题，作为进一步谈判的基础的一种纪实性商务文书。

（二）商务谈判备忘录的种类

（1）根据谈判的内容，可分为商品贸易谈判备忘录、经济合作项目谈判备忘录和技术合作谈判备忘录等。

（2）根据谈判的形式，可分为面对面商务谈判备忘录、电话商务谈判备忘录和函电商务谈判备忘录三种。

本单元只介绍面对面商务谈判备忘录的写作。

（三）商务谈判备忘录的特点

（1）纪实性。忠于谈判记录，真实准确反映谈判情况，不可添油加醋。

（2）协商性。商务谈判备忘录不像合同那样，一经当事人双方签字就不能随意更改。它只是记载谈判各方经初步讨论达成的谅解或共识、各方承诺事项、存在分歧以及待定磋商的问题，未尽事宜还可另约期磋商，体现了它的协商性。

（3）简约性。综合概括谈判内容，力求简约。

四、技能演练

（一）商务谈判备忘录的结构形式

标题 + 正文 + 尾部

（二）商务谈判备忘录的写作方法

1. 标题

标题有两种形式：

（1）谈判双方单位名称 + 文种。如"中国飞天公司与美国 BB 公司会谈备忘录"。

（2）文种。如"备忘录"。

2. 正文

一般格式：前言 + 主体。

（1）前言。概述谈判的基本情况。主要包括谈判双方单位名称、谈判代表姓名、谈判时间、地点、对象（项目）和主题等。

（2）主体。写明双方经过谈判达成的谅解或共识、各方承诺事项、存在分歧以及待定磋商的问题等，写得比较原则，力求简约。

3. 尾部

尾部包括署名和日期。写明谈判双方单位的名称、双方谈判代表签名，并标明谈判日期全称，用中文汉字书写。

（三）商务谈判备忘录的写作要求

（1）要突出纪实性的特点。撰写商务谈判备忘录时，必须忠于谈判记录，真实准确地反映谈判情况，既不可添油加醋，也不可随意增删谈判各方经初步讨论达成的谅解或共识、各方承诺事项、存在分歧以及待定磋商的问题。

（2）结构要完整，格式要规范。商务谈判备忘录的标题、正文、尾部三个部分必须齐全，格式要规范。

（3）行文要简洁，条理要清楚。商务谈判备忘录正文的开头部分要简明扼要地概述谈判情况；主体部分，写谈判各方经初步讨论达成的谅解或共识、各方承诺事项、存在分歧以及待定磋商的问题时，行文力求简洁，要采用分条列项法进行表述，力求条理清楚，层次分明。

（4）要体现协商性的特点。撰写商务谈判备忘录时，要以双方各自的语气表达，常用语有"乙方同意"、"甲方则认为"、"乙方代表表示"、"乙方承诺"、"甲方希望"、"乙方建议"、"甲方提出"等，若双方达成一致意见或共识的事项，可用"双方同意"、"双方一致认为"等词语来表述，在行文中充分体现协商性的特点。

五、病文诊治

（一）病文

洽谈备忘录

谈判时间：2014 年 1 月 10 日下午：2：30～5：00，晚上 7：30～9：30

谈判地点：河源市××酒店三楼会议室

谈判双方：

中国河源市××进出口贸易公司（简称甲方）

美国芝加哥××公司（简称乙方）

谈判双方代表：

甲方：朱光　郭永昌　张丽英

乙方：迈克斯·汤姆逊　大卫·路嘉图

记录人：张丽英　大卫·路嘉图

中国河源市××进出口贸易公司（简称甲方）与美国芝加哥××公司（简称乙方）于 2014 年 1 月 10 日在河源市××酒店三楼会议室就合资兴办绿色食品公司事宜进行第一轮谈判，谈判气氛热烈，具体情况如下：

一、依据双方的交谈，乙方同意就合资兴办绿色食品公司进行投资，投资金额约为 5 000 万美元，投资方式为技术专利、成套设备及资金，作价原则和办法待进一步磋商。甲方承诺用厂房、土地使用权进行投资，作价原则和办法亦待进一步磋商。

二、关于利润的分配方案。乙方认为自己的投入既有资金，又有技术和成套设备，应当占70%；甲方决定双方各占50%。由于没有取得一致意见，甲方建议另约时间进行协商。

三、关于新建公司生产的产品销售。乙方决定在国际市场上销售额占年产量的50%；甲方则坚决反对，要求乙方提高国际市场上销售额，达到70%，其余的在中国国内市场上销售，否则免谈。

四、甲方决定将其属下第一分公司现在的厂房作为新建公司生产工厂，乙方则反对，乙方认为该公司第一分公司交通不方便，乙方决定用甲方属下第三分公司现在的厂房改造为新建公司生产工厂。

五、新建公司名称、规模、合营年限以及双方存在的分歧，乙方决定3月8日继续谈判。

谈判于晚上9：30结束。

中国河源市××进出口贸易公司　　　　　美国芝加哥××公司

记录人：×××（签名）　　　　　　　　记录人：×××（签名）

（二）诊治

这篇商务谈判备忘录，存在较多问题，诊治如下：

（1）文书标题不正确。商务谈判备忘录的标题有两种形式：一是"商务谈判（会谈）备忘录"；二是"备忘录"。而没有"洽谈备忘录"这样的标题。

（2）文书结构不正确。商务谈判备忘录的结构格式中没有首部，该文书有首部，而且像谈判记录的首部，不符合商务谈判备忘录的写作要求，应当删掉。

（3）行文措辞不得体。在主体部分中多处措辞不得体，如"乙方决定"、"甲方则反对"、"甲方决定"等。

（4）正文末段不正确。商务谈判备忘录不必写谈判结束时间，谈判记录才需要写谈判结束时间，应当删掉。

（5）尾部落款不正确。尾部落款应由双方单位盖章和谈判代表签名，而不是记录人签名。

六、相关知识拓展

（一）商务谈判备忘录与商务谈判记录比较

1. 相同点

（1）文类相同。两者均属于商务谈判文书。

（2）功能相同。两者均为商务谈判服务。

（3）撰写时间相同。两者均在商务谈判后撰写。

2. 不同点

（1）性质不同。商务谈判记录是指谈判过程中，谈判各方秘书人员按照谈判进程把谈判的基本情况真实地记录下来形成的一种记录性文书，具有实录性；商务谈判备忘录是指在商务谈判过程中，综合概括谈判各方经初步讨论达成的谅解或共识、各方承诺事项、存在分歧以及待定磋商的问题，作为进一步谈判的基础的一种纪实性文书，具有纪实性。

（2）结构不同。商务谈判记录结构由标题、首部、正文和尾部等四个部分组成，且首部要详细写明谈判双方单位名称、谈判代表姓名、谈判时间、地点和主题等；商务谈判备忘录结构由标题、正文、尾部等三个部分组成，且谈判的时间、地点、主题、原则等分别写在正文的开头和主体部分。

（3）内容不同。商务谈判记录的内容全面具体，尽可能写全；商务谈判备忘录内容写得比较原则，力求简约。

（4）尾部不同。商务谈判记录尾部一般是本方谈判代表和记录人签字即可，不用写谈判日期，因为在首部已写谈判日期；商务谈判备忘录尾部需要双方单位署名盖章、双方谈判代表签名，并在双方谈判代表签名下方写上谈判日期全称，用中文汉字书写。

（二）商务谈判备忘录的模式（以组建中外合资或合作经营企业的谈判备忘录为例）

标题：　　　　**关于组建×××××××××××××××谈判备忘录**

正文：

开头：

中国×公司（简称甲方）与（国名或地区名）×公司（简称乙方）的代表，于×××年××月××日上午××：××，下午××：××，在甲方公司总部所在地××市××酒店就组建中外合资（或合作）经营企业的事宜进行了初步协商，双方本着"××××××××××××××××"交换了意见，并作出如下承诺：

主体：

一、双方一致同意组建××××××合资或合作经营企业。

二、关于投资金额和投资方式。乙方同意××××××××××××，投资总金额为×××万美元，投资方式：××××××××××××，具体事宜待进一步磋商。甲方承诺用××××××××××××投资，其作价原则和办法亦待进一步磋商。

三、关于利润分配的原则。乙方认为×××××××××，应该占××%～××%，甲方则认为应该按××比例分成，没有取得一致意见。但乙方代表表示××××××××××××××××。

四、关于合资（或合作）项目生产的××产品。乙方承诺×××××，甲方希望乙方×××××，达到××%～××%，其余的××××××××××××××××，双方同意另约时间协商。

五、关于合资（或合作）经营企业的名称、组织机构、生产规模、合资（或合作）年限以及其他有关事项，均没有详细讨论，双方都认为×××××××××××××。

六、这次洽谈，虽未能解决合资（或合作）经营×××项目的主要问题，但双方都表达了合作的愿望。期望×××××××××××，具体时间待双方磋商后再定。

尾部：

甲方	乙方
（国名）×××××××公司	A（国名）×××××××××公司
代表：×××（签章）	代表：×××（签章）

×××年××月××日

七、模拟写作实训

（一）实训任务

根据【项目任务背景】给定的材料，代中国佛山市××丝绸进出口贸易公司与美国旧金山 3K 公司撰写一篇商务谈判备忘录。

（二）实训要求

（1）结构要完整，格式要规范。

（2）突出纪实性，体现协商性。

（3）行文要简洁，条理要清楚。

项目 18　思考与练习题

一、填空题

1. 根据谈判的形式划分，商务谈判方案可分为_____、_____、_____。

2. 商务谈判方案正文的主体部分是全文核心，它决定着谈判的基本方向，其主要内容包括_____、_____、_____、_____、_____、_____、_____。

3. 商务谈判备忘录结构由_____、_____、_____三个部分组成。

4. 商务谈判备忘录的特点是_____、_____、_____。

二、选择题

（一）单选题

1. 商务谈判方案的特点不包括（　　）

A. 策略性　　　　　B. 专业性　　　　　C. 双赢性　　　　　D. 纪实性

2. 商务谈判备忘录的特点不包括（　　）

A. 策略性　　　　　B. 协商性　　　　　C. 简约性　　　　　D. 纪实性

3. 商务谈判备忘录的结构不包括（　　）

A. 标题　　　　　　B. 首部　　　　　　C. 正文　　　　　　D. 尾部

（二）多选题

1. 商务谈判方案的特点主要包括（　　）

A. 策略性　　　　　B. 专业性　　　　　C. 双赢性　　　　　D. 具体性

2. 商务谈判记录的结构包括（　　）

A. 标题　　　　　　B. 首部　　　　　　C. 正文　　　　　　D. 尾部

1. 商务谈判方案属于计划类文书范畴。（　　　）

2. 商务谈判方案的一般程序是先难后易，先复杂后简单。（　　　）

3. 商务谈判备忘录不像合同那样，一经当事人双方签字就不能随意更改，它一般不具有法律效力。（　　　）

4. "纪实"与"实录"实质含义是一样的。（　　　）

四、改错题

（一）商务谈判备忘录行文要体现协商性的特点，措辞要得体，表述要准确，请修改下列表述不得体的语句

1. 关于投资方式。乙方决定以技术专利权和资金投资，投资总额为 1 000 万元；甲方则决定用厂房、土地使用权、机器设备作价投资。

2. 甲方决定将其属下的第二分公司现在的厂房改造为新建公司的生产工厂，乙方则坚决反对。

（二）请修改、补充下列不完整或表述不正确的标题

1. 合资经营公司谈判记录。

2. 关于合资兴建化工原料公司的洽谈备忘录。

五、问答题

1. 何谓商务谈判方案？

2. 商务谈判方案的写作要求包括哪些方面？

3. 面对面商务谈判方案与函电商务谈判方案的相同点和不同点各是什么？

4. 何谓商务谈判备忘录？

5. 商务谈判备忘录与商务谈判记录有何相同点和不同点？

单元十　企业经济法律文书

项目 19　经济仲裁协议书与申请书写作

任务 19 – 1　经济仲裁协议书写作

知识目标

1. 了解经济仲裁协议书的适用范围
2. 理解经济仲裁协议书的概念、特点和类型
3. 掌握经济仲裁协议书的写作格式和要求

技能目标

1. 能熟练掌握经济仲裁协议书的写作技能
2. 能撰写格式规范、结构完整、内容完备、表述正确、要素齐全的经济仲裁协议书

【项目任务背景】

广州青云进出口贸易公司与新加坡东洋公司，根据《中华人民共和国仲裁法》，双方经过协商，一致同意就 2014 年 1 月 18 日签订的《中外货物买卖合同（FOB 条款)》中第十七条约定的仲裁条款，签订一份经济法律文书。拟于 2014 年 1 月 18 日在广州白天鹅宾馆签订。

中外货物买卖合同（FOB 条款）

……

第十七条　仲裁

（1）因本合同引起的或与本合同有关的一切争议，均应通过友好协商解决。如果协商不能解决，则提请仲裁。

（2）仲裁应提交中国北京的中国国际经济贸易仲裁委员会，根据该会现行的仲裁规则进行仲裁。

（3）仲裁裁决是终局裁决，双方必须遵照执行。

（4）仲裁期间，双方须继续执行合同中除争议部分之外的其他条款。

……

一、任务分析

（1）根据【项目任务背景】给定的材料，代广州青云进出口贸易公司与新加坡东洋公司签订一份仲裁协议书。

（2）要完成写作任务，必须掌握仲裁协议书的写作知识和技能。

二、范文借鉴

（一）范文

仲裁协议书

甲方：广州××汽车运输有限责任公司
住所：广州市海珠区××路××号
法定代表人：张××，男，48岁，公司总经理
乙方：东莞××汽车运输有限责任公司
住所：东莞市莞城区××号
法定代表人：黄××，男，42岁，公司经理

甲乙双方于2010年11月28日签订《汽车运输服装业务联营协议书》，联营期限二年，期限已满，双方未获得利润，又实际联营了一年，仍未见利润。为此，双方愿意选择广州仲裁委员会对联营业务终止，解除联营协议，清算联营期间的账目，分割联营期间投资购置的固定财产，分担债务，分享债权，进行仲裁。双方一致同意接受广州仲裁委员会按照该会先行的仲裁规则作出的裁决。仲裁裁决是终局裁决，对双方均有约束力，双方必须遵照执行。

甲方	乙方
广州××汽车运输有限责任公司	东莞××汽车运输有限责任公司
（盖公章）	（盖公章）
法定代表人：张××（签名）	法定代表人：黄××（签名）

2014年1月18日于广州

（二）评析

这是一份国内经济仲裁协议书，从整篇文章来看有如下几点值得借鉴：

（1）文章结构完整。由标题、首部、正文、尾部四个部分组成，是一份格式规范的经济仲裁协议书。

（2）文章正文内容完备，具体明确。正文内容包括因《汽车运输服装业务联营协议书》引起的争议事项、请求仲裁的意思表示、选定的仲裁委员会、双方同意接受该会裁决、仲裁裁决的性质以及双方的义务等。

（3）选定的仲裁委员会名称表述正确唯一，文章中"双方愿意选择广州仲裁委员会对联营业务终止"这句话对选定的仲裁委员会名称的表达正确唯一。若写成"广州市仲裁委员会"，则是错误的。

（4）文章首部和尾部应具备的要素齐全。首部包括了标题、甲方和乙方当事人的基本情况；尾部包括了甲乙双方的名称和公章、法定代表人签名以及订立经济仲裁协议书的日

期和地点。

三、知识支撑

（一）经济仲裁协议书的概念

经济仲裁协议书是指双方当事人在经济合同纠纷和其他财产权益纠纷发生前或发生后，自愿以书面形式订立的，一致同意将该纠纷提交选定的仲裁委员会进行仲裁的一种独立于经济合同的法律文书。

经济仲裁协议书是我国经济仲裁实践中常见的经济仲裁协议形式之一。

（二）经济仲裁协议书的种类

（1）根据当事人双方订立的仲裁协议书是否具有涉外因素，可分为国内仲裁协议书和涉外仲裁协议书两类。两者的区别是选定的仲裁委员会不同。

（2）根据当事人双方订立的仲裁协议书是否有补充说明的内容，可分为经济仲裁协议书和经济仲裁补充协议书两类。

（三）经济仲裁协议书的特点

（1）自愿性。经济仲裁协议书的自愿性表现在当事人双方达成的协议是自愿的，选定的仲裁委员会是自愿的，请求仲裁的事项是自愿的，接受选定的仲裁委员会按照该会现行的规则进行仲裁是自愿的，接受仲裁裁决也是自愿的。

（2）法定性。我国《仲裁法》第十六条规定，仲裁协议应当具有下列内容：①请求仲裁的意思表示；②仲裁事项；③选定的仲裁委员会。因此，订立经济仲裁协议应当符合法定要求，以上三项内容必须同时具备，缺一不可，否则无效。

（3）明确性。请求仲裁的意思表示、仲裁事项和选定的仲裁委员会均必须明确，不允许含糊。

（4）单向性。请求仲裁的意思表示必须单一指向，不能既指向仲裁又指向诉讼。

（5）独立性。根据我国《仲裁法》的规定，仲裁协议独立存在，合同的变更、解除、终止或无效，不影响仲裁协议的效力。经济仲裁条款具有独立性。

四、技能演练

（一）经济仲裁协议书结构形式

标题 + 首部 + 正文 + 尾部

（二）经济仲裁协议书写作方法

1. 标题

（1）标题格式：事由 + 文种。

（2）标题形式：一是"涉外经济仲裁协议书"；二是"经济仲裁补充协议书"；三是"经济仲裁协议书"；四是"仲裁协议书"。标题不能简写成"协议书"三个字。标题应居中排列，字体建议用 2 号小标宋体，与行政公文标题字号字体相同，显得比较规范。

2. 首部

写当事人双方的基本情况。当事人一般是甲方和乙方。若当事人是公民，其基本情况包括姓名、性别、年龄、职业、工作单位和住所；若当事人是法人，其基本情况包括名称（全称）、住所和法定代表人的姓名、性别、年龄、职务；若当事人是其他组织，其基本情况包括名称（全称）、住所和主要负责人的姓名、性别、年龄、职务。

3. 正文

正文是经济仲裁协议书的核心部分。一份完整有效的经济仲裁协议书的正文必须具备法定的内容。否则，该仲裁协议将被认定为无效。

根据我国经济仲裁的实践，经济仲裁协议书的正文必须同时具备下列四个方面内容：

（1）请求仲裁的意思表示。这是仲裁协议书的首要内容，因当事人以仲裁方式解决纠纷的意思正是通过仲裁协议书中请求仲裁的意思表示体现出来的。因此，当事人双方应在仲裁协议书明确地肯定将争议提交仲裁解决的意思表示。

（2）仲裁事项。仲裁事项是指当事人提交仲裁的具体争议事项，是仲裁协议书中不可或缺的内容之一，它必须符合两个条件：一是争议事项具有可仲裁性，即属于我国《仲裁法》允许采用仲裁方式解决的争议事项，否则仲裁协议书无效；二是仲裁事项的明确性。根据我国《仲裁法》的规定，对仲裁事项没有约定或约定不明确的，当事人应就此达成补充协议，达不成补充协议的，仲裁协议无效。

（3）选定的仲裁委员会及地点。仲裁委员会是受理仲裁案件的机构。由于仲裁没有法定管辖的规定，因此，仲裁委员会是由当事人双方自主选定的。如果当事人在仲裁协议书中不确定仲裁委员会的名称和地点，仲裁就无法进行。

（4）写明仲裁裁决的性质、双方当事人的义务。

4. 尾部

经济仲裁协议书的尾部一般包括双方当事人署名和盖章（公章或私章）、法定代表人签名、订立经济仲裁协议书的日期和地点。

（1）当事人署名和盖章。若当事人是公民，则签名加盖私章；若当事人是法人，则写明法人名称（全称）加盖公章、法定代表人签名（或加盖私章）；若当事人是其他组织，则要写该组织的名称（全称）加盖公章、主要负责人签名（或加盖私章）。

（2）订立经济仲裁协议书的日期和地点。如"2014年1月10日于广州"。

（三）经济仲裁协议书写作要求

1. 仲裁协议的内容必须完备无缺

无论是经济仲裁条款，还是经济仲裁协议书都必须包括"请求仲裁的意思表示、仲裁事项和选定的仲裁委员会"三项内容。这三项内容必须同时具备，缺一不可。

2. 请求仲裁的意思表示必须单一指向

仲裁协议对当事人双方均有约束力。当事人双方自愿在经济合同纠纷和其他财产权益纠纷发生前或发生后订立经济仲裁条款或经济仲裁协议书后，就意味着当事人双方明确表示放弃将该纠纷向人民法院提起诉讼解决的权利，而必须采用仲裁方式解决。

3. 提交的仲裁事项必须合法明确

经济仲裁协议中提交的仲裁事项必须符合法定的仲裁范围，必须具有法律规定的可仲裁性，即属于《仲裁法》规定的可采用仲裁方式解决的争议事项才能提交仲裁，否则会导致协议的无效。

4. 选定的仲裁委员会必须正确唯一

首先，选定的仲裁委员会的名称必须正确。根据我国对仲裁委员会命名的有关规定，如"广州仲裁委员会"常常被表述为"广州市仲裁委员会"。

其次，选定的仲裁委员会必须唯一，即不能选定两个或两个以上的仲裁委员会。

五、病文诊治

（一）病文

协议书

根据《中华人民共和国仲裁法》，我们经过协商，一致同意就 2008 年 10 月 12 日签订的《中外货物买卖合同（FBO 条款)》中第十七条约定的仲裁事项，达成如下协议：

（一）凡因执行本合同引起的和与本合同有关的一切协议，提交中国仲裁委员会，依照该会现行的仲裁规则进行仲裁。

（二）仲裁地点：中国北京。

（三）仲裁裁决是终局裁决，对双方都有约束力。

<table>
<tr><td>甲方</td><td>乙方</td></tr>
<tr><td>北京市真龙进出口贸易公司（盖公章）</td><td>美国 IBM 公司（盖公章）</td></tr>
<tr><td>法定代表人：黄××（签名或盖私章）</td><td>法定代表人：汤姆森（签名）</td></tr>
</table>

2014 年 1 月 12 日于北京

（二）诊治

这一份经济仲裁协议书存在问题较多，诊治如下：

（1）标题不正确。标题不能简写成"协议书"三个字，根据文章内容来看，有涉外因素，而且是补充协议，标题应改为"涉外经济仲裁补充协议书"。

（2）首部残缺双方当事人的基本情况。

（3）"达成如下协议"表述错误。应改为"达成如下补充协议"。

（4）选定的仲裁委员会名称表述错误。应改为"中国国际经济贸易仲裁委员会"，该会是我国常设的涉外仲裁机构之一。

六、相关知识拓展

（一）仲裁的含义

仲裁作为一个法律概念有着其特定的含义，即仲裁是指发生争议的双方当事人，根据其在争议发生前或争议发生后所达成的协议，自愿将该争议提交中立的第三者（仲裁机构）进行裁判并作出裁决，双方当事人都有义务执行裁决的一种解决争议的法律制度。

根据《中华人民共和国仲裁法》（以下简称为《仲裁法》）的第二条规定："平等主体

的公民、法人和其他组织之间发生的合同纠纷和其他财产权益纠纷，可以仲裁。"而《仲裁法》第三条又作出明确规定："下列纠纷不能仲裁：（1）婚姻、收养、监护、继承纠纷；（2）依法应当由行政机关处理的行政争议。"本单元所讲的仲裁是我国《仲裁法》规定的仲裁，即通常所说的经济仲裁，只限于民商事纠纷的仲裁；本单元所讲的仲裁协议，是指经济仲裁协议。

（二）经济仲裁协议的含义

经济仲裁协议是指双方当事人在经济合同纠纷和其他财产权益纠纷发生前或发生后，自愿达成的以书面形式订立的将该纠纷提交选定的仲裁委员会进行仲裁的法律文书。

（三）经济仲裁协议的类型

根据我国仲裁立法和仲裁实践，经济仲裁协议主要有经济仲裁条款、经济仲裁协议书和其他有关书面文件中包含的经济仲裁协议三种类型。经济仲裁条款和经济仲裁协议书是经济仲裁协议常见的表现形式。

（四）经济仲裁协议书的写作模式

经济仲裁协议书

甲方：法人名称（全称）
住所：××省××市××区××路××街××号
法定代表人：姓名、性别、年龄、职务
乙方：法人名称（全称）
住所：××省××市××区××路××街××号
法定代表人：姓名、性别、年龄、职务

我们双方愿意提交××仲裁委员会按照《中华人民共和国仲裁法》和该会现行的仲裁规则，仲裁如下争议：

1. ……（争议事项）
2. ……
3. ……

仲裁地点：××市（该会所在市）
仲裁裁决是终局裁决，对双方均有约束力，双方必须遵照执行。

甲方	乙方
法人名称（盖公章）	法人名称（盖公章）
法定代表人：签名（盖私章）	法定代理人：签名（盖私章）

×××年××月××日于××

七、模拟写作实训

（一）实训任务

根据【项目任务背景】给定的材料，代广州青云进出口贸易公司与新加坡东洋公司签订一份仲裁协议书。

（二）实训要求

（1）仲裁协议的内容必须完备无缺。
（2）请求仲裁的意思表示必须单一指向。
（3）提交的仲裁事项必须合法明确。
（4）选定的仲裁委员会必须正确唯一。

任务 19 - 2　经济仲裁申请书写作

知识目标

1. 了解经济仲裁申请书的适用范围
2. 理解经济仲裁申请书的概念、特点和类型
3. 掌握经济仲裁申请书的写作格式和要求

技能目标

1. 能熟练掌握经济仲裁申请书的写作技能
2. 能撰写格式规范、结构完整、内容完备、表述正确、要素齐全的经济仲裁申请书

【项目任务背景】

2013 年 5 月，广东××食品有限公司（甲方）与日本 TY 食品机械制造株式会社（乙方）订立《食品生产机械设备购销合同》，约定乙方于 2013 年 9 月 28 日前供给甲方一套食品生产机械设备，甲方分别于同年 7 月 31 日之前和收到该套机械设备之日支付乙方款项为 60% 和 40%，共计 80 万美元。此后，双方各自分别履行了上述约定。

2013 年 10 月，甲方在对上述机械设备安装调试时得知，该套生产设备的国际公平市场价格只有 20 余万美元，远远低于乙方在订立合同时的报价，遂委托广东省进出口商品检验局对该套生产设备进行价值鉴定。鉴定结果表明，该套生产设备属于全新状态时的公平市场鉴定总金额为 33.8 万美元。乙方在为甲方购买这套生产设备时索取的货款明显高于其实际价值。

甲方为公平解决这套设备的款额问题，减少经济损失，多次以友好的态度与乙方协商，希望在确保乙方合法利润的前提下，由乙方退回多付的部分货款，但乙方以"合同已经履行完毕"、"设备价款系双方约定的"为由予以拒绝。

广东××食品有限公司董事会要求总经理助理刘××拟写了一份经济法律文书交董事会讨论。

附：《食品生产机械设备购销合同》（节选）

第九条　仲裁

1. 因本合同引起的或与本合同有关的一切争议，均应提交中国国际经济贸易仲裁委员会广州分会，按照该会现行的仲裁规则进行仲裁。

2. 仲裁裁决是终局裁决，对双方均有约束力，双方必须遵照执行。

3. 仲裁期间，双方必须继续执行合同中除争议部分之外的其他条款。

一、任务分析

（1）根据【项目任务背景】给定的材料，代广东××食品有限公司总经理助理刘××拟写一份经济仲裁申请书。

（2）要完成写作任务，必须掌握济仲裁申请书知识和技能。

二、范文借鉴

（一）范文

经济仲裁申请书

申请人：北京××××家具有限公司

住所：北京市××区××乡

法定代表人：李××，职务：董事长

委托代理人：刘××，××律师事务所律师

被申请人：日本×××家具中国制作销售中心

住所：北京市××区××路××号

法定代表人：郑××，职务：总经理

案由：购销合同纠纷。

仲裁请求

1. 被申请人返还申请人货款 60 万美元。

2. 被申请人承担仲裁全部费用。

事实和理由

2013 年 7 月，申请人与被申请人订立家具生产机械设备购销合同，约定被申请人于 2013 年 12 月 31 日前供给申请人该国产木制家具生产设备一套，申请人分别于同年 7 月 31 日之前和收到设备之日支付被申请人该套设备款的 60% 和 40%，共计 130 万美元。此后，双方各自分别履行了上述约定。

2014 年 1 月，申请人在对上述设备安装调试时得知，该套生产设备的国际公平市场价格只有 30 余万美元，远远低于被申请人在订立合同时的报价，遂委托北京进出口商品检验局对该套生产设备进行价值鉴定。鉴定结果表明，该套生产设备属于全新状态时的公平市场价，鉴定总金额为 31.7 万美元。被申请人在为申请人购买这套生产设备时索取的货款明显高于其实际价值。

为公平解决这套设备的款额问题，减少申请人经济损失，申请人多次以友好的态度与被申请人协商，希望在确保被申请人合法利润的前提下由被申请人退回多付的部分货款，但被申请人以"合同已经履行完毕"、"设备价款系双方约定的"为由予以拒绝。

为使申请人与被申请人之间的争议得到公正的解决，确保申请人的合法利益，特依据申请人与被申请人之间订立的仲裁协议向仲裁机构提出仲裁申请，请依法仲裁。

证据和证据来源

1. 购销合同书，由争议双方共同订立。

2. 生产设备明细表，被申请人提供，申请人核查签收。

3. 生产设备付款单据，被申请人给付。

4. 鉴定证书，北京进出口商品检验局提供。

此致

中国国际经济贸易仲裁委员会

附件：1. 申请书副本4份

2. 仲裁协议书4份

3. 合同书4份

4. 鉴定证书4份

5. 其他材料4份

申请人：北京××××家具有限公司（盖公章）

法定代表人：李××（签名或盖私章）

2014 年 1 月 21 日

（资料来源：顾克广等主编：《法律文书教程》，北京：朝华出版社2005 年版，第265～266 页，略有增删。）

（二）评析

这是一份涉外经济仲裁申请书。该文书有三个方面值得借鉴：

（1）仲裁的事实具有合法性。虽然当事人双方签订的合同已履行完毕，但申请人提出的仲裁申请仍然是合法的。根据我国《仲裁法》规定合同的变更、解除、终止或者无效，不影响仲裁协议的效力。

（2）文中对仲裁事实的叙述和仲裁请求具有客观性和针对性。

（3）文章结构完整，格式规范，语言简练。

三、知识支撑

（一）经济仲裁申请书的概念

经济仲裁申请书是指平等主体的公民、法人及其他组织在他们之间发生经济合同纠纷或者其他财产权益纠纷后，当事人一方或双方根据双方自愿达成的经济仲裁协议，以书面形式向其所选定的仲裁委员会提出仲裁申请，要求通过仲裁方式解决经济纠纷，以保护其合法权益的法律文书。

（二）经济仲裁申请书的种类

根据申请人申请仲裁争议事实的实质、法律关系等要素划分，可分为国内经济仲裁申请书和涉外经济仲裁申请书两大类。两者的根本区别是：申请仲裁的争议事实是否具有涉外因素。涉外因素主要包括涉及外国或者外国法域的民商事纠纷。

（三）经济仲裁申请书的特点

（1）合法性。经济仲裁申请书是为了解决经济合同纠纷和其他财产权益纠纷的，其内容应当以法律为准绳，依据实体法、法规、政策来说明被申请人应当承担的责任和申请人自己的正当权益应当受到法律保护的理由。

（2）客观性。经济仲裁申请书要以事实为依据。在陈述争议事实时，要实事求是，不能夸大，更不能感情用事。

（3）针对性。写经济仲裁申请书时，要根据具体案情，有针对性地提供相关的证据，以论证申请仲裁的理由，做到有的放矢。

（4）简约性。对申请仲裁事实的陈述和理由的阐述，语言表达力求简约，做到言简意赅。

（5）规范性。经济仲裁申请书的格式已经规范化，有通用的格式，申请人根据格式中有关的栏目填写相关的内容即可。

四、技能演练

（一）经济仲裁申请书结构形式

标题 + 首部 + 正文 + 尾部

（二）经济仲裁申请书写作方法

1. 标题

（1）一般格式：事由 + 文种

（2）标题形式主要有三种：一是"涉外经济仲裁申请书"；二是"经济仲裁申请书"；三是"仲裁申请书"（因为本单元所讲的仲裁是经济仲裁）。

（3）标题制作要求：居中排列，建议用 2 号小标宋体字。标题不能简写成"申请书"三个字，以免与公关礼仪类的"申请书"混淆。

2. 首部

一般格式：申请人基本情况 + 被申请人基本情况 + 案由。

（1）申请人基本情况。

若申请人是公民（严格来说是自然人），其基本情况包括：姓名、性别、年龄、职业、工作单位和住所。

若申请人是法人，其基本情况包括：法人名称（全称）、住所；法定代表人的姓名、职务。

若申请人是其他组织，其基本情况包括：组织名称（全称）、住所；主要负责人的姓名、职务。

若申请人委托律师或其他人员作为代理人进行仲裁活动，还要写明委托代理人的基本情况。委托代理人为律师的基本情况包括：姓名、律师事务所名称；委托代理人为其他人员的基本情况包括姓名、职务和工作单位。

（2）被申请人基本情况。

具体写法和内容与申请人基本情况的写法和内容相同。

（3）案由。

一般格式："××××合同纠纷"或"××××财产权益纠纷"。

内容：写提请仲裁的事项，要写明纠纷的实质。如购销合同纠纷。

3. 正文

一般格式：仲裁请求＋事实与理由＋证据和证据来源。

正文中"仲裁请求"、"事实与理由"、"证据和证据来源"作为小标题，居中排版，建议采用3号黑体字或3号小标宋体字。

（1）仲裁请求。写申请人通过仲裁所要解决的问题和所要达到的目的。多项请求，要每项分行写明，要具体明确。

（2）事实与理由。在叙述争议事实时，要注意应用文写作技巧的具体运用，做到条理清楚，重点突出。首先应写明争议发生的时间、地点、原因、经过和结果；其次写明当事人双方之间合同纠纷和其他财产权益纠纷的具体内容和焦点；最后说明被申请人应当承担的责任。

在阐述请求仲裁的理由时，要以事实为依据，以法律为准绳，做到有理有据，合理合法。

（3）证据和证据来源。写明证据的名称和证据来源，证人要写明证人的姓名和住所。

4. 尾部

一般格式：致送仲裁委员会名称＋附件＋申请人签名或盖章＋成文日期。

（1）致送仲裁委员会名称。写在正文的下两行。第一行空两个字后写"此致"；第二行顶格写明选定的仲裁委员会名称，要求表述正确唯一，并且是全称。

（2）附件。附件位于致送仲裁委员会名称的左下方，先在第一行空两个字写"附件"，再加冒号，然后写附件的序号，用阿拉数字标识，并加实心圆点，最后写附件的名称和份数。

（3）申请人签名或盖章。申请人签名或盖章位于"附件"下一行的右下方写"申请人"三个字，再加冒号，然后申请人签名或盖章。若申请人是公民则签名或盖私章；若申请人是法人或其他组织则写名称（全称）并加盖公章，其后法定代表人或主要负责人签名或盖私章，建议右空两个字。

（4）成文日期。成文日期位于"法定代表人"或"申请人"下方，采用汉字小写，建议右边空4个字，与行政公文单一机关行文成文日期写法相同，显得更加规范。

（三）经济仲裁申请书写作要求

1. 当事人基本情况要具体齐全

经济仲裁申请书的当事人包括申请人和被申请人。若申请人是法人，要写明法定代表人的基本情况；若申请人是其他组织，则要写明主要负责人的基本情况；若申请人委托律师或其他人员作为代理人，还要写明代理人的基本情况。

2. 仲裁请求要合理合法，具体明确

仲裁请求要在仲裁协议所在约定的事项范围内，且不能超出《仲裁法》规定仲裁委员会有权裁决的事项范围。多项请求要分行写明，具体明确。仲裁请求赔偿的金额要适当，不要盲目扩大请求金额，切忌"狮子大开口"。

3. 争议事实的叙述要条理清楚，重点突出，实事求是

要围绕争议发生的时间、地点、起因、经过、结果来写，重点突出争议的具体内容和焦点，注意事实的客观性，不夸大不缩小，实事求是。

4. 请求仲裁理由的阐述要有根有据，论证严密，针对性强

对请求仲裁理由的阐述要以事实为依据，以法律为准绳，证据要充分，对仲裁请求、主张要进行分析，有针对性地运用证据进行严密论证，做到有的放矢。

五、病文诊治

（一）病文

经济仲裁申请书

致中国国际经济贸易仲裁委员会深圳分会申诉人：中国深圳天仙服装有限责任公司

法人代表：钟××，总经理

地址：中国深圳市龙岗区××路××号

电话：0755 - ×××××××

仲裁代理人：李××，××律师事务所律师

被诉人：中国香港 GG 服装有限公司

法人代表：刘××，经理

地址：香港九龙××道××号

电话：00852 - ×××××××

请求事项

1. 要求依法追回被诉人 2012 年 3 月至 2013 年 3 月先后拖欠申诉人来料加工服装加工费 168.88 万元（港元）。

2. 要求被诉人依据"07 - 33 合同"第十项规定，赔偿申诉人经济损失 20.265 6 万元（港元）。

3. 要求被诉人赔偿申诉人因被诉人讨账及聘请律师费用计 0.238 8 万（港元），案件受理费 0.06 万元（港元）。

以上三项共计港币 189.444 4 万元。

事实与理由

2012 年 3 月 3 日经××省纺织品进出口公司介绍，香港 GG 服装有限公司（甲方）与深圳天仙服装有限责任公司（乙方）签订《来料加工合同》（以下简称"07 - 33 合同"），有效期为三年。合同第八条规定：由甲方提供机器设备和原辅材料，乙方负责组织生产服装，收取加工费。

合同签订后的一周，双方合作愉快，合同顺利进行。但到 2012 年 3 月 14 日以后，被诉人以资金周转困难作为理由拖欠加工费，截至 2013 年 3 月 3 日，累计拖欠加工费 168.88 万元（港币），申诉人多次要求偿还加工费，被诉人法人代表刘××口头承认欠款并答应给付，但总是一拖再拖，直至今天，严重影响申诉人正常的经营活动和资金周转，故而造成损失。按照"07 - 33 合同"第十条规定，被诉人应承担申诉人 12 个月 1% 的银行利息，按照计算应付给申诉人利息 20.265 6 万元港币。

上述事实，有合同、交货手续、证言材料为证。根据《中华人民共和国合同法》有关规定，我们请求仲裁，要求追回被拖欠款项及赔偿经济损失、聘请律师费用、案件管理费用共计港币 189.444 4 万元。

请仲裁委员会代为指定首席仲裁员。

仲裁手续费支付人民币×××元，另行汇上。

恳请受理，公证裁决。

附件：

1. 香港 GG 服装有限公司与深圳天仙服装有限责任公司签订的"07－33 合同"复印件。

2. 双方结算票据复印件。

申诉人：深圳天仙服装有限公司（盖公章）

仲裁代理人：李××（签名）

2013 年 3 月 8 日

（二）诊治

这篇经济仲裁申请书存在问题较多，诊治如下：

（1）致送仲裁委员会名称的位置不正确，应放在正文的左下方。

（2）当事人的称谓错误。"申诉人"应改"申请人"，"被诉人"应改为"被申请人"，"法人代表"应改为"法定代表人"，"仲裁代理人"应改为"委托代理人"。

（3）缺案由与附件。应在当事人基本情况下面写上案由：来料加工合同纠纷；应在致送仲裁委员会名称的左下方写上附件并写明附件份数，如"本申请书副本 5 份"。

（4）"请求事项"表述不规范，"经济仲裁申请书"应当称"仲裁请求"，而且仲裁请求（原文请求事项）叙述欠简练。

（5）正文后面几段欠条理性，显得比较凌乱。

（6）申请人（原文申诉人）下面缺法定代理人签名一项。

（7）缺乏证据和证据来源。

六、相关知识拓展

（一）经济仲裁申请书的模式

经济仲裁申请书

申请人：（法人或其他组织的名称）

住所：（××省××市××区××路××街××号）

法定代表人（或主要负责人）：（姓名、职务）

委托代理人：（姓名、工作单位）

被申请人：（法人或其他组织的名称）

住所：××省××市××区××路××街××号

法定代表人（或主要负责人）：（姓名、职务）

委托代理人：（姓名、工作单位）

案由：×××××

仲裁请求

……

事实与理由

......

证据和证据来源

......

此致

××仲裁委员会

附件：

1. 本申请书副本×份

2. 仲裁协议书复印件×份

3. 合同书复印件×份

4. 鉴定证书复印件×份

5. 其他材料×份

申请人：×××××××公司（盖公章）

法定代表人：×××（签名或盖私章）

××××年××月××日

（二）经济仲裁申请书与经济仲裁反申请书比较

1. 相同点

（1）适用的法律相同。两者均适用我国的《仲裁法》。

（2）文书的结构相同。两者均由标题、首部、正文和尾部四部分组成。

（3）受理的仲裁机构相同。两者受理的仲裁机构均为当事人双方在经济仲裁协议中约定的仲裁委员会。

2. 不同点

（1）当事人的称谓不同。经济仲裁申请书当事人称申请人和被申请人；经济仲裁反申请书当事人称反申请人和被反申请人。

（2）叙写事实和理由的侧重点不同。经济仲裁申请书叙写事实和理由的侧重点应当是当事人之间经济合同纠纷或者其他财产权益纠纷的具体内容、焦点和确凿证据，阐明被申请人应当承担的法律责任，进而提出申请人的申请仲裁理由；经济仲裁反申请书叙写事实和理由的侧重点应当是被反申请人（即经济仲裁申请书中的申请人）在陈述事实中的缺漏、虚假以及补充的新事实、新证据等，以此推翻被反申请人的不实之词，阐明被反申请人应当承担的法律责任，进而提出反申请人申请仲裁的理由。

七、模拟写作实训

（一）实训任务

根据【项目任务背景】给定的材料，代广东××食品有限公司总经理助理刘××拟写一份经济仲裁申请书。

（二）实训要求

（1）当事人基本情况要具体齐全。

（2）仲裁请求要合理合法，具体明确。

（3）争议事实的叙述要条理清楚，重点突出，实事求是。

（4）请求仲裁理由的阐述要有根有据，论证严密，针对性强。

项目19　思考与练习题

一、填空题

1. 经济仲裁协议书正文必须具备的法定内容是＿＿＿＿＿＿＿、＿＿＿＿＿＿＿、＿＿＿＿＿＿＿、＿＿＿＿＿＿＿。

2. 根据当事人双方订立的经济仲裁协议是否有补充说明的内容，经济仲裁协议书可分为＿＿＿＿＿＿＿和＿＿＿＿＿＿＿＿＿。

3. 经济仲裁申请书正文内容包括＿＿＿＿＿＿＿、＿＿＿＿＿＿＿、＿＿＿＿＿。

4. 经济仲裁协议书与经济仲裁申请书的结构一般是由＿＿＿＿＿＿＿、＿＿＿＿＿、＿＿＿＿＿、＿＿＿＿＿四部分组成。

5. 本单元所讲的仲裁是《＿＿＿＿》规定的仲裁，即通常所说的＿＿＿＿＿＿＿，只限于＿＿＿＿＿＿＿＿＿＿＿＿。

6. 根据申请人申请的仲裁争议事实的实质、法律关系等要素划分，经济仲裁申请书可分为＿＿＿＿＿＿＿和＿＿＿＿＿＿＿两大类。两者的根本区别是：申请仲裁的争议事实是否具有＿＿＿＿＿＿＿＿＿。

7. 涉外因素包括涉及＿＿＿＿＿＿＿的民商事纠纷和＿＿＿＿＿＿＿＿＿的民商事纠纷。

二、选择题

（一）单选题

1. 经济仲裁申请书的特点不包括（　　）

A. 合法性　　　　B. 客观性　　　　C. 针对性　　　　D. 独立性

2. 下列经济仲裁申请书的标题错误的是（　　）

A. 涉外经济仲裁申请书　　　　　B. 经济仲裁申请书

C. 仲裁申请书　　　　　　　　　D. 申请书

3. 下列各项中属于法人的是（　　）

A. 董事长王志锋　　　　　　　　B. 总经理李文章

C. 行政总监刘云　　　　　　　　D. 广州利达有限责任公司

（二）多选题

1. 下面民事纠纷中，不属于《中华人民共和国仲裁法》规定仲裁范围的是（　　）

A. 婚姻纠纷　　　　　　　　　　B. 行政纠纷

C. 经济合同纠纷　　　　　　　　D. 劳动合同纠纷

E. 继承纠纷　　　　　　　　　　F. 其他财产权益纠纷

2. 下列仲裁委员会名称表述错误的有 （　　）

A. 昆明市仲裁委员会　　　　　　B. 海口仲裁委员会

C. 南京仲裁委员会　　　　　　　D. 深圳市仲裁委员会

3. 经济仲裁协议必须同时具备的内容是 （　　）

A. 请求仲裁的意思表示

B. 仲裁事项

C. 选定的仲裁委员会

D. 写明仲裁裁决的性质和双方当事人的义务

4. 经济仲裁协议书的主要特点包括 （　　）

A. 自愿性　　　　B. 法定性　　　　C. 单向性　　　　D. 独立性

5. 下列当事人中属于经济仲裁申请书当事人的是 （　　）

A. 申请人　　　　B. 反申请人　　　　C. 被申请人　　　　D. 被反申请人

6. 经济仲裁协议书正文中的仲裁事实，必须符合的两个条件是 （　　）

A. 争议事项具有可仲裁性　　　　　B. 仲裁事项的条理性

C. 争议事项具有独立性　　　　　　D. 仲裁事项的明确性

三、判断题

1. 经济仲裁协议是当事人向仲裁委员会申请经济仲裁的前提和依据，所以，如果没有经济仲裁协议，经济纠纷当事人一方申请经济仲裁，仲裁委员会不予受理。（　　）

2. 劳动争议和农业集体经济组织内部的农业承包合同纠纷也属于《中华人民共和国仲裁法》仲裁范围。（　　）

3. 当事人双方自愿达成经济仲裁协议后，仲裁程序立即启动。（　　）

4. 只有在经济纠纷发生后，当事人一方或双方根据双方意愿达成的经济仲裁协议，向其所选定的仲裁委员会递交符合《中华人民共和国仲裁法》规定的经济仲裁申请书后，仲裁程序才被启动。（　　）

四、改错题

1. 经济仲裁反申请书中的被反申请人，就是经济仲裁申请书中的被申请人。

2. 经济仲裁协议当事人的称谓是申请人和被申请人。

3. 请求仲裁的意思表示，既可指向仲裁，也可指向诉讼。

4. 经济合同无效，经济仲裁协议当然无效。

五、问答题

1. 何谓经济仲裁协议？

2. 经济仲裁协议书的写作要求包括哪些方面？

3. 简述经济仲裁协议书自愿性特点的内涵。

4. 何谓经济仲裁申请书？

5. 经济仲裁申请书与经济仲裁反申请书有什么不同？

项目 20 经济纠纷起诉状与上诉书写作

任务 20 - 1 经济纠纷起诉状写作

知识目标

1. 了解经济纠纷起诉状的适用范围

2. 理解经济纠纷起诉状的概念、特点和类型

3. 掌握经济纠纷起诉状的写作格式和要求

技能目标

1. 能熟练掌握经济纠纷起诉状的写作技能

2. 能撰写格式规范、结构完整、内容完备、表述正确、要素齐全的经济纠纷起诉状

【项目任务背景】

广州××物业管理公司（甲方）与广州××房地产发展有限公司（乙方）于 2010 年 4 月 28 日签订物业管理合同，由乙方委托甲方对××小区进行长期管理。合同约定：①乙方每月付物业管理费 3 万元人民币，每年共 36 万元人民币；②合同有效期 3 年，自 2010 年 5 月 1 日至 2013 年 4 月 30 日止；③乙方每月 15 日前付款，如乙方违约或延期，应赔偿甲方物业管理费的 30%。2011 年 7 月 5 日，甲乙双方又签订了一份补充协议，增加了物业管理内容及对甲方物业管理工作量化考核办法。

甲方严格执行该合同及补充协议，按时按质完成物业管理工作，在服务期间乙方也未对甲方的服务质量等作出任何处罚，也没有书面材料。但乙方于 2011 年 8 月到 2012 年 5 月每月只付了 2 万元人民币，无故拖欠物业管理费共 10 万元人民币，甲方即与乙方协商给付拖欠的物业管理费一事，未见结果。经协商，乙方同意甲方于 2013 年 5 月 1 日从××小区撤出物业管理人员，终止物业管理合同。但是，乙方并未给付拖欠的物业管理费和赔偿费。

甲方于 2013 年 5 月 5 日把乙方告上法院。

一、任务分析

（1）根据【项目任务背景】给定的材料，为广州××物业管理公司拟写一篇经济纠纷起诉状。

（2）要完成写作任务，必须掌握经济纠纷起诉状写作知识和技能。

二、范文借鉴

（一）范文

经济纠纷起诉状

原告：北京××清洗有限责任公司

住所：××市××区××大厦××室

法定代表人：孟××，经理，电话：×××－××××××××

被告：××实业发展有限公司

住所：××区××路×号

法定代表人：夏××，经理，电话：×××－××××××××

诉讼请求

1. 判令被告给付拖欠的保洁费 29 000 元。

2. 判令被告给付违约金及迟延付款的银行利息。

事实与理由

原告北京××清洗有限责任公司与被告北京××实业发展有限公司于 2012 年 5 月 30 日签订保洁合同，由被告委托原告对××电器市场进行长期保洁。合同约定：①保洁费每月 1 万元，一年共 12 万元；②合同有效期一年，自 2012 年 6 月 1 日至 2013 年 5 月 31 日止；③被告每月 15 日前付款，如被告违约或延期，赔偿保洁费的 30%。2012 年 6 月 24 日，原告、被告又签订了一份补充协议，增加了保洁内容及对原告保洁工作量化考核办法。

原告严格执行该合同及补充协议，按时按质完成保洁工作，在服务期间被告也未对原告的服务质量等作出任何处罚，也没有书面材料。但被告却无故拖欠保洁费，2012 年 9 月、10 月给付了 14 500 元，11 月给付了 6 500 元，12 月及 2013 年 1 月起，原告即与被告协商给付拖欠的保洁费一事，未见结果。经协商，被告同意原告于 2013 年 2 月 1 日从电器市场撤出保洁人员，终止了与被告的保洁合同。但是，被告并未给付拖欠的保洁费。

综上所述，双方签订的保洁合同，是双方各自真实的意思表示，符合法律规定，双方理应履行各自义务。按照《中华人民共和国合同法》第二十条规定，当事人应当按照约定全面履行自己的义务。被告享受了原告的劳动成果，却不足额给付保洁费，实属违约行为。

根据《中华人民共和国民事诉讼法》第一百零九条规定，特向贵院起诉，请求保护原告的合法权益。

证据和证据来源，证人姓名和地址

1. 合同 1 份

2. 补充协议 1 份

此致

××区人民法院

  附：1. 本起诉状副本 1 份

    2. 证据材料 3 份

起诉人：北京××清洗有限责任公司（盖公章）

法定代表人：孟××签名（或盖私章）

2013 年 5 月 23 日

（资料来源：程滔主编：《法律文书格式与写作技巧》，北京：中国方正出版社 2005 年版，第 159 ～ 160 页，略有增删。）

（二）评析

这是一份当事人双方均为法人的经济纠纷起诉状，有以下几个方面值得借鉴：

（1）格式规范，结构完整。

（2）诉讼请求明确具体，简明扼要。

（3）叙写事实条理清楚，重点突出。

（4）引用法律作论据，适当具体。

三、知识支撑

（一）经济纠纷起诉状的概念

经济纠纷起诉状是指公民、法人或其他组织在发生经济合同纠纷或其他财产权益纠纷后，因自身的合法权益受到侵害，以书面的形式向人民法院提起诉讼，以维护自身合法权益的法律文书。

经济纠纷起诉状是人民法院立案受理经济纠纷诉讼案件启动民事一审程序的法律依据。

（二）经济纠纷起诉状的种类

1. 经济合同纠纷起诉状和财产权益纠纷起诉状

根据经济纠纷的实质内容划分，经济纠纷起诉状可分为经济合同纠纷起诉状和财产权益纠纷起诉状。

2. 涉外经济合同纠纷起诉状和涉外财产权益纠纷起诉状

根据经济纠纷的实质内容是否具有涉外因素划分，又可分为涉外经济合同纠纷起诉状和涉外财产权益纠纷起诉状。所谓涉外因素是指诉讼一方或双方当事人是外国人、无国籍人或外国企业和组织或者是当事人之间民事法律关系发生、变更、消灭的事实发生在国外；或者是当事人之间争议的标的物在国外。

（三）经济纠纷起诉状的特点

1. 合法性

原告的起诉要得到法院的受理，就必须符合法律规定的要求，包括实质要求和形式要求。实质要求包括四个实质条件：①有合格的原告，即原告必须是与本案有直接利害关系的公民、法人或其他组织；②有明确具体的被告，即在向人民法院提起诉讼时，必须明确指明具体的被告；③有具体的诉讼请求和事实、理由；④适于人民法院受理经济纠纷案件的范围和受诉人民法院管辖。原告向人民法院提起诉讼必须同时具备以上四个实质条件，否则起诉不成立。而形式要求主要是指起诉的方式，即起诉应向人民法院提交起诉状，并按被告人数提交起诉状副本。这是起诉方式的原则规定。

2. 规范性

经济纠纷起诉状有规范的格式，全国各地通用。

3. 控告性

目前，我国立法在起诉方面仍然采取当事人"不告不理"的做法。如果原告向人民法院提交起诉状，就意味着原告行使法律赋予的控告权。

四、技能演练

（一）经济纠纷起诉状结构形式

标题 + 首部 + 正文 + 尾部

（二）经济纠纷起诉状写作方法

1. 标题

标题的一般格式：事由 + 文种。

标题应写明文书名称，主要有如下几种：一是"涉外经济纠纷起诉状"；二是"经济纠纷起诉状"；三是"民事起诉状"。因为民事起诉状包含了经济纠纷起诉状。标题不能只写"起诉状"三个字，以免与其他起诉状混淆。

2. 首部

首部应当具体写明当事人包括原名、被告、第三人的基本情况。

若当事人是公民时，应当写明其姓名、性别、年龄、民族、职业、工作单位和住所。先列写原告的姓名和基本情况。紧接着另起一行列写代理人姓名和基本情况。列写代理人时，应写明是法定代理人、委托代理人，还是指定代理人，列写完原告及其代理人，再写被告的基本情况。

若当事人是法人或其他组织时，应当写明法人或其他组织的全称及其住所。另起一行写该单位法定代表人或主要负责人的姓名、职务、电话，企业性质、工商登记核准号，经营范围和方式，开户银行、账号。如果该单位委托业务经办人或律师代理进行诉讼的，再另起一行写委托代理人，并写明其姓名、性别、职业或工作单位和职务、住所。若委托代理人是律师，只需写明姓名、工作单位和职务即可。

若当事人有数人时，则应依次写出，按享受权利和应尽义务的大小排列。如果有诉讼代理人的，可在该当事人基本情况下，另起一行写明诉讼代理人的姓名、单位和职务。

若有第三人参加诉讼的，应当列写原告、被告的基本情况之后，写明第三人的姓名和基本情况，并根据案情需要，指明第三人与原告、被告的关系。

3. 正文

正文是经济纠纷起诉状的核心部分。

一般格式：诉讼请求 + 事实与理由 + 证据和证据来源，证人姓名和地址。

（1）诉讼请求。

在诉讼请求一栏内，写明请求解决经济合同纠纷和其他财产权益纠纷的事项，即原告起诉所要达到的目的。

（2）事实与理由。

事实部分。要围绕诉讼目的，全面反映案件事实的客观真实情况。叙述要完整，要讲明经济纠纷案情事实的六个要素，即时间、地点、人物、事件、原因和结果；叙事要真实，必须实事求是，如实反映案件事实的本来面貌；叙事要明确，与争议事实有直接关系的事实，要详细叙述清楚。

理由部分。主要是依据经济纠纷的事实和证据，概括地分析该纠纷的性质、危害结果及责任，同时提出诉讼请求所依据的法律条文，以论证上述请求事项的合理性。

（3）证据和证据来源，证人姓名和地址。

该部分应当列述的证据，有三项内容：一是列述提交有关的书证、物证以及其他能够证明事实真相的材料；二是说明书证、物证以及其他有关材料的来源和可靠程度；三是证人的证言内容以及证人的姓名、地址等。

证据的写法，一般可以单列。对于能够证实某个重要事实的有关证据，在叙述事实过程中，谈到这个事实时用括号加以注明。

4. 尾部

一般形式：致送法院名称＋附件＋起诉人签名或盖章＋成文日期。

（三）经济纠纷起诉状的写作要求

1. 当事人基本情况要准确无误，清楚明白，顺序正确，具体齐全

原告、被告、第三人是法人或其他组织的，名称要写全称，要与其公章上字样相一致，不可随便简写，住所要具体、清楚，企业性质等内容要准确无误；若同案原告为二人以上，则应当一一写明；若同案被告为二人以上，则应当按照责任大小的顺序写明，要按原告、被告、第三人顺序写明各自的基本情况，顺序不能颠倒。

2. 诉讼请求要明确具体，合理合法，分项列明，简明扼要

原告诉讼请求事项较多的要分项列明，明确具体，简明扼要。提出诉讼的要求要合乎情理，尤其违约金或赔偿的金额，不能盲目扩大金额，与实际损失相去甚远，否则，不仅得不到人民法院的支持，还会增大诉讼费用；诉讼要求要符合法律规定，真正做到于法有据。

3. 叙写诉讼事实要实事求是，条理清楚，详略得当，重点突出

首先，要如实反映案情，既不要夸大，也不要缩小。其次，应当围绕诉讼请求来写，按经济纠纷发生的时间、地点、原因、经过和结果的顺序来叙写，突出当事人之间纠纷的焦点。做到既反映经济纠纷案件的全貌，又突出双方争议焦点。

4. 阐述诉讼请求理由，证据确凿，证论严密，依事论理，依法论理

首先，证据要真实可靠，来源要合法。其次，对诉讼事实的分析评论要合乎逻辑规律，能够由因推出果，并要与诉讼请求相一致，切忌自相矛盾。再次，要根据事实和证据认定被告侵权行为或与之争议权益的性质、所造成直接经济损失或后果及其应承担的法律责任。最后，根据案情，援引有关法律阐明起诉的理由，从而证明自己主张是合法的，自己合法权益是应当受到法律保护的。

五、病文诊治

（一）病文

起诉状

起诉人：河源市××有限责任公司
住所：××市××区××路××号

391

单元十　企业经济法律文书

法定代表人：李××，总经理，电话：××××-×××××××

被起诉人：佛山市××有限责任公司

住所：××市××区××路××号

法定代表人：王××，董事长，电话：××××-×××××××

案由：购销合同纠纷

诉讼请求

1. 要求被起诉人立即全面履行合同。

2. 要求被起诉人按合同规定偿付违约金 50 000 元人民币。

事实与理由

我公司（河源市××有限责任公司，简称甲方）于 2013 年 1 月 3 日与被起诉人（佛山市××有限责任公司，简称乙方）签订了一份《家具购销合同》。合同约定：甲方先付货款，乙方收到货款后 10 天内发货，合同标的额是 50 万元。合同第 11 条规定：违约金为 5 万元。起诉人按照该合同的约定于 2013 年 1 月 4 日汇出货款 50 万元。被起诉人于 1 月 5 日来电说："贵公司汇来的货款 50 万元收到，我公司将在 1 月 15 日之前发货。"但是，起诉人直至 1 月 18 日还没有收到提货单。尔后经过多次电话催货未果。我公司又在 2 月和 3 月，派人前往催货。该公司黄××却说："我方一开始就没有给贵公司发购销家具的电报，货已经订给别人了，后来签订的合同是无效的，不能与贵公司做这笔买卖。"我公司要求履行合同，如不能履行则立即退回货款。而黄××又说："合同是不能履行的了，至于货款，什么时候有钱什么时候退。"此后，又经过多次的协商无果，货款至今未退。

根据《中华人民共和国合同法》有关规定，特向贵院提起诉讼，请求依法准予我公司的诉讼请求。

证据和证据来源，证人姓名和地址

1. 购销合同 1 份

2. 汇款凭证 1 份

3. 证人彭××，地址：河源市××区××路××号

此致

××区人民法院

　　附件：1. 本起诉状副本 1 份

　　　　　2. 证据材料 3 份

起诉人：河源市××有限责任公司（盖公章）

2013 年 4 月 28 日

（二）诊治

该病文的格式和内容存在以下不足之处：

（1）标题不正确。应改为"经济纠纷起诉书"。

（2）当事人的称谓错误。应把"起诉人"改为"原告"，"被起诉人"改为"被告"。

（3）叙写事实过于简单。应当将双方协商的具体时间、地点、经过和结果写清楚，并有协商的会谈记录为证据，做到事实清楚，有根有据。

（4）运用实体法空洞。在引用法律作为证据时，要具体到相关法律条款，这样才有说服力。

（5）起诉人一栏缺少法定代表人签名（或盖章）。

六、相关知识拓展

经济纠纷起诉状的模式：

七、模拟写作实训

（一）实训任务

根据【项目任务背景】给定的材料，为广州××物业管理公司拟写一篇经济纠纷起诉状。

（二）实训要求

（1）当事人基本情况要准确无误，清楚明白，顺序正确，具体齐全。

（2）诉讼请求要明确具体，合理合法，分项列明，简明扼要。

（3）叙写诉讼事实要实事求是，条理清楚，详略得当，重点突出。

（4）阐述诉讼请求理由，证据确凿，证论严密，依事论理，依法论理。

任务 20-2　经济纠纷上诉书写作

知识目标

1. 了解经济纠纷上诉书的适用范围

2. 理解经济纠纷上诉书的概念、特点和类型

3. 掌握经济纠纷上诉书的写作格式和要求

技能目标

1. 能熟练掌握经济纠纷上诉书的写作技能

2. 能撰写格式规范、结构完整、内容完备、表述正确、要素齐全的经济纠纷上诉书

【项目任务背景】

（1）深圳市××区人民法院（一审法院）认定深圳××贸易有限公司（乙方）与昆明××茶叶贸易有限公司（甲方）之间为委托代销关系。

乙方与甲方之间签订的协议书第一条第一款明确约定："甲方委托乙方在广东、湖南等省销售甲方'普洱茶'产品，未经甲方同意，乙方不得在其他地区经销甲方'普洱茶'产品，否则甲方有权取消乙方的经营资格。"第三条第一款约定："为了进一步打开市场，甲方同意把产品计价 30 万元人民币，作为乙方铺货的借用资金，但乙方必须书写借据。"根据约定俗成的商业销售的做法，所谓铺货资金，就是委托方提供产品，代销方销售其产品并与委托方结算已售出产品，代销结束时，退还未售出产品的一种结算方式。实际上，甲方与乙方之间正是这样一种代销方式。代销关系终止时，尚未售出货款 5 万元人民币。乙方要求甲方从欠款中扣除未售出货款 5 万元人民币，被深圳市××区人民法院（一审法院）予以否定。

（2）深圳市××区人民法院（一审法院）认定深圳××贸易有限公司（乙方）要求昆明××茶叶贸易有限公司（甲方）支付的市场开发奖励金、销售奖励金和赔偿违约金，没有依据，予以否定。

乙方要求甲方支付奖励金的依据是甲乙双方签订的"协议书"和"附加协议"。协议书第三条第二款约定："甲方对乙方市场开发奖励金和销售奖励金的比例分别为回笼资金的 3%、2%"；第八条约定："违反本协议书的有关约定，违约金为 2 万元人民币。"现回笼资金为 20 万元人民币，以 2% 计算，销售奖励金为 0.4 万元人民币。关于市场开发奖励金，甲乙双方不仅在"协议书"和"附加协议"中有约定，而且甲方在与其他人另行签订的协议中也有约定。回笼资金为 20 万元人民币，以 3% 计算，市场开发奖励金为 0.6 万元人民币。

甲方违反"协议书"和"附加协议"的约定，先将市场让与他人经营，后又置乙方的发货请求于不顾，停止供货，提前两个月单方终止合同，致使乙方无法继续销售，蒙受很大损失。

乙方要求将未售出的货款 5 万元人民币退还给甲方，甲方应付给乙方的市场开发奖励金 0.6 万元人民币、销售奖励金 0.4 万元人民币，赔偿违约金为 2 万元人民币。以上四项共计 8 万元人民币，并从所欠款项中扣除。乙方实际应付给甲方 2 万元人民币。

（3）乙方不服深圳市××区人民法院××年××月××日〔20××〕×民初字第108号民事判决，向深圳市中级人民法院提起诉讼，以保护自己的合法权益。

（4）甲方与乙方的相关信息合理设定。

一、任务分析

（1）根据【项目任务背景】给定的材料，代深圳××贸易有限公司撰写一份经济纠纷上诉书。

（2）要完成写作任务，必须掌握经济纠纷上诉书写作知识和技能。

二、范文借鉴

（一）范文

经济纠纷上诉书

上诉人：吴××，男，38岁，汉族，××省××市人，营销员，北京市××有限责任公司，电话：010-×××××××

住所：北京市××区××路××号

被上诉人：××塑胶制品有限责任公司

住所：北京市××区××街××号

法定代表人：胡××，总经理，电话：010-×××××××

上诉人因欠款一案，不服××市××区人民法院2013年××月××日〔2013〕×民初字第128号民事判决，现提出上诉。

上诉请求

1. 将未售出的货物退还给被上诉人，其货物价值为3万元；

2. 欠款中扣除被上诉人应付给上诉人的市场开发费4 500元、奖励金3 000元。

上诉理由

1. 一审法院认定上诉人与被上诉人之间为买卖关系与事实不符。上诉人与被上诉人之间实为委托代销关系。

上诉人与被上诉人之间签订的协议书第一条第一款明确约定："甲方（被上诉人）委托乙方（上诉人）在北京、天津销售甲方产品，未经甲方同意，乙方不得在其他地区经销甲方产品，否则甲方有权取消乙方的经营资格。"第三条第一款约定："为了进一步打开市场，甲方同意把产品计价18万元，作为乙方铺货的借用资金，但乙方必须书写借据。"以上约定说明，被上诉人委托上诉人在北京、天津销售其产品，并提供了18万元的产品供其销售。根据约定俗成的商业销售的做法，所谓铺货资金，就是委托方提供产品，代销方销售其产品并与委托方结算已售出产品，代销结束时，退还未售出产品的一种结算方式。实际上，上诉人与被上诉人之间正是这样一种代销方式。代销关系终止时，尚未售出的产品理应退还给被上诉人，3万元货款应从欠款中扣除。一审法院根据一张欠条和名为买卖合同认定双方的买卖关系有失偏颇，与事实不符。

2. 一审法院否定由被上诉人支付的市场开发费和奖励金没有依据，与事实不符。

上诉人要求被上诉人支付奖励金的依据同样来自于被上诉人签订的"协议书"和"附加协议"。

协议书第三条第三款、第四款规定了奖励金的比例分别为 3%、2%。以 2% 计算，回笼资金为 15 万元，则奖励金为 3 000 元。此笔款项也应从欠款中扣除。关于市场开发费，被上诉人不仅曾口头同意支付，在其与他人另行签订的协议中也有约定：为回笼资金的 3%，应抵扣的市场开发费为 4 500 元。

被上诉人违反与上诉人的约定，先将市场让与他人经营，后又置上诉人的发货请求于不顾，停止供货，提前两个月单方终止合同，致使上诉人无法继续销售，蒙受很大损失。为此，被上诉人应承担违约责任。

综上所述，上诉人要求将未售出的货物退还给被上诉人，其货款为 3 万元；要求扣除被上诉人应付给上诉人的市场开发费 4 500 元、奖励金 3 000 元。以上三项共计 37 500 元，上诉人实际付给被上诉人 22 500 元的是合理合法，符合事实，恳请贵院依法改判一审判决，保护上诉人的合法权益。

此致
××中级人民法院

附件：1. 本上诉书副本 1 份
　　　2. 证据材料 8 份

上诉人：吴××（签名）
2013 年 12 月 16 日

（二）评析

这是一份上诉人为公民、被上诉人为法人的经济纠纷上诉书，有以下几点值得借鉴：

（1）文书结构完整。由标题、首部、正文和尾部四部分组成。

（2）格式规范。

（3）上诉请求具体明确，简明扼要。

（4）叙写事实重点突出，条理清楚。

（5）上诉理由针对性强，有理有据，用事实说话，有较强说服力，容易被人民法院接受。

三、知识支撑

（一）经济纠纷上诉书的概念

经济纠纷上诉书（或上诉状），是指经济纠纷案件当事人或法定代理人，不服地方人民法院作出的第一审未生效的判决或裁定，在法定时效期间内向上一级人民法院提起上诉，要求上一级法院进行重新审理、撤销、变更原判决或裁定的法律文书。

（二）经济纠纷上诉书的种类

根据当事人双方发生的经济纠纷或其他财产权益纠纷的实质内容、法律关系等要素是否具有涉外因素，可分为国内经济纠纷上诉书和涉外经济纠纷上诉书。

（三）经济纠纷上诉书的特点

1. 时效性强

根据《中华人民共和国民事诉讼法》第一百四十七条规定："当事人不服地方人民法院第一审判决的，有权在判决书送达之日起 15 日内向上一级人民法院提起上诉。当事人不服地方人民法院第一审裁定的，有权在裁定书送达之日起10日内向上一级人民法院提起上诉。"由此可见，经济纠纷上诉书具有很强时效性。

2. 针对性强

经济纠纷上诉书应做到"三个针对"：一是针对原审认定事实的错误进行说理论证；二是针对原审适用法律的错误进行说理论证；三是针对原审违反法定诉讼程序进行说理论证。

3. 目的性强

经济纠纷上诉书中的上诉请求就是当事人上诉所要达到的目的。要求撤销原审判决或裁定的哪一项，维持原判决或裁定的哪一项、变更原判决或裁定以及如何改判等都要写得明确具体，毫不含糊。

四、技能演练

（一）经济纠纷上诉书结构形式

标题 + 首部 + 正文 + 尾部

（二）经济纠纷上诉书写作方法

1. 标题

一般格式：事由 + 文种。

常用标题有四种：一是"经济纠纷上诉书（或上诉状）"；二是"涉外经济上诉书（或上诉状）"；三是"民事上诉书（或上诉状）"；四是"涉外民事上诉书（或上诉状）"。

2. 首部

一般形式：当事人基本情况 + 案由。

（1）当事人基本情况。

若上诉人和被上诉人是公民，基本情况包括姓名、性别、年龄、民族、籍贯、职业或工作单位、职务、住所。如果有法定代理人、委托代理人或代理人应当在上诉人或上诉人后分别依次写明他们的基本情况。如果是委托律师代理诉讼，则应当在上诉人或法定代表人后面写明该律师的姓名及其所在律师事务所的名称。

若上诉人和被上诉人是法人或其他组织，应当写明法人或其他组织的名称、住所。法人代表的姓名、职务、电话等。

若有第三人是公民的，应当写明第三人的基本情况。第三人是公民或法人或其他组织时，其基本情况写法与上面所述相同。

（2）案由。

案由具有承上启下的作用，位于当事人基本情况之下。主要包括原审人民法院名称、判决或裁定的年月日、文书字号等内容。

应当说明的是，经济纠纷是民事纠纷的一种形式，人民法院列为民事纠纷的范畴，所以人民法院作出的一审判决或裁定称"民事判决书或民事裁定书"，其相应文书字号"〔20××〕×民初字第××号"。

3. 正文

正文是由上诉人请求和上诉理由两个部分组成，是该文书的核心。

（1）上诉人请求。

上诉人请求是上诉人请求上一级人民法院所解决的问题，即上诉的目的。不仅要写得明确具体，而且要直截了当，简明扼要，不需解析原因，以免与理由部分重复。

（2）上诉理由。

上诉理由是经济纠纷上诉书成败的关键。叙写时，应当突出重点，抓住要害，证据确凿，举证充分，论证有力。具体从以下三个方面进行叙写和论证。

第一，针对原审认定事实的错误进行叙写和论证。在叙写上诉理由时，首先应当从事实入手，提出与原审认定的事实相对抗的事实真相，并列举确凿充分的证据进行辩驳。其次，在辩驳时，应当以反驳为主，抓住原判决或裁定认定事实错误之处进行反驳，最终达到上诉的目的。

第二，针对原审适用法律的错误进行叙写和论证。在叙写、论证时，要依据具体情况进行具体分析，在列举适合于案件的法律条款的同时要加以具体分析论证，阐明原判决或裁定适用法律时的错误，据此提出改变原审判决或裁定的要求。

第三，针对原审违反法定诉讼程序进行叙写和论证。通过叙写原审人民法院违反法律规定的诉讼程序导致原审判决或裁定错误的事实，分析指出原审判决或裁定发生错误的具体原因，以此作为要求改变原审判决或裁定的理由。

最后一段作为上诉理由部分的结束语。通常的写法是：

"根据上诉理由和有关法律，特请求你（贵）院依法撤销原判决（或裁定），予以改判。"

4. 尾部

一般形式：致送法院名称 + 附件 + 上诉人签名或盖章 + 成文日期。

（三）经济纠纷上诉书的写作要求

（1）当事人基本情况要齐全、详细，称谓要正确。
（2）上诉请求应符合法律，明确具体，简明扼要。
（3）上诉理由要突出重点，抓住要害，举证充分，证据确凿，论证有力。
（4）要在诉讼时效期间内将经济纠纷上诉书送交上一级人民法院，逾期无效。

五、病文诊治

（一）病文

经济纠纷上诉状

上诉人：郭××，男，32岁，汉族，住广州市××区××路8号
被上诉人：××市先锋科技有限公司
地址：××市××镇××工业区28号
法定代理人：王××

上诉事由：
上诉人因不服××区人民法院〔20××〕×法经初字第149号民事判决书，特提出上诉。

上诉请求：请求驳回被上诉人的诉讼请求。

上诉的事实与理由：

上诉人认为，原法院的判决认定的事实不清：第一，一方面肯定了上诉人退出被上诉人的股东协议的效力，另一方面又不承认这是上诉人取得补偿款的依据，这是互相矛盾的。

第二，错误理解了901协议与325协议的关系。法院认为，325协议是901协议的补充，从而断定上诉人违反了901协议，因此不能得到补偿款。事实上，被上诉人股东确认325协议是独立的，不是901协议的补充，所以原审法院作出这一推断没有任何的事实依据。

综上所述，法院在认定事实方面存在的错误，导致了错误的判决，特此提出上诉，请求法院重新考虑。

此致

××市中级人民法院

上诉人：郭××

2014年1月15日

（资料来源：朱悦雄主编：《应用写作病文评析与修改》，广州：广东高等教育出版社2004年版，第228页。）

（二）诊治

这篇经济纠纷上诉状存在问题较多，诊治如下：

（1）当事人基本情况不详。

（2）"上诉事由"四个字不用写。

（3）上诉请求不明确具体。

（4）诉讼对象不对。经济纠纷上诉书的诉讼对象是原审判决或裁定的错误之处，而不是针对对方当事人。

（5）上诉理由论述不够充分。该文只摆出了观点，没有针对原审认定事实的错误和适用法律的错误进行充分说理论证，显得苍白无力。

（6）文书中对"协议书"简称不当。"协议书"简称前应当先写"协议书"全称，然后注明简称。

（7）缺附件。应当在致送人民法院下面写上附件并写明附件的名称和份数，这是必不可少的内容，也是经济纠纷上诉书证据所在。

六、相关知识拓展

（一）经济纠纷上诉书与经济纠纷起诉状比较

1. 共同点

（1）诉讼目的相同。发生经济纠纷的当事人无论是向地方人民法院提出起诉，还是向上一级人民法院提出上诉，都是依法维护自身的合法权益。

（2）诉讼方式相同。当事人向地方人民法院提出起诉时，应向该人民法院提交起诉状，并按被告人人数提交起诉状副本，这是起诉方式的原则规定；而当事人向上一级人民法院提出上诉时，应向该人民法院提交上诉书或称上诉状，并按被上诉人人数提交上诉书副本，这是由上诉方式的原则所规定的。

（3）文书结构相同。两者均由标题、首部、正文和尾部等四部分组成。

2. 不同点

（1）诉讼时效期间不同。根据《中华人民共和国民法通则》第一百三十五条规定："向人民法院请求保护民事权利的诉讼时效期间为两年，法律另有规定的除外。"

根据《中华人民共和国民事诉讼法》第一百四十七条规定："当事人不服地方人民法院第一审判决的，有权在判决书送达之日起15日内向上一级人民法院提起上诉；当事人不服地方人民法院第一审裁定的，有权在裁定书送达之日起10日内向上一级人民法院提起上诉。"

（2）诉讼当事人称谓不同。经济纠纷起诉状的当事人称原告、被告、第三人；经济纠纷上诉书的当事人称上诉人、被上诉人、有独立请求权的第三人。

（3）受理案件的人民法院级别不同。经济纠纷起诉状是由地方人民法院受理，而经济纠纷上诉书是由该地方人民法院向上一级人民法院受理。

（4）诉讼对象不同。经济纠纷上诉书的诉讼对象是原审判决或裁定的错误之处，而不是针对对方当事人；经济纠纷起诉状的诉讼对象是对方当事人无理或违法之处。

（二）经济纠纷上诉书的模式

经济纠纷上诉书

上诉人：（姓名、性别、年龄、民族、籍贯、职业或工作单位、职务）
住所：（××省××市××区××路××号）
法定代理人（或代表人）：（姓名、职务、电话）
被上诉人：（姓名、性别、年龄、民族、籍贯、职业或工作单位、职务）
上诉人因……不服××人民法院××年××月××日〔20××〕×民经初字第××号民事判决（或裁定），现提出上诉。

上诉请求

1.……
2.……

上诉理由

1.……
2.……

根据上诉理由和有关法律，特请求你（贵）院依法撤销原判决（或裁定），予以改判。

此致
××市中级人民法院

附件：1. 本上诉状副本×份
2. 证据材料×份

上诉人：×××
（签名或盖章）
法定代理人：×××
（签名或盖章）
××××年××月××日

注：1. 本经济纠纷上诉书上诉人（公民）对一审判决、裁定不服提起上诉用，用钢笔或毛笔书写。

2. "上诉人"、"被上诉人"栏均应写明姓名、性别、年龄、民族、籍贯、职业或工作单位和职务、住所等。"上诉人"、"被上诉人"是法人或其他组织，应写明其名称、住所、法定代表人或主要负责人的姓名、职务、电话。

3. 上诉状副本份数，应按被上诉人的人数提交。

七、模拟写作实训

（一）实训任务

根据【项目任务背景】给定的材料，代深圳××贸易有限公司撰写一份经济纠纷上诉书。

（二）实训要求

（1）结构完整，格式规范。

（2）当事人基本情况要齐全，称谓要正确。

（3）上诉请求应符合法律规定，明确具体，简明扼要。

（4）上诉理由要突出重点，抓住要害，举证充分，证据确凿，论证有力。

项目20　思考与练习题

一、填空题

1. 经济纠纷起诉状是＿＿＿＿＿立案受理经济纠纷诉讼案件启动＿＿＿＿＿的法律依据。

2. 经济纠纷起诉状必须同时具备的法定实质条件是＿＿＿＿＿；＿＿＿＿＿；＿＿＿＿＿；＿＿＿＿＿。

3. 经济纠纷上诉书的正文由＿＿＿＿＿和＿＿＿＿＿两个部分组成，是该文书的核心。

4. 经济纠纷上诉书中的上诉理由部分叙写应做到"三个针对"：

一是＿＿＿＿＿＿＿＿＿＿＿＿＿＿＿＿＿＿＿＿＿；

二是＿＿＿＿＿＿＿＿＿＿＿＿＿＿＿＿＿＿＿＿＿；

三是＿＿＿＿＿＿＿＿＿＿＿＿＿＿＿＿＿＿＿＿＿。

二、选择题

（一）单选题

1. 经济纠纷起诉状的特点不包括（　　）

A. 合法性　　B. 控告性　　C. 独立性　　D. 规范性

2. 根据《中华人民共和国民法通则》第一百三十五条规定："向人民法院请求保护民

事权利的诉讼时效期间为（　　），法律另有规定的除外。"

 A. 一年　　　　　　B. 两年　　　　　　C. 三年　　　　　　D. 四年

 3. 根据《中华人民共和国民事诉讼法》第一百四十七条规定："当事人不服地方人民法院第一审判决的，有权在判决书送达之日起（　　）日内向上一级人民法院提起上诉；当事人不服地方人民法院第一审裁定的，有权在裁定书送达之日起（　　）日内向上一级人民法院提起上诉。"

 A. 5　　10　　　　B. 10　　15　　　　C. 15　　10　　　　D. 20　　15

（二）多选题

 1. 经济纠纷上诉书的主要特点包括（　　）

 A. 时效性强　　　B. 控告性强　　　C. 针对性强　　　D. 目的性强

 2. 经济纠纷起诉状当事人的称谓错误的是（　　）

 A. 起诉人　　　　B. 原告　　　　　C. 被起诉人　　　D. 被告

 3. 根据经济纠纷的实质内容划分，经济纠纷起诉状可分为（　　）

 A. 经济合同纠纷起诉状　　　　　　B. 涉外财产权益纠纷起诉状

 C. 涉外经济合同纠纷起诉状　　　　D. 财产权益纠纷起诉状

三、判断题

 1. 经济纠纷上诉书的当事人包括原告、被告、第三人。（　　）

 2. 经济纠纷起诉状的当事人称上诉人、被上诉人、有独立请求权的第三人。（　　）

 3. 当事人必须在诉讼时效期间内将经济纠纷上诉书送交上一级人民法院，逾期无效。（　　）

 4. 经济纠纷上诉书的诉讼对象是对方当事人无理或违法之处。（　　）

四、改错题

 1. 经济纠纷起诉状的首部应当具体写明当事人，包括起诉人、被起诉人和有独立请求权的第三人的基本情况。

 2. 经济纠纷起诉状的诉讼对象是原审判决或裁定的错误之处，而不是针对对方当事人。

五、问答题

 1. 何谓经济纠纷起诉状？

 2. 经济纠纷起诉状的写作要求是什么？

 3. 何谓经济纠纷上诉书？

 4. 经济纠纷上诉书与经济纠纷起诉状有什么不同？

单元十一　企业书信与演讲文书

项目 21　介绍信、感谢信与慰问信写作

任务 21 -1　介绍信写作

知识目标

1. 了解介绍信的适用范围
2. 理解介绍信的概念、特点和类型
3. 掌握介绍信的写作格式和要求

技能目标

1. 能熟练掌握介绍信的写作技能
2. 能撰写格式规范、结构完整、内容完备、表述正确、要素齐全的介绍信

【项目任务背景】

广州××贸易有限公司派部门经理张××前往湖南华翔商贸有限公司洽谈合作事宜。
请代广州××贸易有限公司写一份有存根联的介绍信。

一、任务分析

（1）根据【项目任务背景】给定的材料，代广州××贸易有限公司写一份有存根联的介绍信。

（2）要完成写作任务，必须掌握有存根联介绍信的写作知识和技能。

二、范文借鉴

（一）范文

介绍信

广东××机械设备进出口有限公司：

　　兹有我公司采购部经理李××同志等 3 人前往贵公司面谈进口机械设备相关事宜。请接洽为盼。

此致

敬礼

　　　　　　　　　　　　　　　　　　广州××建筑有限责任公司（盖章）

　　　　　　　　　　　　　　　　　　2014 年 1 月 13 日

（有效期贰拾天）

（二）评析

这是一封企业常见的介绍信，有如下几点值得借鉴：

（1）结构完整，格式规范。此介绍信由"标题＋称谓＋正文＋致敬语＋尾部"组成。

（2）措辞得体，语气谦和。

（3）尾部要素齐全。

三、知识支撑

（一）介绍信的概念

介绍信是国家机关、企事业单位、社会团体或个人等委派人员代表本单位或本人到其他单位联系工作、洽谈有关事宜，了解情况或参加各种社交活动时，用于介绍持介绍信人的身份、职务、洽谈事项等情况的一种书信体文书。它具有介绍、证明的双重作用。

（二）介绍信的种类

（1）按作者划分，可分为单位介绍信和个人介绍信两大类。本书只讲单位介绍信。

（2）按书写工具划分，可分为手写式、电脑打印式、印刷式介绍信等。

（3）按格式划分，可分为普通介绍信和专用介绍信两种。

①普通介绍信是临时手写或电脑打印的介绍信。

②专用介绍信是按照介绍信的结构形式统一印刷，装订成册，用时只需填写相关内容即可。

专用介绍信又可分为带存根和不带存根介绍信两种。不带存根的印刷式介绍信印刷的内容、格式同手写式介绍信大体一样。本书着重点主要介绍带存根的介绍信。

（三）介绍信的特点

（1）介绍性。介绍信是用于介绍持介绍信人的身份、职务、洽谈事项等情况的一种书信体文书，介绍性是介绍信主要作用之一。

（2）证明性。证明性也是介绍信主要作用之一。介绍信是证明持介绍信人的身份、职务、洽谈事项等情况。持介绍信人可以凭借此信同有关单位或个人联系，商量洽谈一些具体事宜；而接收介绍信的一方则可以从介绍信中了解来人的身份、职务、洽谈事项、要见的人、有什么希望和要求等。

（3）联结性。介绍信是联结双方关系的沟通桥梁，通过介绍信使双方认识，方便今后业务联系，建立牢固的合作关系。

（4）时效性。介绍信就相当于一个在一定时间内的有效证件，它可以帮助对方了解持信人的身份、职务，同时也赋予持信人一定的责任和权利，所以介绍信一般都应开列出一定的时间期限，这是在限期内才具备有效性的一种书信体文书，其目的在于防止假冒。

四、技能演练

（一）介绍信结构形式

标题＋称谓＋正文＋致敬语＋尾部

（二）介绍信写作方法

1. 普通介绍信的写作方法

（1）标题。介绍信一般用文种作标题，即"介绍信"三个字，居中排列，字体一般比正文字体大2号。

（2）称谓。称谓在第二行，要顶格写，要写明联系单位或个人的单位名称（全称）或姓名，称谓后要加上冒号。

（3）正文。正文要另起一行，空两格写介绍信的内容。介绍信的正文内容要写明被介绍者的姓名、职务等。如被介绍者不止一人还需注明人数。要写明接洽或联系的事项，以及向接洽单位或个人所提出的希望和要求等。

（4）致敬语。介绍信的结尾要写上"此致、敬礼"等表示敬意的话语。

（5）尾部。出具介绍信的单位名称写在正文右下方，并署上介绍信的成文日期，加盖单位公章。成文日期左下方写明介绍信使用期限，有效期限数字要用大写中文字。

2. 专用介绍信的写作方法

专用介绍信是统一印刷的介绍信，有带存根和不带存根两种。不带存根的印刷式介绍信印刷的内容、格式同手写式介绍信大体一样。

本书主要介绍带存根的介绍信。带存根的印刷式介绍信一般由存根联、间缝和正式联三部分组成。

（1）介绍信的存根联。

①存根部分的第一行正中写有"介绍信"三个字，字体要大一些，紧接着写"存根"两个字，用圆括号括住；在"介绍信（存根）"的下方写介绍信的发文字号，采用"××字×号"字样，用圆括号括住。"××字"是单位代字，"×号"是介绍信的顺序编号。如广东志达总公司开出的第100号介绍信，发文字号为"粤志达总字第100号"。

②正文。正文内容填写相应的空格上，具体内容如下：被介绍人的姓名、职务，随同人数以及前往何处、何单位，办理什么事情等。

③尾部。注明成文日期和有效期限，不必署名，因为存根仅供本单位在必要时查考。

（2）介绍信的间缝。存根联与正式联之间有一条虚线，虚线上即有"××字第××号（盖章）"字样。具体内容按照存根联的发文字号填写，要求数字用中文字大写，如"第壹佰号"，字号比正文字号大一些，便于从虚线处截开后，字迹在存根联和正文联各有一半。同时，应在虚线正中加盖公章，亦称骑缝章。

（3）介绍信的正式联。

正式联由"标题＋称谓＋正文＋致敬语＋尾部"组成。写作方法与普通介绍信相同。

①标题。"介绍信"三个字已经统一印刷。

②称谓。把联系单位名称（全称）或个人的姓名，填写在相应的空格上即可。

③正文。把介绍信的正文内容填写在相应的空格上即可。具体内容如下：被介绍人的姓名、职务、随同人数以及前往何处、何单位、办理什么事情等。

④致敬语。一般采用"此致、敬礼"表示敬意，已经统一印刷在正文的左下方。

⑤尾部。填写开具介绍信的日期和有效期限，有效期限数字要用中文字大写。开具介绍信的单位名称已经统一印刷，不必填写，加盖单位公章即可。

（三）介绍信写作要求

（1）结构要完整，格式要规范。

（2）正文内容要真实。填写被介绍人的姓名、身份或职务要真实，不得弄虚作假。

（3）语言表达，简明扼要。所接洽办理事项要写清楚。

（4）务必加盖公章。务必在介绍信的相应位置加盖公章。以免以后造成不必要的麻烦。查看介绍信时，要核对公章和介绍信的有效期限。有存根联的介绍信，存根联与正式联之间的间缝加盖公章。

（5）有存根联的介绍信，存根联和正式联正文内容要完全一致。

（6）介绍信书写时不得涂改，书写要工整。若有涂改的地方，可加盖公章，否则此介绍信将被视为无效。

五、病文诊治

（一）病文

介绍信

广州××科技有限公司：

今介绍我司职员前往贵处联系相关事宜，请务必接待。

此致

敬礼

深圳××科技有限公司

（有效期8天）

（二）诊治

此介绍信存在较多问题，诊治如下：

（1）正文内容表述不够具体明确。如"我司职员"不够具体明确。应交代清楚被介绍人的姓名、身份或职务，如被介绍者不止一人还需注明人数。

（2）用语不得体，欠礼貌。如"请务必接待"中的"务必"一词，用语不得体，语气生硬，没有礼貌。应将"务必"二字去掉。

（3）尾部要素不齐全。没有注明开具介绍信的日期。

（4）有效期限的数字没有用中文字大写。应改为：有效期捌天。

六、相关知识拓展

（一）企业普通介绍信模式

介绍信

××××××××××：

    兹有（或介绍）我公司××部××（职务）×××同志（或等×人），前往贵××联系××××××××，请接洽为盼。

    此致

敬礼

×××××××××公司
（盖章）
××××年××月××日

（有效期××天）

（二）企业专用介绍信模式

介绍信（存根）
（××字第××号）

××等×人，前往××××联系××××。

××××年××月××日

（有效期××天）

××字第××号（盖章）

介绍信
（××字第××号）

×××：

    兹有（或介绍）我公司××部××（职务）×××同志（或等×人），前往贵××联系××××××××，请接洽为盼。

    此致

敬礼

×××××××××公司（盖章）
××××年××月××日

（有效期××天）

七、模拟写作实训

（一）实训任务

根据【项目任务背景】给定的材料，代广州××贸易有限公司写一份有存根联的介绍信。

（二）实训要求

（1）结构完整，格式规范。

（2）正文内容真实。

（3）语言表达简明扼要。

（4）务必加盖公章。

（5）存根联和正式联正文内容要完全一致。

（6）书写要工整，不得涂改。

任务 21 – 2　感谢信写作

知识目标

1. 了解感谢信的适用范围

2. 理解感谢信的概念、特点、类型和功用

3. 掌握感谢信的一般结构及其写作方法

4. 掌握感谢信的写作要求

技能目标

1. 能熟练掌握感谢信的写作技能

2. 能撰写格式规范、结构完整、内容完备、表达正确、要素齐全的感谢信

【项目任务背景】

×月×日下午 A 公司业务员××和×××到时代广场购买物品，不慎丢失皮包一个，内有现金人民币 5 000 余元、银行卡两张、身份证一张、工作证一张及发票单据若干。

时代广场 B 公司职工×××女士主动将捡到的皮包送到 A 公司。A 公司再三感谢并表示要赠送纪念品，B 公司×××女士却说："这是我应当做的！"一再表示不能接受纪念品。A 公司对 B 公司×××女士以及 B 公司深表谢意。

一、任务分析

（1）根据【项目任务背景】给定的材料，代 A 公司撰写一封感谢信。

（2）要完成写作任务必须掌握感谢信的写作知识和技能。

二、 范文借鉴

（一）范文

感谢信

敬爱的中国人民解放军××部队全体指战员：

　　你们好！

　　天有不测之风云。十几天前，我市遭受百年一遇特大洪涝灾害，许多地区被淹，人民生命、国家财产受到了严重的威胁。在这危难之际，贵部队全体指战员，连夜赶赴我市，投入到紧张的抗洪抢险之中。十几个日日夜夜，你们发扬"一不怕苦，二不怕死，连续作战"的精神，始终冒雨战斗在抗洪抢险的第一线，有的同志跌倒了，爬起来继续战斗；有的同志受伤了，简单包扎后继续战斗；有的同志病倒了，病还没痊愈，又投入到抗洪抢险的战斗中。尤其是刘××同志冒着生命危险，为抢救被洪水冲进河中的儿童而身负重伤，至今还在医院昏迷不醒；王××同志年仅21岁，为抢救被洪水困在屋里孕妇，腿被倒塌的墙体压断，至今还在住院，据医生说，王××同志这条腿可能保不住了。你们在这次抗洪抢险中涌现出一个个催人泪下的英雄事迹，谱写了一曲曲可歌可泣的英雄赞歌。在你们和全市人民的奋力拼搏下，大堤保住了，使我市几百万亩良田和几百座房屋免遭洪水冲毁，有力地保住了我市人民生命和财产的安全，使我市的损失降到最低程度。为此，特向你们表示衷心感谢，并致以崇高的敬意！

　　你们这种急他人之所急、无私奉献、不怕牺牲的精神值得赞扬和学习。市委、市政府号召全市人民向你们学习，学习你们无私奉献、不怕牺牲的精神，学习你们全心全意为人民服务的高尚品质。我们决心在上级党委和政府的领导下，积极组织全市人民恢复生产，重建家园，以实际行动报答你们的关怀和帮助。

　　此致

敬礼

中共××市委员会　　　　××市人民政府

（公章）　　　　　　　（公章）

××××年×月×日

（二）评析

　　这是××市委、市政府对××部队全体指战员帮助抗洪抢险的感谢信，有以下几点值得借鉴：

　　（1）结构完整，格式规范。

　　（2）正文内容，层次分明，重点突出，点面结合。

　　（3）措辞得体，表达客观，评价恰当，感情真挚。

三、知识支撑

（一）感谢信的概念

　　感谢信是为了感谢对方的关心、支持、帮助，表达诚挚谢意所写的文书。它可以用于单位、团体或个人之间答谢对方的协作和援助或感谢对方的奉献和帮助。

（二）感谢信的种类

（1）按感谢对象分，有写给集体的感谢信和写给个人的感谢信。

（2）按感谢信的存在形式分，有公开张贴的感谢信和寄给单位、集体或个人的感谢信。

（三）感谢信的特点

（1）内容的真实性。感谢信中所叙述的人和事是真实存在和发生过的，不能与事实不符。

（2）感情的丰富性。感谢信中表达谢意，往往以事表情、以情感人。

（3）评价的客观性。对先进事迹的评价要实事求是，既不拔高，也不贬低，体现感谢信评价的客观性。

四、技能演练

（一）感谢信结构形式

标题＋称谓＋问候语＋正文＋致敬语＋尾部

（二）感谢信写作方法

1. 标题

多数标题直接写文种名称，如"感谢信"；有时也可以写受文对象和文种，如"致×××公司的感谢信"。

2. 称谓

写被感谢的单位名称或个人姓名。

3. 问候语

若写给单位全体同志的用"你们好"，若写给个人的用"您好"，若写给单位就不用问候语。

4. 正文

分三个层次写：先陈述事实。写清楚对方在什么时间、地点，对自己或单位有什么支持和帮助；次写对事实作出评价；再写谢意和向对方学习的态度与决心。

5. 致敬语

写表示敬意，如"此致、敬礼"等。

6. 尾部

署名和成文日期。署名写发送感谢信的单位或个人，以单位名义发出的感谢信应加盖公章，以示庄重。

（三）感谢信写作要求

（1）结构完整，格式规范。

（2）叙述事情要简明扼要、重点突出。

（3）评价事件、人物以及表示感谢要恰如其分，表明决心要符合实际。

（4）感情要真挚、热切，以发自内心的感情去打动对方。

五、病文诊治

（一）病文

感谢信

××出租汽车公司：

　　1月11日下午，我公司经理张××乘坐贵公司"×××××"号出租车时，不慎将皮包丢失。内有人民币8万余元、身份证一张、护照一本、空白支票三张及各种票据若干张。在我们万分焦急之时，贵公司司机×××先生主动将捡到的皮包送至我公司，使我公司避免了一次重大损失。为此，我们再三表示感谢并拿出1万元作为酬谢，×××先生却说："这是我应当做的"，表示不能接受。在此特致函贵公司，深表谢意。

×××公司
2014年1月12日

（二）诊治

本文存在的问题较多，诊治如下：

（1）结构欠完整。缺少致敬语，应分别加上"此致"、"敬礼"。

（2）感谢对象不明确。文中说"在此特致函贵公司，深表谢意"，但究竟是对贵公司深表谢意，还是对贵公司司机×××先生表示感谢，并不明确。

（3）没有对司机×××先生的品德作出评价和颂扬。文中只简述事迹，说明在对方帮助下产生的效果，但没有对×××先生的品德作出评价和颂扬。

（4）没有表达向×××先生学习的态度和决心。

六、相关知识拓展

（一）表扬信的概念、结构形式、写作方法与写作要求

1. 表扬信的概念

表扬信是用来表彰集体或个人的先进思想、先进事迹的书信体文书。表扬信可以以组织的名义写，也可以以个人的名义写。

2. 表扬信的结构形式

表扬信的结构一般由"标题＋称谓＋问候语＋正文＋致敬语＋尾部"组成。

3. 表扬信的写作方法

（1）标题。多数标题直接写文种名称，如"表扬信"；有时也可以写受文对象和文种，如"致××××公司的表扬信"。

（2）称谓。写被表扬的单位名称或个人姓名。

（3）问候语。若写给单位全体同志的用"你们好"，若写给个人的用"您好"，若写给单位就不用问候语。

（4）正文。分三个层次：首先交代表扬的缘由。要写清何人、何时、何点、做了何

事，以及事情的经过和结果。其次在叙述的基础上，用简洁的语言适当加以议论，阐明好人好事的意义。最后写向被表扬者学习的态度与决心或提出"×× 单位给予 ××× 同志表扬"希望等。

（5）致敬语。写表示敬意，如"此致、敬礼"等。

（6）尾部。署名和成文日期。署名写发送表扬信的单位，以单位名义发出的表扬信应加盖公章，以示庄重。

4. 表扬信的写作要求

（1）结构完整，格式规范。

（2）叙述事情要简明扼要、重点突出。

（3）评价事件要客观。

（4）表明决心要符合实际。

（5）用语要得体，感情要热切。

（二）表扬信与感谢信的异同

1. 相同点

（1）两者结构形式相同。表扬信和感谢信的结构形式都由"标题 + 称谓 + 问候语 + 正文 + 致敬语 + 尾部"组成。

（2）两者文体性质相同。表扬信和感谢信都属于书信体文书。

2. 不同点

（1）内容侧重点不同。感谢信以感谢为主，附带表扬；表扬信是以表彰为主，附带感谢。

（2）作者有所不同。感谢信的作者是受益人；表扬信的作者既可以是受益人，也可以是有关人员。

（3）结尾有所不同。感谢信结尾一般写向对方学习的态度与决心或再次感谢等内容；表扬信结尾一般写要求或建议。如结尾常特别提出要求对方单位领导予对 ××× 女士或先生给予公开表扬。

（三）表扬信范文借鉴

1. 范文

表扬信

×× 商场：

1 月 8 日我下班回到家里，突然发现我的钱包不见了，而里面装着的是刚刚发下来的当月的工资。正当我万分焦急的时候，贵商场的两位女售货员将我丢失的钱包送回来了。

原来我回家路过贵商场买东西时，匆忙间将钱包丢在卖烟酒的柜台上了。当售货员发现时，我已经离开了商场。她俩是按照我钱包里工作证上的地址找到我家的。见到我之后，她们当面让我核对了钱包里的钱和物品之后就匆匆走了。到现在我还不知道她们俩的名字呢。

贵商场两位售货员做好事不留名、拾金不昧的精神值得表扬，值得我永远学习。在这里我恳请贵商场领导在全体职员中对两位售货员给予公开表扬，并请贵商场领导转达本人对两位售货员的感谢和敬意。

　　此致

敬礼

贾×× 　　　

2014 年 1 月 9 日

2. 评析

这封表扬信，有以下几点值得借鉴：

（1）结构完整，格式规范。

（2）正文内容，简洁明了，层次分明，重点突出。

（3）言辞恳切，表达客观，评价恰当，感情真挚。

七、模拟写作实训

（一）实训任务

根据【项目任务背景】给定的材料，代 A 公司撰写一封感谢信。

（二）实训要求

（1）结构完整，格式规范。

（2）叙述事情要简明扼要，重点突出。

（3）评价事件、人物要恰如其分，表明决心要符合实际。

（4）措辞得体，感情真挚。

任务 21 – 3　慰问信写作

知识目标

1. 了解慰问信的适用范围

2. 理解慰问信的概念、特点、类型和功用

3. 掌握慰问信的写法和要求

技能目标

1. 能熟练掌握慰问信的写作技能

2. 能撰写格式规范、结构完整、内容完备、表达正确、要素齐全的慰问信

【项目任务背景】

　2013 年中秋佳节，A 公司一线员工放弃节日休假，放弃与家人团聚、赏月，坚守岗位，努力完成公司的生产任务。A 公司董事会决定，对坚守岗位的一线员工表示节日慰问，要求公司办公室主任助理杨××拟写一封慰问信。

一、任务分析

（1）根据【项目任务背景】给定的材料，代 A 公司撰写一封慰问信。

（2）要完成写作任务必须掌握慰问信的写作知识和技能。

二、范文借鉴

（一）范文

给春节期间坚守岗位的大桥工程建设者们的慰问信

尊敬的大桥工程建设者们：

值此新春佳节之际，中国××桥梁工程建设总公司向你们致以最亲切的节日问候。

春节是中华民族的传统节日。在这辞旧迎新、举国欢庆的日子里，人们沉浸在浓浓的欢乐气氛中。而你们——大桥工程的建设者，为了按时完成国家重点工程的建设任务，放弃了节日休假，放弃了与家人团聚，不辞劳苦，日夜奋战在工地上。你们用辛勤的汗水，书写着新时期中国工人阶级的伟大；用沸腾的热血，抒发着对国家建设的满腔激情；用灵巧的双手，描绘着中国新经济时代的壮丽蓝图；用智慧的头脑，建起一座新的钢铁长桥。你们用自己的行动展现出中国工人阶级的博大胸怀；用自己的真情，表达着对人民的无限忠诚。你们的精神值得赞扬，你们的精神值得学习！

大桥工程的建设者们，新春佳节期间，你们虽没能与家人团聚，但你们度过了一个令人难忘而有意义的春节！总公司感谢你们！全国人民感谢你们！让我们再一次以最诚挚的心情向你们表示亲切的慰问和衷心的感谢！

敬祝大家新春快乐，合家安康，万事如意！

中国××桥梁工程建设总公司
2014 年 2 月 1 日

（资料来源：刘杰、付胜主编：《经济文书写作与范例》，北京：人民出版社 2005 年版，略有改动。）

（二）评析

这是一封节日慰问信，有以下几点值得借鉴：

（1）结构完整，格式规范。

（2）正文内容，层次分明。

（3）用语得体，感情充沛。高度赞扬坚守岗位的大桥工程的建设者们"为了按时完成国家重点工程的建设任务，放弃了节日休假，放弃了与家人团聚"的奉献精神，并以诚挚的心情向他们表示亲切的慰问。用语得体，感情充沛，具有很强的感染力。

三、知识支撑

（一）慰问信的概念

慰问信是单位或个人在某一特殊时刻向在某方面作出特殊成绩、贡献或遇到重大灾害的集体或个人表示亲切问候、关怀或同情、安慰的一种书信体文书。

（二）慰问信的种类

根据内容，慰问信可分为以下三类：

（1）表彰性慰问信。对取得重大成绩的人员进行慰问，赞扬作出的贡献，慰问付出的辛劳，鼓励他们戒骄戒躁，乘胜前进。

（2）安慰性慰问信。对遭遇灾难、困难或重大打击的不幸者表示同情和慰问，鼓励他们战胜暂时的困难，加倍努力，迅速改变现状。

（3）节假日慰问信。在节假日对特定的阶层、特定的人员表示慰问。

（三）慰问信的特点

（1）内容具有鼓舞性。慰问信无论是写给作出成绩和贡献的集体或个人，还是写给遭遇重大灾害、损失的集体或个人，其内容都以鼓励和鼓舞为主。

（2）表达具有亲切感。慰问信中赞颂或慰勉对方，其行文充分体现热情、亲切之感。

四、技能演练

（一）慰问信结构形式

标题＋称谓＋正文＋祝颂语＋尾部

（二）慰问信写作方法

1. 标题

慰问信的标题在第一行正中书写，字号应大一些，通常有以下几种格式：

（1）文种作标题。如：慰问信。

（2）由"慰问对象＋文种"组成标题。如：给×××的慰问信。

（3）由"发信单位名称＋受文对象＋文种"三部分组成的标题。如：××××××总公司致全体职工的慰问信。

2. 称谓

在标题之下，第二行顶格处写明被慰问对象的单位或个人姓名，个人姓名后面加"同志"、"先生"或职务等相应称呼，有的在对象前加"敬爱的"或"亲爱的"，称谓后加冒号。

3. 正文

正文包括引语、主体、结尾三个层次。

（1）引语。简明扼要地说明慰问的原因和背景，然后表达问候之意，如"值此之际，谨向你们致以亲切的问候"。

（2）主体。集中详细地叙述事实，或对受信人取得的成绩进行叙述，鼓励对方继续努力；或对对方所遇到的困难进行介绍，赞扬对方不畏艰险的可贵精神，表达与被慰问方共渡难关的愿望。

（3）结尾。提出希望。

4. 祝颂语

对慰问对象表示祝福或祝愿。

5. 尾部

写发出慰问信的单位名称或个人姓名、成文日期。

（三）慰问信写作要求

（1）慰问对象要明确。写清楚对方的事迹，用事实说话，写作内容和慰问对象要吻合。

（2）表达感情要真挚。古人云："感人心者，莫先乎情。"只有真挚的情感才能打动人心，要向对方表示出无限关怀的感情，慰勉对方，使人受到鼓舞。

（3）激励慰问对象的自信心。要让对方在遭遇不幸，遇到种种挫折时得到激励，增强他们克服困难的自信心和勇气。

（4）语言要亲切，措辞要恰当。

（5）篇幅不宜太长。

五、病文诊治

（一）病文

致公司全体员工的慰问信

全体员工：

值此佳节到来之际，我代表公司董事会并以我个人的名义谨向你们表示节日的问候！

多年来，你们为公司的生存和发展，呕心沥血，辛勤工作，作出了巨大的贡献。你们把自己美好的青春年华和聪明才智奉献给了公司，公司感谢你们，公司将永远铭记你们的丰功伟绩！

最后祝你们节日快乐！

广州××有限公司董事长：钟××

2013 年××月××日

（二）诊治

这封慰问信存在问题较多，诊治如下：

（1）称呼不够亲切。应加上"尊敬的"三字。

（2）慰问的背景交代不清。即在什么节日对员工表示慰问，说明不清。

（3）用词过于夸张，感情欠真挚。

六、模拟写作实训

（一）实训任务

根据【项目任务背景】给定的材料，代 A 公司撰写一封慰问信。

（二）实训要求

（1）结构完整，格式规范。

（2）思路清晰，层次分明。

（3）语言亲切，感情真挚。

（4）激励性强，有感染力。

项目 21　思考与练习题

一、填空题

1. 介绍信的结构一般是由 _____ 、 _____ 、 _____ 、 _____ 、 _____五部分组成。

2. 介绍信的主要特点包括_____ 、 _____ 、 _____和_____。

3. 介绍信按格式划分，可分为两种类型：一种是 _____ ；一种是_____。

4. 感谢信的特点是_____ 、 _____和_____。

5. 感谢信的正文分三个层次叙写，先写_____ ；次写_____ ；再写_____。

二、判断题

1. 慰问信既可以对取得重大成绩的人员进行慰问，也可以对遭遇重大打击的不幸者表示同情和慰问。（　　　）

2. 慰问信仅仅能对相关人员起到安慰关怀的作用。（　　　）

三、问答题

1. 普通介绍信和专用介绍信在内容和格式上有何不同？

2. 介绍信写作的注意事项主要包括哪些方面？

3. 写感谢信应注意什么问题？

4. 简析感谢信与表扬信的异同。

5. 慰问信的写作要求是什么？

四、写作题

1. 分别搜集一两篇感谢信和慰问信的范例及病文加以评析，并归纳感谢信和慰问信的写作要点和注意事项。

2. 教师节快到了，请以××市教育局的名义给全市教育工作者写封慰问信，致以节日问候。

项目 22　求职信与辞职信写作

任务 22 – 1　求职信写作

知识目标

1. 了解求职信的适用范围
2. 理解求职信的概念、特点、类型和功用
3. 掌握求职信的一般结构及其写法
4. 掌握求职信的写作要求

技能目标

1. 能熟练掌握求职信的写作技能
2. 能撰写格式规范、结构完整、内容完备、表达正确、要素齐全的求职信

【项目任务背景】

陈××同学是广东××职业技术学院管理工程系文秘专业 2014 届毕业生，在思想修养、理论学习及社会实践等方面的表现都非常优秀……目前，陈××同学尚未找到工作单位，打算写一封求职信发给广州××物流总公司领导。

请代陈××同学撰写一封求职信。

一、任务分析

（1）根据【项目任务背景】给定的材料，代陈××同学撰写一封求职信。
（2）要完成写作任务必须掌握求职信的写作知识和技能。

二、范文借鉴

（一）范文

应聘信

尊敬的领导：

您好！

昨日在《羊城晚报》求职易中获悉贵公司招聘 3 名计算机软件程序员，心情很激动。我是广东××职业技术学院计算机工程系计算机软件专业 2013 届毕业生，大学三年所学的专业知识和掌握的专业技能，自信能担任贵公司计算机软件程序员的工作，现去信应聘，接受贵公司的挑选。

本人的具体情况介绍如下：

一、具备良好的思想修养和职业道德

本人品质优秀，思想进步，积极向上，诚实做人，用心做事，责任心强，具备良好的团队协作精

神和职业道德。去年5月8日光荣加入中国共产党，今年5月8日按期转为中共正式党员。

二、较好地掌握专业知识和专业技能

大学三年认真刻苦学习计算机软件专业知识，积极主动参加专业课程实践，在专业知识和技能考核中均取得优异成绩，大一和大二连续两年被评为学院"三好学生"，连续两年获学院一等奖学金，获得"全国计算机技术与软件网络管理员"职业资格证书，熟练 Visual Basic、SQL Server、ASP、Linux、Windows98/Me/NT/2000/XP 和 Office、WPS 办公自动化软件等操作系统。同时，获得广东省第三届大学生计算机软件技能竞赛一等奖和大学英语四级证书。

三、具有较强的组织管理能力

大学三年曾担任计算机工程系学生分会主席、计算机协会干事，曾组织系迎新生联欢会、计算机软件技能竞赛和学生分会换届选举大会，受到老师、同学们的一致好评。在活动中增强了自己的组织管理能力。

四、积累了一定的社会工作经验

大学期间，利用寒暑假积极参加社会实践活动，曾在佛山××电脑科技有限公司和深圳××计算机软件公司做假期工，在广州××计算机软件公司进行为期5个月的毕业顶岗实习，在实践中，了解了计算机软件程序员的工作职责，基本掌握了计算机软件程序员的工作流程，积累了一定的社会工作经验。

五、爱好与特长

本人性格活泼，爱好运动，体育素质较好，是系篮球队主力队员，曾获学院第十届"飞信杯"男子篮球赛亚军。本人喜欢文学，经常到图书馆看经典小说、散文和古诗词，认真做读书笔记，常写读后感，文学修养不断提升。

本人在计算机软件杂志中了解到贵公司是广东计算机软件行业的优秀企业，本人愿意为贵公司的发展贡献自己的青春和力量。我真诚期盼成为贵公司的一员。

此致

敬礼

应聘者：×××谨上

2013年6月28日

附件：1.《个人简历》1份

2.《学校推荐表》1份

3.《各科成绩单》1份

4. 证书复印件5份

联系地址：广州市××区××路××号　　邮政编码：×××××

联系电话：020－×××××××　　手机：138××××××××

（二）评析

这则应聘信有如下几点值得借鉴：

（1）标题正确。这是一篇知道用人单位招聘人员的情况下所写的求职信，用"应聘信"作标题，正确。

（2）结构完整。此信由"标题＋称谓＋正文＋结束语＋附件＋尾部"组成，结构要素齐全。

（3）条理清楚。此信针对公司招聘职员的要求，把自己的优势分条列出，简单明了，一目了然，使用人单位在很短的时间内得到比较多的信息。

（4）用语得体。用语诚恳而不失自信，礼貌而不失自尊。符合求职信的要求，是一篇不错的求职信。

三、知识支撑

（一）求职信的概念

求职信包括自荐信和应聘信，是求职者向用人单位或相关领导介绍自己的求职意图和实际才干，以便对方了解自己，予以任用，从而获得某种职位的书信体文书。

（二）求职信的种类

（1）从求职者的身份来划分，求职信可分为毕业生求职信、待业下岗人员求职信和在岗人员换岗求职信三种。

（2）从用人单位是否招聘人员的情况来划分，求职信可分为自荐信和应聘信。

①自荐信是指求职者不知用人单位是否招聘人员的情况下所写的求职信。

②应聘信是指求职者知道用人单位要招聘人员的情况下所写的求职信。

（三）求职信的特点

（1）明确的目的性。求职信目的只有一个，就是谋求合适的职位。

（2）突出的自荐性。不论求职者与用人单位是否认识，求职者在信中都必须充分地介绍自己的学识和才能，让用人单位认识自己，所以求职信有突出的自荐性。

（3）激烈的竞争性。用人单位招聘是面向社会的，求职者必然会有不少人，求职者谁能被录用，这就是竞争。因而求职信又具有激烈的竞争性。

（4）鲜明的个性化。在现代社会中，求职已成为一种普遍的社会现象。为更好地展示个人才华、表达个人意愿、谋求实现理想的机会，求职信的版面设计要标新立异，具有鲜明的个性化。

四、技能演练

（一）求职信结构形式

标题＋称谓＋正文＋结束语＋附件＋尾部

（二）求职信写作方法

1. 标题

（1）以"求职信"三字为标题。居于首页第一行正中，字号略大。

（2）以"应聘信"三字为标题。求职者知道用人单位要招聘人员的情况下所写的求职信，其标题为"应聘信"。

（3）以"自荐信"三字为标题。求职者不知用人单位是否招聘人员的情况下所写的求职信，其标题为"自荐信"。

2. 称谓

称谓在求职信的第二行顶格书写，称谓要礼貌得体。求职信如写给单位的则直接写单位全称即可，如"广东龙山文化传播总公司"；如写给单位具体领导，一般称呼其职务，如"××出版社人力资源部王××经理（部长）"；若不知道领导的名字，称谓则用"尊敬的领导"即可。

3. 正文

正文一般应写明以下内容：

（1）求职缘由。求职信开头需写清求职缘由和目的。是毕业求职、待岗求职还是在岗者换岗求职等都要说明清楚。开头的表达要简明准确，富有吸引力。

（2）求职目标。写明求职的具体岗位，即自己能胜任职位。若是应聘信则写明应聘的职位，即用人单位招聘的职位。

（3）求职条件。这是求职信的核心内容，一般应包括如下几个方面：

①本人基本情况。包括姓名、性别、年龄、政治面貌、专业、学历、经历和职称等。

②思想品德修养。在校表现或工作成绩。

③专业知识与技能。所学的专业课程、学习成绩、获奖情况以及所考取得各类专业技能证书。

④社会工作情况。在校期间，参加的社会实践或兼职的工作经历。

⑤爱好与特长。主要包括兴趣爱好、文艺体育方面的特长等。尤其是参加校级、省级、国家级的重大文体竞赛，所取得的优异成绩。如：你是学校的篮球队的主力队员——中锋，碰巧用人单位的篮球队就缺少一个"中锋队员"，你被录取的概率会大得多。

这部分内容要根据用人单位的职位要求有针对性地介绍自己，做到："重点突出，投其所需，扬长避短，充分展示自己的专业技能和综合素质，凸显自己的实力。"

（4）求职期望。可对今后工作作简要构想，诚恳地表达盼望被录用的心情，希望早日得到明确的答复。语气要谦恭有礼，不能迫不及待。如"企盼福音"、"伫候佳音"等，不能写"请快回复"之类命令性话语。

4. 结束语

如"此致，敬礼"等。向对方表示意愿、恳请或致谢。

5. 附件

附件部分是附在正文末用以证明或介绍自己具体情况的书面材料，选用的相关证明材料最好加盖必要的公章，内容包括所读课程及成绩表；获奖证书或等级认定证书；发表的文章；专家、单位提供的推荐信或证明材料等。

6. 尾部

在正文的右下方，要写上"求职者：×××谨上"，并注明写求职信的具体日期，为方便对方回文联系，还需写上自己的详细通信地址、邮编、电话、电子邮件等联络方式。

（三）求职信写作要求

（1）实事求是，不卑不亢。对自己的学历、资历、专长都必须实事求是地介绍，绝不能弄虚作假。推销自己做到不卑不亢。不要过于高傲，也不要过于谦卑。过于高傲，狂妄自大，会给人留下轻佻浮夸的印象，两者都不能达到求职目的。过于谦卑，自贬身价，给人以碌碌无为的不良感觉。

（2）重点突出，投其所需。根据用人单位职位要求有针对性地介绍自己，重点突出自己的优势。

（3）待遇要求，切忌过高。一般不宜提过高的待遇或报酬，要体现出勤奋、踏实、稳重的精神风貌，给对方以良好的印象。

（4）结构完整，格式规范。

（5）言简意赅，条理清楚。一份求职信往往体现着求职者的表达能力和写作水平，事关用人单位对自己的印象问题，故在写作时要言简意赅、条理清楚，给人以精明练达、逻辑性强的印象。

（6）用语得体，谦恭有礼。

五、病文诊治

（一）病文

求职信

尊敬的贵公司领导：

　　我是××省××职业技术学院 2013 届计算机及应用专业即将毕业的学生，名叫郭××，是一个农民的儿子，血管里流着的是泥土的芳醇和农民的憨厚，也教了我坚韧不拔的处事准则和方法。家庭的贫困、父母的期望、社会的竞争是我学习的动力。我十分珍惜大专三年的学习。在校的三年里，我觉得自己并没有虚度。我学了平台操作系统、办公软件等。掌握了数据库、电路基础、数据结构、专业英语、电脑组装与维护、网络技术等专业知识，并熟练网页制作、图形图像处理和平面设计 AutoCAD 等。在班上设计过班级网页，并独立完成。

　　我真诚地感谢您在百忙之中浏览我的求职书，这对一个即将迈出校门的学子而言，将是一份莫大的鼓励。这是一份简单而又朴实的求职书，但它是我用心血浇灌而成的一次不普通的求职信。也许它的普通没能深深地吸住您的目光，但它却蕴含着一颗真诚的心。为此，我诚心恳求您能阅读这份普通的求职函！

　　我的特长是维护网络系统、电脑组装与维护、网络系统故障排除，非常熟悉安装操作系统和图形图像处理、网页制作、网络布线。在校时为了培养自己的跨世纪的综合能力并参加过计算机学会，在学会当中，我经常给学会的成员讲课，并积极地做好每一件事，宣传计算机相关的知识。同时，在学校管理和维护计算机机房，能独立排除一些计算机的故障。

　　我作为一名刚从象牙塔走出的高职学生，我的经验不足或许让您犹豫不决，但请您相信我的干劲是最大的，我蕴藏着巨大的创造力，我一定会博得大家的好评。我相信：用心一定能赢得精彩！

　　良禽择木而栖，士为知己者而搏。愿您的慧眼，开启我人生的旅程。再次感谢您阅读我的自荐书，祝您工作顺心！期待您的答复！

　　此致

敬礼

求职人：×××

××××年××月××日

（二）诊治

这份求职信存在问题较多，诊治如下：

（1）开头没能写明去信的意图。

（2）逻辑性不强。第二段表明写求职信的意图，"诚心恳求您能阅读这份普通的求职函"这些话本应在第一段开门见山提出的，却在第二段才提出。而第一段的内容本应放在第二段来写，却摆在开头一段。第三段的内容是紧接第一段的，现在却被拦腰斩断。

（3）有些词语欠准确、妥当，表述不统一。如"我是一个农民的儿子，血管里流着的是泥土的芳醇和农民的憨厚……"有矫情卖弄之嫌，且内容与求职无关；"我的干劲是最大的，我蕴藏着巨大的创造力，我一定会博得大家的好评"，用词过于夸张，不仅起不到好的作用，相反还会令人感觉你轻浮。关于"求职信"表述前后不统一，有时称"求职书"，有时称"求职函"，有时称"自荐书"，给人的感觉很乱。另外有些语句欠通顺。

（4）结构不完整。没有附件。

（5）尾部要素不齐全。没有写求职者的联系地址、联系电话和电子邮箱等。

六、相关知识拓展

（一）自荐信与应聘信异同

1. 相同点

（1）文体相同。两者都属于书信体文书。

（2）目的相同。两者目的都是谋求合适的职位。

2. 不同点

（1）两者行为背景不同。

自荐信是求职者未知用人单位是否招聘人员的情况下所写的求职信，具有主动性；应聘信是求职者知道用人单位招聘人员的情况下才写的求职信，具有被动性。

（2）两者功能不同。

自荐信功能是投石问路，试探目标单位是否有职缺；应聘信功能是检验求职者是否满足职位条件。

（3）两者针对性不同。

自荐信是到处撒网，针对性不强；应聘信是有的放矢，针对性很强。

（二）应届毕业生求职信与在岗人员换岗求职信的不同点

1. 求职的目标不同

应届毕业生求职信目标是找一份合适的工作或谋求一个合适的职位；在岗人员换岗求职信目标是找一份比现在更好的工作或谋求一个更好的职位。

2. 写作的侧重点不同

应届毕业生求职信写作侧重点应是写综合素质、专业知识和专业技能，让用人单位认为自己是可塑之才；在岗人员换岗求职信写作侧重点应是工作经历、工作经验、工作政绩等，让用人单位认为自己是资历深，经验丰富的人才。

七、模拟写作实训

（一）实训任务

根据【项目任务背景】给定的材料，代陈××同学撰写一封求职信。

（二）实训要求

（1）结构完整，格式规范。

（2）实事求是，客观评价。

（3）推销自己，不卑不亢。

（4）条理清楚，层次分明。

任务 22-2　辞职信写作

知识目标

1. 了解辞职信的适用范围

2. 理解辞职信的概念、特点、类型和功用

3. 掌握辞职信的一般结构及其写法

4. 掌握辞职信的写作要求

技能目标

1. 能熟练掌握辞职信的写作技能

2. 能撰写格式规范、结构完整、内容完备、表达正确、要素齐全的辞职信

【项目任务背景】

李××先生因在市郊的新景小区购买了新房，新房离公司较远，每天须花近 4 小时在路上，且孩子尚小，接送极不方便，故欲于 2013 年 12 月 1 日向公司提出辞职。

请代李××先生写一份辞职信。

一、任务分析

（1）根据【项目任务背景】给定的材料，代李××先生撰写一封辞职信。

（2）要完成写作任务必须掌握辞职信的写作知识和技能。

二、范文借鉴

（一）范文

辞职信

尊敬的潘总经理：

您好！

经过深思熟虑，我决定辞去目前在公司所担任的职务，因为考虑到目前行业的现状以及自身的专业水平，我需要重返学校深造，以适应今后的发展。

在此辞呈递交以后的 2~4 周内我将离职，这样您将有时间去寻找适当人选，来填补因我离职而造成的空缺，同时我也能够协助您对新人进行入职培训，使他尽快熟悉工作。另外，如果您觉得我在

某个时间段内离职比较合适，不妨给我个建议或尽早告知我。

我非常重视在公司工作的这段经历，也很荣幸自己曾经是公司的一员，我确信在公司里的这段经历和经验，将为我今后的发展带来非常大的帮助。再次对您和公司表示感谢！

此致

敬礼

张××

2014 年 1 月 20 日

（二）评析

这封辞职信有以下几点值得借鉴：

（1）结构完整，格式规范。

（2）主体部分条理清楚，层次分明。

（3）辞职理由充分，合情合理。

（4）措辞得体，语气谦和。

三、知识支撑

（一）辞职信的概念

辞职信是劳动者由于各种原因要中止同用人单位的劳动合同而辞去工作或职务时所写的一种书信体文书。辞职信适用于个人或由于对原工作不满意，有更好的工作机会；或由于不满意原单位领导的管理方式；或由于能力无法胜任原工作；或由于在工作中造成了某种失误、损失，影响较坏；或因其他各种原因无法在原单位继续工作，从而提出辞呈，请求上级批准其辞职。一般来讲，辞职者应提前 30 天以书面形式通知用人单位。

（二）辞职信的种类

辞职信从辞职人数上可分为集体辞职信和个人辞职信两种；从身份角度上，可分为一般工作人员的辞职信、机关干部或部门领导辞职信两种。

（三）辞职信的特点

（1）意图明确。写辞职信的目的就是要告知用人单位自己辞职的愿望。除法律、法规另有规定的以外，无须得到用人单位批准，这就决定了辞职信的写作意图应当准确、明白。

（2）语气委婉。虽然辞职信应该明确表意，但行文语气应委婉，注意礼貌得体。

四、技能演练

（一）辞职信结构形式

标题＋称谓＋正文＋结束语＋尾部

（二）辞职信写作方法

1. 标题

多数标题直接写文种名称，如"辞职信"；有时也可写成"辞职书"、"辞职申请

（书）"等。

2. **称谓**

在标题下一行顶格处写接受辞职申请的单位组织或领导人称呼，并在称呼后加冒号。如"××公司："、"××总经理："等。

3. **正文**

正文是辞职申请的主要部分，其内容一般包括三部分：一是提出辞职申请的原因；二是申述提出申请的具体内容，该项内容要求将有关辞职的详细情况一一列举，主要内容单一完整；三是表明提出辞职申请的决心和个人的具体要求，并提出希望领导能解决的具体问题，还可根据工作实际情况表示对现任领导和工作岗位的感激或怀念之情等等。

4. **结束语**

祝语要求写上表示敬意的语句，如"此致"、"敬礼"等。

5. **尾部**

写辞职人姓名及提出辞职申请的具体日期。

（三）辞职信的写作要求

（1）理由充分。辞职信的开头就要直接表明自己辞职的意图，并将辞职理由写清楚，使对方能透彻了解辞职者的要求和具体情况。

（2）措辞委婉。无论是自己决定，还是被要求辞职，撰写辞职信时，措辞要委婉恳切，语气要准确得体，切忌把辞职信当作发泄情绪的工具。

（3）考虑成熟。辞职信是辞掉工作的一种申请，辞职者一定要事先考虑成熟以后再作决定，避免事后后悔，造成不必要的烦恼和麻烦。

五、病文诊治

（一）病文

辞职信

××公司：

我申请辞去现在的工作，请上级领导批准。

公司的企业文化感化了我，我对公司是深有感情的，我感谢公司领导和同事在工作中对我的关心。

市场部：××
2013 年 12 月 10 日

（二）诊治

该文存在的问题主要有以下几方面：

（1）结构不完整。没有结束语。应在最后加上"此致"、"敬礼"或"并祝公司……"之类的祝语。

（2）称谓欠准确。宜改为"公司人力资源部"。

（3）辞职理由没有交代。

六、模拟写作实训

（一）实训任务

根据【项目任务背景】给定的材料，代李××先生撰写一封辞职信。

（二）实训要求

（1）结构完整，格式规范。

（2）理由充分，合情合理。

（3）措辞得体，语气委婉。

项目22　思考与练习题

一、填空题

1. 求职信的特点是_____、_____、_____和_____。

2. 求职者在介绍自己的情况时必须_____，绝不能弄虚作假；推销自己时，应_____；提出报酬条件时，应_____。

3. 辞职信从辞职人数上分，有_____和_____两大类。

4. 辞职信的写作要求是_____、_____、_____。

二、判断题

1. 辞职者一般提前一周以书面形式通知用人单位。（　　　）

2. 辞职信应措辞委婉，切忌把辞职信当作发泄的工具。（　　　）

三、写作题

假如你即将毕业，需要应聘求职。请你合理虚构自己的个人学业、持证数量及能力素质等情况，向某公司写一封求职或应聘信。

项目23　竞聘词与就职演说写作

任务23-1　竞聘词写作

知识目标

1. 了解竞聘词的适用范围

2. 理解竞聘词的概念、特点和类型

3. 掌握竞聘词的写作格式和要求

技能目标

1. 能熟练掌握竞聘词的写作技能
2. 能撰写格式规范、结构完整、内容完备、表述正确、要素齐全的竞聘词

【项目任务背景】

苏××，男，现年30岁，毕业于广东外语外贸大学人力资源管理专业，在广州建华科技有限公司工作近6年了，曾任办公室主任助理、人力资源部经理助理、人力资源部副经理。苏××同志业务水平较高，组织管理和协调能力较强，团队协作精神好，爱岗敬业，为人正直，责任心强，在公司上下人际关系融洽。这次公司在员工中公开竞聘人力资源部经理岗位，他打算参加竞聘。

请代苏××同志写一篇竞聘词，竞聘人力资源部经理。

一、任务分析

（1）根据【项目任务背景】给定的材料，代苏××先生撰写一篇竞聘词。
（2）要完成写作任务必须掌握竞聘词的写作知识和技能。

二、范文借鉴

（一）范文

做一名务实创新的管理者
——竞聘副总经理的演讲词

尊敬的各位领导、各位评委、各位代表：

大家好！首先，感谢总公司董事会和代表们给我这次展示自我的机会。我之所以参加这次竞聘，是因为：①表明我对董事会推行竞聘上岗机制的拥护和践行；②通过这次竞聘，锻炼自己，并借此机会与大家交流思想。我竞聘的岗位是总公司副总经理。

我今天演讲的题目是"做一名务实创新的管理者"。

一、本人的基本情况

我叫韩××，现年××岁，中山大学企业管理专业本科毕业，中共党员，1993年参加工作，先后从事市场营销、企业管理等工作，担任过市场营销部经理、总经理助理、分公司经理等职务。多次被评为优秀共产党员和先进工作者，2008年3月被××市人民政府授予"21世纪企业管理优秀人才"称号。

二、本人竞聘总公司副总经理岗位的条件

（一）具备较强协调能力

参加工作15年来，能发扬团队精神，能从大局出发协调好部门工作，能正确处理好与领导和同事的关系，具备较强协调能力。

（二）具备较强组织管理能力

参加工作以来，一直从事企业管理工作，熟悉企业管理工作程序和办事规则。在实践中，积累了较丰富的企业管理经验，具备较强组织管理能力。

（三）具备扎实的应用写作能力

在就任总经理助理的一年中，利用工余时间到中山大学中文系进修"应用写作"课程，掌握了应用写作知识和技能。就任总经理助理职务3年来，应用写作水平不断提高，相信自己已具备总公司副总经理这一岗位所需的应用写作能力。

（四）具备正直良好的道德品质

做好领导，必须先做好人。本人胸怀坦荡，为人正直，从不搞小动作；办事公道，廉洁奉公，从不假公济私；努力工作，敢于负责，从不无故推诿；遵纪守法，严于律己，具有良好的道德修养。

诚然，人无完人，在肯定自己的同时，我也清醒地认识到自己存在一些不足之处：如与领导和大家思想交流不够；有时工作较为急躁等。不过我有信心，在今后工作中不断克服自身的不足，不断完善自己。

三、上任后的工作设想

（一）做好配角，当好参谋

作为副职，必须了解正职的主要工作思路和总公司的目标，摆正位置，履行副职岗位职责，做好配角，当好参谋。具体来说：要尽己所能，统筹兼顾，收集各种信息供总经理参考，帮助总经理顺利作出科学决策；主动协调部门工作；多请示汇报，多沟通思想；尽职不越权，帮忙不添乱，补台不拆台。

（二）务实严谨，开拓创新

以务实严谨的作风开展新的工作。（略）

以开拓创新的精神迎接新的挑战。（略）

做一名务实创新的管理者。（略）

（三）运用激励机制调动员工的积极性（略）

（四）用真诚的心营造和谐的工作环境（略）

如果我能当选，那是领导和代表们对我的信任和鼓励；如果我不能当选，说明我的条件还不够。无论哪一种结果，我都将一如既往在岗位上尽心、尽力、尽职、尽责。

谢谢大家！

韩××

2013年12月18日

（资料来源：http://www.8020rc.com/news/25/24538.html，有改动。）

（二）评析

该竞聘词有以下几点值得借鉴：

（1）结构完整。全文由"标题＋称谓＋正文＋尾部"组成。

（2）标题采用正副标题组合形式，正标题揭示文章主旨，副标题补充说明竞聘职务和文种，格式规范。

（3）正文开头先问候，再感谢，后说明竞聘的职务和演讲的题目，条理清楚；主体包括本人的基本情况、竞聘具备的条件和上任后的工作设想，层次分明。结尾先谈参加竞聘的认识，后表明竞聘者的态度，语言朴实。

（4）介绍自己，重点突出，评价客观。

三、知识支撑

（一）竞聘词的概念

竞聘词又叫竞聘演讲稿，或叫竞聘讲话稿。竞聘词是竞聘者为谋取某一职务时在特定的会议上，面对特定的听众所发表的用以阐述竞聘的优势及被聘用后的工作设想和打算的演讲类文书。

（二）竞聘词的特点

（1）目标的明确性。竞聘词旨在竞聘岗位，要求讲清自己竞聘哪一个具体的岗位，具备什么样的竞聘条件。

（2）内容的具体性。每一个岗位对任职人员的政治素质、智能素质和才干方面的要求都有所不同，因此竞聘词的内容应围绕某个具体的岗位谈自己的具体情况。

（3）思路的条理性。竞聘演说的目的是为了说服招聘者聘用自己，所以在运用具体事例和介绍自己情况时要围绕这一目的进行阐述，在思路上要清晰、有条理。

（4）语言的简洁性。竞聘词是用来演讲的，由于时间的限制，并且听众的注意力集中的时间有限，如果语言啰唆，讲得太多，效果反而不好。所以竞聘词要把握关键点，用简洁的语言将自己的情况、意愿和胜任的条件及工作设想介绍清楚。

四、技能演练

（一）竞聘词结构形式

标题＋称谓＋正文＋尾部

（二）竞聘词写作方法

1. 标题

标题有三种写法。一是用文种作标题，即只标"竞聘词"；二是由竞聘人和文种构成或竞聘职务和文种构成，如"关于竞聘××职务的演说词"；三是采用正副标题的形式，正标题说明自己的打算、设想等，副标题标明竞聘的职务。

2. 称谓

称呼顶格写在第一行，是对招聘单位或招聘人员的称呼，如"各位领导，各位同志"等。

3. 正文

正文是全文的重点、核心，一般包括开头、主体和结束语三部分。

（1）开头。简单叙述竞聘的职务和竞聘的缘由。

（2）主体。简介自己的情况，简要介绍竞聘者的基本情况、自己的优势以及上任之后的施政目标。竞聘者的基本情况包括姓名、性别、年龄、民族、政治面貌、文化程度、职务、职称、工作简历等，可根据实际安排详略，不必面面俱到，上任之后的施政目标和措施是重点，它直接关系到竞聘的成功与否。因各行业、各种职务的不同，所以竞争者应根据自己竞争的岗位，提出任务和目标。

设想可以从这几个方面阐述：一是工作方面，表示自己将会从大局出发、从所分管的工作角度出发；二是个人方面，将会加强学习、提高业务工作能力等；三是为人方面，表明自己将与同事团结协作、廉政为官等。但切忌说大话、放空炮，乱开"支票"，使人不相信。这段内容要用数字、指标，力求量化，不能用数字表述的，也应具体些。

（3）结束语。一般表明决心、信心和请求，以自信的姿态表达希望获得机会的意思。这部分是主体内容的自然延伸，一般用以表明竞聘者的态度（竞聘成功或不成功的态度）、希望听众支持自己以及向听众致谢等。这部分要写得简明扼要，自然贴切，意尽言止。如"以上发言，请领导与同事批评指正"，或"我的话完了，请指教，谢谢！"

4. 尾部

在正文右下方写上竞聘者姓名与日期，日期要求年月日俱全。

（三）竞聘词写作要求

（1）实事求是，介绍自己。介绍自己的基本情况和工作能力，要实事求是，有事实依据，只有这样，才能令人信服。

（2）工作设想，明确具体。在谈工作设想时，不说空话、大话，要针对目标有的放矢，突出可行性和可操作性。

（3）用词得体，语气平和，谦虚诚恳。

（4）行文简洁，篇幅适中。不宜过长，把要讲的内容说清楚就行。

五、病文诊治

（一）病文

竞聘词

各位领导：

你们好！

我的竞选目标是厂长，实不相瞒，对这一职位我是垂涎已久，因此，我今天走上讲台，不是凑凑热闹，而是有备而来。我自信，我的竞争优势是无人能比的。

我为什么来竞争这一职位呢？理由有三点：第一，我认为这有利于提高自己的综合素质，全面发展自己。第二，我认为自己具备担当该职务所必需的政治素养和个人品质。第三，我认为自己具备担当此任所必需的知识和能力。

假如我有幸成为你们的厂长，你们一定会问："你能为我们做些什么？对企业有些什么样的改革措施？"恕我直言，我无力为你们迅速带来财富，提高你们的工资，增加你们的奖金。至于改革的具体方案和措施，我也无可奉告。

今天天气这么冷，大家还都来捧场，这使我非常感动。无论我竞聘是否成功，我都要向各位领导、评委和在座的朋友们表示深深的谢意！

×××

××××年×月×日

（二）诊治

这篇竞聘词存在较多问题，诊治如下：

（1）称呼欠得体。应加上敬语："尊敬的"，改为"尊敬的各位领导"。

（2）重点不突出。只讲述了竞聘的缘由和竞聘优势，对上任之后的施政目标和措施表述得很不合适，如"恕我直言，我无力为你们迅速带来财富，提高你们的工资，增加你们的奖金。至于改革的具体方案和措施，我也无可奉告"。

（3）结构不完整。如没有结束语。

（4）语言表达太过口语化，如"天气这么冷，大家还都来捧场"等，这样的竞聘词很难使竞聘者脱颖而出。

（5）语气不够谦虚。有妄自尊大之嫌。如开头"我的竞争优势是无人能比的"。

六、相关知识拓展

（一）演讲词的概念

演讲词俗称演说词、讲话稿，是指在重要场合或群众集会上发表讲话的文稿。在各种会议上，它可以用来交流思想，表达感情，发表意见和主张，提出号召和倡议。

（二）演讲词的种类

演讲词一般有叙事、说理、抒情三种类型的演讲词。具体如下：

（1）叙事型演讲词：以叙述为主要表达方式，辅以适当的议论、说明和抒情。叙事演讲词通过对人物、事件、景物的记叙和描述，表达演讲者的思想感情，反映社会生活的本质和规律。

（2）说理型演讲词：以议论为主要表达方式，它应具有正确、深刻的论点，使用确凿而充足的具有说服力的论据，进行富有逻辑性的论证。

（3）抒情型演讲词：以抒情为主要表达方式，在演讲中抒发演讲者的爱恨、悲喜等强烈的感情，对听众动之以情，以"情"这把钥匙开启听众的心灵。

（三）演讲词的特点

1. 针对性

撰写演讲词，要考虑听众的需要，讲话的题目应与现实紧密结合，所提出的问题应是听众所关注的事情，所讲内容的深浅也应符合听众的接受水平。同时，演讲又要注意环境气氛，既要注意当时的时代气氛，又要了解演讲的具体场合，是庄严的会议或重大集会，还是同志间的座谈和讨论问题，是欢迎国宾，还是一般的友人聚会。不同的场合，演讲有不同的内容、不同的讲法。

2. 鲜明性

演讲的内容不能只是客观地叙述事情，还必须表明自己的主张，阐明自己的见解。即赞成什么，反对什么，表扬什么，批评什么，均应做到立场鲜明、态度明确，不能含糊。好的演讲总是以其缜密的思想启发听众，以鲜明的观点影响听众，给听众以鼓舞和教育。

3. 条理性

要使讲话易被听众听清、听懂，就要条理清楚、层次分明，否则，所讲内容虽丰富、深刻，但散乱如麻，缺乏逻辑性，亦会影响讲话效果。

4. 通俗性

演讲的语言，总的说来应该通俗易懂。要做到这一步，关键是句子不要太长，修饰不要太多，不宜咬文嚼字，要合乎口语，具有演讲的特点。同时，也应该讲究文采，以便雅俗共赏。

5. 适当的感情色彩

演讲既要冷静地分析即晓之以理，又要有诚挚热烈的感情即动之以情，这样才能使演讲既有说服力，又有鼓动性。

（四）演讲词写作方法

演讲词没有固定的形式，可以根据不同的对象、时间以及所讲的问题自由灵活地安排结构形式。尽管如此，从众多的演讲词中仍可看出，其写作格式主要有标题和正文两部分。具体如下：

1. 标题

标题的形式有三种：一种是报刊编辑在登报时加上去的，不是作者自己拟定的；一种是由作者拟定正题，发表时编辑再加上副题的；一种是作者拟定正题，题下注明作者姓名的。

2. 正文

正文的结构，一般开头先是针对与会者的称呼，接着开始演讲，要造成一种气氛，引起听众注意，控制会场的情绪。主体部分全面展开论述，突出演讲中心，把全部所要表达的内容逐层交代清楚，给观众留下深刻的印象，结尾部分总结全文，表明态度。

（五）演讲词写作要求

演讲词是一听而过的，时间有限，所以一篇演讲词只能安排一个中心思想，并且要求中心突出。另外，演讲主要是通过语言表达，这就要求演讲词结构层次分明，脉络清晰，这样听众才容易听懂演讲者所要表达的观点，也只有这样演讲才能取得预期效果。所以演讲词必须中心突出、结构层次分明、脉络清晰。

七、模拟写作实训

（一）实训任务

根据【项目任务背景】给定的材料，代苏××先生撰写一篇竞聘词。

（二）实训要求

（1）结构完整，格式规范。

（2）实事求是，介绍自己。介绍自己的基本情况和工作能力，要实事求是，有事实依据，只有这样，才能令人信服。

（3）工作设想，明确具体。在谈工作设想时，不说空话、大话，要针对目标有的放矢，突出可行性和可操作性。

（4）用词得体，语气平和，谦虚诚恳。

（5）行文简洁，篇幅适中，不宜过长。

任务23-2 就职演说写作

知识目标

1. 了解就职演说的适用范围
2. 理解就职演说的概念、特点和类型
3. 掌握就职演说的写作格式和要求

技能目标

1. 能熟练掌握就职演说的写作技能
2. 能撰写格式规范、结构完整、内容完备、表述正确、要素齐全的就职演说

【项目任务背景】

广州建华科技有限公司苏××同志竞聘人力资源部经理成功后，于2014年1月8日发表就职演说。

请代苏××同志写一篇就职演说。

一、任务分析

（1）根据【项目任务背景】给定的材料，代苏××先生撰写一篇就职演说。

（2）要完成写作任务必须掌握就职演说的写作知识和技能。

二、范文借鉴

（一）范文

不负众望，做好本职工作
——可人食品总公司副总经理的就职词

尊敬的各位领导、亲爱的同事们：

大家好！

在2013年新年钟声即将敲响之际，承蒙总公司董事会和大家对我的信任、厚爱，选举我做总公司副总经理，我感到非常荣幸，在此表示衷心的感谢！

在可人食品总公司快速发展时期，我当选为总公司副总经理，深感肩上的担子重，工作的压力大，但是，在总公司董事会的领导下，在大家的支持和帮助下，我有信心和决心，不负众望，做好本职工作。下面谈谈本人任期3年的工作重点。

一、加强学习，更新知识，进一步提高技术和管理水平

社会在发展，技术在进步，知识在更新。本人只有加强学习，不断更新知识，才能跟上时代的步伐。同时，本人必须努力工作，进一步提高技术和管理水平，才能当好总经理的参谋和助手。（略）

二、尊重知识，尊重人才，加快总公司人才培训的步伐

大家知道，现代企业的竞争是产品的竞争，产品的竞争是技术的竞争，技术的竞争是人才的竞争。可见，人才是企业可持续发展的根本。我将和大家一起坚决贯彻总公司"以人为本"的管理理念，尊重知识，尊重人才，充分发挥总公司人才培训中心的作用，分期分批对各部门、各分公司及其

生产车间所需管理人员和技术人员进行培训。（略）

三、完善制度，科学管理，推动总公司"三化"管理的进程（略）

四、狠抓产品质量，确保食品安全，打造可人食品品牌

产品质量是企业的生命线。我将和相关部门的负责人一起，加大质检工作力度，严格按照国家食品质量标准，狠抓产品质量，确保食品安全，打造可人食品品牌，提高可人食品的知名度、美誉度和竞争力。具体工作如下：

（一）略

（二）略

……

五、加大营销力度，拓展营销网络，进一步提高产品的市场占有率（略）

六、引进先进技术，改造生产工艺，不断开发新产品（略）

七、外树形象，内练素质，共同构建优秀企业文化（略）

八、综合运用激励机制，充分调动员工的积极性（略）

九、关心员工，爱护员工，努力提高员工的工资福利水平（略）

任期3年，说长不长，说短不短，我衷心希望能和大家一道为实现总公司的中期目标而愉快工作。

谢谢大家！

姚××

2013 年 12 月 28 日

（二）评析

该就职演说有以下三点值得借鉴：

（1）全文由"标题＋称谓＋正文＋结束语＋尾部"组成，结构完整。

（2）标题采用正副标题组合形式，正标题揭示文章主旨，副标题补充说明任职情况和文种，格式规范。

（3）正文开头先问候，再交代背景，后表示感谢，条理清楚；正文主体先略写本人感受和决心，后详写任职3年的工作重点，详略得当；结尾提出希望，语言朴实。

三、知识支撑

（一）就职演说的概念

就职演说是新当选的各级领导人或企事业单位、人民团体的负责人走马上任前的施政演说，是一种演讲类文书。这种演说，可以展示出新当选领导人本身的形象和工作风范，同时也能够促使其本人在今后工作中尽职尽责，不敢懈怠。

（二）就职演说的特点

（1）对象的特殊性。前面讲的竞聘讲话，主要是面向领导，而就职演说主要对象则是群众，因此，就职演说必须围绕群众所关心的话题来讲。

（2）态度的明晰性。新领导上任之时，群众必然寄予很大的希望，就职演说就要摸清群众的心理，了解群众议论的热点和问题，表明自己的态度和决心，不要避开群众关心的

问题，谈些不痛不痒的话题。

（3）语言的简洁性。就职演说是就职时简短的表态性的讲话，不是工作计划，因此一般都较为简洁明确。

四、技能演练

（一）就职演说结构形式

标题＋称谓＋正文＋结束语＋尾部

（二）就职演说写作方法

1. 标题

就职演说的标题有单标题和双标题：一是单标题，如"销售经理的就职演说"；二是双标题，正题表明就职词的主旨，副题标明职位，如"做一个不被私利左右的人——市长的就职演说"。

2. 称谓

称谓的写法同竞聘词，是对竞聘单位或全体人员的称谓，顶格写在第一行。如"各位领导、各位同志"等。

3. 正文

就职演说的正文部分一般包括开头、主体两部分。

开头表明此刻的激动心情，向选民、代表或群众表示感谢。

主体包括下面几层意思：一是介绍本人的情况；二是讲自己的工作设想及近期工作具体任务、目标、措施等；三是表示做好工作的信心和决心，请求大家予以支持。

4. 结束语

常用"谢谢"或"谢谢大家"等礼貌用语结束演说。

5. 尾部

署上演说者姓名和成文日期。

（三）就职演说写作要求

（1）要把自己置于从群众中来的位置，切忌打官腔。

（2）关注受众、切合群众心理。关注群众所思所想，切合人们所关心的问题。

（3）勇于进取，坚决果断。就职演说的表态，是关键的部分，新上任的领导，工作目标应实事求是，但又要给下属留下严谨而又锐意进取的形象。

（4）简洁干练，要言不烦。就职演说不宜长篇大论，过于烦冗拖沓只能使人厌烦，只要把公众最关心的问题讲明即可。

（5）条理清晰，表述方法灵活多变。

五、病文诊治

（一）病文

（二）诊治

这是一篇新任经理的就职演说，存在不少问题，诊治如下：

（1）结构不完整。既没有称呼，也没有落款。

（2）主体部分内容，不符合就职演说的写作要求。没有写今后的工作设想这一最重要的内容，显得空洞无物。

（3）过于谦虚，难以得到员工的信任和支持。如"才学低微疏浅，恐怕难当此任，但是大家一定要推举我，我只好硬着头皮做"，这种表述谦虚过头了。

（4）整篇文章过于口语化，缺乏语言的修饰和加工。

六、相关知识拓展

（一）述职报告的概念

述职报告是任职者陈述自己任职情况，评议自己任职能力，接受上级领导考核和群众监督的一种报告类文书，是指各级各类机关工作人员，主要是领导干部向上级、主管部门和下属群众陈述任职情况，包括履行岗位职责，完成工作任务的成绩、缺点、设想，进行自我回顾、评估、鉴定的书面报告。

（二）述职报告的结构形式

标题 + 称谓 + 正文 + 尾部

（三）述职报告的写作方法

1. 标题

标题分为单行标题和双行标题。单行标题如"述职报告"或者"在……（上）的述职报告"。双行标题：正题写主题，或者写述职报告类型，副题写述职场合。

2. 称谓

称谓放在标题之下正文的开头，要根据会议性质及听众对象而定。如在教职工代表大会上述职报告的称谓"尊敬的各位领导、来宾，全体教职工代表，全校教职工同志们"。

3. 正文

述职报告的写法依据报告的场合和对象而定，一般来说采用总结式写法，共分三部分。具体如下：

（1）基本情况。履行职责的基本情况，用平直、概括、简短、精练的文字，概括地介绍，如主要情况、时间、地点、背景和事件经过等。

（2）成绩经验。自此以下包括问题、教训和今后计划共三部分，要分出层次，这样才能条理分明。语言要实实在在，不要避重就轻。

（3）今后计划。包括目标、措施、要求三要素。报告结束时要用称谓礼貌用语，如"以上述职报告妥否，请予审议。谢谢大家！"

4. 尾部

述职报告的尾部要写明自身姓名及单位名称，最后写报告年月日。

（四）述职报告的写作要求

（1）实事求是。真实地反映述职人履行职责的实际情况，无论陈述成绩还是缺点，都应抱着实事求是的态度，绝不能弄虚作假。

（2）提炼主题。紧紧围绕个人履行职责的情况展开陈述，选择有代表性的典型事例，切忌千篇一律，人云亦云。

（3）语言简洁。语言要简洁朴实、通俗易懂。

七、模拟写作实训

（一）实训任务

根据【项目任务背景】给定的材料，代苏××先生撰写一篇就职演说。

（二）实训要求

（1）结构完整，格式规范，条理清晰。

（2）正文内容关注受众，切合群众心理。

（3）工作目标实事求是，就职表态睿智果断。新上任的领导，工作目标应实事求是，但又要给下属留下严谨而又锐意进取的形象。

（4）简洁干练，要言不烦。就职演说不宜长篇大论，过于烦冗拖沓只会使人厌烦，只要把公众最关心的问题讲明即可。

项目 23　思考与练习题

一、填空题

1. 就职演说的结构一般由＿＿＿＿＿＿＿＿、＿＿＿＿＿＿＿＿、＿＿＿＿＿＿＿＿、＿＿＿＿＿＿＿＿和＿＿＿＿＿＿＿＿五部分组成。

2. 就职演说的主要特点包括＿＿＿＿＿＿＿＿＿＿＿、＿＿＿＿＿＿＿＿＿＿＿和＿＿＿＿＿＿＿＿＿。

二、选择题

1. 竞聘者准备竞聘词，要善于扬己之长，用（　　），切忌吹牛、海夸、华而不实

A. 事实说话　　　　　　　　　　B. 数字证明

C. 优美的文辞打动人　　　　　　D. 朴实的语言说话

2. 竞聘词的写作格式与演讲词大致相同，只是在写法上还必须突出它自身的（　　）特点

A. 明确性　　　　B. 条理性　　　　C. 应聘条件　　　　D. 演讲、竞聘

3. 毫无疑问，获取竞职演讲成功的关键就在（　　）部分，因此，在这部分的写作上，要突出要项，充分展示竞职者的竞争优势

A. 标题　　　　B. 主体　　　　C. 附件　　　　D. 结尾

三、判断题

1. 竞聘者准备竞聘词，要善于扬己之长，用事实说话，并且可以作适度的夸张。（　　）

2. 竞聘词中介绍个人简历时，要讲求真实性、简要性，突出特殊性；展示工作能力时，要突出工作成绩、优化工作思路；提出的施政措施要目标明确、实在；语言上要做到情真意切。（　　）

3. 写作述职报告时要亮出自己内容的竞争性，要显出"人无我有"、"人有我强"、"人强我新"的胜他人一筹的"优势"来，有时甚至要化劣为优。（　　）

四、问答题

1. 述职报告和就职演说有何不同？

2. 就职演说的写作注意事项主要包括哪些方面？

单元十二　常用专业文书

项目 24　实习报告与毕业论文写作

任务 24 - 1　实习报告写作

知识目标

1. 了解实习报告的形成过程
2. 熟悉实习报告的特点及写作步骤
3. 掌握实习报告的格式及写作要求

技能目标

1. 掌握合理使用实习报告的写作技巧
2. 能够撰写格式规范、符合要求的实习报告

【项目任务背景】

　　广东××职业技术学院 2010 级文秘专业学生，根据本专业教学计划，在最后一个学期要到企业进行顶岗实习，要把在校两年半所学的专业知识运用到实际的工作中。涉外秘书 101 班的杨××同学的实习单位是广州四龙文化传播公司，实习时间为 2013 年 2 月 12 日至 6 月 12 日。在实习期间，杨××同学工作积极主动，责任心强，虽然在工作中会出现各种失误，但是在企业指导老师的耐心指导下，在同事们的帮助下，及时纠正，使工作得以顺利进行，圆满完成顶岗实习任务，受益匪浅，获得很多实践经验。实习结束后，杨××同学要写一篇顶岗实习报告。

　　假如你是涉外秘书 101 班的杨××同学，请写一篇顶岗实习报告。

一、任务分析

　　（1）根据【项目任务背景】给定的材料，代涉外秘书 101 班的杨××同学撰写一篇顶岗实习报告。

　　（2）要完成写作任务，必须掌握实习报告的写作知识和技巧。

二、范文借鉴

（一）范文

一分耕耘　一分收获

——南×国际酒店顶岗实习报告

酒店管理 101 班　　王××　　　指导老师：钟××

顶岗实习是我们高职学生迈入社会这个大环境的前奏，是通向实际工作的第一个人生转折点。我带着希望于 2013 年 2 月 16 日下午 4：00 来到南×国际酒店人力资源部报到，进行为期 4 个月的顶岗实习。通过 4 个月的顶岗实习，我对"一分耕耘，一分收获"的内涵有了更深刻的理解。现将本人顶岗实习的情况报告如下：

一、实习目的

1. 了解酒店经营管理过程和酒店文化。

2. 把在校所学的酒店管理专业知识与技巧运用到实际工作中去，提高工作能力。

3. 培养团队精神，提高协作能力和公关能力。

4. 增强服务意识，培养吃苦耐劳的精神，磨炼意志。

5. 培养学生正确处理人际关系能力和有效沟通能力。

6. 提前接触社会，为毕业后从事酒店管理工作打下坚实基础。

二、实习单位简介

南×国际酒店是××市首家挂牌的五星级酒店，坐落在景色秀丽的南×风景区内，依山傍水而建。豪华高雅的五星级设施配备是商务、政务和旅游度假的最佳场所，竭诚满足宾客舒适、愉悦的需求，随时为往来宾客提供优质服务。南山国际酒店拥有 480 余间品位高雅、温馨舒适的客房，具有现代风格的商务套房、豪华套房、行政套房、单人间、标准间，房内设施齐全，豪华、清洁、文雅，让您体验安逸的享受。温馨怡人的大中小宴会厅，中、西餐厅，咖啡厅，风格各异的高雅包房，美食佳肴中西兼备，规模宏大，是商务、会议、宴请、品尝美食的理想场所，给您的光临留下永久的美好回忆。环境优雅的歌舞厅，宽敞明亮的健身房、桑拿浴、美容美发、酒吧等，先进的设备、温馨的环境，为每位宾客提供一流的服务。以举办中大型演出和召开高层次大型会议为主的南山大剧院总面积 2 万平方米，中央大厅高 12.5 米，设有观众席 1 600 个，豪华座席包厢 5 个，现代化的视听音响系统和演出升降舞台系统，全部采用计算机控制，剧院建筑造型风格和装饰效果堪称一流，各项设施达到国内演出场所先进水平。

三、实习经过

2013 年 2 月 16 日，我被派往南×国际酒店。在经过了进一步的培训之后，3 月 1 日我正式上岗了。我的工作部门是客房部，岗位是客房部服务员。开始有一股使不完的劲儿，把客房看成是施展自己才华的舞台，想把自己的理论知识和自己的想法付诸实践中。但是理想和现实毕竟是有差别的。当我们正式走上工作岗位之后，发现很多事情并不是我们想象的那样简单，我们要学的东西还很多。

我的工作范围是南×国际酒店 4 楼，企业指导老师是一个 40 多岁的大姐，我叫她师父。在接触工作岗位之后主管利用工作比较闲的时候对我们新来的实习生进行了一系列的培训。培训的内容主要包括客房部工作职责、工作制度、工作流程、机器设备（消防设备）的工作原理、礼貌礼节和职业道德等理论知识。而客房部实操性的工作技能则是师父耐心教我的。在这个学习过程中，最难的就是铺床。铺床时每一步都有要求，而整个铺床过程包括甩单、套被子并铺平、三线合一和套枕套等都必须在 3 分钟内完成。首先，甩单就很困难，这是一个很有技巧性的活儿，一般要求是一次完成，并且保证床单的中线要和整张床的中线重合。然后是给床单包角，即把床单整齐地包进上下两个床垫之中，这要求不能让床单和床垫之间有空隙，否则床单将不能保持平整。接下来开始套被子，这个很讲究，也很有技巧性，先把被套有开口的一头用双手打开然后抖几下使空气把它撑起来，这样才能顺利迅速地把被子套进去。套上后要把被子和被套的角相对应，然后用力甩几下使它们更好地重合，其他可以细节整理，要注意的是被子的中线要和床、被单的中线重合，这就是铺床过程中的"三线合一"。在套好被套之后，要将被头折起大约 30 厘米。做完了这些，最后一步是把枕头放进枕套里，要保持饱满的一面朝向床尾，而且枕套开口的方向不是朝向墙壁就是窗户，在酒店行业中，这是很有根据的，曾经就看过一个案例说一个女客人误把项链放进枕套里了，就是因为枕套开口方向不符合规定。

客房部服务员的工作不仅仅是铺床那么简单。客房服务员的首要任务是清理客房。客房分为住客房和退客房，退客房的一切棉织品都要更换，长住客一般一周更换一次。清理客房也是有一定规范可寻的。实习期间了解到，服务员进房间要先敲门，并自报中文客房服务员或英文"house keeping"。房间有客人的首先要征求客人的意见，客人同意开门后方可进入。进门之后第一步是打开窗户，然后收拾垃圾，倒掉；接下来就开始整理床，要撤下已经被客人用过的被子、床单和枕套等，按照铺床程序一一换上。这一切结束之后开始打扫卫生，要注意的是湿布一般擦木制家具，干布则是用来擦金属和玻璃制的家具，每一个小地方都不能放过，整体上擦拭次序呈环形，整个过程中还要把各种家具、器物归回原位，还有检查房间里消耗了多少日常用品。很细节的事情如电话应该怎么摆放在床头柜中间、放在便条纸上的笔头如何朝向和擦镜子时应注意斜着看以检查镜子是否干净等，在整个清理过程中都需要认真对待。打扫过之后要用吸尘器清理地毯，这里还要让吸尘器的吸口顺着地毯的纹理移动，这样既不会损坏地毯又能打扫干净地毯。最后一步就是把房间消耗掉的物品补上。

在客房工作中还有一项比较有挑战性的工作就是查房。在客人去前台退房的短短几分钟内到客房去检查有无客人遗落的物品，有无客房非一次性用品的丢失及损坏。这样不仅可以防止客人遗落物品还可以减少酒店不必要的损失。当有客人遗落物品我们要及时归还，有物品的丢失或者损坏是需要客人归还或者赔偿。查房必须在 5 分钟内完成并将查房结果如实上报。这就要求客房服务员要熟练地掌握客房内物品的种类和数量。有很多时候客人损坏或者拿走的东西在经过提醒之后能及时地赔偿或归还，但也有的人并不承认，这就需要我们有足够的信心和耐心去跟客人沟通。在实习期间就发生过一件客人拿走房间茶叶筒的事情，当时幸好发现及时并报告给主管，由主管报给前台，经过前台服务员的委婉暗示客人才将茶叶筒归还。还有一次是客人把凉水杯弄坏了，据我估计是往里倒开水弄破的。我在收拾客房时发现了这个问题，我委婉地询问了客人，在经过一番交流之后客人心情愉悦地赔偿了这个凉水杯。我在防止酒店财产损失的同时又照顾了客人面子，这是酒店工作人员应该遵守的原则。如果客房服务员在查房时没有查出客人带走或者损坏的物品，那就只能自己赔偿了。所以我每次去查房都特别小心，不敢有一点疏忽。南×国际酒店 4 楼有 33 间客房，一套豪华套房，两套普通套房，6个单间，24 个标准间。在维护空房时，每一个动作可能要重复 30 多遍，有时感到非常无聊。如果遇到有会议或者是旅游高峰期，客房天天爆满，甚至还得加床。在"五一"期间，往往是早上 30 多个房间全退了晚上接着全住上。我们就得抓紧时间保质保量地把房间全都收拾出来，饭都没时间吃。客房工作是一件很细致的活儿，一根头发一个污点都不能放过。酒店还让每个服务员了解一般的消防安全知识。我们经常利用下班时间学习消防知识。有时早上开例会的时候，主管会提问有关消防安全知识。比如说各种灭火器的使用方法，使用时的注意事项，发生火灾时楼层服务员该怎么办等。市里消防部门的工作人员也会不定期的到酒店客房部进行消防知识突击检查。我们还举行了一次消防知识的专门考试。由于平时很认真积极地准备了，所以，大家的成绩都很好。

南×国际酒店客房部服务员实行"三班制"，最辛苦的是倒班，倒班那天要干足 16 个小时，简直是要命。但经过几次倒班后，已经基本适应了。时间过得真快，当我基本掌握客房部服务工作基本知识和操作技能之后，为期四个月的顶岗实习就结束了。

四、实习收获

（一）比较全面地了解酒店管理的基层工作

这次顶岗实习，使我比较全面、直观地了解了酒店经营管理过程，酒店的服务及文化，认识到专业实践的重要性，对自己的专业有了更为详尽而深刻的了解，也是对这两年半来在学校里所学知识的巩固与运用，为毕业后从事酒店管理工作打下了坚实基础。（略）

（二）提升了自己的"三心"素质

中国大多数的酒店在经营管理方面还存在许多问题，学习管理知识是必不可少的。从这次实习中，我体会到了实际的工作与书本上的知识是有一定距离的，并且需要进一步的再学习。同时，在实习的过程中，也结识了很多朋友，对于处理人际关系又有了新的认识。积累了自己初步踏入社会的部分经验和一些应该明白的社会问题，做事要懂得变通不要过于固执和呆板。在酒店这样的服务性行业所需要的人才不仅是要有一定的专业知识，还要具备"三心"素质，即用心做事，细心检查，耐心与顾客沟通。

（三）增强了自己的角色意识

在顶岗实习前，我是一名学生，来到南×国际酒店人力资源部报到之后，就变成一位准职员——通客房服务员。从学生到员工的角色转换，增强了自己的角色意识。作为南×国际酒店的一员，必须遵守南×国际酒店的各项规章制度，服从部门领导的安排。（略）

（四）提高了自己的公关能力

这次顶岗实习，使我懂得如何为人处世、待人接物，怎样处理好同事之间的关系等。在工作中人际关系很重要，尤其是处理与顾客方面的关系。比如：（略）

（五）培养了自己的良好工作态度

在这四个月的工作中，我发现要能自如地做好一项工作，就必须端正自己的工作态度，以一种乐观的心态去面对每一天的工作，无论工作是繁重、繁忙还是清闲，要用积极的态度去完成好每一项工作，而不是因为工作量太大去抱怨，因为抱怨是没有用的。要保持好的心态面对每一天，快乐的心态会使我们不觉得工作的疲惫。

（六）提高了自己的英语会话水平

在顶岗实习过程中，我接触了很多外宾。在第一次与外宾交流中，发现自己的英语会话结结巴巴，水平太差。于是，自己就利用工余时间，结合酒店管理的实际，有针对性地学习英语会话内容，经过一个多月刻苦训练，提了了自己的英语会话水平。此后，与外宾沟通交流就比较自如，话题也多了。

（略）

俗话说："一分耕耘，一分收获。"在为期四个月的顶岗实习中，虽然很辛苦，但受益匪浅，使自己的综合素质和实际操作技能得到了提升，为毕业后从事酒店管理工作打下坚实基础。

2013 年 6 月 16 日

（二）评析

这是一篇旅游管理专业学生的顶岗实习报告，有以下几点值得借鉴：

（1）标题拟写正确。标题采用双标题，正题揭示主旨，副题补充说明实习单位和实习类型，标题拟写正确。

（2）全文结构完整，格式规范。全文由"标题＋署名＋正文＋尾部"组成，排版格式规范。

（3）正文层次分明，条理井然。正文由开头、主体、结尾组成；主体由实习目的、实习单位简介、实习过程、实习收获等四部分组成，层次分明，条理井然。

（4）内容真实，重点突出，体会深刻。这篇实习报告内容真实完整地反映了该学生实习的目的、过程、收获，重点突出，体会深刻。

（5）观点提炼较好，语言表达清晰。

三、知识支撑

（一）实习报告的概念

实习是指尚未毕业的在校学生到相关单位进行专业实践的活动。其目的是使学生把学校所学的专业理论知识和专业技能融入专业实践中去，从而提高学生的职业素养和专业技能。实习是学校教育过程中一个重要的实践教学环节，

实习报告是在校大中专（包括技校、职高）学生完成一定专业课程或全部专业课程，根据教学计划到相关单位进行实习后，向指导教师或专业课教研室及教学管理部门提交的有关实习情况的一种专业文书。

撰写实习报告能够使指导教师较全面、具体地了解学生的实习收获和有关情况，便于检查理论与实践相结合的教学效果；同时，也有利于学生总结实习过程中的经验、教训，加深对理论知识与实践技能相结合的重要性的认识，从而使学生树立起坚定的专业思想和良好的职业道德观念。

（二）实习报告的种类

（1）按内容不同来分，可分为生产实习报告、专业课程实习报告等。

（2）按实习的地点不同来分，可分为校内实习报告和校外实习报告。

（3）按实习的不同阶段和程度来分，可分为认识实习报告、专业实习报告和毕业实习报告（或顶岗实习报告）三种。

①认识实习报告。

根据认识实习的情况写成的报告就是认识实习报告。认识实习是在校生进入专业课学习之前进行的一次认识性、实践性的活动，目的是为了让学生对所学专业的基本知识有一个良好的感性认识，了解专业概况，为后续专业理论知识的学习奠定一个良好的基础；同时，使学生对本行业的工作性质有一个初步的了解，培养学生对本专业的热爱，巩固专业思想。认识实习的方式一般是现场参观、实地调查、现场咨询等。

②专业实习报告。

根据专业实习的情况写成的报告就是专业实习报告。专业实习的目的是检查学生专业知识的掌握程度，培养学生在操作中分析问题、解决问题的能力。

③毕业实习报告。

又称顶岗实习报告，根据顶岗实习的情况写成的报告就是顶岗实习报告。顶岗实习是学生在系统地完成专业教学计划所规定的理论知识和实践技能后，于毕业前夕参加的社会

实践活动，通过理论与实际的结合、学校与社会的沟通，进一步提高学生的思想觉悟、业务水平，尤其是观察、分析和解决问题的实际工作能力。在毕业实习的基础上写成的报告就是毕业实习报告。

（三）实习报告的特点

（1）汇报性。学生写实习报告对老师是一种汇报，向老师报告自己的实习情况。

（2）专业性。它要求就实习中遇到或解决的与所学专业有关的问题进行报告，其内容具有较强的专业特色。

（3）总结性。它要求全面总结实习情况，并概括出具有规律性的东西，以便老师掌握情况，对学生也是一种促进。

（4）真实性。联系实习单位的具体实际，报告中涉及的本专业要客观、真实、准确，不能弄虚作假。

四、技能演练

（一）实习报告结构形式

标题 + 署名 + 正文 + 尾部

（二）实习报告写作方法

1. 标题

实习报告的标题有多种写法。

（1）公文式标题，这种标题常将实习专业、实习项目、实习所在单位、实习时间等因素与"实习报告"组合而成。如《投资与理财专业实习报告》、《关于物流管理的毕业实习报告》、《××市物流中心实习报告》、《××财产保险公司实习报告》。

（2）文章式标题，例如《社会是大课堂，实践长真知识》、《最具价值的实习收获》。

文章式标题可以是单标题，也可以是双标题。单标题主要表明主题或主要内容；双标题主副配合，一般是主题宏观、概括地道出主旨，副题具体明确地说明实习的时间、地点、单位或内容，两题相互配合、相互补充。如《付出的是汗水，收获的是真知——2006年5月燎原机械厂实习报告》

（3）以文种做标题。如：实习报告。

2. 正文

正文由前言、主体和结尾组成。实习报告一般采用第一人称，便于表述实习经过和体会收获。

（1）前言。这一部分主要写明实习的参加者、实践的目的、内容、时间、地点、概况等；也可概括道明实习的收获、意义；还可扼要介绍接受实习单位的情况，要求详略得当、重点突出，重点应放在实习岗位的介绍上。之后可用"现将此次实践活动的有关情况报告于下"过渡到正文主体。

（2）主体。主要写实习的基本情况和收获。具体内容：说明实习的起止时间，实习方式，回顾实习经历；叙述自己此次实习的收获和体会，成绩和失误，专业上有何提高，有何认识和思考；也可从专业角度说明实习单位的情况等。这是重点，要求内容翔实、层次清楚；侧重实际动手能力和技能的培养、锻炼和提高，切忌日记或记账式的简单罗列。

（3）结尾。可以概括说明自己感受最深的收获，可以谈及自己的不足和努力方向，也可以建议和思考作结。这部分是精华，要求条理清楚、逻辑性强，着重写出对实习内容的总结、体会和感受。

3. 尾部

写明作者相关信息。如所在的专业、学号及姓名和成文日期等。

（三）实习报告写作要求

（1）实习报告是记载实习情况和收获的载体，认真实习是前提。同时，在实习过程中要把实习中遇到的各种现象、问题与所学的书本知识相对照，有意识地将书本知识和实际情况相结合，并把这种结合的体会表现在实习报告中。

（2）从专业学习和自我提高的角度思考实习中遇到的情况和问题，重点写专业上的收获。报告写作应注意内容的深入化、系统化和条理化，谈出自己的真知灼见或深刻感受。不能把实习报告写成流水账，或过于肤浅。

（3）要具有四要素：实习时间、实习地点（单位名称）、实习目的和实习内容，其中后两者是实习报告的主要内容。

（4）内容必须实事求是，客观真实，准确完备，合乎逻辑，层次分明，语言流畅，结构严谨，书写工整，符合学科及专业的有关要求。

（四）装订

实习报告需要打印并装订成册，按封面、正文、指导老师评语及实习报告的评定成绩的顺序排列。

五、病文诊治

（一）病文

早就想出来实习了，可是一直没有机会，也没有时间。不过最近课程不是很紧，在同学的帮助下，我找到一家美食公司，开始了我的实习生涯。

我实习的地方和我的专业没有任何的关系，所以也就不能说是提高自己的专业知识，但是我想通过实习，知道生活的艰难和创业的艰苦以及在实习中感到的社会气氛。

我们经历了短暂的12天实习，在这12天里，快乐和圆满，幻想与失落，飞扬的眼泪，不与人说的痛苦，坚持的勇气和点点滴滴的小意思我们都有所感悟，大家在一起上班，对于我们这些一直在学校没出过校门的学生来说，这12天的经历是让我们终身都会铭记的一段时间，这短短的12天给了我们太多太多，我们通过这12天的工作仿佛长大了许多。

我们从4号开始上班，在一开始，我们这些学生到车间里什么都不会做，什么也都做不好，真的是很没用，他们厂里的员工有很多都和我们同龄，甚至有些都比我们要小，但他们身上有很多我们没有的东西，他们的工作经验比我们丰富，他们的社会经验比我们多，我们一起工作、学习度过了12天。和一线员工在一起吃，一起住，一起工作。让我们学到了很多在课堂上学不到的知识，俗话说"三人行，必有我师"，真的是这样，在短短的12天里，我们学会了穿鸡肉串的技巧，而且一天比一天穿得好，一天比一天穿得多，我们看着我们穿出来的鸡肉串，有一种成就感，虽说我们穿的数量和员工有一定的距离，但我们在这12天里也是在不断进步，不断成长，看着自己穿好的一版鸡肉串，想想这是自己穿的，虽说速度慢，但心里也是高兴的。

对于我们这些没出过校门的学生，第一次出去到车间上班，可以说是对自己的一种挑战，我们上班的时候由于身高和工作用的桌面高度反差太大，而且上班时间都是站着工作，造成我们班的个高的同学每天下班后腰疼，脖子也疼，全身的骨关节都像是经历了一场剧烈的运动似的，酸疼无力，我们这些学生在这12天里，克服了很多困难。最后都完成了学校交给我们的任务。

我们在16号穿好最后的一串鸡肉串时，有种解放的感觉，大家都有很多不同的感触，在结束后的座谈会上，我们领到了有生以来的第一份薪水，虽说只有45元钱，但对于我们的意义很大，它不仅仅是45元钱的问题，而是我们这45元来得真的不容易，这是我们干了12天的工作得到的报酬。每天工作的工资仅仅是5元，5元在学校只是一顿饭钱，学校食堂8两米饭1.5元，一个菜2.5元，这就4元了。而我们在工厂实习上班，干了8小时才给5元，想想家长的钱也是这样通过劳动换来的，这次实习让我们更加懂得了珍惜。

以后的我还是会继续实习的，虽然我不是很热衷于实习，但是实习学到的东西真的很多。实习是我人生中宝贵的财富，我会继续努力的！

（二）诊治

（1）没有标题。

（2）没有详细的实践目的、内容、时间、地点、概况等。

（3）没有叙述自己此次实习的收获和体会，成绩和失误，专业上有何提高，有何认识和思考。

（4）无落款。

六、模拟写作实训

（一）实训任务

根据【项目任务背景】给定的材料，代涉外秘书101班的杨××同学撰写一份顶岗实习报告。

（二）实训要求

（1）结构完整，格式规范。

（2）条理清楚，层次分明。

（3）重点突出，表达准确。

任务24-2　毕业论文写作

知识目标

1. 了解毕业论文的适用范围

2. 理解毕业论文的概念、特点和类型

3. 掌握毕业论文的写作格式和要求

技能目标

1. 能熟练掌握毕业论文的写作技能
2. 根据材料撰写格式规范、结构完整、内容完备、表述正确、要素齐全的毕业论文

【项目任务背景】

广东××职业技术学院管理工程系文秘专业的李××同学还有一学期就要毕业了，最后一学期的学习任务是学生撰写毕业论文与毕业顶岗实习，该专业教研室给学生提供了以下论题，要求学生根据所学专业，结合自己的积累与专业认识选择其中一个论题进行研究并撰写毕业论文。论题如下：

1. 论秘书的办文工作；
2. 沟通在秘书工作中的作用；
3. 浅谈秘书外向型性格与秘书工作的关系；
4. 论秘书人员写作能力的自我积累与提升；
5. 论礼仪文化在企业秘书工作中的重要性；
6. 涉外秘书工作与英语国家文化；
7. 秘书岗位职责与角色定位；
8. 浅谈文秘人员掌握职场口才的重要性；
9. 性别差异与秘书工作研究；
10. 中西礼仪文化与涉外秘书工作；
11. 浅谈企业秘书言语素养的培养；
12. 涉外秘书工作与英语语言应用。

假如你是李××同学，请选择上述其中一个适合的论题，撰写一篇毕业论文。

一、任务分析

（1）根据【项目任务背景】给定的材料，选择一个适合的论题，撰写一篇毕业论文。

（2）要完成写作任务，必须掌握毕业论文的写作知识和技巧。

二、范文借鉴

（一）范文

封面（略）

目 录

致谢辞

浅论中小企业网络营销的问题及基本对策

管理工程系 电子商务×××班 学生：××× 指导教师：×××

摘 要：本文从中小企业电子商务和网络营销的现状入手，分析中小企业开展网络营销的利弊与存在的问题，以本人实习的广州达翊缘贸易有限公司的阿里巴巴诚信通店铺运营以及中山市欧戈服饰有限公司的 Angel 旗舰店运营为例，探讨解决中小企业网络营销存在的问题基本对策。

关键词：中小企业 电子商务 网络营销 天猫商城 网店运营

1 前言

随着信息技术与 IT 产业的迅猛发展，电子商务将成为人类信息世界的核心和网络经济发展的驱动力。所谓电子商务是指实现整个贸易活动的电子化。对于企业而言，电子商务将改变企业的传统运作模式，降低交易成本，缩短企业与客户之间供应链的距离，全面提高企业的管理水平、运营效率和市场竞争力。所以企业能否尽快开展电子商务已经成为关系到企业未来生死存亡的关键问题，特别是作为中小企业，利用电子商务平台，并合理地运用网络营销手段达成第二次创业成为重中之重。

（略）

电子商务，特别是网络营销的兴起为中小企业发展提供了一条全新的、高速的发展道路。足不出户，每天 24 小时提供服务，甚至仅是一条网线，几台电脑就可以"拉扯成一个山头"。

时至今日，一句"今天，你淘宝了吗？"已经成为不少网购爱好者的口头禅。

2 中国电子商务现状

（略）

所谓四个类型或者说五个类型的划分并非绝对的，只是一个相对的概念。在本行业市场规模相对不变的前提下，当一个企业的规模没有大到具有垄断地步时，这样的企业都可以称之为中小企业。

作为中国电子商务 B2C 绝对的领军企业，淘宝商城 2011 年销售额已过 1 000 亿元，2012 年有望突破 2 000 亿元。阿里巴巴集团董事局主席马云以"千里跃进大别山的刘邓团队"比喻天猫[4]。其中淘宝商城女装类的杰出代表——韩都衣舍（HSTYLE）经过 3 年多的深耕细作，已经达到了 3 个亿的销售额及 1 100 多名的员工规模，更被评为山东电子商务的杰出代表[3]。

电子商务已经成为一个不可阻挡的潮流，更成为无数中小企业趋之若鹜的地方。假如错过了电子商务，那你可能还真应了那句话——21 世纪要么电子商务，要么无商可务。

3 电子商务与网络营销概述

3.1 电子商务概述

3.1.1 电子商务的定义

电子商务（Electronic Commerce）的定义：电子商务是利用计算机技术、网络技术和远程通信技术，实现整个商务（买卖）过程中的电子化、数字化和网络化。

广义上讲，电子商务一词源自于 Electronic business，是指利用简单、快捷、低成本的方式，在买卖双方不谋面的情况下，所进行的商务和贸易活动。

电子商务是指利用互联网为工具，使买卖双方不谋面地进行的各种商业和贸易活动。电子商务是以商务活动为主体，以计算机网络为基础，以电子化方式为手段，在法律许可范围内所进行的商务活动过程。[4]

3.1.2 电子商务的分类（略）

按照交易对象分类：企业对企业的电子商务（B to B）；企业对消费者的电子商务（B to C）；企业对政府的电子商务（B to G）；消费者对政府的电子商务（C to G）；消费者对消费者的电子商务（C to C）；企业、消费者、代理商三者相互转化（ABC）；最近又新出来的一种 O2O（Online to Offline）。

而笔者在本文中主要论述是企业对企业的电子商务（B2B）和企业对消费者的电子商务（B2C）。[4]

3.2 企业网络营销概述

（略）

3.3 企业网络营销在 4P 的应用（略）

3.3.1 产品与服务

3.3.2 价格

3.3.3 推广

3.3.4 渠道

4 企业网络营销分析

4.1 企业网络营销示例

4.1.1 广州达翊缘贸易有限公司（略）

4.1.2 中山市欧戈服饰有限公司（略）

4.2 企业天猫商城的营销分析

如今欧戈服饰已经开展了网络营销平台。（略）

作为一家在线下长期以来积累了丰富的销售经验的企业来说，初次接触网上销售可以说是没有任何经验的，所以达翊缘贸易有限公司有这样的能力为这样的公司服务。3 月初开始运营天猫商城，在此，本文会简要介绍一下 3 月份以及 4 月初的网络销售状况。如图 1、图 2、图 3、图 4、图 5 所示。[6]

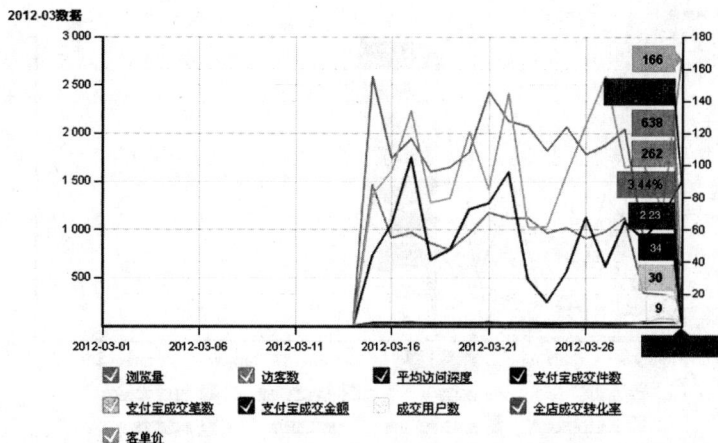

图1 2012年3月店铺经营趋势

Angel 旗舰店从3月份开始正式筹划运营。期间3月1日至3月13日属于准备阶段，没有投入直通车等推广方式。从3月15日正式投入直通车，定向定额推广，效果开始逐渐明显起来。到3月底，每日成交记录达到近1500元。转化率有所提高，访客浏览量明显不足。作为暂时性的男士内裤行业，客单价平均为160左右，还是有潜力的。总的来说，店铺运营的情况仍在起步阶段，还没有达到预想的效果，必要的工作还需放在推广引流量方面。

日期	浏览量	访客数	浏览回头客	浏览回头率	平均访问深度	拍下件数	拍下笔数	拍下总金额
2012-03-31	638	262	35	13.36%	2.22	28	24	1,722.00
2012-03-30	878	329	28	8.51%	2.43	47	43	2,675.00
2012-03-29	898	343	30	8.75%	2.26	16	14	1,434.00
2012-03-28	2,043	1,124	27	2.40%	1.77	41	39	2,415.20
2012-03-27	1,878	981	36	3.67%	1.87	161	11	7,509.00
2012-03-26	1,782	912	29	3.18%	1.92	9	8	1,014.00
2012-03-25	2,069	1,024	26	2.54%	1.96	27	23	1,278.00
2012-03-24	1,818	966	34	3.52%	1.85	29	5	266.00
2012-03-23	2,073	1,122	27	2.41%	1.80	30	29	2,603.00
2012-03-22	2,131	1,121	35	3.12%	1.84	19	17	1,764.00
2012-03-21	2,429	1,179	35	2.97%	1.96	57	43	2,249.00
2012-03-20	1,804	960	27	2.81%	1.83	29	24	1,761.00
2012-03-19	1,647	793	23	2.90%	2.01	32	28	1,523.00
2012-03-18	1,600	862	33	3.83%	1.81	23	22	1,108.00
2012-03-17	1,947	972	23	2.37%	1.93	49	39	2,658.00
2012-03-16	1,738	915	38	4.15%	1.83	27	23	1,433.00
2012-03-15	2,587	1,464	35	2.39%	1.72	56	45	2,364.00
月总和	46,061	22,794	549	-	-	1,366	984	72,152.40
平均值	1,762.35	901.71	30.65	5.11%	1.94	40	25.71	2,104.48

图2 Angel 旗舰店3月份店铺经营明细

3月下半月月总流量46 061次，平均每天1 762次；访客数22 794人，平均每天901人；平均访问深度1.94；拍下金额总和72 152.4元，平均每天2 104.48元。3月份，公司目标为10万，依据以上数据看来，尚有很大的不足。

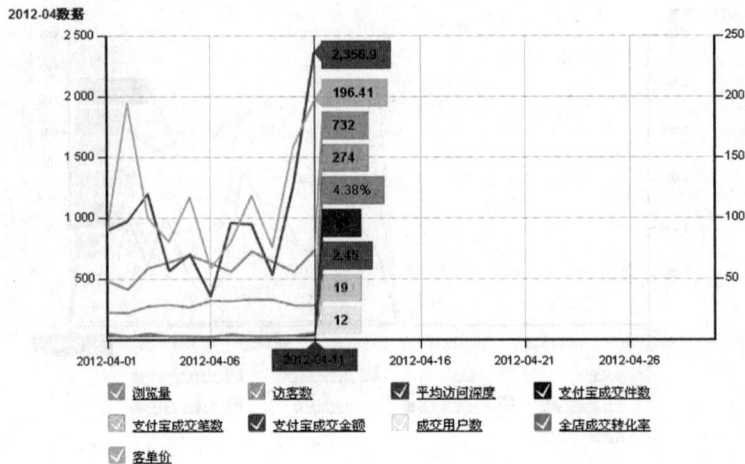

图3　2012年4月1日至4月11日店铺经营趋势

4月份销量有所提升，主要是因为促销活动多，而且在价格控制方面也会以让利的形式回馈给买家。每日平均成交金额总体比上个月好一点，客单价有所提高，但流量还很不足，而且还不稳定。转化率有所提高，访客浏览量明显不足。作为暂时性的男士内裤行业，客单价平均为160左右，还是有潜力的。总的来说，店铺运营的情况仍在起步阶段，还没有达到预想的效果。必要的工作还需放在推广引流量、做好精准关键词、提高转化率方面。

日期	浏览量	访客数	浏览回头客	浏览回头率	平均访问深度	拍下件数	拍下笔数	拍下总金额
2012-04-11	732	274	23	8.39%	2.45	39	23	2,843.00
2012-04-10	555	276	27	9.78%	1.83	12	9	1,316.00
2012-04-09	638	323	28	8.67%	1.81	22	17	946.00
2012-04-08	724	327	16	4.89%	1.93	35	24	1,983.00
2012-04-07	557	311	17	5.47%	1.70	30	22	1,518.00
2012-04-06	626	315	29	9.21%	1.86	21	15	1,007.00
2012-04-05	690	261	25	9.58%	2.26	12	11	1,156.00
2012-04-04	634	282	13	4.61%	2.09	20	14	962.00
2012-04-03	586	271	13	4.80%	1.75	23	18	1,401.00
2012-04-02	412	215	15	6.98%	1.76	18	17	1,657.00
2012-04-01	483	221	23	10.41%	1.96	22	18	941.00
月总和	6,637	2,887	148	-		254	188	15,730.00
平均值	603.36	279.64	20.82	7.53%	1.97	23.09	17.09	1,430.00

图4　Angel旗舰店4月1日至4月11日店铺经营明细

流量没做好，销售量必然下降，我们通过直通车、淘宝客、淘宝站内论坛以及站外百度平台、各大分类信息发布平台进行推广宣传，但所得的效果也不好。接下来的关键问题就是公司要以什么手段来引更多的流量，而且这些流量都是比较精准的客户。流量的问题始终是最为关键的问题，没有流量，再好的产品也不会有好的销售优势。

每日必看数据	2012年04月12日					
流量指标　转化率指标　客单价指标				简易销售统计　转化指标考试　UDP指标规范		
浏览量PV	访客数UV	宝贝页访客数	平均访问深度	人均店内停留时间	回访客比例	
870	276	248	3页	482秒	0%	

店铺诊断	店铺近30天体检报告				
	访客数UV	成交用户数	支付宝成交笔数	成交转化率	收藏人数
店铺	18 468人 ↑	270人 ↑	523笔 ↑	1.46% ↓	450人 ↑
行业同级卖家	4 904人	108人	169笔	4.63%	411人

诊断结果：亲，与同行相比，您的转化率偏低！
诊断意见：可先分析店铺3-5个爆款宝贝详细情况，进而优化宝贝详情页，增加细节图等，也可询问已购买客户对页面的建议，再做改进！客服方面，做好专业知识培训，提升客单价！
推荐工具：生e经　一键导购　客服智多星

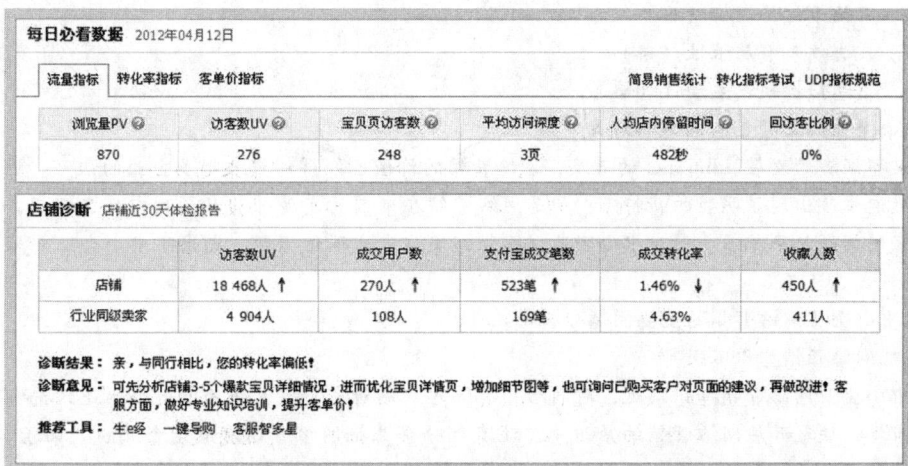

图 5　Angel 旗舰店 4 月 1 日至 4 月 11 日店铺经营明细

4月份10天的店铺流量指标和店铺诊断。访客数 UV 远大于行业同级卖家，但成交率和转化率没有成相应的比例，主要问题在于，没有做到精准的营销，一般站内推广转化率相对比较高，站外推广引来的客户转化率会低许多，所以公司在做营销推广的时候要有所侧重。

5　中小企业开展网络营销的利与弊（略）

5.1　中小企业开展网络营销的有利方面

5.1.1　利于取得未来的竞争优势（略）

5.1.2　决策的便利性与自主性（略）

5.1.3　成本优势（略）

5.1.4　良好的沟通（略）

5.1.5　优化服务（略）

5.1.6　多媒体效果（略）

5.2　中小企业开展网络营销的弊病所在

5.2.1　缺乏信任感

人们仍然信奉眼见为实的观念，买东西还是要亲眼瞧瞧，亲手摸摸才放心。这也难怪，许多商家信誉不好，虽是承诺多多，却说一套，做一套，让消费者不得不货比三家，只怕买回家的和介绍的不同，虽是麻烦一点，总比退、换货时看人脸色要强。（略）

5.2.2　缺乏情趣

网上购物，面对的是冷冰冰、没有感情的机器，它没有商场里优雅舒适的环境氛围，缺乏三五成群逛街的乐趣，也没有精美的商品可供欣赏。有时候，逛街的目的不一定非得购物，它可以是一种休闲和娱乐，还是享受。网上购物还存在着试用的不便，消费者没有实地的感受，也没法从推销者的表情上来判断真假，实物总是比图像来得真实和生动。所以，对许多人来说，网上购物缺乏足够的吸引力。

5.2.3　技术与安全性问题

我国网络发展水平不高，覆盖率低，即便是北京、上海这样的大城市，也不过才达到8%和2%，其他城市就可想而知了。硬件环境的低下、人员水平的不足以及信息管理与分析能力的缺乏，从很大程度上制约了网络发展。如果通过电子银行或信用卡付款，一旦密码被人截获，消费者损失将会很大，这也是网络购物发展所必须解决的大难题。

5.2.4　不便于讨价还价（略）

5.2.5　广告效果有局限性（略）

5.2.6　信息传播缺乏主动性（略）

6　中小企业网络营销的问题与对策

随着世界经济的发展、Internet 的普及，网络营销的价值已经得到越来越多企业的认可。近年来中国网络营销迅速发展出现了明显的新特点，但是网络营销在中国的发展并没有预测中那么理想，网络营销所暴露出来的问题越来越多。针对中小企业网络营销实施中出现的问题，提出了中小企业要采取的基本策略。[7]

6.1　中小企业网络营销的主要问题分析

6.1.1　网络营销意识不强

多数中小企业网络营销知识缺乏，对网络营销缺乏系统研究，绝大部分中小企业还只把竞争焦点定位于传统市场，缺乏开展网络营销的紧迫感。还有部分企业把网络营销看成是企业的"面子工程"，表现为企业建立网站而不管理、忽视网上客户服务等，它们认为搞网络营销是比较时髦的，可以象征企业的实力和地位等。总之，许多中小企业没有充分意识到网络营销对赢得企业未来竞争优势的作用。

6.1.2　网络营销平台存在很多缺陷

网络营销平台是开展网络营销的根据地，但是许多中小企业的网络营销平台存在很多缺陷，一是没有特色，网站定位模糊，缺乏吸引力；二是缺乏维护，表现在信息发布不及时、网站内容单调且更新缓慢甚至不更新、缺乏安全维护措施等方面，影响了网络营销的有效开展；三是网站推广方式不当，网络营销有其特有的推广方式与技巧，如搜索引擎的注册、发布新闻、E-mail 广告、动画广告宣传等，还要使用传统的促销媒介，许多中小企业忽视了这些技巧。

6.1.3　忽视网上调研和网络市场开发

在上网宣传的基础上，开展网上市场调研、开发网络客户群，对于实力弱小的中小企业低成本开发市场具有重要意义。但是大部分中小企业的网络营销还仅仅停留在网络广告与宣传促销上。随着网络市场的快速发展，许多中小企业还停留在网络营销的起点阶段，可以说就是对网络资源的浪费，虽然中小企业并不一定非搞网上交易不可，但是开展网上市场调研、开发网络客户群等是所有上网企业都该做也是能够做的工作。

6.1.4　网络营销手段选择不当

许多中小企业网络营销手段的选择大多为电子邮件营销。电子邮件是网络营销中成本低廉的、最常见的营销工具，但是不可滥用，因为滥用电子邮件营销，目标用户不明确，收件人对不适合需要的电子邮件很反感，看到此类邮件就删除。滥用电子邮件营销，不仅营销效果无从谈起，而且还会对企业形象产生负面影响。

6.1.5　产品种类少，覆盖范围小（略）

6.1.6　社会化配送滞后（略）

6.1.7　网络营销产品范围窄，营销方式单一（略）

6.2　解决中小企业网络营销问题的基本对策

在全球经济一体化和我国加入 WTO 的时代下，我国企业应抓住网络营销给其带来的发展契机，针对存在的现实问题，积极采取应对策略，不断提高企业市场竞争力。

6.2.1　树立网络营销的理念（略）

6.2.2　加快电子商务人才的培养（略）

6.2.3　重视企业网站建设（略）

6.2.4　确定网络营销目标

市场定位网络营销目标市场定位是指根据选定目标市场上的竞争者、现有产品所处的位置和企业自身的条件，从各方面为网络产品创造一定的特色，塑造并树立一定的市场形象，以求在目标顾客心目中形成一种特殊的偏爱。市场定位的实质在于取得目标市场的竞争优势，确定产品在用户心目中的适当位置并留下值得购买的印象，以便吸引更多的用户。通常的情况下，中小企业限于实力不可能像大企业那样建立完备的产品组合和产品线，所以对于中小企业来讲，要想确定目标市场，有必要对市场进行细分，对自身应该进行明确的市场定位。

6.2.5 建立畅通的网络营销渠道

随着网络经济的发展，企业的传统营销渠道必将面临挑战，分销渠道的细化是网络经济时代一个显著的渠道特征。渠道各环节的主体只有互相合作，才能使各方面的利益共同达到最大化，因此，各分销渠道主体之间将共同创造双赢的合作竞争关系。企业在分销渠道方面制胜的关键在于创新，构建多样化、直接分销为主导的分销形式，系统推进柔性营销管理，提高面向市场的反应速度，增强渠道的透明度是绝对不可少的。

6.2.6 完善网络营销客服系统

随着网络营销的开展，客户反馈的增加，纯粹地靠人手进行销售跟进和客户服务，已经不能满足需求。于是，建立一套网络销售和客户服务系统便成了必要。适应网络时代的传媒特点，售后服务应及时到位、销售后勤保障有力，利用网络上与顾客直接交流的机会为顾客提供定制化产品服务，同时及时了解消费者对企业产品的评价，以便改进和加快新产品研究与开发，并可为企业提供更多的商业机会。

7 中小企业开展网络营销必备的因素

7.1 把握恰当时机（略）

7.2 选择最佳途径（略）

7.3 推广力度大（略）

7.4 广告有创意（略）

7.5 网站速度快（略）

7.6 方便客户沟通（略）

7.7 网站导航便捷（略）

7.8 人员素质较高（略）

8 结束语

面对激烈的市场竞争，中小企业只有加快网络营销发展，积极开展网络营销并对其实施有效的管理，才能抓住同大企业平等竞争的机遇，才能在激烈的市场竞争中赢得主动，才能真正地从网络营销实现第二次创业并立于不败之地。随着我国中小企业对网络营销的理论和方法的了解，将会有越来越多的中小企业在行业中超速发展、脱颖而出。同时，我国中小企业网络营销能力的增长也必将为其全面参与国际竞争打下坚实的基础。

参考文献

[1] 民建中央专题调研组. 后危机时代中小企业转型与创新的调查与建议 [J]. 民建中央专题调研报告，2010（12）.

[2] 白贞武. 中小企业开展网络营销的问题与对策 [J]. 沿海企业与科技，2006（2）.

[3] 中国中小企业服务平台. 中小企业网上创业专题 [EB/OL]. http://www.eme2000.com/.

......

致谢辞（略）

（二）评析

这篇电子商务专业毕业论文，有以下几点值得借鉴：

（1）格式规范，要素齐全，结构完整，布局合理。

（2）观点鲜明，论据充分，条理清楚，层次分明。本文从中小企业电子商务和网络营销的现状入手，分析中小企业开展网络营销的利弊与存在的问题，以本人实习的广州达翊缘贸易有限公司的阿里巴巴诚信通店铺运营以及中山市欧戈服饰有限公司的 Angel 旗舰店运营为例，探讨解决中小企业网络营销存在的问题基本对策。既有理论的概括也有实证说明，材料翔实，能结合本人实习单位的情况和图表数据进行论证，说服力较强。

（3）本文观点提炼较好，分析问题较深刻，语句通顺，是一篇写得较好的毕业论文。

三、知识支撑

（一）毕业论文的概念

毕业论文是指高等院校应届毕业生于毕业前夕在导师的指导下，综合运用所学专业知识对本专业某个领域的问题进行分析研究后写成的具有一定社会价值的学术性文书。

撰写毕业论文的目的，在于训练应届毕业生从事科学研究的基本功。通过论文撰写，了解和掌握进行科学研究的基本程序和方法，提高我们发现问题、分析问题和解决实际问题的能力，为毕业生走上工作岗位之后的后续学习或研究打下基础。

（二）毕业论文的类型

（1）按对象划分，可分为博士论文、硕士论文、学士论文（或本科生毕业论文）和专科生毕业论文。

（2）按内容划分，可分为理论探讨性毕业论文、实验性毕业论文等。

本书重点介绍专科生毕业论文。

（三）毕业论文的特点

毕业论文不同于一般的议论文，它具有学术论文的一般特点，又具有自己的特殊性，归纳起来，毕业论文主要有以下几个方面的特点：

1. 科学性

科学性要求论文作者从客观实际出发，以科学的世界观和方法论为指导，准确揭示事物发展的客观规律，探求客观真理。具体地说，毕业论文的科学性表现在：第一，论文观点要正确、鲜明；第二，论据确凿、翔实，要足以证明观点的正确性；第三，论证合乎逻辑。

2. 创新性

创新是由科学研究的目的决定的。创新性要求毕业论文不能简单地重复前人的观点，而必须有自己独到的见解。它可以在前人没有探索过的新领域或没有涉及的新题目上作出成果；可以在前人成果的基础上作进一步的研究，有新的发现或提出新的看法；也可以从一个新的角度，把原有的材料或观点加以概括和表述，或是对现实生活中的新问题作出科学的说明，并提出解决问题的方案，即使只是提出新现象、新问题，能引起人们的注意，也不失为一种创新。

3. 理论性

一般议论文都必须摆事实、讲道理，以理服人，而写作毕业论文更应如此。但毕业论文在论述过程中不能满足于一般的材料罗列，就事论事，而要从感性到理性，深入揭示事物内在的本质和发展变化的规律，即从具体的事物出发，上升到理论高度来分析，进而得出科学的结论，具有较强的理论性。毕业论文的理论性和学术性是密切结合在一起的，一篇毕业论文是否构筑了严谨的理论体系，达到一定的理论深度，往往成为衡量其学术水平和学术价值的重要标志之一。

4. 规范性

在人们长期的写作实践中，毕业论文与其他学术论文一样逐渐形成了规范的结构形式。世界发达国家对学术论文的撰写和编辑制定了各种国家标准。国际标准化组织也制定了本学科和本专业的标准，不同学科和专业的学术机构还制定了本学科和本专业的国际标准。学生在撰写毕业论文时，必须严格遵守规定的规范和标准，并熟练地加以运用，这样写出来的论文才符合要求。

5. 专业性

毕业论文的分析研究对象是本专业某个领域的问题。不同专业的毕业论文其分析研究对象大不相同，因而其分析研究的方法、语言表达的方式均有所不同，具有很强的专业性。

四、技能演练

（一）毕业论文的形成过程

毕业论文的形成过程一般包括选择论题、聚集材料、拟定提纲、落笔撰写、修改定稿、打印装订等基本环节。

（1）选择论题。即选择论题，确定论文题目。选题的方法多种多样：可探索科学前沿，选择前人没有研究过的问题；可抓住有争议、有疑问、有较大难度的问题；可在学科课程中寻找课题；也可到社会中寻找课题。

（2）聚集材料。即根据论题调查研究，阅读有关书刊，搜集和积累材料，并建立资料系统。材料是构成文章的要素，拥有丰富的材料是产生和表现主题的基础。

（3）拟定提纲。即在收集材料的基础上按一定的逻辑思维安排全文的结构，形成完整的写作体系。毕业论文的提纲一般包括三项内容：第一，全文的中心论点；第二，阐明中心论点的各个分论点；第三，全文的基本结构。毕业论文的提纲可分为简单提纲和详细提纲两种：简单提纲只求概括性地提出论文的要点，对如何开展一般不涉及；详细提纲则要求把论文的主要论点和展开部分较为详细地列出来。好的提纲写作起来就会事半功倍。

（4）落笔撰写。拟定了提纲之后，就进入了撰写阶段，此阶段应按照拟定提纲，整理和分析材料，根据材料提炼观点，然后，围绕观点进行选材剪裁，完成初稿。

（5）修改定稿。根据指导老师对初稿提出的意见，进行修改，完成第二稿。根据指导老师对第二稿提出的意见，再进行修改，完成第三稿，依次类推，直至最终定稿。

（6）打印装订。

（二）毕业论文的写作格式

根据国家标准局颁发的《科学技术报告、学位论文和学术论文的编写格式》的要求，毕业论文的格式包含封面、目录、题目、署名、摘要、关键词、正文、参考文献、致谢词、附录、封底等。

1. 封面

毕业论文的封面一般有教学单位规定的格式和内容。

2. 目录

一般论文篇幅较短的可省去目录，但如果篇幅较长，一般排在封面后。目录一般标题写到二级标题为止，并一一标注页码。

3. 题目

毕业论文的题目署于首页第一行正中央。既要用准确、简洁的文字概括毕业论文的中心内容，反映重要的学术信息，又要新颖醒目，能引人注意。毕业论文的题目通常有单行标题和双行标题两种：单行标题只有正标题，如《论企业战略与组织结构、文化的有效融合》等；而双行标题即在正标题之后加副标题，作为对正题的补充。因它能更好地揭示论点，常被人们所用，如《小天地、大学问——谈秘书的办公室礼仪禁忌》等。

4. 署名

毕业论文作者应将真实姓名署于标题下一行正中的位置，并标明作者所在系、专业、班级。同时在作者姓名下一行与作者并列，署上指导老师的姓名和学衔。

5. 摘要

摘要又称提要、概要，它是全文内容的高度浓缩，摘要语言必须准确、简练、概括，一般用两三百字概括论文的内容要点，让读者在阅读正文之前对论文的重要论点有所了解。摘要必要时还要译成英文。

6. 关键词

关键词是论文最重要的关键性词语，一般为3~5个，关键词之间用空格间隔开，并标于摘要之下，以便于制作索引和电子计算机检索，当摘要译成英文时关键词也应译成英文。

7. 正文

毕业论文的正文一般包括绪论、本论、结论三部分。

（1）绪论。

绪论是文章的开头部分，一般要求简明扼要地阐述所研究的课题的现实意义，或写作的目的、动机和意义，并确立中心论点，或提示论述问题的结论。

（2）本论。

本论部分是论文的主体和核心，是集中表达研究成果的部分。在这一部分要对所研究的问题进行周密的分析、论证，运用科学的方法，严密地组织材料，充分地阐述论点和论据之间的逻辑关系，阐明自己的观点和主张，准确地反映客观事物的规律。这一部分内容较多，为求眉目清楚，往往要使用不同的序码，有时还要加上小标题。

（3）结论。

结论是对文章所论述问题的综合概括，并作出科学的结论，是全篇的总结。结论要能使读者明确了解作者的判断和主张，尤其是独创性见解。对所研究论题的未来发展趋势或进一步研究的方向及尚未完全解决的问题、正文中未提及而又必须说明的有关问题等都可在这部分提出。

8. 参考文献

参考文献与资料列于论文篇末，既表明作者言之有据，又表现作者对他人研究成果的尊重和承认，也反映出作者严肃的科学态度。既便于读者查阅原始资料，也便于作者进一步研究时查考。

参考文献的书写格式按《国家标准文后参考文献著录规则 GB/T 7714 – 2005》以下简称《文后参考文献著录规则》规定，按正文中引用的顺序排列。编排格式取左对齐，宋体（Times New Roman）五号。

参考文献有相应的数量要求。

注：［M］表示参考的是书籍；［J］表示参考学术期刊的论文；［C］表示参考文集中的著作论文；［D］表示参考的是硕士、博士学位论文。

根据国家标准局发布的《文后参考文献著录规则》的要求，所列文献资料应是正式出版的，包括书籍、报纸、杂志、专刊文献等，参考文献具体标注方法如下：

（1）书籍（教科书或著作）标注方法。

标注顺序如下：序号、作者、书籍名称、出版地、出版单位、版次、页码。

范例 1

> ［1］邓艳华. 应用文写作实务 ［M］. 北京：人民邮电出版社，2011. 250，276 ~ 280.
> ［2］Newman W. M. , Sbroull R. F. *Principles of Interactive Computer Graphics* ［M］. New York：McGraw Hill，2014. 10 – 25.

（2）文集参考文献标注方法。

标注顺序如下：序号、作者、书籍名称、出版地、出版单位、版次、页码。

范例 2

> ［3］沈从文. 沈从文文集 ［C］. 广州：花城出版社，1984. 200 ~ 208.

（3）论文参考文献标注方法。

标注顺序如下：序号（国籍）、作者、论文题目、论文代号、刊物名称、出版年份（出版期数）、页码。

范例 3

> ［4］戴艰. 我国电机保护现状与发展趋势 ［J］. 陶瓷研究与职业教育，2004（3）：22 ~ 24.
> ［5］［美］约翰·迈克. 世界教育管理理论发展 ［J］. 国际教育，2012（3）：59 ~ 65.

（4）硕士与博士学位论文参考文献标注方法。

若为刊物，标注顺序如下：序号、作者、论文题目、论文代号、刊物名称、出版年份（出版期数）、页码。

范例 4

> ［6］黄××. 基于×××××××××××的研究 ［D］. ××大学博士学位论文，2013（4）：78，90 ~ 95.

若为著作，标注顺序如下：序号、作者、论文题目、论文代号、出版地、出版单位、版次、页码。

范例 5

［7］刘春玫. 基于 PROFIBUS 通信的电机综合保护［D］. 长沙：湖南大学出版社，2006. 48，60～65.

9. 致谢词

在论文的结论之后，论文的作者用简洁恳切的语言对毕业论文的指导老师以及在论文写作中曾给予帮助、指导或提供资料的其他老师、同学和有关人员表示谢意，以示尊重他人的劳动和贡献。

10. 附录

凡不便于列入正文的有关资料，如主要数据、表格、公式或佐证等资料，可附在参考文献的后面，注明"附录"以作辅助说明或供读者阅读论文时参考。附录并非每篇论文必备，应视情况而定。

（三）毕业论文写作要求

（1）论点必须正确、深刻、新颖，而且要鲜明地集中表达出来。
（2）论据要真实、充分。
（3）论证要符合逻辑的要求。
（4）要合理地安排文章的结构。
（5）语言要平实、准确、严谨、规范。

五、病文诊治

（一）病文

浅谈当代秘书的参谋作用

摘　要：当代秘书人员应该具备决策辅助的意识，提高决策辅助的能力，在领导的决策过程中发挥参谋作用，做综合辅助领导者的参谋和助手。

关键词：辅助决策　参谋作用　发挥　现代秘书

自古以来，人们都围绕秘书部门发挥参谋职能问题，积极进行理论探讨，不断交流各地经验。而秘书工作是否具有参谋作用，更是人们探讨的主要问题之一。其实，秘书参谋作用是秘书辅助决策职能的重要体现。由于领导活动的需要，秘书工作自古就与参谋作用有着密不可分的关系。我国历史上第一个成型的秘书机构是西周的太史寮，太史寮设有"五史"，"掌文书以赞治"，使太史寮成为一个具有处理公文、保管档案、组织会议、宣布政令、调查研究、了解民意、提供下情、接受咨询等综合职能的参谋部。秦汉以后，秘书工作的参谋作用益加显著，秘书人员以自己的智慧和经验，或剖析政事、陈述己见，或谏净君主、匡正纲纪，或评论得失、指点政令，以佐朝廷，安邦兴国。秘书参谋作用的发挥基于领导者这一"断"的主体对于辅佐"谋"需要。早在1806年，普鲁士军事改革家香霍斯特就创立了参谋本部体制，在战争中表现了极大的优越性。到现代，社会化大生产带来了社会活动的根本变化：社会活动越来越复杂，社会活动越来越多变，社会活动的影响也越来越扩大。这种情势，不仅要求领导者掌握一整套科学决策的理论、程序和方法，而且要求领导者注重决策的辅助力量。

现代咨询业和智囊机构正是因此应运而生的。秘书部门和秘书人员就是有着特殊参谋作用的辅助力量。

党和国家历来重视秘书工作的参谋作用。1951年7月，政务院根据当时秘书工作的实际情况和秘书长会议的精神，将秘书长和办公厅主任的工作表述为"既要参与政务，又要掌管事务"，所做工作任务如协助首长综合情况、研究政策、推行工作、密切各方联系、掌管统战、掌管保密和机要等，也大都是具有参谋的性质。1985年1月，全国秘书长、办公厅主任座谈会提出了具有战略意义的"四个转变"，进一步强调了发挥秘书参谋作用的重要性。两次会议上指出的参谋作用的主体虽然一为秘书部门领导人，一为秘书部门，但其精神显然适用于整个秘书工作。

秘书之职，要在参谋。秘书的服务职能，是由非参谋性工作和参谋性工作所实现的。

党的十一届三中全会以来，中央领导同志多次提倡秘书部门要充分发挥参谋助手作用。参谋工作的开展，是不断发展变化的新形势的需要，是领导工作努力提高科学化水平和效能的需要，是秘书部门职能自我完善的需要。各地秘书部门的实践也说明，做好参谋工作，是秘书工作有所突破的关键所在。参谋工作的突出地位，不是人为地推上去的，而是秘书部门的特殊地位与任务所决定的。

秘书部门的参谋工作，是秘书参谋职能的具体化，具有其他工作无法替代的作用。首先，对领导思想具有充实完善的作用。秘书工作者的新鲜思想、观点、认识，通过参谋工作与领导思想融为一体，就会对领导者的思想有所帮助。其次，对领导决策具有辅助取舍的作用。参谋工作往往体现在工作建议、预案等若干方面。提出参谋意见，有利于领导决策的形成。就一个问题提出几个参谋意见，有助于领导决策的优选；提出决策方案的优选意见，有助于领导决策的确定。再次，对领导工作具有提醒警策作用。在完成领导者交办工作的同时，主动考虑并提出那些领导者暂时没有想到而需要提出的问题，以及秘书部门每天报送领导者的经过精选的有用信息，这些都能提醒领导者注意某种倾向、解决某一问题，或启发、警策领导者避免某些失误，促使领导者不断校正工作的运行轨迹。参谋工作的这三种作用，有时是独立发挥，更多的时候是同时发挥。参谋工作作用的大小，取决于问题的难易程度、解决办法的优劣、提供方式时机是否得当。

参谋之道精在谋略。秘书部门的参谋工作，尽管千头万绪，归结到一点是"谋略"二字，谋略指的是计谋与方略，实际就是解决问题、处理矛盾的方法。在秘书参谋工作中，谋略往往融于起草的文稿、选送的信息、设想的预案、提出的建议之中。比如报告、讲话文稿中对形势的分析意见，对问题的理解认识，对矛盾的处理办法，对今后工作的安排部署等，都是谋略的具体表现。高层次、高质量的信息，一般都含有问题的因果分析、解决问题的对策及需提请领导注意的内容，这也都是谋略的具体表现形式，至于各种提供领导参考的预案建议，更是典型的谋略形式。秘书参谋工作中的谋略，一般表现为：①建议。围绕领导工作和所要解决的问题，提出的各种工作建议，如工作安排建议、解决某一问题的建议、推广某一经验的建议等。②意见。针对实践中急待解决的问题所提出的参谋意见，如关于纠正不正之风的意见、关于加快农村致富步伐的意见、有关下级请示的批复意见等。③预案。为落实某项工作或贯彻领导者的意见而提出的实施办法，如会议组织预案，解决突发性事件的预案等。④方案。根据客观要求和实际情况经周密研究后提出的工作路子，如改革方案、调研方案、机构调整方案等。⑤见解。学习理论、分析形势、研究问题后所提出的看法，如阐发的某些新观点、新思想、新认识等。

谋略有优劣上下之分。一个好谋略应具备什么特征呢？它至少应包括以下几个方面：一是问题的针对性，即谋略与所要解决的问题是否完全对应。问题针对性越强，措施越能有的放矢，谋略的效果就越明显。二是分析的全面性，即是否完全周密地研究了事物内部结构及其他相关的事物的联系。问题抓准只是基础，还必须进行全面分析，做到统观全局。不了解各种相关事物的内在联系，就难以对客观事物进行全面深刻的分析，就容易由于分析的片面性导致认识和谋略上的片面性。三是观点的正确性，即谋略的基本观点是否科学。谋略的基本观点一定要符合客观规律、符合实际情况、符合党和国家的大政方针、符合人民群众的根本利益，要准确无误，否则就不是一个好谋略，而是一个歪点子。四是措施的可行性，即谋略中所提出的措施是否能够实施。也就是一项措施不仅要科学，还要合理，既行之有效，又切实可行。五是出台的适宜性，即提出谋略的时机是否适宜，提出的方式是否合适，提出的环境是否有利。这些虽不是谋略本身的特征，但由于陈情献策需要相机而行，如缺少这一方面，有时会使好的谋略变成"馊"主意。因而，要特别强调谋略出台的适宜性。一个谋略如果具备以上几个特点，就是一个科学的、合理的、有用的谋略，就是一个能够受到领导欢迎的好谋略；如果能经常提供这样的良策，就能成为一个优秀的秘书参谋人员。

一、发挥秘书参谋作用的意义（略，以下只列出作者观点）

A. 发挥参谋作用是秘书部门的首要责任。

B. 参谋的目的在于为领导决策服务。

C. 秘书的参谋工作要适应民主科学的决策程序和制度的要求。

D. 发挥参谋作用要强化整体功能。

二、发挥参谋作用的优势（略，以下只列出文中作者观点）

A. 直接优势

B. 经常性优势

C. 综合性优势

三、发挥参谋作用的复杂性（略，以下只列出作者的主要观点）

A. 秘书工作本身的复杂性。

B. 秘书队伍的复杂性。

C. 秘书辅助对象的复杂性。

四、如何发挥秘书的参谋作用

在秘书工作的实践中，发挥参谋作用并非易事，这涉及传统观念的影响、组织关系与体制、领导素质等许多因素。作为秘书参谋活动的主体，秘书人员自身素质的提高是有效发挥秘书参谋作用的关键。为此，秘书人员应在以下方面作出努力：

转变观念。强化秘书工作的参谋作用，是领导决策科学化的必然要求，也是秘书工作现代化的迫切呼唤。在发挥秘书参谋作用的诸多障碍因素中，观念陈旧是一个重要的制约因素。不少秘书墨守成规，安于现状，缺乏创新和参与意识，奉行"忙忙碌碌的事务主义、辛辛苦苦的文牍主义、唯唯诺诺的服从主义"，把领导决策活动看成是与自己毫不相干的事情。这种陈旧观念束缚了他们走上参谋之径的步伐。

奠定基础。古今中外的优秀秘书人才，无一不是勤奋好学、博学多识之士，有着良好的知识结构和智能结构。当今社会，各种新学科、新理论、新方法不数年涌现，这种信息爆炸的局面更要求秘书人员发奋学习。只有拥有更肥沃的知识与智能的土壤，才能绽出绚丽的参谋之花。

定好位置。自古以来，决策的成功就离不开辅助力量的支持。诸葛亮作《隆中对》，纵论天下大势，辅助刘备实现了三分天下。朱元璋采纳朱升"广积粮，高筑墙，缓称王"的计谋，为建立明王朝奠定了基础。现代大工业、大科学带来了管理的复杂性，要求建立科学的决策体制，遵循科学的决策程序和原则，运用科学的决策方法进行决策。现代社会，"多谋善断"中"谋"和"断"是明显分开的，"断"是决策者的主要职责，"谋"则是由决策的辅助力量来完成。秘书部门和秘书人员就是一支重要的决策辅助力量。秘书在参谋过程，务必明确自己的位置和"角色"，既要使自己的思维活动置于领导思维的同一层次，又要始终牢记自己是"辅助"而非"主导"，是"配角"而非"主角"，是停留在"谋"的阶段而非进入"断"的领地。

有度有方。秘书发挥参谋作用讲究把握一个"度"字：参谋适度，就会事半功倍，取得良好绩效；参谋意识过分膨胀，突破应有之度，发生越轨之举，就会适得其反。还要注意方法和艺术，不但要有正确合理的参谋建议之内容，还要有与之相适应的参谋建议之技巧，这样才易为领导者所采纳，从而实现秘书参谋的最佳效应。

五、秘书人员要成为出色的参谋，既要熟悉参谋之道，又要加强自身的素质修养(略，以下只列出作者的主要观点)

A. 重在调查研究。

B. 善于分析形势。

C. 加强组织领导。

D. 学会谋略比较。

E. 掌握参谋时机。

搞好素质建设，要在德、智、才上下工夫。德，指的是政治素质，主要是解决人的世界观、人生观、道德观和行为准则方面的问题。这是一个涉及政治方向、阶级立场及工作原则的问题。在参谋素质中，德是第一位的，要求以大局为重，立谋为公，不谋私利。为此，要加强思想品德修养，提高政治素质，做德高才多之士。智，指的是科学文化素质。智力强弱，与参谋效果大小成正比。智是谋的基础，多智才能多谋，足智才能善谋。才，指的是业务素质，也就是谋划的能力。有参谋之心，无参谋之才，只能望洋兴叹。

素质建设，除学习锻炼，自我提高，别无良策。提高素质，应做到时时虚心，处处留心，事事用心，从多方面、多角度强化素质。时时虚心，要求结合参谋工作学习马克思主义，掌握参谋业务知识，熟悉参谋方法。处处留心，要求在实践中培养锻炼求真务实的作风，以及见微知著、举一反三地发现问题、解决矛盾的能力。事事用心，要求学会研究领导工作和领导的需求。常言说，眉头一皱，计上心来；谋从心中出，略从脑中来。如不用心，就会胸无妙计，手无良策，空谈参谋。素质建设是个长时间的渐进过程，不能期望一蹴而就，要持之以恒，坚持不懈。

第一，必须全面熟悉领导的思想性格、工作作风和工作规律，熟悉领导工作的性质，熟悉有关的方针、政策、法规，熟悉一切有关联的人和事。

第二，要有积极的参与意识，主动接近领导的工作和参与领导的活动。如果没有这种意识，秘书就丧失了工作中的积极能动作用，根本谈不上思维上的超前意识和创新意识。

第三，秘书要有独立的意识和特有的思维方式。秘书应该把全心全意为领导服务和独立的思考问题有机地结合起来，不能什么都按别人的思维去想，要有自己的思考。

第四，秘书须有科学意识，善于透过现象抓住事物的本质，预测事物变化的未来，协助领导进行科学决策。秘书工作的任务之一是为领导作参谋。参谋过程一定发生在决策之前，包括决策舆论氛围、决策时机确定、决策雏形形成等。秘书的参谋作用，反映秘书的水平。一个优秀的秘书应该是一个出色的参谋。

参考文献

《现代秘书学》，史玉峤编著

《秘书学》，陈合宜编著

《秘书学概论》，诸孝正编著

《现代秘书学与现代秘书实务》，向国敏编著

《涉外秘书实务》，蒲丽钿主编

(资料来源：傅春丹、方燕妹主编：《样板式常用应用文写作》，广州：广东高等教育出版社2004年版，略有改动。)

（二）诊治

这篇论文存在问题较多，诊治如下：

（1）格式不够规范。没有署名，应在标题下一行写上作者及指导老师；没有致谢词，应在参考文献之后补充致谢词。

（2）参考文献标注不规范。如第一个参考文献应改为：

［1］史玉峤．现代秘书学［M］．青岛：青岛出版社，2001．

（3）正文结构不完整．一般毕业论文的正文应是由绪论（引论）、本论、结论三部分组成，本文只有绪论和本论两部分，缺少结论部分，结构不完整。

（4）论文层次欠清晰。对"如何发挥秘书的参谋作用"的论证缺乏周密的说理分析和严密的科学论证，实践感悟不足，显得空洞贫乏，说服力不强。

（5）绪论部分太长，语言欠简练。

（6）条理性不强。观点的序号排列不够规范，思路较乱，表达也欠简洁明白。如第五部分的分论点的序号采用 A、B、C、D、E、F，很不规范。

（7）关键词欠准确。没有概括论文主要内容及观点。

六、相关知识拓展

（一）毕业论文第二种排版格式

浅论当代秘书人员的信息素养

张××

（广东××职业技术学院管理工程系 2011 级涉外秘书×××班　指导教师：×××）

摘　要：在当今竞争日益激烈的社会中，信息已经成了一种特殊的政治资本、战略资源和物质财富。信息与物质、能源并列，成为现代社会的三大经济支柱。今天的领导者应是知识渊博、经验丰富、决策果断的现代管理者。无论政坛还是商场，领导者的成败得失已经逐步表现为判断速度和选择准确率的较量。而领导决策的关键又在于"耳聪目明"，保持充分准确的信息量。当代秘书作为领导者的助手，信息工作必当放在首要位置。所以，提高当代秘书的信息素养势在必行。

关键词：秘书；信息；素养；途径

信息是社会发展的宝贵资源，随着社会的发展进步，信息的价值将不断提升。正如著名未来学家阿尔温·托夫勒预言："谁掌握了信息，控制了网络，谁就掌握了整个世界。"当代企业在激烈的竞争中，获胜的主要法宝是先进的技术和科学的管理。通常把前者称为"硬件"，后者称为"软件"。不管是"硬件"，还是"软件"，无一离得开充分可靠的信息。原因在于，任何一个企业管理过程虽然复杂，但细加分析，就为通过信息来放大所管理的系统功能，对企业生产力起放大作用。在这种情况下，信息成了企业竞争的第一要素。信息时代的到来，给我国秘书工作既带来难得的发展机遇，又带来严峻的挑战，迫切要求当代秘书必须努力提高信息素养，学会利用信息技术开展秘书工作，以提高为领导决策服务的效率和质量，可以说，没有游离于信息之外的秘书工作。认识到信息工作在秘书工作中的重要地位，是做好信息工作的前提，也是当代秘书应具备的信息意识。

一、信息素养是信息化社会对人类提出的新要求

（一）信息素养概念的产生和发展（略）

（二）信息素养产生的巨大影响（略）

1. 信息的飞速发展促进人们终身学习（略）

2. 各种信息的交互催生了信息技术教育（略）

3. 世界的信息化引发了对秘书人才培养的反思。（略）

二、关于当代秘书信息素养的内涵（略）

（一）当代秘书的信息观念

当代秘书的信息观念是指秘书人员对信息的初步认识以及在秘书工作实践中形成的对信息价值的总体印象。（略）

（二）当代秘书的信息意识

当代秘书的信息意识是指秘书人员对秘书信息工作的感觉、知觉、情感、意志等心理品质。（略）

（三）当代秘书的信息能力

当代秘书的信息能力是指秘书人员在从事秘书工作实践活动中所应具备的对于秘书工作信息的搜集整理、分析处理和利用等能力。（略）

（四）当代秘书的信息知识

当代秘书的信息知识是指关于信息的理论、常识和方法。（略）

（五）当代秘书的信息道德

当代秘书的信息道德是围绕工作抓信息，抓好信息促工作。（略）

综上所述，当代秘书的信息素养具有十分丰富的内涵和很高的目标要求。秘书队伍是我国职业大军中一个特殊群体，具有一定的特殊性。信息是领导决策的基础和依据，秘书辅助领导决策，主要是通过为领导者提供信息。秘书工作者的信息素养如何，直接关系到为领导决策服务水平的高低，其重要意义显而易见。提高信息素养是信息社会发展对秘书人员的客观要求。当代秘书的信息素养是经过培养和训练而生成的一种修养与能力，它必然随着时代的发展变化而不断提高和发展，绝非一劳永逸，因此，提高秘书人员的信息素养是一项长期任务。

三、提高当代秘书素养的基本途径

信息素养的培养教育已受到世界各国的高度重视，我国教育系统在开展信息素养教育上也在竭力抢占先机，近年来推出了一系列重大举措。江泽民同志曾说过："育人是人才资源开发的基础工作，是造就和选用高素质人才的前提。"从某种意义上说，这是电子技术发展的结果。所以，提高秘书人员的信息素养，关键也在于培养教育。

（一）制定明确的教育目标是提高现代秘书素养的前提。（略）

（二）创建良好的培养环境是提高现代秘书素养的关键。（略）

（三）突出信息技能的教育和训练有素是提高现代秘书素养的途径。（略）

当今社会已进入信息时代，在市场经济竞争日益激烈的社会中，信息已经成了一种特殊的政治资本、战略资源和物质财富。信息与物质、能源并列，成为当代社会的三大经济支柱。今天的领导者应是知识渊博、经验丰富、决策果断的现代管理者。而领导决策的关键又在于"耳聪目明"，保持充分准确的信息量。当代秘书作为领导者的助手，必须提高信息素养，必须把信息工作包括收集、整理、储存、利用信息等放在首要位置。然而，当代秘书的信息素养具有十分丰富的内涵和很高的目标要求，因此，提高当代秘书人员的信息素养是一项长期任务。

参考文献

［1］赵中利，史玉峤. 现代秘书心理学［M］. 青岛：青岛出版社，2001.

［2］王熙梅，王景清. 现代秘书学通论［M］. 北京：海洋出版社，1993.

……

致谢词

在撰写毕业论文过程中，×××老师对本论文题目的拟定、结构的安排、观点的提炼给予耐心和精心的指导，并提供大量专业资料……为此，对×××老师给予我的指导和帮助表示衷心感谢！

（二）毕业论文答辩知识

1. 毕业论文答辩的目的和意义

毕业论文定稿后，经过指导老师初评、毕业论文审查委员会审查，论文作者需准备论文答辩。通过答辩，老师可以检阅毕业生掌握知识的程度，创造性思维的能力和科学研究水平；同时答辩的过程又是学生展示知识才华的一次难得机会，通过答辩，同学之间可以彼此得到启发和借鉴。此外，毕业论文答辩也可以进一步考查作者的论文的真实性、客观性，使毕业论文成绩的评定更加准确合理。

2. 答辩前的准备

参加答辩之前，论文作者应做好各种准备。要熟悉自己的论文内容，包括论文中的基本概念、基本观点等，写出准备答辩的提纲或制作成 PPT。

3. 毕业论文答辩的内容

（1）为什么要研究该论题？

主要回答该论题的学术价值和现实意义等。

（2）该论题已有的成果有哪些？

（3）论文的主要观点是什么？主要用了哪些研究方法？

（4）论文的基本结构框架怎样？

主要包括该论文写作思路和结构安排。全文分几个部分，中心论点是什么，分论点有哪些，运用了哪些典型材料，它们之间有何逻辑关系等。

（5）论文中涉及的重要概念、定义、引文和典故是否都搞清楚了；是否还存在已经写入文章而自己仍理解不透，甚至模糊不清的问题等。

（6）在写作过程中还发现了哪些问题未展开论证而需要说明的内容。

（7）本人对论文的评价。

4. 答辩的一般程序

毕业论文答辩为每个人单独进行，一般程序是：作者自述—答辩老师提问—作者准备—作者答辩—指导老师点评。

（1）作者自述。

这是第一个环节，论文作者到答辩席就位，简要介绍自己的论文。内容包括选题的依据、目的、意义，论文主要观点，结构框架，重点和关键问题，主要研究方向。

（2）答辩老师提问。

答辩会上，答辩老师会针对答辩者的论文内容提出几个明确的问题，一般是就论文的关键问题设问；或就作者论文中所用概念、材料请作者解释；或就论文中作者未能充分展开甚至理解比较模糊的某个具体问题设问；有时也考查论文是否由学生独立完成。教师提问时，答辩者应仔细倾听并做好记录，弄清问题的要旨，如未听清，应当礼貌地请求老师重说一遍，以便有针对性地回答问题。

（3）作者准备。

答辩老师提问后，会让答辩者退出答辩席做短时间的准备，一般是 10 分钟。答辩者针对老师提出的问题进行分析，快速组织答辩内容，提炼出观点，准备作答。

（4）作者答辩。

作者第二次来到答辩席上正式作口头答辩，这是反映答辩者的学术水平的关键环节。答辩者要根据准备的内容从容陈述，吐字要清楚，语速要适当，声音要适中，同时注意礼貌。答辩过程中主辩老师或在场的其他老师也许会就某一局部问题临时提问，这时答辩者应从容不迫，灵活应变。

（5）指导老师点评。

这是答辩的最后一个环节。一般是指导老师对答辩者的论文和答辩情况作出结论性的评价，肯定成绩，指出不足，提出希望。答辩者听完老师的点评并记下要点，起立致谢后退出答辩席。

论文答辩结束后，作者应对自己的论文写作过程再一次全面回顾，总结写作的经验教训，明确自己所取得的成绩和存在的问题，作为今后科研的借鉴。

（资料来源：傅春丹、方燕妹主编：《样板式常用应用文写作》，广州：广东高等教育出版社 2004 年版，略有改动。）

七、模拟写作实训

（一）实训任务

根据【项目任务背景】给定的材料，选择一个合适的论题，撰写一篇毕业论文。

（二）实训要求

（1）结构完整，格式规范。
（2）条理清楚，层次分明。
（3）表述准确，行文简练。
（4）论文具有一定的学术价值。

项目 24　思考与练习题

一、填空题

1. 撰写实习报告能够使_____较全面、具体地了解学生的实习收获和有关情况。

2. 文章式标题可以是单标题，也可以是_____标题。

3. 实习报告一般采用第＿＿＿＿＿＿人称，便于表述实习经过和体会收获。

4. 实习报告需要＿＿＿＿＿＿＿＿＿＿，按封面、正文、指导老师评语及实习报告的评定成绩的顺序排列。

5. 毕业论文的正文一般包括＿＿＿＿＿、＿＿＿＿＿、＿＿＿＿＿三部分。

6. 毕业论文的本论部分要充分地阐述论点和论据之间的＿＿＿＿＿＿。

7. 毕业论文的结论要能使读者明确了解作者的判断和主张，尤其是＿＿＿＿＿＿。

8. 毕业论文的提纲可分为＿＿＿＿＿＿＿和＿＿＿＿＿＿＿两种。

9. 毕业论文的形成一般包括＿＿＿＿＿、＿＿＿＿＿、＿＿＿＿＿、
＿＿＿＿＿、＿＿＿＿＿、＿＿＿＿＿等基本环节。

二、选择题

（一）单选题

1. 实习报告的特点有（　　）
A. 专业性　　　　B. 总结性　　　　C. 报告性　　　　D. 阶段性

2. 实习报告具有的要素（　　）
A. 实习时间　　　B. 实习地点　　　C. 实习目的　　　D. 实习内容

3. 实习报告应该体现的特性有（　　）
A. 完整性　　　　B. 规范性　　　　C. 正确性　　　　D. 有效性。

4. 毕业论文的本论部分是论文的主体和核心，是集中表达（　　）的部分
A. 作者观点　　　B. 作者感情　　　C. 研究成果　　　D. 研究过程

5. 毕业论文的结论要能使读者明确了解作者的判断和主张，尤其是（　　）见解
A. 作者的情感　　B. 研究过程　　　C. 研究成果　　　D. 独创性见解

6. 毕业文献资料可按文中引用（　　）的列出
A. 先后次序　　　B. 书名　　　　　C. 作者　　　　　D. 时间

7. 拥有（　　）是产生和表现主题的基础
A. 丰富的知识　　B. 丰富的材料　　C. 生动的语言　　D. 新颖的结构

（二）多选题

1. 一篇毕业论文具有（　　）特点
A. 科学性　　　　B. 创新性　　　　C. 理论性　　　　D. 规范性

2. 毕业论文的语言要（　　）
A. 平实　　　　　B. 准确　　　　　C. 严谨　　　　　D. 规范

3. 写作毕业论文除遵循以上要求外，还须同时遵循（　　）
A. 独立完成　　　B. 量力而行　　　C. 勇攀高峰　　　D. 大胆创新

4. 毕业论文选题的方法有（　　）
A. 可探索科学前沿，选择前人没有研究过的问题
B. 可抓住有争议、有疑问、有较大难度的问题
C. 可在学科课程中寻找课题
D. 可到社会中寻找课题

三、判断题

1. 实习报告是一种上行文。（　　　）

2. 实习报告一般采用第一人称，便于表述实习经过和体会收获。（　　　）

3. 实习报告不需要装订成册。（　　　）

4. 一般论文篇幅较短的可省去目录，但如果篇幅较长，一般都在标题、署名之后编上目录。（　　　）

5. 毕业论文的摘要又称提要、概要，它是对全文内容的概括评价。（　　　）

6. 附录并非每篇论文必备的，应视情况而定。（　　　）

7. 毕业论文的题目既要能反映重要的学术信息，又要新颖醒目、引人注意。（　　　）

四、改错题

1. 在论文的致谢词中，论文的作者要用热情洋溢的语言对毕业论文的指导老师以及在论文写作中曾给予帮助、指导或提供资料的有关人员表示谢意。

2. 一篇毕业论文如果字数不多，其关键词可写也可不写。

3. 撰写毕业论文的目的，在于检验我们的综合写作能力。

4. 毕业论文的提纲可分为简单提纲和详细提纲两种，简单提纲要求把论文的主要论点和展开部分较为详细地列出来。

五、简答题

1. 简述实习报告的概念。

2. 简述实习报告的作用。

3. 简述撰写实习报告的注意事项。

4. 什么是毕业论文？

5. 简述毕业论文的写作要求。

6. 毕业论文与其他文章有什么根本区别？

参考文献

[1] 傅春丹，方燕妹．样板式常用应用文写作［M］．广州：广东高等教育出版社，2004．

[2] 方燕妹等．当代应用文写作（经管服务类专业适用）［M］．北京：北京师范大学出版社，2013．

[3] 程时用等．当代应用文写作（电子传媒类专业适用）［M］．北京：北京师范大学出版社，2013．

[4] 张瑞华等．当代应用文写作（工程技术类专业适用）［M］．北京：北京师范大学出版社，2013．

[5] 刘杰，傅胜．经济文书写作与范例［M］．北京：人民出版社，2005．

[6] 马宏俊．法律文书写作［M］．北京：中国人民大学出版社，2007．

[7] 苏欣．商务应用文实训［M］．北京：对外经济贸易大学出版社，2004．

[8] 顾克广．法律文书教程［M］．北京：朝华出版社，2005．

[9] 程滔．法律文书格式与写作技巧［M］．北京：中国方正出版社，2005．

[10] 杨文丰．高职应用文写作［M］．北京：高等教育出版社，2006．

[11] 姜媛．新编高职应用文写作［M］．天津：天津大学出版社，2011．

[12] 张波．应用文案写作［M］．北京：机械工业出版社，2011．

[13] 孟庆荣．应用文写作实训［M］．北京：清华大学出版社，2010．

[14] 邓艳华．应用文写作实务［M］．北京：人民邮电出版社，2011．

[15] 刘方毅．应用文写作［M］．北京：冶金工业出版社，2009．

[16] 陈卫东．法律文书写作［M］．北京：中国人民大学出版社，2009．

[17] 叶晗．大学写作［M］．杭州：浙江大学出版社，2005．

[18] 耿云巧，马俊霞．现代应用文写作［M］．北京：清华大学出版社，2007．

[19] 朱悦雄．应用写作病文评析与修改［M］．广州：广东高等教育出版社，2004．

[20] 陈子典．当代经济写作［M］．广州：中山大学出版社，2007．

[21] 孙莉，邱平．实用应用文写作［M］．北京：北京交通大学出版社，2006．

[22] 徐秋儿．现代应用写作实训［M］．杭州：浙江大学出版社，2006．

[23] 张建．应用写作［M］．北京：高等教育出版社，2008．

[24] 张文．外贸文秘写作全书［M］．北京：中华工商联合出版社，2001．

[25] 刘云兴，孙德廉．应用文写作综合教程［M］．北京：北京师范大学出版社，2007．

[26] 科学技术部关于印发《技术合同示范文本》的通知（国科发政字〔2001〕244

当代企业应用文写作

号）．科技部门户网站［EB/OL］，www.most.gov.cn，2001 - 07 - 18.

　　［27］中华人民共和国合同法．

　　［28］中华人民共和国劳动法．

　　［29］中华人民共和国劳动合同法．

　　［30］广东省职工劳动合同（示范文本）．

471

图书在版编目（CIP）数据

当代企业应用文写作/黄巨龙，何劲耘主编；余少文，程时用，黄卫副主编．—广州：暨南大学出版社，2014.6（2020.12 重印）
（高职高专文秘专业系列教材）
ISBN 978 - 7 - 5668 - 1013 - 7

Ⅰ．①当…　Ⅱ．①黄…　②何…　③余…　④程…　⑤黄…　Ⅲ．①企业管理—文书—写作
Ⅳ．①H152.3

中国版本图书馆 CIP 数据核字（2014）第 086734 号

当代企业应用文写作
DANGDAI QIYE YINGYONGWEN XIEZUO
主　编：黄巨龙　何劲耘　副主编：余少文　程时用　黄　卫

出 版 人：张晋升
责任编辑：潘雅琴　陈绪泉
责任校对：何　力
责任印制：汤慧君　周一丹

出版发行：暨南大学出版社（510630）
电　　话：总编室（8620）85221601
　　　　　营销部（8620）85225284　85228291　85228292　85226712
传　　真：（8620）85221583（办公室）　85223774（营销部）
网　　址：http://www.jnupress.com
排　　版：广州市天河星辰文化发展部照排中心
印　　刷：佛山市浩文彩色印刷有限公司
开　　本：787mm×1092mm　1/16
印　　张：30.25
字　　数：734 千
版　　次：2014 年 6 月第 1 版
印　　次：2020 年 12 月第 3 次
印　　数：3501—4500 册
定　　价：58.00 元